Manfred Wünsche

Finanzwirtschaft der Bilanzbuchhalter

Manfred Wünsche

Finanzwirtschaft der Bilanzbuchhalter

Mit Übungsklausuren für die IHK-Prüfung

3. Auflage

Bibliografische Information der Deutschen Nationalbibliothek
Die Deutsche Nationalbibliothek verzeichnet diese Publikation in der Deutschen Nationalbibliografie; detaillierte bibliografische Daten sind im Internet über <http://dnb.d-nb.de> abrufbar.

1. Auflage 2010

Lektorat: RA Andreas Funk

Gabler ist Teil der Fachverlagsgruppe Springer Science+Business Media.
www.gabler.de

Umschlaggestaltung: KünkelLopka Medienentwicklung, Heidelberg

ISBN 978-3-8349-2185-7

Vorwort

Die IHK-Prüfung der Bilanzbuchhalter zählt zu den anspruchvollsten Prüfungen, die von der IHK abgenommen werden. Strenge Zugangsvoraussetzungen wie einen *kaufmännischen Abschluss* und mehrere Jahre *Berufserfahrung im Controlling* lassen erwarten, dass dem Prüfungserfolg bei guter und systematischer Vorbereitung nichts im Wege steht. Dennoch sind die Durchfallquoten außerordentlich hoch.

Die Ursache liegt zum einen an den *hohen fachtheoretischen Anforderungen*, die für die Berufsbezeichnung „Bilanzbuchhalter IHK" und dem sich damit herausbildenden Qualifikationsbild angemessen sind. Zum anderen ist eine wesentliche Ursache für das Scheitern in dieser Prüfung in der *Formulierung der Prüfungsfragen* zu sehen, denn auch bei gutem Fachwissen und guter geistiger Leistungsfähigkeit fehlt oft die Vorbereitung auf die besondere Art der Prüfungsaufgaben und ein Blick für die Fallen und Stolpersteine, die Ihnen in der Prüfung begegnen können. Ein weiteres Problem bei der Vorbereitung auf die Prüfung ist, den *umfangreichen Lernstoff* auf das *einzugrenzen*, was wirklich gefragt werden kann.

Das Ihnen nun in der *dritten Auflage* vorliegende Buch bereitet Sie effizient auf die Prüfung *„Finanzwirtschaft der Unternehmung und Planungsrechnung"* (alte Prüfungsordnung) bzw. *„Finanzwirtschaftliches Management"* (neue Prüfungsordnung) vor. Es ist auf die besondere Art der Prüfungsaufgaben ausgerichtet, enthält alle notwendigen Lerninhalte und ist *modular* aufgebaut: Zu Beginn jeder *Lerneinheit* werden Sie durch *Lernziele* darüber informiert, welche Wissensinhalte Sie in der Lerneinheit erwerben können. Der nachfolgende Lehrtext verdeutlicht Ihnen anhand von zahlreichen *Beispielen*, die in Stil und Umfang den Originalprüfungsaufgaben entsprechen, die Lerninhalte auf anschauliche, praxisbezogene Weise. Am Ende jeder Lerneinheit finden Sie *Kontrollfragen mit Lösungen*, die Ihnen die Wiederholung und Vertiefung des Gelernten ermöglichen, indem sie den Blick noch einmal auf das Wesentliche lenken. Jede Lerneinheit ist in sich abgeschlossen; so können Sie Ihren Lernprozess Schritt für Schritt gestalten und die Komplexität des Lernstoffs bewältigen.

Im Anschluss an die insgesamt *vierzehn Lerneinheiten* finden Sie *fünf Musterklausuren* mit Lösungen, anhand derer Sie die erworbenen Fähigkeiten im Prüfungsmodus trainieren und vertiefen können. So erreichen Sie in kurzer Zeit die bestmögliche Prüfungsvorbereitung. Die Lerninhalte sind in beiden Prüfungsordnungen identisch. Der *Fokus* war auch schon in den alten Prüfungsaufgaben *auf das Management* gerichtet.

Meinen zahlreichen Kursteilnehmern der letzten Jahre bin ich zu Dank verpflichtet, weil sie mich durch ihre Fragen, ihre Verständnisprobleme und ihren Lerneifer mit der Nase auf die Probleme gestoßen haben, auf die es ankommt. Die guten Erfolge bestätigen mein Prüfungsvorbereitungskonzept, das Ihnen nun in Buchform vorliegt, unterstützt durch einen Online-Service unter *www.bueffelcoach.de*.

So wünsche ich Ihnen beim Lesen und Lernen viel Spaß – Lernen soll Spaß machen – und vor allem eine erfolgreiche Prüfung und eine gute Verbesserung Ihrer beruflichen Qualifikation.

Berlin, im Januar 2010 Manfred Wünsche

Inhaltsverzeichnis

Verzeichnis der Übersichten

Übersichten Modul 2: Investitionsrechnung

Übersichten Modul 3: Finanzierung

Übersichten Modul 4: Finanzplanung

Verzeichnis der Beispiele

Beispiele Modul 2: Investitionsrechnung

Beispiele Modul 3: Finanzierung

Beispiele Modul 4: Finanzplanung

Einleitung

Die Prüfung „Finanzwirtschaft der Unternehmung und Planungsrechnung“ (*alte Prüfungsordnung*) findet zum Schluss des schriftlichen Teils der gesamten Bilanzbuchhalterprüfung und am gleichen Tag wie die Prüfung in Kosten- und Leistungsrechnung statt. Sie dauert *90 Minuten* und umfasst *vier bis sechs Aufgaben*, die sich in die drei Themengebiete Investitionsrechnung, Finanzierung und Finanzplanung einteilen lassen. Die einzelnen Prüfungsaufgaben sind gut auf die drei Themengebiete eingegrenzt, d. h. es gibt nur selten Kombinationen von mehreren Themen in einer Aufgabe. Der Schwerpunkt mit der überwiegenden Anzahl an Aufgaben erwartet Sie im Bereich *Finanzierung*.

Die Prüfung „Finanzwirtschaftliches Management“ (*neue Prüfungsordnung*) wurde zusammen mit der Prüfung in Kosten- und Leistungsrechnung in den *Prüfungsteil A* an den Anfang des gesamten Prüfungszyklus vorgezogen und auf *120 Minuten* ausgedehnt. Inhaltlich sind die geprüften Themengebiete zur alten Prüfungsordnung identisch.

Analog zu den drei Themengebieten ist das vorliegende Buch in die drei Module *Investitionsrechnung, Finanzierung und Finanzplanung* aufgeteilt. Vorneweg führt Sie Modul 1 *Grundlagen* in das Thema Finanzwirtschaft ein. Dann folgt Modul 2 mit den Investitionsrechenverfahren, Modul 3 behandelt das Thema Finanzierung und Modul 4 die Finanzplanung inklusive Zahlungsverkehr.

Übersicht Modularer Aufbau des Buchs

Modul 1	**Grundlagen**
Lerneinheit 1.1	Einordnung der Finanzwirtschaftslehre
Lerneinheit 1.2	Begriffsabgrenzungen
Lerneinheit 1.3	Überblick über die Finanzwirtschaft

Modul 1 führt Sie in das Thema Finanzwirtschaft ein und frischt mit Bezug auf finanzwirtschaftliche Entscheidungsfindung Ihr kaufmännisches Wissen auf. Es ist bewusst einfach gehalten und enthält noch *keine Beispiele* im Stil der Prüfungsaufgaben. Wichtig zum Verständnis der Prüfungsanforderungen ist der entscheidungsorientierte Ansatz der Betriebswirtschaftslehre bzw. der *kaufmännische Problemlöseprozess*: Ein Unternehmen ist ein komplexes System, das aus vielfältigen Subsystemen besteht und in ein Umsystem eingebettet ist. Um es erfolgreich zu führen, ist ein *Zielbildungsprozess* und der Aufbau eines Zielsystems erforderlich. Zur Zielerreichung sind *Maßnahmen* (z. B. Investitionen) zu ergreifen, dazu müssen *Ressourcen* (insbesondere Finanzmittel) zur Verfügung stehen bzw. beschaffbar sein. *Controlling* bedeutet, dass die Planung und Durchführung der Maßnahmen durch eine Kontrolle ergänzt werden muss, um die Qualität der Planung und die Zielerreichungsgrade zu prüfen. Diese Zusammenhänge werden detailliert in *Lerneinheit 1.1* dargestellt.

Um Ziele zu formulieren und Entscheidungen zu treffen, ist ein mitunter umfangreicher Informationsbeschaffungsprozess erforderlich. In *Lerneinheit 1.2* finden Sie einen Überblick über die *betrieblichen Informationssysteme* (Rechnungswesen, Kostenrechnung, Zahlungsrechnung) und die für die richtige Formulierung Ihrer Prüfungsantworten notwendigen *Begriffsabgrenzungen.* Ausgangspunkt der unternehmensinternen Informationsbeschaffung ist die Buchführung. Die *Kostenrechnung* ist insbesondere für die statische Investitionsrechnung wichtig, aber auch für Finanzierungsentscheidungen, z. B. Kauf oder Leasing. Für die dynamische Investitionsrechnung und für die Finanzplanung ist die Unterscheidung von *Auszahlung, Ausgabe, Aufwand* und *Einzahlung, Einnahme, Ertrag* bedeutsam.

Lerneinheit 1.3 gibt Ihnen einen Überblick über die Themengebiete der Finanzwirtschaft. Hier finden Sie zusammengefasst die Lerninhalte, die in den folgenden Modulen ausgebaut und vertieft werden. Daher eignet sich diese Lerneinheit insbesondere als *schnelle Wiederholung* kurz vor der Prüfung, ob der gesamte Stoff auch gut sitzt.

Modul 2	**Investitionsrechnung**
Lerneinheit 2.1	Statische Investitionsrechnung
Lerneinheit 2.2	Dynamische Investitionsrechnung
Lerneinheit 2.3	Die optimale Investitionsentscheidung

Modul 2 stellt Ihnen die statischen (*Lerneinheit 2.1*) und die dynamischen (*Lerneinheit 2.2*) Investitionsrechenverfahren vor und zeigt Ihnen die Kriterien und Denkansätze der optimalen Investitionsentscheidung (*Lerneinheit 2.3*) auf. Wichtig für Ihren Erfolg in der Prüfung ist, dass Sie verinnerlicht haben, auf welche Sachverhalte und Problemstellungen die Prüfungsfragen zielen. Daher erklären die Beispiele *Sinn und Zweck* der Investitionsrechnung.

Modul 3	**Finanzierung**
Lerneinheit 3.1	Kapitalbedarf
Lerneinheit 3.2	Außenfinanzierung als Eigenfinanzierung
Lerneinheit 3.3	Außenfinanzierung als Fremdfinanzierung
Lerneinheit 3.4	Sonderformen der Außenfinanzierung
Lerneinheit 3.5	Innenfinanzierung

Um Investitionen durchführen zu können, müssen finanzielle Mittel beschafft werden. *Modul 3* stellt Ihnen zunächst in *Lerneinheit 3.1* die Vorgehensweise zur Ermittlung des Kapitalbedarfs eines Unternehmen vor und zeigt Ihnen in den folgenden Lerneinheiten die Möglichkeiten der Mittelbeschaffung. Die Unterteilung des Themas Finanzierung in *Außen- oder Innenfinanzierung* einerseits und *Eigen- oder Fremdfinanzierung* andererseits wurde so gestaltet, dass zunächst die Außenfinanzierung, dann die Innenfinanzierung behandelt wird. *Lerneinheit 3.2* stellt – mit dem Schwerpunkt Kapitalerhöhung der AG – die Außenfinanzierung als Eigenfinanzierung dar, *Lerneinheit 3.3* die Außenfinanzierung als Fremdfinanzierung inklusive Kreditsicherheiten, ein Thema, das für Rechenaufgaben nicht geeignet ist, d. h. trainieren Sie, die Textinhalte kurz und präzise wiederzugeben.

Lerneinheit 3.4 behandelt die Sonderformen der Außenfinanzierung: Leasing, Factoring und die Finanzinstrumente. Factoring lässt sich auch der Innenfinanzierung (als Umschichtungsfinanzierung) zuordnen. Prüfungsaufgaben zu den Finanzinstrumenten, insbesondere Swap, kommen zwar selten vor, sind aber leicht zu lösen, wenn das Prinzip der Finanzinstrumente einmal verstanden worden ist.

Zum Thema Innenfinanzierung (*Lerneinheit 3.5*) ist vor allem der Kapazitätserweiterungseffekt der Abschreibungen eine beliebte Prüfungsaufgabe. Wichtig ist, dass Sie verstehen, wie der Umsatzprozess, die Buchführung und auch die Kostenrechnung das Innenfinanzierungsvolumen bestimmen.

Modul 4	**Finanzplanung**
Lerneinheit 4.1	Finanzmanagement
Lerneinheit 4.2	Finanzplanung mit Kennzahlen
Lerneinheit 4.3	Zahlungsverkehr

In der Finanzplanung (*Modul 4*) werden Investitionsvorhaben und Finanzierungsmöglichkeiten zusammengeführt und aufeinander abgestimmt. Die Planbestandsdifferenzenbilanz finden Sie – eingeordnet in das Finanzmanagement – in *Lerneinheit 4.1*, und die daraus abgeleiteten, zur Durchführung des Finanzmanagements und der Planungsrechnung erforderlichen finanzwirtschaftliche Kennzahlen, auch die Goldenen Regeln, in *Lerneinheit 4.2*. Den Abschluss bildet *Lerneinheit 4.3* mit Erläuterungen zu den verschiedenen Zahlungsverkehrsformen – insbesondere POS, POZ und Internet Banking – und zum Cash Management.

Im Anschluss finden Sie *fünf Musterklausuren*, so wie Sie sie in der Prüfung erwarten können. Am Ende des Buchs, vor dem Sachwortverzeichnis, finden Sie dazu *finanzwirtschaftliche Tabellen*, die Sie zur Lösung der einen oder anderen Aufgabe benötigen. Umfang und Schwierigkeitsgrad der Musterklausuren sind als *anspruchsvoll* einzustufen, dies soll den Trainingseffekt erhöhen. Die Musterklausuren enthalten weniger Textaufgaben als die Originalprüfungen, da der methodische Schwerpunkt der Prüfungsaufgaben darauf liegt festzustellen, ob Sie in der Lage sind, *kaufmännisch zu rechnen* und mit größeren Zahlenmengen unter Zeitdruck umgehen können.

Arbeiten Sie zunächst den Textteil des Buchs Lerneinheit für Lerneinheit durch und rechnen Sie alle Beispiele *schriftlich* nach. Beantworten Sie auch die Kontrollfragen zunächst *schriftlich*, bevor Sie sich die Lösungen anschauen, und ohne im Textteil nachzulesen. Wenn Sie in Ihrer Antwort etwas falsch oder unpräzise dargestellt haben, erhöht diese Erkenntnis den Lernerfolg.

Erst wenn Sie sich anhand der *Lernziele* und der *Kontrollfragen* vergewissert haben, dass Sie die Lerninhalte verstanden und verinnerlicht haben, nehmen Sie sich jeweils 90 Minuten Zeit, um die Klausuren zu lösen. Erstellen Sie auch hier zunächst eine *schriftliche* Lösung, bevor Sie die Musterlösung anschauen, und achten Sie dabei auf Ihr Zeitmanagement. 100 Punkte in 90 Minuten bedeutet, dass Sie z. B. *für 10 Punkte 9 Minuten* Zeit haben. Am Anfang werden Sie die Klausurzeit überschreiten müssen. Tun Sie das! Brauchen Sie mehr als 120 Minuten, so gewinnen Sie eine Vorstellung davon, wie umfangreich die Prüfung nach neuer Prüfungsordnung ist. Lösen Sie jede Klausur so vollständig wie möglich, bevor Sie in die Musterlösungen gehen.

Lesen Sie jede Aufgabe zunächst *vollständig* durch und verschaffen Sie sich einen Überblick über das dargebotene Zahlenmaterial. Manchmal sind Zahlen angegeben, die Sie für die Lösung nicht benötigen, andere wichtige sind gelegentlich etwas versteckt. Fassen Sie sich bei Textaufgaben kurz und schreiben Sie nur so viel, wie es die Zeit erlaubt.

Nachdem Sie anhand der Musterlösungen die Qualität Ihrer Leistung überprüft haben, können Sie die aufgedeckten *Wissenslücken und Fragen* anhand des Textteils und weiterer Recherchen, z. B. im Internet oder in einem Wirtschaftslexikon, schließen. Sie finden den Lernstoff in einführenden Lehrbüchern zur Betriebswirtschaftslehre, zur Finanzwirtschaft und zur Unternehmensplanung. Hüten Sie sich vor zu theoretischen Darstellungen. In der Prüfung kommt es auf praktisches Wissen an. Üben Sie den Umgang mit den *finanzwirtschaftlichen Tabellen*. Fehler in der Prüfung passieren, weil der falsche Wert in der falschen Tabelle abgelesen wird.

Der erste Schritt für Ihren Prüfungserfolg in der Finanzwirtschaftsprüfung ist, dass Sie sich die *Begriffsdefinitionen und Übersichten* gut einprägen. Der zweite Schritt, ohne den Sie bei noch so gutem Fachwissen keinen Erfolg haben können, ist das Trainieren der *Rechenaufgaben*: Achten Sie dabei zunächst darauf, dass Sie mit Ruhe den Sachverhalt der Aufgabenstellung erfassen und erkennen, mit welchem Thema sich die Aufgabe beschäftigt. Rufen Sie sich dann die prinzipielle Vorgehensweise bei der Lösung in Erinnerung und verarbeiten Sie die gegebenen Informationen Schritt für Schritt. Und achten Sie auf Ihr Zeitmanagement!

Modul 1

Grundlagen

Lerneinheit 1.1

Einordnung der Finanzwirtschaftslehre

In dieser Lerneinheit können Sie folgende **Lernziele** erreichen:

- die Finanzwirtschaftslehre in die Betriebswirtschaftslehre einordnen
- wichtige betriebswirtschaftliche Zielgrößen definieren
- finanzwirtschaftliche Ziele aus den Unternehmenszielen ableiten
- die prinzipielle Vorgehensweise in der Unternehmensplanung verstehen
- Strategien entwickeln, formulieren und ihre Umsetzung planen

1.1.1 Wirtschaften in Betrieben

Wirtschaften ist Wählen und Wählen ist Entscheiden. Die Betriebswirtschaftslehre beschäftigt sich mit Entscheidungen in Betrieben, d. h. auch mit Entscheidungen über finanzielle Maßnahmen, und hat dazu die *Finanzwirtschaftslehre* entwickelt. Finanzwirtschaftliche Entscheidungen werden i. d. R. aus anderen Unternehmensentscheidungen abgeleitet; daher wird ihre Analyse und Gestaltung von vielen Bereichen der Betriebswirtschaftslehre beeinflusst: dem Marketing, der Produktions- und Beschaffungslehre, der Anlagenwirtschaftslehre, der Bankwirtschaftslehre, dem Rechnungswesen und der Steuerlehre, insbesondere aber vom Bereich Unternehmensplanung/Controlling bzw. von der *Managementlehre*.

Ein *Betrieb* oder ein Unternehmen lässt sich als komplexes System begreifen, das aus vielfältigen Subsystemen besteht und in ein Umsystem eingebettet ist. In der *Organisationslehre* werden verschiedene Strukturierungen von Betrieben (Aufbauorganisation) und Gestaltungen der Informations-, Güter- und Geldströme auf Grundlage der jeweiligen Struktur (Ablauforganisation) diskutiert. Für die entscheidungsorientierte Betriebswirtschaftslehre ist eine Betrachtung, Analyse und Gestaltung der *Geschäftsprozesse* des Unternehmens ergiebiger, und auch für die Finanzwirtschaftslehre sind die aus den Geschäftsprozessen folgenden finanziellen Gegebenheiten und Erfordernisse maßgeblich. Daher empfiehlt es sich, einen Betrieb als eine *Wertschöpfungskette* zu begreifen, innerhalb derer vielfältige Inputs in höherwertige Outputs transformiert werden. Geschäftsprozesse lassen sich in Leitungsprozesse, Leistungsprozesse und Unterstützungsprozesse unterteilen.

Übersicht Betrieb als Wertschöpfungskette

Leitungsprozesse (Management)

Planung | Controlling | Marketing

Beschaffung → Produktion → Absatz

Unterstützungsprozesse

Verwaltung | EDV | Lagerhaltung | IT-Support

Rechnungswesen | Logistik | Personalwesen

Ein *System* ist eine geordnete Ganzheit von Elementen, zwischen denen Beziehungen bestehen. Um den Wertschöpfungsprozess durchführen zu können, hat das System Betrieb zahlreiche *Beziehungen* zu seiner Umwelt. Es lassen sich Informationsbeziehungen, Güterbeziehungen und Geldbeziehungen unterscheiden. Die Finanzwirtschaftslehre interessiert sich besonders für die *Geldbeziehungen* (Zahlungsmittelzu- und -abflüsse), die jedoch nicht losgelöst von den Informationsbeziehungen (z. B. Konditionen für Kredite und Termingelder) und den Güterbeziehungen (z. B. Ausgaben für die Beschaffung von Maschinen, Umsatzerlöse aus dem Verkauf von Waren) betrachtet werden können.

Übersicht Einbettung in Umsysteme

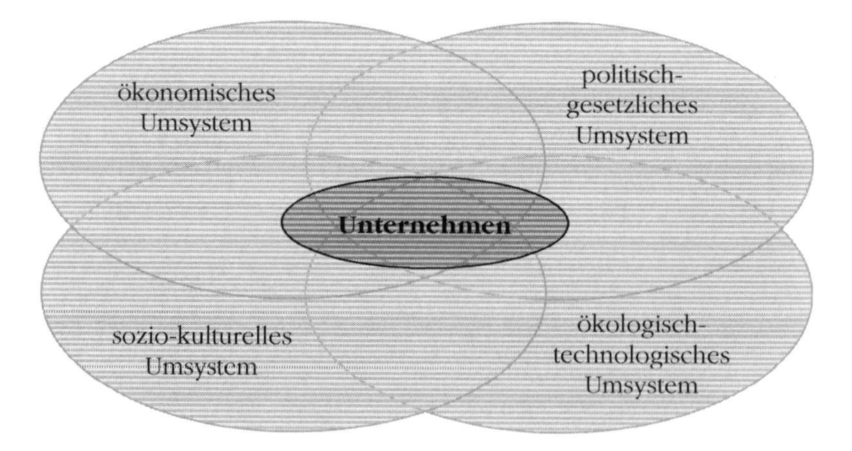

Das *ökonomische Umsystem* umfasst die Märkte, die Kunden, die Konkurrenz, die Zulieferer, die Banken und Investoren. Insbesondere das Verhalten von Kunden wird auch durch das *sozio-kulturelle Umsystem*, die Wertvorstellungen, Lebenseinstellungen, Religion, Umfang an Freizeit, etc. beeinflusst. Wenn ein Unternehmen in verschiedenen Ländern oder gar global tätig ist, muss es sich auf sehr unterschiedliche sozio-kulturelle Systeme einstellen. Zudem wird die Unternehmenssituation durch die politischen Verhältnisse und die Gesetzgebung beeinflusst (*politisch-gesetzliches Umsystem*). Gerade in die Gestaltung der finanziellen Beziehungen greift der Gesetzgeber zum Zwecke des Gläubiger- und Anlegerschutzes massiv ein. Dies hat Auswirkungen auf finanzwirtschaftliche Entscheidungen im Unternehmen. So ist z. B. die *Wahl der Rechtsform* (aus den vom Gesetzgeber vorgegebenen Möglichkeiten) oft genug eine finanzwirtschaftliche Entscheidung, da von ihr die Kapitalbeschaffungsmöglichkeiten abhängen. Auch die Unterscheidung von Eigenkapital und Fremdkapital ergibt sich aus der unterschiedlichen Rechtsposition des Kapitalgebers.

Die Veränderungen des *technologischen Umsystems* in den letzten Jahren mit der Computerisierung und Vernetzung der Unternehmen hat auch in finanzwirtschaftlichen Entscheidungen zu Veränderungen geführt: Neue elektronische Bezahlsysteme und Online-Banking, aber auch die schnellere und bessere Verfügbarkeit von Informationen für den Angebotsvergleich und Hedging-Möglichkeiten über Finanzderivate, z. B. Zins-Swaps, haben Auswirkungen auf die Finanzwirtschaft des Unternehmens.

So erfordert das Wirtschaften in Betrieben allgemein und das Treffen finanzwirtschaftlicher Entscheidungen im Besonderen einen umfassenden Informationsverarbeitungsprozess. Ausgangspunkt und erster Schritt für das Treffen von Entscheidungen ist die Zielformulierung. Ein *Ziel* ist ein zukünftig angestrebter Zustand oder Entwicklungsprozess. Um ein Ziel zu erreichen, müssen *Maßnahmen* zur Zielerreichung geplant und umgesetzt werden. Die Zielerreichung muss kontrolliert und Abweichungen müssen analysiert werden. Daher muss Unternehmensplanung als Planung, Steuerung und Kontrolle verstanden werden. *Controlling* bedeutet: Planung, Steuerung und Kontrolle. Um die Maßnahmen zur Zielerreichung durchführen zu können, werden *Potenziale* benötigt; das sind Gebäude, Maschinen, Fahrzeuge, Mitarbeiter, etc., vor allem aber sind das *Finanzmittel*, um Sachgüter anschaffen und Gehälter zahlen zu können.

Entscheidungen lassen sich in strategische und operative Entscheidungen gliedern. Eine *Strategie* ist eine Vorgehensweise grundsätzlicher Art. Mit ihr werden die Ziele, Maßnahmen und Potenziale zusammengefasst und aufeinander abgestimmt. Finanzwirtschaftliche Entscheidungen sind i. d. R. operative Entscheidungen, aber sie bilden das *Fundament*, ohne dass andere Entscheidungen nicht umgesetzt werden können.

1.1.2 Unternehmensziele

Die verschiedenartigen Ziele, die in Unternehmen formuliert werden müssen, reichen von der Gründung, der Rechtsformwahl, der Standortwahl, über die Art der herzustellenden Produkte, wie viele und welche Mitarbeiter eingestellt werden müssen, wie die Organisation gestaltet werden soll, bis hin zu der Entscheidung, welche Produkte und Dienstleistungen angeboten und wie sie vermarktet werden sollen. Im Vordergrund steht dabei, neben der Existenzsicherung, das Ziel der *Gewinnmaximierung*. Es beruht auf dem erwerbswirtschaftlichen Prinzip.

Das *erwerbswirtschaftliche Prinzip* ist an den Interessen der Kapitalgeber ausgerichtet. Kapitalgeber investieren ihr Kapital in solche Unternehmen, die am Markt erfolgreich sind und gute Kapitalerträge erwirtschaften. Der Aktienkurs eines börsennotierten Unternehmens ist ein guter Indikator dafür, wie erfolgreich ein Unternehmen ist, und nach diesem richtet sich die Bereitschaft von Kapitalgebern, zusätzliches Kapital, z. B. für Erweiterungsinvestitionen, zur Verfügung zu stellen.

Vom erwerbswirtschaftlichen Prinzip zu unterscheiden sind das gemeinwirtschaftliche Prinzip und das genossenschaftliche Prinzip. *Gemeinwirtschaftlich* orientierte Unternehmen bieten ihre Leistungen kostendeckend an und versuchen einen gegebenen Bedarf zu decken. Es ist die Zielsetzung staatlicher Unternehmen. Das *Genossenschaftsprinzip* beinhaltet die gegenseitige Förderung der Mitglieder. Es kommt vor allem in der Landwirtschaft vor.

Das erwerbswirtschaftliche Prinzip basiert auf dem *ökonomischen Prinzip*, das sich in den zwei Ausprägungen Maximalprinzip und Minimalprinzip darstellen lässt:

Übersicht Maximal- und Minimalprinzip

Maximalprinzip	Mit gegebenen Mitteln ein Ziel maximal erreichen, z. B. mit den vorhandenen Unternehmensressourcen einen möglichst hohen Gewinn erwirtschaften.
Minimalprinzip	Ein gegebenes Ziel mit minimalem Mitteleinsatz erreichen, z. B. die angebotenen Güter und Dienstleistungen zu möglichst geringen Kosten bereitstellen.

Nun ist mit der Definition des Ziels Gewinnmaximierung als oberstes Unternehmensziel noch nichts gewonnen, da es nur formal ist und keinen Praxisbezug hat. Daher wird es zusammen mit dem Ziel der Existenzsicherung in eine Zielhierarchie eingebunden.

Übersicht Zielhierarchie

Vision /Business Mission
Unternehmensphilosophie /Unternehmensleitbild
Unternehmenskultur
Erhaltung und erfolgreiche Weiterentwicklung des Unternehmens
Unternehmensziele
Geschäftsbereichs- und Funktionsbereichsziele
daraus abgeleitete Unterziele und Maßnahmen

An der Spitze der Zielhierarchie steht eine grundsätzliche Vorstellung von der angestrebten Rolle des Unternehmens in der Gesellschaft, der grundsätzlichen Marschrichtung des Unternehmens in die Zukunft. Sie wird als *Vision* oder als *Business Mission*, manchmal auch als Charta bezeichnet.

Jedes Unternehmen wird mehr oder minder geprägt von den Werten und Einstellungen seiner Führungskräfte, die man als Unternehmensphilosophie oder

Unternehmensleitbild bezeichnen kann. Dies kann unbewusst oder bewusst geschehen und wirkt sich auf die Werte und Einstellungen der Mitarbeiter aus, wodurch sich eine Unternehmenskultur herausbildet.

Erfolgreiche Unternehmen formulieren ihr Leitbild bewusst nach innen und nach außen und versuchen, dieses Leitbild im Auftreten des Unternehmens in der Öffentlichkeit und in der Mitarbeiterführung zu verankern, um so auch die *Unternehmenskultur* entsprechend zu prägen. Dies kann mit rationalen wie mit emotionalen Merkmalen wie „traditionsbewusst, innovativ, lebendig, fröhlich, verlässlich, kundenorientiert" oder ähnlichen erfolgen. Oft genug wird versucht, einem in der Vergangenheit entstandenen negativen Image entgegenzuwirken.

Unternehmensphilosophie und Unternehmenskultur spielen auch bei der Einstellung neuer Mitarbeiter und Führungskräfte eine wichtige Rolle. Die „Chemie" muss stimmen, d. h. der neue Mitarbeiter muss mit seinen eigenen Werten und Einstellungen zum Unternehmen „passen", damit er sich in das Unternehmen gut integrieren kann. Für neue Mitarbeiter ist es wichtig, dass sie die Bereitschaft mitbringen, in die Unternehmenskultur hineinzuwachsen, sich mit dem Unternehmen zu identifizieren und dadurch mit der Zeit selbst einen prägenden Einfluss auf die Kultur des Unternehmens auszuüben. Wissenschaftlichen Untersuchungen zufolge sind Unternehmen, in denen die Mitarbeiter gut miteinander auskommen, in denen es z. B. Betriebssportvereine gibt oder die Mitarbeiter auch privat untereinander in Kontakt stehen, erfolgreicher als andere. Die Unternehmensführung kann dazu förderliche Maßnahmen ergreifen. So kann z. B. schon die Einrichtung einer Teeküche als Begegnungsort für die Mitarbeiter den Erfolg des Unternehmens steigern, da die *informale Kommunikation* der Mitarbeiter über den Instanzenweg und die Abteilungsschranken hinaus zu einer Leistungsverbesserung führen kann. Wichtig ist dabei auch, welches Menschenbild die Führungskräfte in Bezug auf die Mitarbeiter haben und welche *Führungskonzepte* (z. B. Management by Objectives) und *Führungsstile* (z. B. kooperativer Führungsstil) sie verfolgen.

Der Überbau in der Zielhierarchie, ausgeprägt durch Vision, Philosophie und Kultur, wirkt sich auf das Ziel der *Gewinnmaximierung*, d. h. auf die erfolgreiche Weiterentwicklung des Unternehmens entscheidend aus. Das Ziel der Erhaltung des Unternehmens (Existenzsicherung) wird auf der gleichen Ebene formuliert wie die Gewinnmaximierung, da aufgrund der Unsicherheit der Umsysteme nicht alle Unternehmensressourcen in die Weiterentwicklung gesteckt werden dürfen, sondern für unerwartete Ereignisse, z. B. plötzliche Umsatzeinbrüche oder Anstieg der Rohstoffpreise, eine Reserve an Finanzmitteln für die *Liquiditätssicherung* gehalten werden muss. Das ist der oberste und wichtigste Zielkonflikt in der betriebswirtschaftlichen Entscheidungsfindung. In der Unternehmensphilosophie kann dazu festgelegt werden, ob das Unternehmen risikofreudig oder risikoscheu vorgehen will.

Aus dem bisherigen Aufbau der Zielhierarchie können nun die Unternehmensziele abgeleitet werden. Sie werden auch als *Unternehmensstrategien* bezeichnet. Eine Strategie ist eine Vorgehensweise grundsätzlicher Art. Je nach weiterem Aufbau des Unternehmens werden nun Geschäftsbereichsziele und/oder Funktionsbereichsziele und weitere Unterziele abgeleitet.

Bei den erwerbswirtschaftlichen Unternehmen in einer Marktwirtschaft stehen die Ziele der Kapitalgeber im Vordergrund, und der erste und wichtigste Zielkonflikt ist der zwischen Gewinnmaximierung und Liquiditätssicherung. Doch muss ein Unternehmen auch als *soziales System* begriffen werden, an dem viele verschiedene Menschen direkt und indirekt beteiligt sind, die unterschiedliche Ziele verfolgen. Die folgende Übersicht nennt die einzelnen Interessengruppen und ihre typischen Ziele:

Übersicht Unternehmen als Zielerreichungszentrum

Eigenkapitalgeber	Einkommen durch Gewinnausschüttungen Vermögenssicherung und Vermögensmehrung politische und wirtschaftliche Macht soziales Prestige
Unternehmensleitung	Einkommen durch Entgelt Sicherung des Arbeitsplatzes Wahrung und Ausweitung der Aufgaben und Kompetenzen soziales Prestige Ausüben von Macht Selbstverwirklichung
Gläubiger	Verzinsung des eingesetzten Kapitals Sicherung der Kredittilgung Sicherung weiterer Kreditgeschäfte
Mitarbeiter und Arbeitnehmervertreter	Einkommen durch Entgelt Sicherung des Arbeitsplatzes humane Arbeitsbedingungen Selbstverwirklichung
Kunden	Güterversorgung (Menge, Qualität, Preis, Service) Befriedigung von Bedürfnissen
Lieferanten	Absatz von Gütern (Menge, Qualität, Preis, Service) dauerhafte und harmonische Geschäftsbeziehung rechtzeitige Zahlung der Rechnungen
Staat	Steuerzahlungen Einhaltung von gesetzlichen Regelungen
Öffentlichkeit	Sicherung der wirtschaftlichen Leistungsfähigkeit Schutz der Umwelt Wohlstandsmehrung durch qualitativ hochwertige Güter soziale Sicherung und Erlebnisqualität

Die Unternehmensführung sieht sich daher einer Vielzahl von Zielen gegenüber, und weitere *Zielkonflikte* sind vorprogrammiert. Z. B. ist die ökologische Zielsetzung meist schwierig mit der ökonomischen Zielsetzung in Einklang zu bringen, da Umweltschutz Kosten verursacht. Der Staat versucht hier zum einen als hoheitliche Gewalt Zwang auszuüben, zum anderen setzt er Anreize durch Subventionen für Umweltschutzinvestitionen oder Einführung von Umweltzertifikaten.

Das Verfolgen der ökologischen Zielsetzung kann aber auch aus Marketing-Gesichtspunkten vorteilhaft sein und ergibt damit eine *Zielharmonie.* Die wichtigste Marketing-Zielsetzung ist Kundenorientierung, d. h. die Waren und Dienstleistungen so anzubieten, wie der Kunde sie benötigt. Und wenn im Zielsystem des Kunden Umweltschutz eine wichtige Rolle spielt, hat ein Unternehmen, das sich ökologisch gibt, einen Wettbewerbsvorteil gegenüber Konkurrenten.

Die Ziele Gewinnmaximierung und Existenzsicherung müssen als Unternehmens- oder auch Geschäftsbereichsziele *konkretisiert* und ausgeprägt werden mit *Zeitbezug* (z. B. in den nächsten drei Geschäftsjahren) und *Ausmaß* der Zielerreichung (z. B. Steigerung um 30 Prozent). Die folgende Übersicht nennt gängige betriebswirtschaftliche Ziele:

Übersicht Typische betriebswirtschaftliche Ziele

Gewinn	Ertrag ./. Aufwand
Rentabilität	Gewinn x 100 durch Kapitaleinsatz
Cash Flow	Einzahlungen ./. Auszahlungen
Shareholder Value	Marktwert der Unternehmung
Umsatz	mit Verkaufspreisen bewertete Absatzmengen
Marktanteil	Umsatzanteil am Gesamtmarkt
Produktivität	Output durch Input
Wirtschaftlichkeit	Ertrag durch Aufwand

Bei der Konkretisierung des Gewinnziels stellt sich die Frage nach dem zur Zielformulierung geeigneten *Gewinnbegriff.* Der Ertrag ergibt sich i. d. R. aus den Umsatzerlösen, er kann aber auch durch Verkäufe von Grundstücken oder Anlagegütern erzielt werden. Aufwand lässt sich gliedern in Personalaufwand, Materialaufwand, Abschreibungen und sonstige betriebliche Aufwendungen, aber auch außerordentliche Aufwendungen, die z. B. durch Betriebsunfälle, Überschwemmungen oder Fehlkalkulationen entstehen. Der *Jahresüberschuss* ist der Gewinnbegriff der Buchführung. In der Kostenrechnung bezeichnet man ihn als *Betriebsergebnis.* Das Steuerrecht kennt wiederum andere Gewinnbegriffe: das *zu versteuernde Einkommen* bzw. den *Gewerbeertrag.* Zur Information der Eigenkapitalgeber (Aktionäre) ist eher der *Bilanzgewinn* oder die *Gewinnausschüttung* interessant.

Kapitalgeber interessiert weniger der Gewinn in seiner absoluten Höhe als der Gewinn im Verhältnis zu dem eingesetzten Kapital. Die *Rentabilität* stellt eine Information über die Verzinsung des Kapitals dar und ermöglicht so den Vergleich mit anderen Anlagemöglichkeiten am Kapitalmarkt. Als Bezugsgröße kann statt des Kapitaleinsatzes auch der Umsatz gewählt werden: Die *Umsatzrentabilität* gibt an, wie viele Cents von jedem eingenommenen Euro letztlich übrig bleiben.

Für die Finanzwirtschaft bedeutsamer als der Gewinn der Buchführung ist der *Cash Flow,* d. h. der tatsächliche Zahlungsmittelüberschuss im Unternehmen. Die Geldmittel, die in der Kasse bzw. auf dem Konto verbleiben, können zur

Weiterentwicklung des Unternehmens verwendet werden, ohne dass fremde Kapitalgeber bemüht werden müssen. Der Cash Flow gibt daher die Innenfinanzierungskraft des Unternehmens an. Er kann auch als der Gewinnbegriff der Zahlungsrechnung bezeichnet werden.

Der *Shareholder Value* als Wert eines Unternehmens hängt ab von seinem Erfolg am Markt, vom Kundenstamm, den Qualifikationen der Mitarbeiter, der technischen Ausstattung, Lage, vorhandenen Patenten und Lizenzen, Managementfähigkeiten der Unternehmensführung, etc. Letztlich zählt jedoch nur der Preis, den potenzielle Käufer für das Unternehmen zu zahlen bereit sind. Und dieser richtet sich in der Marktwirtschaft nach Angebot und Nachfrage. Die auf den *Zukunftserfolg* gerichtete Bewertung des Unternehmens, z. B. mit dem Ertragswertverfahren oder dem Discounted-Cash-Flow-Verfahren (Abzinsung zukünftiger Cash Flows) kann daher nur eine Orientierung bieten, ist aber dem Substanzwertverfahren, das die Vermögensgegenstände nach Einzelveräußerbarkeit erfasst, vorzuziehen, sofern nicht Ziel des Erwerbs die Zerschlagung (Asset Stripping) ist.

Das Ziel der *Umsatzmaximierung* kann im Rahmen einer Wachstumsstrategie zeitweise das Ziel der Gewinnmaximierung verdrängen, sollte aber auch konkret formuliert werden, z. B. „Steigerung des Umsatzes im folgenden Geschäftsjahr um 20 Prozent". Ein hoher Umsatz kann auf zweierlei Weise erzielt werden: Entweder durch große Verkaufsmengen bei niedrigem Preis, oder durch kleinere Verkaufsmengen bei hohem Preis.

Umsatz = Preis x Menge

Zu unterscheiden ist das Ziel der Umsatzmaximierung von dem Ziel der *Marktanteilsmaximierung*. In einer wettbewerblich orientierten Marktwirtschaft spielt das Verhältnis zur Konkurrenz eine wichtige Rolle. Ein hoher Marktanteil bedeutet einen hohen Bekanntheitsgrad und damit eine gewisse Umsatzstabilität, da viele Kunden Geschäfte lieber mit großen und bekannten Unternehmen abschließen. Der Marktanteil kann auch als *relativer Marktanteil* formuliert werden. Dann wird das eigene Umsatzvolumen ins Verhältnis zu dem des stärksten oder der drei oder fünf stärksten Konkurrenten gesetzt. Ist man selbst Marktführer, d. h. das eigene Umsatzvolumen übersteigt das der wichtigen Konkurrenten, so liegt der relative Marktanteil über 100 Prozent. Eine weitere Schwierigkeit bei der Bestimmung des Marktanteils ist es, den Markt richtig abzugrenzen: Ist z. B. das Produkt „Skiurlaub in Tirol" auf wenige Orte dort und die Skisaison zu begrenzen oder in den Markt für Freizeitaktivitäten allgemein einzuordnen? Aus dieser Überlegung erst ergibt sich, welche Konkurrenzunternehmen in die Analyse mit einzubeziehen sind und welche nicht.

Produktivität wird als die *mengenmäßige* Ergiebigkeit der betrieblichen Faktorkombination bezeichnet. Management oder Unternehmensführung wird auch als *dispositiver Faktor* bezeichnet und von den betriebswirtschaftlichen Elementarfaktoren Betriebsmittel, Werkstoffe und menschliche Arbeitsleistung (ausführende Arbeit) unterschieden. Daher kann eine Unternehmung auch als Ort verstanden werden, an dem Produktionsfaktoren miteinander kombiniert werden. Der dispositive Faktor kombiniert die Elementarfaktoren so, dass eine bestmögliche Zielerreichung angestrebt werden kann.

Übersicht Produktionsfaktoren

Betriebsmittel	Gebrauchsgüter: Maschinen, Werkzeuge, Schreibtische, PCs, etc.
Werkstoffe	Verbrauchsgüter: Roh-, Hilfs- und Betriebsstoffe, Vorprodukte
menschliche Arbeitsleistung	rein ausführende Arbeitstätigkeiten, z. B. Tätigkeit einer Sekretärin, eines Hausmeisters, eines Maurers, etc.
dispositiver Faktor	Treffen von Entscheidungen, Management, Unternehmensführung, Controlling, Setzen von Zielen

In der Praxis ist Produktivität insbesondere als *Arbeitsproduktivität* bedeutsam. Sie kann in vier verschiedenen Versionen formuliert werden:

$$\frac{\textbf{Ausbringung (Stück)}}{\textbf{Arbeitsstunden}} \qquad \frac{\textbf{Umsatz (in Euro)}}{\textbf{Arbeitsstunden}}$$

$$\frac{\textbf{Ausbringung (Stück)}}{\textbf{Mitarbeiter}} \qquad \frac{\textbf{Umsatz (in Euro)}}{\textbf{Mitarbeiter}}$$

Im Unterschied zur Produktivität wird die *Wirtschaftlichkeit* als *wertmäßige* Ergiebigkeit der betrieblichen Faktorkombination definiert, d. h. sowohl im Zähler als auch im Nenner des Bruchs stehen Euro-Beträge:

$$\frac{\textbf{Ertrag}}{\textbf{Aufwand}} \qquad \frac{\textbf{Umsatz (Leistung)}}{\textbf{Kosten}}$$

Arbeitsproduktivität und Wirtschaftlichkeit können in einem *Zielkonflikt* zueinander stehen. Wird z. B. eine arbeitsintensive Produktion durch Investitionen auf eine höhere Kapitalintensität umgestellt, so steigt die Arbeitsproduktivität (mengenmäßige Ergiebigkeit), da mit weniger Mitarbeitern eine höhere Ausbringung produziert werden kann. Höhere Abschreibungen wirken sich auf den Aufwand bzw. die Kosten aus und können die Wirtschaftlichkeit negativ beeinflussen.

Finanzwirtschaftliche Entscheidungen, z. B. ob die Finanzierung der Investition über Eigenkapital oder Fremdkapital erfolgen soll, haben Einfluss auf die Wirtschaftlichkeit, nicht auf die Produktivität. Fremdkapitalzinsen erhöhen den Nenner des Bruchs und reduzieren damit die Wirtschaftlichkeit. Ferner lässt sich die Wirtschaftlichkeit von der Rentabilität als kapitalbezogene Größe abgrenzen: Die Rentabilität bezieht eine *Stromgröße* (Gewinn) auf eine *Bestandsgröße* (Kapital), die Wirtschaftlichkeit stellt zwei Stromgrößen zueinander in Beziehung.

1.1.3 Unternehmensplanung

Das wichtigste Instrument, dessen sich die Unternehmensführung zur Ermittlung und Durchsetzung des Zielsystems bedient, ist das *Controlling*. Controlling ist gleichzusetzen mit Planung, Steuerung und Kontrolle oder Management. Es ist die zielorientierte Beherrschung, Lenkung, Steuerung, Regelung und Beeinflussung von betrieblichen Prozessen und lässt sich an dem folgenden *Phasenkonzept* der Unternehmensplanung verdeutlichen:

Übersicht Phasenkonzept der Unternehmensplanung

1. Problemstellungsphase	Erkennen des Problems durch Soll-Ist-Vergleich Analyse der Ursachen des Problems Formulierung der Ziele und Aufgaben zur Lösung des Problems	**Planung**
2. Suchphase	Suche nach Alternativen (Maßnahmen), mit denen das Problem gelöst werden kann	
3. Beurteilungsphase	Bewertung der gefundenen Alternativen in Bezug auf ihre Zielerreichungsgrade Anwendung der Nutzwertanalyse	
4. Entscheidungsphase	Auswahl der Alternative, die in Bezug auf die vielfältigen formulierten Ziele als die beste erscheint	
5. Durchführungsphase	Feinplanung der Durchführung Durchführung der Maßnahmen	**Steuerung**
6. Kontrollphase	Soll-Ist-Vergleich: Wurden die angestrebten Zielerreichungsgrade realisiert? Abweichungsanalyse: beeinflussbare und nicht beeinflussbare Ursachen für die Abweichung neue Problemformulierung (weiter bei Phase 1)	**Kontrolle**

In der Unternehmenspraxis sind Entscheidungsprozesse oft sehr komplex und laufen über mehrere Wochen und Monate. Und oft genug scheitern solche Vorhaben auch oder werfen im Nachhinein viele Probleme auf. Wichtigster Gedanke des Controlling ist, Probleme und Misserfolge zu analysieren, um aus ihnen für die Zukunft zu lernen. Daher sollten in der *Ursachenanalyse* möglichst viele Informationen über das Unternehmen, die Konkurrenten, die Kunden und das Umsystem gesammelt und verarbeitet werden, um daraus Handlungsalternativen zu generieren. Dabei können verschiedene betriebswirtschaftliche *Analyseinstrumente* helfen, insbesondere das Instrument der Situationsanalyse oder auch SWOT-Analyse:

Übersicht SWOT-Analyse

S	Strengths	= Stärken	verteidigen
W	Weaknesses	= Schwächen	abbauen
O	Opportunities	= Chancen	wahrnehmen
T	Threats	= Risiken	senken

Die *Stärken-Schwächen-Analyse* wird sowohl für das eigene Unternehmen als auch für die wichtigsten Konkurrenten vorgenommen. Es geht hier darum, die besonderen Fähigkeiten und Stärken des Unternehmens aufzulisten und mit denen der Konkurrenten zu vergleichen, vor allem auch um zu ermitteln, in welchen Bereichen Wettbewerbsvorteile bestehen. Noch wichtiger ist es, die Schwächen zu identifizieren und sie sich einzugestehen, um sie im nächsten Schritt systematisch zu beseitigen, z. B. kann ein hoher Verschuldungsgrad eine Schwäche im Vergleich zur Konkurrenz sein, da Fremdkapitalkosten den Preissenkungsspielraum im Wettbewerb begrenzen. Über eine Kapitalerhöhung, die die Eigenkapitalquote erhöht, kann dieser Schwäche entgegengewirkt werden.

Die *Chancen-Risiken-Analyse* bezieht sich auf die Unternehmensumwelt. Fragen, die in diesem Zusammenhang gestellt werden sollten, sind:

- Wie ist unsere Lage im ökonomischen Umsystem? Welche Chancen und welche Risiken bestehen auf den Märkten, auf denen wir tätig sind oder sein könnten? Wer sind unsere Kunden, was erwarten sie von uns? Wie ist die Konkurrenzlage? Wie funktioniert die Zusammenarbeit mit unseren Zulieferern und den Banken?
- Wie sind Verhalten und Einstellungen unserer Kunden durch das soziokulturelle Umsystem geprägt? Welche kulturellen Veränderungen sind zu erwarten? Welche Chancen, welche Risiken ergeben sich für uns daraus?
- Welche zu erwartenden Entwicklungen im politisch-gesetzlichen Umsystem können für uns Chancen beinhalten, welche Risiken bestehen?
- Welche Entwicklungen im ökologisch-technologischen Umsystem bieten für uns Chancen, welche Entwicklungen stellen *Risiken* für uns dar?

Unter finanzwirtschaftlichen Gesichtspunkten sind vor allem das Zahlungsausfallrisiko, das Währungsrisiko und das Zinsrisiko zu beachten. Die zeitliche Verteilung der Zahlungsmittelzu- und -abflüsse kann schwanken, Kostenstrukturen können sich verändern, die Umsatzentwicklung kann einbrechen. Man könnte hierbei vom Beschaffungsrisiko und vom Absatzrisiko oder Konkurrenzrisiko sprechen. Risiken können kalkuliert (Wagniskosten) und z. T. abgesichert werden, wobei die Kosten der Absicherung gegen den möglichen Schaden abzuwägen sind.

Aus den Ergebnissen der SWOT-Analyse, die immer und immer wieder durchgeführt werden sollte, lassen sich die vier grundlegenden Regeln unternehmerischen Handelns ableiten: Stärken verteidigen, Schwächen abbauen, Chancen wahrnehmen, Risiken senken.

Die *Nutzwertanalyse* wird als Entscheidungsinstrument in der Beurteilungsphase eingesetzt und dient dazu, mehrere Alternativen in Bezug auf mehrere Ziele zu bewerten. Stehen z. B. für eine Erweiterungsinvestition mehrere Alternativen zur Auswahl, die ähnliche monetäre Wirkungen haben, oder bei denen neben der Aufwands- und Ertragslage weitere Kriterien, z. B. technologische Aspekte, eine Rolle spielen, reichen einfache Investitionsrechenverfahren zur Beurteilung nicht aus. Die Nutzwertanalyse wird in Form einer *Tabelle* dargestellt: In der Vorspalte werden die Alternativen (Ai) aufgeführt, in der Kopfzeile die zu erreichenden Ziele (Zj), mit Gewichtung (gj).

Übersicht Schema der Nutzwertanalyse

	Z_1 (g_1)	Z_2 (g_2)	Z_3 (g_3)	...	Nutzwert
A_1	a_{11}	a_{12}	a_{13}		n_1
A_2	a_{21}	a_{22}	a_{23}		n_2
A_3	a_{31}	a_{32}	a_{33}		n_3
...					

Die Festlegung der *Ziele* (Kosten, Umsetzbarkeit, Umweltverträglichkeit, Gewinn, Qualität, etc.) und der *Gewichte* erfolgt aufgrund von Erfahrungen der Vergangenheit und der Ansichten und Wertvorstellungen der Führungskräfte. Wird z. B. Kosteneinsparung als ein wichtiges Ziel definiert, so wird es mit einem hohen Zielgewicht belegt. Die Festlegung und Gewichtung der Ziele ist damit hochgradig subjektiv gestaltbar und dient in erster Linie dazu, den Entscheidungsprozess sichtbar zu machen und zu dokumentieren. Die Summe aller Zielgewichte muss immer 100 Prozent ergeben.

Jede Entscheidungsalternative wird nun in Bezug auf jedes Ziel bewertet. Dabei kann entweder mit einem *Punkte-System* (z. B. 10 Punkte für die beste, 0 Punkte für die schlechteste Leistung) oder mit einem *Noten-System* (z. B. bei drei Alternativen Note 1 für die beste, Note 3 für die schlechteste Leistung) gearbeitet werden. Es wird nur eine Rangreihe (z. B. teuerste bis preiswerteste Alternative) gebildet; es werden keine Euro-Beträge in die Felder eingetragen!

Ob ein Punkte- oder ein Notensystem verwendet wird und wie die Skalen ausgestaltet werden, ist Ansichtssache, sollte jedoch im Vorfeld eindeutig festgelegt werden. Die mit den Zielgewichten multiplizierten Punkte bzw. Noten werden für jede Alternative aufaddiert und ergeben den *Nutzwert*, der in die letzte Spalte eingetragen wird. Die Alternative mit dem besten Nutzwert (bei Punkten dem höchsten, bei Noten dem niedrigsten) wird zur Entscheidung vorgeschlagen. Es empfiehlt sich, zusätzlich eine *Sensitivitätsanalyse* durchzuführen, d. h. die Zielgewichte mehrfach zu verändern und die Wirkung auf den Nutzwert zu beurteilen.

Es ergeben sich bei Anwendung der Nutzwertanalyse zwei grundlegende *Probleme*: zum einen die Festlegung der Zielgewichte, zum anderen die exakte Bewertung der Alternativen in Bezug auf die einzelnen Ziele. Doch wird mit Hilfe einer Nutzwertanalyse die Entscheidungsfindung nachvollziehbar und sie kann später für weitere Unternehmensentscheidungen als Informationsquelle herangezogen werden.

Die Nutzwertanalyse ist um eine dritte Dimension erweiterbar, wenn verschiedene mögliche zukünftige *Umweltzustände* in die Überlegungen mit einbezogen werden. Dazu wird jede einzelne Zielausprägung zusätzlich für jeden möglichen Umweltzustand ermittelt und mit der Eintrittswahrscheinlichkeit des Umweltzustandes gewichtet.

Die *Kosten-Nutzen-Analyse* darf nicht mit der Nutzwertanalyse verwechselt werden. Sie stellt die Kosten einer Entscheidung dem Nutzen der Entscheidung gegenüber.

Wichtig bei der Ermittlung der Kosten eines Vorhabens ist der *TCO-Ansatz*. TCO steht für total costs of ownership, d. h. es soll versucht werden, alle anfallenden Kosten des Vorhabens zu ermitteln oder zumindest zu schätzen.

Die Bewertung des *Nutzens* eines Vorhabens kann in vielen Fällen nur mit Worten und ohne harte Zahlen erfolgen. Arbeitszeiteinsparungen können mit Mannstunden x Stundensatz in Euro-Beträge umgerechnet werden.

Auch das Instrument der Kosten-Nutzen-Analyse dient in erster Linie dazu, den Entscheidungsprozess transparent und nachvollziehbar zu machen und Informationen für spätere Entscheidungen und auch für die Kontrolle von getroffenen Entscheidungen zu entwickeln.

1.1.4 Strategieformulierung

Auf der Grundlage der angestrebten Ziele und der zur Zielerreichung ausgewählten Maßnahmen können nun *Strategien* formuliert und ausgearbeitet werden. Eine Strategie ist ein Instrument, mit dessen Hilfe unternehmerische Entscheidungen und der mit ihnen verbundene Mitteleinsatz auf einen in der Zukunft liegenden Zeitpunkt hin koordiniert werden. Sie beinhaltet *Ziele*, die erforderlichen *Maßnahmen* zur Zielerreichung und die Benennung der dazu erforderlichen *Ressourcen*. Es gibt vielfältige Möglichkeiten der Strategieformulierung, abhängig von der Größe des Unternehmens und der jeweiligen Situation, in der sich das Unternehmen befindet. Im Folgenden werden gängige Strategien erläutert, die sich auch miteinander kombinieren lassen:

Übersicht Strategieformulierung

<table>
<tr><td colspan="12">nach der Entwicklungsrichtung</td></tr>
<tr><td colspan="4">Wachstumsstrategie</td><td colspan="4">Stabilisierungsstrategie</td><td colspan="4">Desinvestitionsstrategie</td></tr>
<tr><td colspan="12">nach dem regionalen Geltungsbereich</td></tr>
<tr><td colspan="3">lokale Strategie</td><td colspan="3">nationale Strategie</td><td colspan="3">internationale Strategie</td><td colspan="3">globale Strategie</td></tr>
<tr><td colspan="12">nach dem Grad der Eigenständigkeit</td></tr>
<tr><td colspan="4">Do-it-yourself-Strategie</td><td colspan="4">Kooperationsstrategie</td><td colspan="4">Akquisitionsstrategie</td></tr>
<tr><td colspan="12">nach der Produkt-Markt-Kombination</td></tr>
<tr><td colspan="2"></td><td colspan="5">bisherige Märkte</td><td colspan="5">neue Märkte</td></tr>
<tr><td colspan="2">bisherige Produkte</td><td colspan="5">Marktdurchdringungsstrategie</td><td colspan="5">Marktentwicklungsstrategie</td></tr>
<tr><td colspan="2">neue Produkte</td><td colspan="5">Produktentwicklungsstrategie</td><td colspan="5">Diversifikationsstrategie</td></tr>
<tr><td colspan="12">nach Ansatzpunkten für Wettbewerbsvorteile</td></tr>
<tr><td colspan="4">Kostenführerstrategie</td><td colspan="4">Qualitätsführerstrategie</td><td colspan="4">Nischenstrategie</td></tr>
<tr><td colspan="12">nach dem organisatorischen Geltungsbereich</td></tr>
<tr><td colspan="4">Unternehmens-strategie</td><td colspan="4">Geschäftsbereichs-strategie</td><td colspan="4">Funktionsbereichs-strategie</td></tr>
</table>

Die Wahl und Ausgestaltung der Strategiekombinationen kann mitunter erhebliche Auswirkungen auf die *Finanzwirtschaft* des Unternehmens haben bzw. unterliegt immer auch der Prüfung auf Finanzierbarkeit.

Das *Wachstumsziel* kann anhand des Umsatzvolumens oder des Marktanteils, auch anhand der Ausbringungsmenge formuliert werden. In einer schwierigen Marktlage hingegen empfiehlt sich eine *Stabilisierung*, z. B. des Marktanteils, und wenn in einem Produkt- oder Marktbereich die Konkurrenz übermächtig ist, kann eine *Desinvestition*, d. h. der Rückzug aus diesem Bereich, sinnvoll erscheinen.

Eine wichtige Unternehmensentscheidung, abhängig auch von der Größe des Unternehmens, ist, in welchem *Gebiet* es tätig sein will. Eine Wachstumsstrategie kann mit einer regionalen Expansion verbunden sein. Dabei ist zu klären, ob die angestrebten Veränderungen aus eigener Kraft bewältigt werden sollen oder ob eine Zusammenarbeit mit anderen Unternehmen (Kooperation) sinnvoller ist. Akquisition bedeutet, dass ein anderes Unternehmen erworben wird (Übernahme). Unter Finanzierungsgesichtspunkten ist die *Kooperation* wohl die günstigste Form, da vorhandene Ressourcen gemeinsam genutzt werden, jedoch scheitern 60 Prozent aller Unternehmenszusammenschlüsse aufgrund von Kommunikationsproblemen und nicht harmonisierbarer Unternehmenskulturen.

Übersicht Arten von Unternehmenszusammenschlüssen

	rechtliche Selbstständigkeit	**wirtschaftliche Selbstständigkeit**
Kooperation	bleibt erhalten	wird teilweise aufgegeben
Konzern	bleibt erhalten	wird vollständig aufgegeben
Fusion	wird aufgegeben	wird vollständig aufgegeben

In Bezug auf die Art des Zusammenschlusses werden Kooperation und Vereinigung unterschieden: Bei *Kooperationen* wird in dem Bereich der Zusammenarbeit die wirtschaftliche Eigenständigkeit aufgegeben. Eine Sonderform der Kooperation mit wettbewerbsbeschränkender Wirkung ist das *Kartell.* Preiskartelle und Gebietskartelle sind verboten. Bei Standardisierungs- oder Rationalisierungskartellen u. a. stellt der Gesetzgeber den Vorteil der Zusammenarbeit für den Verbraucher über den Nachteil der Wettbewerbseinschränkung. Weitere Kooperationsformen sind die *strategische Allianz* (vor allem in der Forschung und Infrastrukturgestaltung) und das *Joint Venture* (z. B. bei Auslandsinvestitionen).

Unter *Vereinigungen* ist der Konzern und die Fusion zu verstehen. Beim *Konzern* gibt das Tochterunternehmen seine wirtschaftliche Selbstständigkeit auf, es bleibt aber als eigene Rechtsperson im Handelsregister eingetragen. Konzerne werden gebildet durch Beherrschungsvertrag, Beteiligung (über 50 Prozent) oder/und personelle Verflechtung. Bei der *Fusion* wird auch die Rechtsperson zumindest eines Unternehmens aufgelöst (Fusion durch Aufnahme), oder beide Unternehmen geben ihre alte Identität auf und es entsteht ein gemeinsames neues Unternehmen (Fusion durch Neugründung).

Insbesondere Mehrproduktunternehmen haben die Möglichkeit, auf den bisher bedienten Märkten die Verkaufszahlen ihrer Produkte zu erhöhen, z. B. durch Intensivierung der Werbung (*Marktdurchdringung*), oder zusätzliche Produkte auf diesen Märkten zu platzieren (*Produktentwicklung*). Sie können aber mit ihren bisherigen Produkten auch neue Märkte erobern, z. B. im Rahmen einer Internationalisierungsstrategie (*Marktentwicklung*) oder – mit dem wohl größten Risiko verbunden – neue Produkte auf neuen Märkten anbieten (*Diversifikation*).

Basierend auf dem *Lebenszykluskonzept*, das davon ausgeht, dass Produkte eine begrenzte Lebensdauer haben, können Mehrproduktunternehmen in einer Portfolio-Analyse veranschaulichen, wo ihre Produkte nach Marktwachstum und Marktanteil stehen. Es ergeben sich vier Felder, in die die Produkte eingeordnet werden können:

Übersicht Portfolio-Matrix

		Marktanteil	
		niedrig	**hoch**
Marktwachstum	**hoch**	Question Mark	Star
	niedrig	Poor Dog	Cash Cow

Kurz nach der Markteinführung eines neuen Produktes ist das Marktwachstum hoch und der Marktanteil noch gering, und es ist fraglich (Question Mark), ob es sich durchsetzen kann. Mit entsprechendem Marketingaufwand kann ein hoher Marktanteil (Star) erreicht werden. In dem Maße wie das Produkt in die Reife- und Sättigungsphase eintritt, springen mehr und mehr Konkurrenten ab, das Marktwachstum sinkt. Das Produkt liefert dann hohe und stabile Umsätze (Cash Cow) bei niedrigen Kosten. Insbesondere entfallen die Marketingkosten, die in der heißen Phase zur Verteidigung des Produktes am Markt gegen die Konkurrenz erforderlich waren. Ist der Marktanteil in dieser Phase jedoch immer noch gering (Poor Dog), empfiehlt sich, solche Produkte aus dem Produktprogramm zu entfernen (Produkteliminierung), da sie nur das Budget und die Unternehmensressourcen belasten.

Das *Gesetz der Massenproduktion* besagt, dass mit jeder Verdopplung der Ausbringungsmenge die Stückkosten um 20 bis 30 Prozent sinken (Kostenerfahrungskurveneffekt). Unternehmen mit großen Produktionsanlagen haben niedrigere Stückkosten, und je erfahrener ein Unternehmen ist, umso effizienter produziert es. Solche Unternehmen können am Markt als *Kostenführer* auftreten, d. h. sie bieten ihre Produkte zu niedrigen Preisen an und erzielen trotz niedrigen Stückgewinns hohe Gewinne über große Verkaufsmengen. Ferner kommt ihnen der *Fixkostendegressionseffekt* zugute, da sich die Fixkosten gerade bei kapitalintensiver Produktion auf eine größere Stückzahl verteilen. Die Wahl einer Produktionsanlage mit größerer Fertigungskapazität erfordert jedoch einen größeren Kapitaleinsatz, der über den Markt auch wieder verdient werden muss.

Die alternative Strategie ist, eine besonders hohe Qualität anzubieten, mit der Möglichkeit, den Preis entsprechend hoch zu setzen, so dass auch bei geringer

Produktionsmenge aufgrund des hohen Gewinnaufschlags gute Gewinne eingefahren werden können. Eine Variante der *Qualitätsführerschaft* ist es, sich auf eine Marktnische zu konzentrieren, als Spezialanbieter mit geringer Konkurrenz und damit auch der Möglichkeit, über hohe Gewinnaufschläge am Markt erfolgreich zu sein. Unter *Qualität* sind die vom Kunden wahrgenommenen Eigenschaften des Produkts zu verstehen. Insbesondere bei homogenen Gütern, z. B. Bankdienstleistungen, muss Qualität über das Unternehmens-Image erzeugt werden, i. d. R. über die Image-Dimensionen Freundlichkeit, Sympathie, treue Partnerschaft, Vertrauen, o. ä. Qualität kann im Marketing-Mix über die *Definition einer Marke* erreicht werden, jedoch ist die Etablierung der Marke in den Köpfen der Käufer oft nur mit hohem finanziellen Aufwand möglich. Der Vorteil ist *Umsatzstabilität*, da das Markenprodukt dem Konsumenten die Kaufentscheidung erleichtert, und Umsatzstabilität bedeutet *stabile Cash Flows*, die für die Erhaltung und erfolgreiche Weiterentwicklung des Unternehmens nachhaltig eingesetzt werden können.

Die gewählte Strategie kann das gesamte Unternehmen betreffen (*Unternehmensstrategie*), einzelne *Geschäftsbereiche* (Produkte/Märkte) oder einzelne *Funktionen*. Die folgende Übersicht zeigt anhand von Beispielen Möglichkeiten zur Formulierung von Funktionsbereichsstrategien:

Übersicht Funktionsbereichsstrategien

Funktion	**Strategie-Beispiel**
Beschaffung	Die Anzahl der Zulieferer soll deutlich reduziert werden. Dazu werden mit den verbleibenden Zulieferern neue Verträge geschlossen, die stets rechtzeitige Anlieferung in klar definierter Qualität sicherstellen.
Produktion	Die Produktion soll in ostasiatische Länder mit niedrigeren Lohnkosten ausgelagert werden, damit die Strategie der Kostenführerschaft nachhaltiger verwirklicht werden kann.
Absatz	Für die Expansion auf den europäischen Markt soll mit national ansässigen Vertriebsunternehmen kooperiert werden. Der Aufbau eines eigenen Absatzsystems ist zu teuer und zu langwierig.
Finanzierung	Die Wahl des Standorts für die neue Produktionsanlage soll davon abhängig gemacht werden, ob in der Region staatliche Fördermittel zur Verfügung stehen.
Personal	Bei der Auswahl des Verkaufspersonals soll vermehrt Wert auf die fachliche Qualifikation gelegt werden, da der Verkaufserfolg beim Kunden von der Qualität der Beratung und der Kompetenz des Personals abhängt.
Technologie	Für die Entwicklung neuer Produkte soll im Rahmen einer strategischen Allianz mit anderen Produzenten zusammengearbeitet werden, um Entwicklungskosten zu sparen.

Kontrollfragen zu Lerneinheit 1.1

Einordnung der Finanzwirtschaftslehre

1. Womit beschäftigt sich die Betriebswirtschaftslehre und wie ist die Finanzwirtschaftslehre in sie einzuordnen?
2. Was verstehen Sie unter einem Betrieb bzw. einem Unternehmen?
3. Charakterisieren Sie die Einflüsse des Umsystems auf finanzwirtschaftliche Entscheidungen.
4. Bringen Sie die folgenden Begriffe in einen Sinnzusammenhang: Wirtschaften, Ziele, Maßnahmen, Potenziale.
5. Erläutern Sie den Unterschied zwischen strategischen und operativen Entscheidungen.
6. Welche Bedeutung haben das erwerbswirtschaftliche Prinzip und das ökonomische Prinzip für die Unternehmensführung?
7. Wie lässt sich das Ziel der Gewinnmaximierung unter der Nebenbedingung der Liquiditätssicherung in die Zielhierarchie eines Unternehmens einordnen?
8. Stellen Sie den wichtigsten Zielkonflikt in der betriebswirtschaftlichen Entscheidungsfindung dar.
9. Grenzen Sie die Ziele Wirtschaftlichkeit, Produktivität und Rentabilität unter finanzwirtschaftlichen Gesichtspunkten voneinander ab.
10. Was verstehen Sie unter Controlling?
11. Wozu dient die SWOT-Analyse?
12. Welche Bedeutung hat der TCO-Ansatz für Investitionsentscheidungen?
13. Was verstehen Sie unter einer Cash Cow?
14. Warum ist die Kooperationsstrategie bei einer Expansion ins Ausland der Do-it-yourself-Strategie und der Akquisitionsstrategie unter Finanzierungsgesichtspunkten überlegen. Worin liegt der Nachteil einer solchen Vorgehensweise?
15. Was bedeutet Qualität für Sie?
16. Erläutern Sie am Beispiel der Unternehmensfunktion Finanzierung, was unter einer Funktionsbereichsstrategie zu verstehen ist.

Lösungen zu Lerneinheit 1.1

Einordnung der Finanzwirtschaftslehre

1. Die Betriebswirtschaftslehre beschäftigt sich mit Entscheidungen in Betrieben, und damit auch mit Entscheidungen über finanzielle Maßnahmen. Finanzwirtschaftliche Entscheidungen werden i. d. R. aus anderen Unternehmensentscheidungen abgeleitet; daher wird ihre Analyse und Gestaltung von vielen Bereichen der Betriebswirtschaftslehre beeinflusst: dem Marketing, der Produktions- und Beschaffungslehre, der Anlagenwirtschaftslehre, der Bankwirtschaftslehre, dem Rechnungswesen und der Steuerlehre, insbesondere aber vom Bereich Unternehmensplanung/Controlling bzw. von der Managementlehre.

2. Ein Betrieb oder Unternehmen lässt sich als komplexes System begreifen, das aus vielfältigen Subsystemen besteht und in ein Umsystem eingebettet ist. In der entscheidungsorientierten Betriebswirtschaftslehre geht es um die Betrachtung, Analyse und Gestaltung der Geschäftsprozesse von Unternehmen. Daher kann ein Betrieb auch als eine Wertschöpfungskette begriffen werden, innerhalb derer vielfältige Inputs in höherwertige Outputs transformiert werden.

3. Aus dem Umsystem ergeben sich die Zahlungsmittelflüsse und Kapitalbeschaffungsmöglichkeiten im Rahmen der rechtlichen Vorschriften und Gestaltungsmöglichkeiten (z. B. Rechtsformwahl) und der vorhandenen Technologie (z. B. Online-Banking).

4. Wirtschaften bedeutet Wählen und Wählen bedeutet Entscheiden. Um eine Entscheidung treffen zu können, muss ein Entscheidungsziel formuliert werden, dazu müssen Maßnahmen zur Zielerreichung ausgewählt werden und Potenziale, vor allem Finanzmittel, vorhanden bzw. beschaffbar sein.

5. Eine Strategie ist eine Vorgehensweise grundsätzlicher Art. Sie umfasst Ziele, Maßnahmen und Potenziale. Im Rahmen der gewählten Vorgehensweise sind weitere, operative Entscheidungen zur Umsetzung zu treffen.

6. Die obersten, formalen Ziele eines erwerbswirtschaftlichen Unternehmens sind die Erhaltung und erfolgreiche Weiterentwicklung des Unternehmens. Im Interesse der Kapitalgeber steht dabei die Gewinnmaximierung im Vordergrund. Das erwerbswirtschaftliche Prinzip beruht auf dem ökonomischen Prinzip der Ziel-Mittel-Optimierung: Maximale Zielerreichung mit gegebenen Mitteln bzw. vorgegebene Zielerreichung mit minimalem Mitteleinsatz.

7. An der Spitze der Zielhierarchie steht die Vision oder Business Mission, eine grundsätzliche Vorstellung von der Marschrichtung des Unternehmens in die Zukunft. Jedes Unternehmen wird zudem geprägt von seiner Unternehmensphilosophie (Werte und Einstellungen der Führungskräfte) und Unternehmenskultur (Werte und Einstellungen der Mitarbeiter). Dieser Überbau operationalisiert die formalen Ziele Gewinnmaximierung und Liquiditätssicherung, aus denen alle weiteren Unternehmensziele und die zur Zielerreichung notwendigen Maßnahmen abgeleitet werden.

8. Das Ziel der Gewinnmaximierung, d. h. die erfolgreiche Weiterentwicklung des Unternehmens wird auf der gleichen Ebene formuliert wie das Ziel der Erhaltung des Unternehmens, die Liquiditätssicherung, da aufgrund der Unsicherheit der Umsysteme nicht alle Unternehmensressourcen in die Weiterentwicklung gesteckt werden dürfen, sondern für unerwartete Ereignisse, z. B. plötzliche Umsatzeinbrüche oder Anstieg der Rohstoffpreise, eine Reserve an Finanzmitteln für die Liquiditätssicherung gehalten werden muss.

9. Finanzwirtschaftliche Entscheidungen, z. B. ob die Finanzierung der Investition über Eigenkapital oder Fremdkapital erfolgen soll, haben Einfluss auf die Wirtschaftlichkeit, nicht auf die Produktivität. Fremdkapitalzinsen erhöhen den Nenner des Bruchs und reduzieren damit die Wirtschaftlichkeit. Ferner lässt sich die Wirtschaftlichkeit von der Rentabilität als kapitalbezogene Größe abgrenzen: Die Rentabilität bezieht eine Stromgröße (Gewinn) auf eine Bestandsgröße (Kapital), die Wirtschaftlichkeit stellt zwei Stromgrößen zueinander in Beziehung.

10. Controlling ist Planung, Steuerung und Kontrolle oder Management. Es ist die zielorientierte Beherrschung, Lenkung, Steuerung, Regelung und Beeinflussung von betrieblichen Prozessen. Controlling beginnt mit der Suche und Analyse von Problemstellungen, es werden Ziele formuliert und alternative Maßnahmen bewertet. Die als die bestmögliche erscheinende Maßnahme wird durchgeführt und der Zielerreichungsgrad wird kontrolliert. Aus Abweichungen ergeben sich neue Controlling-Prozesse.

11. Die SWOT-Analyse dient dazu, betriebliche Problembereiche zu identifizieren, um Verbesserungen zu erzielen: Stärken können ausgebaut, Schwächen reduziert, Chancen genutzt und Risiken vermieden werden.

12. Bei Investitionsprojekten müssen alle relevanten Kosten in die Analyse mit einbezogen werden: TCO steht für Total Costs of Ownership, d. h. auch Planungs- und Vorbereitungskosten, Wartungs- und Instandhaltungskosten und Abbruch- und Entsorgungskosten am Ende der Nutzung.

13. Eine Cash Cow (auch: Melkkuh) ist ein Produkt eines Mehrproduktunternehmens, das einen hohen Marktanteil bei niedrigem Marktwachstum hat. Sie ist finanzwirtschaftlich von besonderer Bedeutung, da sie hohe Cash Flows einbringt, die zur Finanzierung von neuen Produkten (Question Marks) und zur Verteidigung guter Marktstellungen bei starker Konkurrenz (Stars) benötigt werden.

14. Unter Finanzierungsgesichtspunkten ist die Kooperation i. d. R. die günstigste Form, da vorhandene Ressourcen, insbesondere das Vertriebssystem des ausländischen Kooperationspartners und seine Marktkenntnisse, genutzt werden können. Der Do-it-yourself-Weg ist zeit- und kostenintensiv, die Akquisition erfordert einen hohen Kapitaleinsatz. Der Nachteil der Kooperation ist, dass auf die Interessen des Kooperationspartners Rücksicht genommen werden muss.

15. Qualität sind die vom Kunden wahrgenommenen Eigenschaften des Produkts.

16. In einer funktionalen Betrachtung des Unternehmens werden verschiedene Funktionen oder zu erfüllende Aufgaben unterschieden. Die Funktion Finanzierung bedeutet Mittelbeschaffung; dazu werden Strategien (Vorgehensweisen grundsätzlicher Art) formuliert, z. B. Nutzung staatlicher Fördermittel.

Lerneinheit 1.2

Begriffsabgrenzungen

In dieser Lerneinheit können Sie folgende **Lernziele** erreichen:

- die Informationsfunktion von Buchführung und Jahresabschluss begreifen
- die Bedeutung der Kostenrechnung für die Finanzwirtschaft erkennen
- Zahlungsmittelbestand, Geldvermögen und Reinvermögen unterscheiden
- Auszahlung, Ausgabe und Aufwand und Kosten voneinander abgrenzen
- Einzahlung, Einnahme und Ertrag und Leistung voneinander abgrenzen

1.2.1 Rechnungswesen

Das betriebliche Rechnungswesen dient der Erfassung und Aufbereitung von Informationen über die *Geschäftsprozesse* des Unternehmens. Ausgangspunkt dafür ist die *Buchführung*, in der alle Geschäftsvorfälle systematisch geordnet aufgezeichnet werden. Zum Jahresende hin werden alle Aufzeichnungen zum *Jahresabschluss* zusammengefasst. Unter einem *Geschäftsvorfall* versteht man jede Güterbewegung bzw. jeden Zahlungsvorgang, der sich auf das Vermögen oder/und Kapital des Unternehmens auswirkt. Gebucht wird auf Konten, und es lassen sich grundsätzlich zwei Arten von Konten unterscheiden: Bestandskonten und Erfolgskonten. Auf *Bestandskonten* werden Bestände an Vermögen und Kapital erfasst, und sie werden in der Bilanz zusammengefasst. Auf *Erfolgskonten* werden erfolgswirksame Vorgänge erfasst, Aufwendungen und Erträge, und sie werden in der Gewinn- und Verlustrechnung zusammengefasst. Aufwendungen und Erträge verändern Bestände, sie werden daher auch als *Stromgrößen* bezeichnet.

Der große Vorteil der *doppelten Buchführung* liegt darin, dass Buchungsfehler sehr schnell erkannt werden können, denn wenn jeder Geschäftsvorfall zweimal erfasst wird, müssen die Beträge zusammengerechnet übereinstimmen. Der *Saldo der Gewinn- und Verlustrechnung* ist der Jahresüberschuss bzw. Jahresfehlbetrag. Er muss am Jahresende dem *Saldo der Bilanz* (Veränderung des Eigenkapitals) entsprechen; dann ist kein Buchungsfehler passiert.

Die klassische Darstellung von Konten erfolgt als T (*T-Konten*). Der senkrechte Strich des T dient dazu, das Konto in eine linke und rechte Seite zu unterteilen. Auf den waagerechten Strich des T kommt der Name des Kontos, z. B.

„Maschinen". Die linke Seite wird auch als „Soll" bezeichnet, die rechte als „Haben". Diese Bezeichnungen können irreführend sein und führen gerade bei Buchführungsanfängern zu sogenannten Drehern, dem häufigsten Buchführungsfehler.

Auch die *Bilanz* kann in T-Kontoform dargestellt werden. Auf der linken Seite stehen die Aktiva (aktive Bestandskonten), das Vermögen. Auf der rechten Seite stehen die Passiva (passive Bestandskonten), das Kapital (Eigen- oder Fremdkapital). Vermögenszugänge werden daher links gebucht, Vermögensabgänge rechts. Kapitalzugänge werden rechts gebucht, Kapitalabgänge links.

Ebenso kann die *Gewinn- und Verlustrechnung* (GuV) in T-Kontoform dargestellt werden. Links stehen die Aufwendungen, rechts die Erträge. Ein Aufwand wird immer links gebucht, ein Ertrag immer rechts. Nur Korrektur- und Stornobuchungen durchbrechen dieses Prinzip.

Eine andere Darstellungsform von Konten ist das *Staffelkonto*: Zugänge werden mit einem Plus-Zeichen, Abgänge mit einem Minus-Zeichen versehen. In Buchhaltungssoftware sind i. d. R. unterschiedliche Ansichten wählbar.

Alle Konten eines Unternehmens sind in einem *Kontenplan* zusammengefasst, der auf einem allgemeinen oder einem für die Branche typischen *Kontenrahmen* beruht. Dazu werden die Konten mit einem vierstelligen Nummernsystem durchnummeriert. Die erste Ziffer stellt die Kontenklasse dar und erleichtert die grobe Einordnung des Kontos.

Die systematische und geordnete Erfassung der Geschäftsvorfälle erfolgt in zwei Büchern: dem Grundbuch und dem Hauptbuch. Das *Grundbuch*, auch als Journal bezeichnet, dient der chronologischen Erfassung der Geschäftsvorfälle mit Datum, Vorfallbeschreibung und Betrag. Im *Hauptbuch* erfolgt die sachliche Verteilung auf die einzelnen Kontenarten (Vermögen, Kapital, Aufwand, Ertrag) auf Basis des Kontenplans. Das Hauptbuch kann je nach Bedarf durch Nebenbücher ergänzt und erläutert werden, um einen besseren Überblick zu erhalten.

Übersicht Nebenbücher

Anlagenbuch	bei anlagenintensiven Unternehmen
Kontokorrentbuch	als Kundenbuch (Debitorenbuch) oder Lieferantenbuch (Kreditorenbuch) mit Einzelkonten für auf Kredit kaufende Kunden oder auf Ziel liefernde Lieferanten
Lagerbuch	zur Materialbewirtschaftung
Warenbuch	zur Warenbewirtschaftung
Lohnbuch	bei arbeitsintensiven Unternehmen
Wechselbuch	wenn Wechselzahlung eine bedeutende Rolle spielt
Effektenbuch	zur Verwaltung von Wertpapieren
Kassenbuch	bei einem hohen Anteil von Bargeschäften

Zu Beginn des Geschäftsjahres wird ein neues Hauptbuch eröffnet mit allen Konten, die voraussichtlich im Laufe des Jahres zum Buchen benötigt werden. Es können später bei Bedarf neue Konten hinzugefügt werden, doch darf die Übersichtlichkeit nicht verloren gehen. Stellt sich im Laufe des Jahres heraus, dass z. B. das Konto „sonstige Vermögensgegenstände" unüberschaubar wird, wird es in mehrere Konten aufgeteilt.

Bestandskonten haben zu Beginn des Geschäftsjahres i. d. R. einen *Anfangsbestand.* Im Laufe des Jahres werden auf ihnen Zugänge und Abgänge erfasst. Am Jahresende wird der Saldo gebildet und als Endbestand in die Bilanz übertragen. Das interne *Bankkonto* spiegelt das Konto, das in den Büchern der Bank geführt wird. Hat die Bank eine Forderung gegen das Unternehmen, so ist dies aus Sicht des Unternehmens eine Verbindlichkeit gegenüber der Bank, und umgekehrt. *Erfolgskonten* können (sofern es sich nicht um Korrekturbuchungen handelt) nur auf einer Seite berührt werden. Damit steht der Saldo, der am Jahresende in die Gewinn- und Verlustrechnung (GuV) übertragen wird, jeweils auf der anderen Seite. Das *Eigenkapitalkonto* erfasst bei Einzelunternehmen im Laufe des Jahres die Entnahmen und Einlagen des Inhabers. Am Jahresende wird der Gewinn (Jahresüberschuss) oder Verlust (Jahresfehlbetrag) auf das Eigenkapitalkonto gebucht. Bei Personengesellschaften empfiehlt es sich, für jeden Gesellschafter ein eigenes *Privatkonto* einzurichten, das dann am Jahresende auf das Eigenkapitalkonto abgeschlossen wird.

Für den Kauf und Verkauf von Waren gibt es verschiedene Möglichkeiten der Verbuchung. Für einen kleinen Betrieb reicht ein Konto, das gemischte *Warenkonto* aus. Wird der Umfang an Buchungen größer, empfiehlt sich die Trennung in ein Wareneinkaufskonto für den Einkauf und ein Warenverkaufskonto für den Verkauf. Noch mehr Übersicht schafft ein drittes Konto, das Wareneinsatzkonto.

Zahlt ein Kunde nicht, so wird diese zweifelhafte bzw. uneinbringliche Forderung aus dem Konto Forderungen ausgebucht und auf das Konto *Dubiose* (zweifelhafte Forderungen) übertragen. In einem zweiten Buchungsgang werden dann die zweifelhaften oder uneinbringlichen Forderungen mit einer Aufwandsbuchung erfolgswirksam abgeschrieben. Eine Pauschalwertberichtigung kann am Jahresende vorgenommen werden. Sie erfasst allgemein das Ausfallrisiko von Forderungen (*Delcredere-Risiko*).

Werden *Werkstoffe* eingekauft um zu Produkten verarbeitet zu werden, so wird der Werkstoffzugang und der Werkstoffverbrauch in der Buchhaltung erfasst. Zum Jahresende müssen zudem Informationen über den Bestand an fertigen und unfertigen Erzeugnissen zur Verfügung gestellt werden.

Jeder Kaufmann ist gem. § 242 HGB verpflichtet, für den Schluss eines jeden Geschäftsjahres einen *Abschluss* aufzustellen. Dazu werden alle über das Jahr vorgenommenen Buchungen zusammengefasst und durch Abschlussbuchungen ergänzt. Alle Kaufleute müssen dabei die vom Gesetzgeber im HGB festgelegten Regeln für den Ansatz und die Bewertung der einzelnen Vermögensgegenstände und Schulden (in der Bilanz) sowie der Aufwendungen und Erträge (in der GuV) beachten. Jeder Kaufmann muss zudem zu Beginn seiner Geschäftstätigkeit und jeweils am Jahresende eine *Inventur* vornehmen, d. h. seine Grundstücke, Forderungen, Schulden, seinen Bargeldbestand und alle weiteren Vermögensgegenstände „körperlich" erfassen und auflisten.

Die Vorschriften des HGB sind i. d. R. *maßgeblich* für die Erstellung der Steuerbilanz, allerdings hat der Gesetzgeber das Einkommen-, Körperschaft- und Gewerbesteuerrecht aus fiskalischen Gründen (Steueraufkommenssicherung) restriktiver ausgestaltet.

Die Erfassung der Geschäftsvorfälle dient aber eben nicht nur dazu, gesetzliche Vorschriften einzuhalten. Sie ist erste *Informationsbasis* für die Unternehmensführung, auf die alle anderen Bereiche und Verfahren des betrieblichen Rechnungswesens aufbauen:

Übersicht Betriebliches Rechnungswesen

Finanz- oder Geschäftsbuchhaltung (Buchführung)	
Gewinn- und Verlustrechnung	Aufwand und Ertrag
Bestandsrechnung (Bilanz)	Vermögen und Schulden
Betriebsbuchhaltung (Kostenrechnung)	
Kalkulation, Betriebsergebnisrechnung	Kosten und Leistungen
Finanz- oder Liquiditätsrechnung	
Investition, Finanzierung, Finanzplanung	Auszahlungen und Einzahlungen

Die *Buchführung* dient dazu, am Jahresende eine Bilanz und eine Gewinn- und Verlustrechnung zu erstellen, um die Kapitalgeber über die Lage des Unternehmens zu informieren, und als Grundlage für die Besteuerung des Unternehmens. Man spricht auch vom externen Rechnungswesen. Es können aber auch *Planbilanzen* und Plan-GuVs aufgestellt werden, um die nächsten Jahre im Rahmen der langfristigen Unternehmensplanung in Zahlen darzustellen und die Wirkungen verschiedener anstehender Entscheidungen auf das Zahlenwerk des Unternehmens zu analysieren.

In der *Kostenrechnung* wird i. d. R. monatlich eine Erfolgrechnung (Betriebsergebnisrechnung) durchgeführt, und die Produkte und Prozesse werden kalkuliert, um der Unternehmensführung Informationen für das Controlling zu liefern. Man spricht auch vom internen Rechnungswesen. Dazu ist es erforderlich, die gesetzlich vorgeschriebenen *Wertansätze* auf ihre Übereinstimmung mit den wirklichen Werten zu prüfen und entsprechende *Korrekturen und Normalisierungen* vorzunehmen, um den Informationsgehalt zu verbessern. Die Verfahren der Kostenrechnung werden als Planungsverfahren und als Kontrollverfahren eingesetzt, z. B. Vorkalkulation und Nachkalkulation.

Die *Zahlungsrechnung* (Finanz- oder Liquiditätsrechnung) dient der Sicherung der Liquidität (Zahlungsfähigkeit) des Unternehmens. Ferner strebt sie an, die benötigten finanziellen Mittel so kostengünstig wie möglich zu beschaffen. Hierzu sind die Daten der Buchführung und der Kostenrechnung auf ihre *Zahlungswirksamkeit* hin zu prüfen und abzugrenzen. Die Kostenrechnung liefert zudem wichtige Informationen für *Investitionsentscheidungen*.

1.2.2 Kostenrechnung

Die Kostenrechnung liefert für das Controlling das Zahlenmaterial, das zur Führung des Unternehmens erforderlich ist. Dazu werden in der *Kostenartenrechnung* die Kosten erfasst, in der *Kostenstellenrechnung* mit Hilfe des Betriebsabrechnungsbogens auf die Unternehmensbereiche verteilt und in der *Kalkulation* den Produkten zugerechnet. In der *Betriebsergebnisrechnung* wird der kurzfristige Periodenerfolg (z. B. pro Monat) ermittelt. Das wichtigste Verfahren des Controllings ist der Soll-Ist-Vergleich. Dazu wird unterschieden in *Istkostenrechnung* und *Normalkostenrechnung*. Es werden nur die für die jeweilige Unternehmensentscheidung relevanten Kosten berücksichtigt. Dies können alle Kosten sein (*Vollkostenrechnung*) oder nur ein Teil der angefallenen Kosten (*Teilkostenrechnung*). Durch eine Entscheidung nicht vermeidbare Kosten sind für die Entscheidung ohne Bedeutung.

In der Kostenartenrechnung als *Kostenerfassungsrechnung* werden die Zahlen der Buchführung korrigiert und ergänzt, damit sie, von rechtlichen Regelungen befreit, die tatsächliche Situation des Unternehmens darstellen. Eine Reihe von Geschäftsvorfällen, die in der Buchführung als Aufwand erfasst werden, haben mit dem eigentlichen Betriebszweck nichts zu tun. Sie werden als neutrale Aufwendungen bezeichnet und nicht als Kosten erfasst. Auch neutrale Erträge, z. B. Mieteinnahmen aus einem Grundstück, das nicht betrieblich genutzt wird, sind nicht betriebszweckbezogen. Es gibt ferner Kosten, die im externen Rechnungswesen nicht erfasst werden dürfen, da die rechtlichen Vorschriften dies untersagen. Solche Kosten werden als kalkulatorische Kosten bezeichnet.

Übersicht Aufwand und Kosten

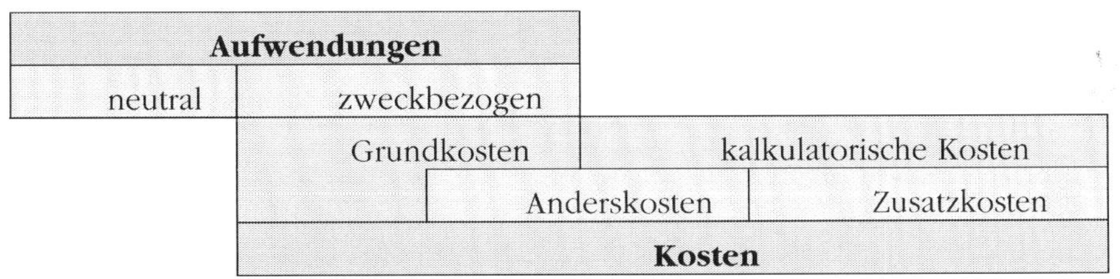

Die Zweckaufwendungen bzw. Grundkosten lassen sich nach verschiedenen Kriterien klassifizieren, z. B. anhand der handelsrechtlichen Vorschriften zur Gewinn- und Verlustrechnung (vgl. § 275 HGB) in Materialaufwand, Personalaufwand, Abschreibungen und sonstige betriebliche Aufwendungen oder in Anlehnung an § 255 HGB in Anschaffungskosten und Herstellungskosten mit der dort angegebenen Untergliederung. Wichtig für das Controlling ist vor allem die Unterscheidung nach der Zurechenbarkeit in *Einzelkosten* (direkt dem Produkt oder Prozess zurechenbar) und *Gemeinkosten* (nicht direkt zurechenbar) sowie nach der Beschäftigungsabhängigkeit in *fixe Kosten* (verändern sich bei Beschäftigungsschwankungen, Änderungen der Produktionsmenge nicht) und *variable Kosten* (Akkordlöhne und Materialeinsatz, sind i. d. R. linear abhängig von der Produktionsmenge).

In Bezug auf die *kalkulatorischen Kostenarten* (Anderskosten und Zusatzkosten) lassen sich konkret fünf verschiedene Arten unterscheiden:

Übersicht Anders- und Zusatzkosten

kalkulatorischer Unternehmerlohn	Zusatzkosten	bei Einzelunternehmungen und Personengesellschaften, deren Geschäftsführer kein Gehalt als Personalaufwand beziehen
kalkulatorische Abschreibungen	Anderskosten	wenn die steuerliche Nutzungsdauer nicht der tatsächlich beabsichtigten Nutzungsdauer entspricht. Ausgangspunkt für die Berechnung sind die (geschätzten) Wiederbeschaffungskosten. Die Abschreibung erfolgt, solange das Anlagegut genutzt wird, evtl. über Null hinaus.
kalkulatorische Wagniskosten	Anderskosten	bei Unterversicherung
	Zusatzkosten	wenn keine Versicherung abgeschlossen wurde
kalkulatorische Zinskosten	Zusatzkosten	Die geforderte Eigenkapitalverzinsung muss verdient, d. h. in der Kalkulation berücksichtigt werden.
kalkulatorische Mietkosten	Zusatzkosten	Gebäude im Eigentum des Unternehmens könnten vermietet werden.

Wichtig für die *Investitionsrechnung* und für die Berechnung des *Innenfinanzierungsvolumens* (Finanzierung durch Abschreibungen) ist, dass auch solche Kosten berücksichtigt werden, sofern sie über den Umsatzprozess erwirtschaftet werden können. Wenn die Wettbewerbssituation es erfordert, kann in der Kalkulation der Produktpreis auch ohne die kalkulatorischen Kosten ermittelt werden. Sie müssen unter Umständen unberücksichtigt bleiben, wenn Konkurrenzunternehmen mit niedrigeren Preisen im Markt vertreten sind. Fraglich ist dann jedoch, ob der Markt weiter bedient werden sollte.

In der Kostenstellenrechnung als *Kostenverteilungsrechnung* werden die in der Kostenartenrechnung ermittelten Kosten mit Hilfe des Betriebsabrechnungsbogens (BAB) auf die Kostenstellen verteilt, in denen sie verursacht wurden (Einzelkosten) bzw. denen sie zuzurechnen sind (Gemeinkosten). Dazu muss das Unternehmen sinnvoll in Kostenstellen untergliedert werden und es sind verursachungsgerechte Gemeinkostenschlüssel zu finden. Im nächsten Schritt werden die Gemeinkostensummen der Hilfs- oder Vorkostenstellen auf die Haupt- bzw. Endkostenstellen umgelegt. Schließlich können Zuschlagssätze für die Zuschlagskalkulation ermittelt werden, indem je Kostenstelle die Gemeinkosten durch die Einzelkosten geteilt werden. Dahinter steht der Gedanke, dass für jeden Euro Einzelkosten, den eine Kostenstelle verursacht, ein bestimmter Eurobetrag an Gemeinkosten entsteht.

Der Betriebsabrechnungsbogen kann ausgebaut werden zu einem wirkungsvollen *Controlling-Instrument,* wenn aus früheren Perioden ermittelte Normalzuschlagssätze (Durchschnittswerte) oder angestrebte Planzuschlagssätze eingefügt werden. Die *Normalkostenrechnung* rechnet mit „normalisierten" Werten. Die in den tatsächlichen Kostenwerten enthaltenen Preis- und Mengenschwankungen werden herausgerechnet, da sie zu Informationsverzerrungen führen können.

In der Kostenträgerrechnung als Kalkulation (*Kostenträgerstückrechnung*) und als Betriebsergebnisrechnung (*Kostenträgerzeitrechnung*) werden die entstandenen oder geplanten Kosten den Produkten, Prozessen oder Perioden zugerechnet.

Ziel der *Kalkulation* ist es, die Kosten pro Leistungseinheit zu ermitteln, um den Verkaufspreis durch Zuschlag von Gewinn, Rabatt und Skonto festzulegen. Die kundenorientierte Preisfindung erfolgt in der Zielkostenrechnung (Target Costing). Aus der Unterscheidung in Einzelkosten (direkt zurechenbare Kosten) und Gemeinkosten (nur indirekt, über Schlüsselung zurechenbare Kosten) folgt die *Zuschlagskalkulation*, die von einem festen Verhältnis zwischen Einzelkosten und zuzurechnenden Gemeinkosten ausgeht. Einfacher in der Anwendung ist die *Divisionskalkulation*: Die Kosten werden durch die produzierte Stückzahl dividiert. Sie bietet sich insbesondere dann an, wenn die Einzelkosten im Verhältnis zu den Gemeinkosten sehr gering sind, z. B. bei der Produktion von Dienstleistungen.

Die *Prozesskostenrechnung* stellt eine Kombination aus Divisions- und Zuschlagskalkulation dar. Die Geschäftsprozesse werden dazu in Teilprozesse zerlegt. Prozesse, für die ein Cost Driver (eine Kostenverursachungsgröße) ermittelbar ist (leistungsmengeninduzierte Prozesse, lmi-Prozesse) erhalten ihren Prozesskostensatz durch die Division Prozesskosten durch Prozessmenge. Leistungsmengenneutrale Prozesse (lmn-Prozesse, z. B. Führungstätigkeiten) werden mittels prozentualer Zuschläge verrechnet.

Das Betriebsergebnis ist der Gewinnbegriff des Controllings. Die Unternehmensführung ist an kurzfristigen Informationen über den Geschäftsverlauf interessiert, um schnell auf Veränderungen reagieren zu können. In der *Betriebsergebnisrechnung* werden für die kommenden Monate die Kosten und die Umsätze geplant (*Vorkostenrechnung*) und nach Ablauf des jeweiligen Monats mit den Istwerten verglichen (*Nachkostenrechnung*). Dabei lässt sich entweder das Gesamtkostenverfahren oder das Umsatzkostenverfahren anwenden.

Für jede Kostenstelle im Unternehmen, in der fixe und variable Kosten unterschieden werden können, insbesondere für Maschinen und Fertigungsanlagen, kann eine *Plankostenrechnung* vorgenommen werden. Das Prinzip der Plankostenrechnung sieht vor, geplante Kosten (Plankosten bzw. Sollkosten) mit den tatsächlich entstandenen Kosten (Istkosten) zu vergleichen und Abweichungen zu analysieren. Als *Beschäftigung* wird die Auslastung einer Kostenstelle, z. B. einer Maschine bezeichnet. Die Planbeschäftigung muss nicht die technische Maximalkapazität der Maschine sein, sondern stellt die für den folgenden Monat geplante bzw. erwartete Auslastung dar. Damit ist eine Istbeschäftigung (tatsächliche Auslastung) von mehr als 100 Prozent denkbar (Überauslastung). Je nach Kostenstelle kann unter Beschäftigung auch die Produktionsmenge oder die Anzahl an Kundenaufträgen verstanden werden.

1.2.3 Abgrenzung der Zahlungsströme

Auf Basis der Pläne zur Leistungserstellung und Leistungsverwertung inklusive der dazu notwendigen Kostenplanung wird der *Finanzbedarf* des Unternehmens ermittelt. Die Finanzplanung erfasst die künftigen Zahlungsströme. Dabei liegen die *Auszahlungen* für die Leistungserstellung (Löhne, Material, etc.) zeitlich vor den *Einzahlungen* aus der Leistungsverwertung (Umsatzerlöse). Diese finanzielle Lücke muss geschlossen werden. Investitionen (z. B. in neue Produktionsanlagen) müssen finanziert werden, Kredite werden aufgenommen und müssen getilgt werden, Zinsen und Mieten sind zu zahlen, etc. All diese Zahlungsströme werden im *Zahlungsmittelbestand* erfasst, buchhalterisch auf dem Kassenkonto und auf den verschiedenen Geschäftskonten des Unternehmens bei Kreditinstituten (liquide Mittel). Die *Liquiditätsplanung* muss dafür Sorge tragen, dass stets eine ausreichend hohe Liquiditätsreserve vorhanden ist, zumindest als Dispositionskreditlinie auf den Bankkonten.

Der Zahlungsmittelbestand gehört zu den Vermögenspositionen, er ist ein Teil des *Geldvermögens*, das wiederum einen Teil des *Reinvermögens* (Vermögen minus Schulden, auch: Eigenkapital) darstellt. Zur Abgrenzung der Zahlungsströme muss zwischen *Auszahlung, Ausgabe und Aufwand* auf der einen und zwischen *Einzahlung, Einnahme und Ertrag* auf der anderen Seite unterschieden werden.

Übersicht Abgrenzung der Zahlungsströme

Auszahlung senkt	**Zahlungsmittelbestand** Kasse + Bankguthaben	**Einzahlung** erhöht
Ausgabe senkt	**Geldvermögen** = Zahlungsmittelbestand + Forderungen ./. Verbindlichkeiten	**Einnahme** erhöht
Aufwand senkt	**Reinvermögen** = Geldvermögen + Sachvermögen	**Ertrag** erhöht

Der *Einkauf von Material* erhöht das Sachvermögen, da der Bestand an Material steigt. Wird die Rechnung des Lieferanten sofort beglichen, sinkt der Zahlungsmittelbestand und damit das Geldvermögen. Es handelt sich daher um eine *Auszahlung*, einen Zahlungsmittelabfluss.

Wird die Lieferantenrechnung erst später beglichen, wird zwar der Zahlungsmittelbestand (noch nicht) berührt, aber es entsteht eine Verbindlichkeit, das Geldvermögen sinkt. Dann spricht man von einer *Ausgabe*. Das Geldvermögen sinkt, das Sachvermögen steigt. Das Reinvermögen verändert sich nicht.

Wird das eingekaufte Material in der Produktion verbraucht, sinkt das Sachvermögen, daher liegt ein *Aufwand* (Wertverzehr) vor. Das Reinvermögen sinkt, da zu diesem Zeitpunkt keine Änderung des Geldvermögens stattfindet.

Wird *die produzierte Ware verkauft* und der Käufer zahlt den Kaufpreis sofort, dann liegt eine *Einzahlung* vor, die den Zahlungsmittelbestand und damit das Geldvermögen erhöht. Das Sachvermögen nimmt ab, da das verkaufte Gut nicht mehr im Bestand ist. Liegt der Verkaufserlös über den Herstellungskosten (bzw. Selbstkosten) des Gutes, dann ist die Abnahme des Sachvermögens geringer als die Zunahme des Geldvermögens, das Reinvermögen nimmt daher zu, es ist ein *Ertrag*.

Zahlt der Käufer später (Kundenkredit), dann entsteht eine Forderung gegenüber dem Kunden, d. h. es findet zwar (noch) keine Einzahlung statt, aber eine *Einnahme*. Der Zahlungsmittelbestand nimmt (noch) nicht zu, aber das Geldvermögen.

Erlös ist der gesamte Betrag, der dem Unternehmen früher oder später zufließt, *Ertrag* ist der Überschuss des Erlöses über die Kosten. Und an dieser Stelle hat sich in die Betriebswirtschaftslehre ein wenig *Begriffsverwirrung* eingeschlichen, denn aufgrund des Saldierungsverbots in § 246 (2) HGB dürfen Aufwendungen und Erträge nicht miteinander verrechnet werden. In der Buchführung ist der Ertrag der gesamte zugeflossene Betrag, z. B. Zinserträge (vgl. § 275 HGB), in der Vermögensrechnung wäre dann besser von Nettoerträgen zu sprechen. Die zweite Frage ist, ob man nun von Aufwand oder Kosten sprechen sollte. Kostenrechnung ist keine Bestandsrechnung, sie beschäftigt sich mit Wertverzehr und Wertentstehung (Leistung). Setzen wir *Aufwand und Kosten* gleich (Zweckaufwand = Grundkosten), verschwindet das Problem. Für die Zahlungsrechnung spielt es sowieso keine Rolle. Der ungebräuchliche Begriff *Leistung* für Umsatzerlöse darf mit dem Begriff *Ertrag* verwechselt werden. Häufig wird in der Fachliteratur auch *Ausgabe statt Auszahlung* oder *Einnahme statt Einzahlung* verwendet. Die Betriebswirtschaftslehre ist eine noch recht junge Wissenschaft.

Nimmt das Unternehmen einen *Kredit* auf, wird von der Bank der Kreditbetrag auf dem Konto des Unternehmens zur Verfügung gestellt. Daher liegt eine *Einzahlung* vor, der Zahlungsmittelbestand steigt. Gleichzeitig steigen die Verbindlichkeiten des Unternehmens, da es den Kredit später zurückzahlen muss. Das Geldvermögen ändert sich nicht.

Eine *Zinszahlung* stellt einen Aufwand (Reinvermögensminderung), eine Ausgabe (Geldvermögensminderung) und eine Auszahlung (Minderung des Zahlungsmittelbestandes) dar.

Erhält das Unternehmen von den Gesellschaftern (Eigentümern) zusätzliches *Eigenkapital*, z. B. durch Überweisung auf die Firmenkonten, liegt eine Erhöhung des Zahlungsmittelbestandes vor, eine Einzahlung, und auch eine Erhöhung des Geldvermögens, eine Einnahme, da das Unternehmen nicht verpflichtet ist, das erhaltene Kapital zurückzuzahlen.

Umsatzsteuer ist ein durchlaufender Posten, der in der Liquiditätsrechnung jedoch beachtet werden muss. Die beim Einkauf von Material an den Lieferanten gezahlte Umsatzsteuer wird vom Finanzamt als Vorsteuer erstattet. Sie ist daher eine Auszahlung (Zahlungsmittelabfluss) und eine Einnahme (Forderung an das Finanzamt). Der Zahlungsmittelbestand sinkt, das Geldvermögen ändert sich nicht. Die beim Verkauf von Waren vom Kunden einbehaltene Umsatzsteuer muss an das Finanzamt abgeführt werden. Sie ist daher eine Einzahlung (Zahlungsmittelzufluss) und eine Ausgabe (Verbindlichkeit gegenüber dem Finanzamt). Der Zahlungsmittelbestand steigt, das Geldvermögen ändert sich nicht. Die Abführung der Umsatzsteuerzahllast an das Finanzamt stellt eine

Auszahlung dar. Das Geldvermögen ändert sich nicht, da die verbleibende Verbindlichkeit (Verbindlichkeit aus einbehaltener Umsatzsteuer minus Forderung aus gezahlter Vorsteuer) gegenüber dem Finanzamt beglichen wird. Der Zahlungsmittelbestand nimmt ab, das Geldvermögen steigt.

Lohnzahlungen stellen Auszahlungen dar, die in der Liquiditätsplanung berücksichtigt werden müssen. Sie stellen Aufwand dar, der in der Produktkalkulation (in den Herstellungskosten bzw. Selbstkosten) berücksichtigt wird. Der Gegenwert fließt über den Verkauf der Produkte als Einzahlung (Erlös) und zum Teil als Ertrag in das Unternehmen zurück. Gleiches gilt für die Inanspruchnahme von Fremdleistungen.

Zuführungen zu den *Rückstellungen* stellen Aufwand dar, der nicht bzw. erst später mit einer Auszahlung verbunden ist. Das Geldvermögen sinkt, da eine – wenn auch ungewisse – Verbindlichkeit entsteht. Daher handelt es sich auch um eine Ausgabe. *Abschreibungen* vermindern das Sachvermögen, sind daher Aufwand, aber keine Ausgabe und keine Auszahlung.

Durch die *zeitliche Trennung* von Ausgabe und Auszahlung (Lieferantenkredit, Kauf auf Ziel) kann der Liquiditätsbedarf reduziert werden. Die zeitliche Trennung von Einnahme und Einzahlung (Kundenkredite, Verkauf auf Ziel) erhöht den Liquiditätsbedarf. Factoring reduziert den Liquiditätsbedarf, da die vorerst ausbleibende Einzahlung aus Umsatzerlösen durch den Zahlungsmittelzufluss aus dem Verkauf der Forderungen an den Factor ersetzt wird.

Die *fristenkongruente* Fremdfinanzierung von Investitionsvorhaben belastet den Finanzbedarf nicht, wenn die Einzahlung aus der Kreditgewährung für die Investitionsauszahlung verwendet wird und die Erlöse aus der Investition für Zinszahlung und Tilgung des Kredits verwendet werden.

Kontrollfragen zu Lerneinheit 1.2

Begriffsabgrenzungen

1. Wozu dient das betriebliche Rechnungswesen?
2. Was verstehen Sie unter einem Geschäftsvorfall?
3. Erläutern Sie den Unterschied zwischen Bestandskonten und Erfolgskonten.
4. Nennen Sie Nebenbücher des Hauptbuchs, die für die Finanzwirtschaft des Unternehmens von Bedeutung sind.
5. Erläutern Sie den Unterschied zwischen Kontenrahmen und Kontenplan.
6. Welche Besonderheit weist das interne Bankkonto auf?
7. Was verstehen Sie unter dem Delcredere-Risiko und wie wird es buchhalterisch erfasst?
8. Erläutern Sie den Unterschied zwischen Geschäftsbuchhaltung und Betriebsbuchhaltung.
9. Wozu dient die Finanz- oder Liquiditätsrechnung (Zahlungsrechnung)?
10. Skizzieren Sie den Aufbau eines innerbetrieblichen Controlling-Systems und erläutern Sie seine Bedeutung für die Investitionsrechnung.
11. Was verstehen Sie unter kalkulatorischen Kosten und welche Bedeutung haben Sie für die Zahlungsrechnung?
12. Wann sind fixe Kosten für die Sicherung der Liquidität problematisch?
13. Was verstehen Sie unter Reinvermögen und wie setzt es sich zusammen?
14. Was ist ein Ertrag?
15. Was verstehen Sie unter Factoring und welche Liquiditätswirkung hat es?

Lösungen zu Lerneinheit 1.2

Begriffsabgrenzungen

1. Das betriebliche Rechnungswesen dient der Erfassung und Aufbereitung von Informationen über die Geschäftsprozesse des Unternehmens. Ausgangspunkt dafür ist die Buchführung, in der alle Geschäftsvorfälle systematisch geordnet aufgezeichnet werden. Sie ist erste Informationsbasis für die Unternehmensführung, auf die alle anderen Bereiche und Verfahren des betrieblichen Rechnungswesen aufbauen.

2. Unter einem Geschäftsvorfall versteht man jede Güterbewegung bzw. jeden Zahlungsvorgang, der sich auf das Vermögen oder/und Kapital des Unternehmens auswirkt.

3. Auf Bestandskonten werden Bestände an Vermögen und Kapital erfasst, und sie werden in der Bilanz zusammengefasst. Auf Erfolgskonten werden erfolgswirksame Vorgänge erfasst. Das sind Aufwendungen und Erträge, und sie werden in der Gewinn- und Verlustrechnung zusammengefasst. Aufwendungen und Erträge verändern Bestände, sie werden daher auch als Stromgrößen bezeichnet.

4. Das Kassenbuch bei einem hohen Anteil von Bargeschäften, das Kontokorrentbuch als Kundenbuch (Debitorenbuch) oder Lieferantenbuch (Kreditorenbuch) mit Einzelkonten für auf Kredit kaufende Kunden oder auf Ziel liefernde Lieferanten, das Lohnbuch bei arbeitsintensiven Unternehmen, das Wechselbuch, wenn die Wechselzahlung eine bedeutende Rolle spielt und evtl. das Effektenbuch zur Verwaltung von Wertpapieren.

5. Alle Konten eines Unternehmens sind in einem Kontenplan zusammengefasst, der auf einem allgemeinen oder einem für die Branche typischen Kontenrahmen beruht. Dazu werden die Konten mit einem vierstelligen Nummernsystem durchnummeriert. Die erste Ziffer stellt die Kontenklasse dar und erleichtert die grobe Einordnung des Kontos.

6. Das interne Bankkonto spiegelt das Konto, das in den Büchern der Bank geführt wird. Hat die Bank eine Forderung gegen das Unternehmen, so ist dies aus Sicht des Unternehmens eine Verbindlichkeit gegenüber der Bank und umgekehrt.

7. Unter dem Delcredere-Risiko versteht man das Risiko, dass eine Forderung ausfällt. Zahlt ein Kunde nicht, so wird diese zweifelhafte bzw. uneinbringliche Forderungen aus dem Konto Forderungen ausgebucht und auf das Konto Dubiose (zweifelhafte Forderungen) übertragen. In einem zweiten Buchungsgang werden dann die zweifelhaften oder uneinbringlichen Forderungen mit einer Aufwandsbuchung erfolgswirksam abgeschrieben. Eine Pauschalwertberichtigung kann am Jahresende vorgenommen werden. Sie erfasst allgemein das Ausfallrisiko von Forderungen.

8. Die Geschäftsbuchhaltung (Buchführung) dient dazu, am Jahresende eine Bilanz und eine Gewinn- und Verlustrechnung zu erstellen, um die Kapitalgeber über

die Lage des Unternehmens zu informieren. Sie dient außerdem als Grundlage für die Besteuerung des Unternehmens. Sie kann auch als Planungsinstrument für die Langfristplanung eingesetzt werden. In der Betriebsbuchhaltung (Kostenrechnung) wird i. d. R. monatlich eine Erfolgrechnung (Betriebsergebnisrechnung) durchgeführt, und die Produkte und Prozesse werden kalkuliert, um der Unternehmensführung Informationen für das Controlling zu liefern. Verfahren der Kostenrechnung werden als Planungsverfahren und als Kontrollverfahren eingesetzt, z. B. Vorkalkulation und Nachkalkulation.

9. Die Zahlungsrechnung (Finanz- oder Liquiditätsrechnung) dient der Sicherung der Liquidität (Zahlungsfähigkeit) des Unternehmens. Ferner strebt sie an, die benötigten finanziellen Mittel so kostengünstig wie möglich zu beschaffen. Hierzu sind die Daten der Buchführung und der Kostenrechnung auf ihre Zahlungswirksamkeit hin zu prüfen und abzugrenzen.

10. In der Kostenartenrechnung werden die Kosten systematisch erfasst, in der Kostenstellenrechnung den Verursachungsbereichen (Kostenstellen) zugerechnet, um in der Kostenträgerrechnung zur Kalkulation und zur Betriebsergebnisrechnung verwendet werden zu können. Die Kostenrechnung liefert wichtige Kosteninformationen für Investitionsentscheidungen.

11. Kalkulatorische Kosten sind Wertverzehre, die in der Buchführung nicht erfasst werden dürfen, jedoch über den Umsatzprozess verdient und daher in die Preiskalkulation einbezogen werden müssen. Beispiele dafür sind insbesondere der Unternehmerlohn von Einzelunternehmern und Personengesellschaften und die Eigenkapitalverzinsung.

12. Fixe Kosten sind für die Sicherung der Liquidität problematisch, wenn sie mit Auszahlungen verbunden sind, z. B. Mietzahlungen, Leasingraten, Zinsen für Kredite, da sie bei einem Beschäftigungsrückgang nicht sinken (remanente Kosten) und u. U. nicht mehr über die Umsatzerlöse verdient werden können.

13. Das Reinvermögen als Differenz aus Vermögen und Schulden entspricht dem Eigenkapital des Unternehmens. Die Aktivseite der Bilanz stellt das Vermögen dar, der Rest der Passivseite die Schulden (gewisse und ungewisse Verbindlichkeiten). Das Reinvermögen setzt sich zusammen aus dem Geldvermögen und dem Sachvermögen. Das Geldvermögen besteht aus dem Zahlungsmittelbestand (Kasse und Bankguthaben) und den Forderungen abzüglich der Verbindlichkeiten.

14. Ein Ertrag ist der Überschuss des Verkaufserlöses über die Herstellungskosten.

15. Factoring ist der Verkauf von Forderungen an ein Factoringunternehmen. Der Gegenwert der Forderung wird (abzüglich eines Sperrbetrags) sofort ausgezahlt, was den Liquiditätsbedarf reduziert, der sich durch die zeitliche Trennung von Einnahme und Einzahlung durch Verkauf auf Ziel (Kundenkredite) erhöht hatte.

Lerneinheit 1.3

Überblick über die Finanzwirtschaft

In dieser Lerneinheit können Sie folgende **Lernziele** erreichen:

- das Wirtschaftlichkeitsprinzip bei Investitionsentscheidungen verstehen
- statische und dynamische Investitionsrechenverfahren einordnen
- die Möglichkeiten der Finanzierung von Investitionen aufzeigen
- Auswahlkriterien für Finanzierungsentscheidungen benennen
- einen Überblick über die Aufgaben der Finanzplanung gewinnen

1.3.1 Investitionsrechnung

Eine *Investition* ist eine längerfristig wirkende Unternehmensentscheidung, die zu Beginn zu einer *Auszahlung* führt und aus der für die Zukunft eine Reihe von Einzahlungsüberschüssen erwartet werden. Es werden liquide Mittel in Vermögensgegenständen gebunden mit dem Ziel, Gewinn zu erwirtschaften. Nicht zu den Investitionen zählen Auszahlungen im Rahmen des laufenden Geschäftsverkehrs, z. B. Lohn- und Gehaltszahlungen, Energiekosten, Transportkosten, Steuerzahlungen, etc.

Die *Investitionsrechnung* ist eine Wirtschaftlichkeitsrechnung. Sie dient dazu, den zu erwartenden Erfolg einer Investition zu ermitteln und aus verschiedenen Investitionsalternativen die effizienteste auszuwählen bzw. ein optimales Investitionsprogramm, bestehend aus mehreren sich gegenseitig nicht ausschließenden Investitionen zusammenzustellen. Die Investitionsrechnung kann Antworten auf die folgenden *Entscheidungsprobleme* liefern:

- Soll Investition A durchgeführt werden oder nicht?
- Soll Investition A oder Investition B durchgeführt werden?
- Welche Nutzungsdauer ist für Investition A zu veranschlagen?
- Wann soll Anlage X durch eine Neuinvestition ersetzt werden?
- Welche der zur Auswahl stehenden Investitionen sollen ins Investitionsprogramm aufgenommen werden?
- Wie sind die Risiken der Investitionsentscheidung zu bewerten?

Die *Wahl des Verfahrens* der Investitionsrechnung hängt von der Art und der Bedeutung der Investition für den Unternehmenserfolg ab. In der Finanzwirtschaftslehre werden einfache Durchschnittsverfahren und komplexere finanzmathematische Verfahren unterschieden, die auf *eine Zielgröße* (Kosten, Gewinn, Rentabilität, Amortisation, Kapitalwert, Annuität, Interner Zinssatz) ausgerichtet sind. Darüber hinaus werden in der Unternehmensplanung die *Nutzwertanalyse* und *Simulationsverfahren* für Investitionsentscheidungen eingesetzt, um mehrere Zielgrößen und eine Risikobeurteilung in die Entscheidungsfindung einzubeziehen.

Investitionsentscheidungen können strategische oder operative Entscheidungen sein. *Operative Investitionsentscheidungen* ergeben sich zwangsläufig aus der Marketingstrategie und der daraus resultierenden Produktions- und Absatzplanung. Die erwartete Absatzmenge bestimmt die zu produzierende Menge und damit die Kapazität der anzuschaffenden Produktionsanlage, sofern bzw. in dem Umfang wie in einer *Make-or-buy-Entscheidung* die Wahl auf die Eigenproduktion gefallen ist. Dann gilt es nur, die optimale Investitionsalternative zur vorgegebenen Zielerreichung auszuwählen.

Strategische Investitionsentscheidungen bestimmen hingegen die Produktions- und Absatzplanung, d. h. es wird der Frage nachgegangen, ob eine neue Vorgehensweise grundsätzlicher Art erfolgversprechend ist oder nicht, und wichtige Informationen für diese *Strategieformulierung* ergeben sich erst aus der Investitionsrechnung.

Übersicht Arten von Investitionen

<table>
<tr><th colspan="3">nach dem Investitionsanlass</th></tr>
<tr><td>Erstinvestition</td><td colspan="2">Errichtung eines neuen Unternehmens oder Betriebsteils</td></tr>
<tr><td rowspan="4">Folgeinvestition</td><td>Ersatzinvestition</td><td>Ersatz eines Vermögensgegenstands am Ende der Nutzungsdauer</td></tr>
<tr><td>Erhaltungsinvestition</td><td>Erhaltung eines Vermögensgegenstands, z. B. durch Reparatur</td></tr>
<tr><td>Erweiterungsinvestition</td><td>Erweiterung eines Betriebsteils</td></tr>
<tr><td>Umstellungsinvestition</td><td>Umstellung der Produktion auf ein anderes Verfahren</td></tr>
<tr><th colspan="3">nach dem Investitionsobjekt</th></tr>
<tr><td>immaterielle Investition</td><td colspan="2">z. B. Forschung, Werbung, Ausbildung</td></tr>
<tr><td>Sachinvestition</td><td colspan="2">Grundstücke, Gebäude, Maschinen, Fahrzeuge etc.</td></tr>
<tr><td>Finanzinvestition</td><td colspan="2">Beteiligungen und Wertpapiere</td></tr>
<tr><th colspan="3">nach dem Investitionsumfang</th></tr>
<tr><td>Reinvestition</td><td colspan="2">Investition der Abschreibungsgegenwerte, um die Leistungsfähigkeit des Unternehmens zu erhalten.</td></tr>
<tr><td>Nettoinvestition</td><td colspan="2">Ausweitung der Leistungsfähigkeit des Unternehmens, Investition über die Abschreibungsgegenwerte hinaus</td></tr>
</table>

Die einfachen Durchschnittsverfahren der Investitionsrechnung eignen sich insbesondere für Ersatzinvestitionen. Sie werden auch als *statische*, zeitpunktbezogene oder einperiodige *Verfahren* bezeichnet. Die sich aus der Investitionsentscheidung ergebenden Kennzahlen (Kosten, Erlöse, Gewinne, Rentabilität) werden für eine Durchschnittsperiode erfasst und verglichen. Die möglichen Veränderungen der Kennzahlen während der Nutzungsdauer und Zinseszinseffekte werden nicht oder nur überschlägig berücksichtigt. Die Investitionsentscheidung gründet meist auf einem einfachen Vergleich zweier Kennzahlen, daher werden die Verfahren auch als Vergleichsrechnungen bezeichnet.

Übersicht Statische Investitionsrechnung

Kostenvergleichsrechnung	Ermittlung und Gegenüberstellung der relevanten Kosten zweier oder mehrerer Investitionsalternativen Auswahl der Alternative mit den geringsten Kosten Entscheidung hängt von der erwarteten Absatzmenge ab. Annahme: Erlössituation ist für alle Alternativen gleich.
Gewinnvergleichsrechnung	baut auf der Kostenvergleichsrechnung auf. Ermittlung und Gegenüberstellung der zu erwartenden Durchschnittsgewinne für alle Investitionsalternativen Gewinn = Erlös - Kosten unterschiedliche Produktpreise oder Absatzmengen Wahl der Alternative mit dem höchsten Gewinn Investition lohnt sich, wenn der Gewinn positiv ist bzw. einen geforderten Mindestgewinn übersteigt.
Rentabilitätsvergleichsrechnung	baut auf der Gewinnvergleichsrechnung auf. Ermittlung und Gegenüberstellung der zu erwartenden Rentabilitäten für alle Investitionsalternativen Rentabilität = Gewinn / Kapitaleinsatz Wahl der Alternative mit der höchsten Rentabilität Investition lohnt sich, wenn Rentabilität eine geforderte Mindestverzinsung (Marktzins) übersteigt.
Amortisationsrechnung	Ermittlung und Gegenüberstellung der zu erwartenden Amortisationsdauern für alle Investitionsalternativen Amortisationsdauer = Zeitraum, bis die Investitionsauszahlung durch Einzahlungsüberschüsse aus der Verwertung gedeckt ist (auch: Pay-off-Periode) Wahl der Alternative mit der kürzesten Amortisationsdauer Einsatz insbesondere bei risikoreichen Investitionen

Bei den komplexeren *finanzmathematischen Verfahren* erfolgt eine Analyse über mehrere Perioden hinweg unter Berücksichtigung der Zeitpunkte von

Zahlungsmittelflüssen. Daher werden diese Verfahren auch als *dynamische*, mehrperiodige oder zeitraumbezogene *Verfahren* bezeichnet. Um Zahlungsströme verschiedener Zeitpunkte vergleichbar zu machen, werden sie mit Hilfe der Zinseszinsrechnung auf einen Vergleichszeitpunkt umgerechnet. I. d. R. wird dazu der Zeitpunkt der Entscheidungsfindung (heute) gewählt und alle zukünftig erwarteten Ein- und Auszahlungen werden auf den *Barwert* (heutigen Wert) abgezinst (diskontiert). Der heutige Wert einer zukünftigen Zahlung ist der Betrag, den man heute zu einem bestimmten Zinssatz anlegen müsste, um zum zukünftigen Zeitpunkt mit Zinseszinsen den Wert der zukünftigen Zahlung zu erreichen. Die Summe der Barwerte aller zukünftigen Zahlungsströme aus einem Investitionsprojekt wird als *Kapitalwert* bezeichnet. Die Kapitalwertmethode ist Basis aller dynamischen Verfahren.

Es besteht auch die Möglichkeit, eine *Endwertbetrachtung* (am Ende des Planungshorizontes) vorzunehmen, oder zu jedem beliebigen Zeitpunkt dazwischen. Es muss dazu nur die entsprechende Auf- bzw. Abzinsung der Zahlungsströme vorgenommen werden. Über einen längeren Zeitraum gleichbleibende Zahlungen, z. B. Mieten oder Leasingraten, können vereinfacht mit dem Rentenbarwertfaktor diskontiert werden.

Übersicht Dynamische Investitionsrechnung

Kapitalwert-methode	Ermittlung aller durch die Investitionen zu erwartenden Einzahlungen und Auszahlungen (Cash Flows) über die gesamte Nutzungsdauer und Abzinsung auf den Barwert Kapitalwert = Summe der Barwerte zukünftiger Cash Flows minus Anschaffungsauszahlung Wahl der Alternative mit dem höchsten Kapitalwert Investition lohnt sich, wenn der Kapitalwert positiv ist Problem: Wahl des geeigneten Diskontierungszinses
Annuitäten-methode	Variante der Kapitalwertmethode gleichmäßige Verteilung des Kapitalwerts auf den Planungszeitraum (die Nutzungsdauer) durch Multiplikation mit dem Annuitätenfaktor (Kapitalwiedergewinnungsfaktor) Annuität = jährlich gleichbleibende Zahlung (annus = das Jahr) Wahl der Alternative mit der höchsten Annuität Investition lohnt sich, wenn die Annuität einen geforderten Mindestgewinn übersteigt
Interne Zinssatz-methode	Ermittlung des Zinssatzes, bei dem der Kapitalwert der Investitionen gerade Null wird Wahl der Alternative mit dem höchsten Internen Zinssatz Investition lohnt sich, wenn der Interne Zinssatz eine geforderte Mindestverzinsung (Marktzins + Risikozuschlag) übersteigt Problem: Polynom n-ten Grades (n = Anzahl Jahre) kann mehrere Lösungen haben

In der betriebswirtschaftlichen Fachliteratur werden die hier genannten Verfahren gelegentlich auch als *Hilfsverfahren* bezeichnet, da durch die Diskontierung eine Vereinfachung vorgenommen wird, anstatt mit der *Methode des vollständigen Finanzplans* eine Langfristplanung Jahr für Jahr vorzunehmen.

Das wesentliche Problem der Kapitalwertbestimmung ist die Wahl des geeigneten Diskontierungszinssatzes. Die Alternative zur Investition ist die Anlage der Mittel am Markt, z. B. in festverzinsliche Wertpapiere. Daher lässt sich der Marktzins als *Opportunitätskosten* (Kosten der entgangenen Gelegenheit) der Investition (es entgehen die Zinsen aus der Anlage am Markt) gut als Diskontierungssatz verwenden, erhöht um einen *Risikozuschlag*, da die zukünftigen Zahlungsströme aus der Investition nicht sicher, sondern geschätzt sind.

Kalkulationszinssatz = Marktzinssatz + Risikozuschlag

Die Interne Zinssatzmethode versucht, das Problem der Bestimmung des Kalkulationszinssatzes zu umgehen, indem sie den *Kapitalwert = Null* setzt und dann den Zins bestimmt, bei dem die Summe der abgezinsten Zahlungsströme Null wird. Dies kann durch schrittweise Annäherung (Iteration) oder mit Hilfe von Tabellenkalkulationssoftware erfolgen. Der sich ergebende Zins braucht jedoch auch eine Referenzbasis, z. B. den um einen Risikozuschlag erhöhten Marktzins.

Entscheidungen über die optimale Dauer einer Investition müssen danach unterschieden werden, ob die Investition bereits getätigt wurde oder noch nicht. Die Entscheidung über die *optimale Nutzungsdauer* wird aufgrund der vorhandenen Informationen vor Durchführung der Investition gefällt. Dazu werden für alternative Nutzungsdauern die Kapitalwerte ermittelt. In dem Jahr, in dem der Kapitalwert maximal wird, ist die optimale Nutzungsdauer erreicht.

Die Entscheidung über den *optimalen Ersatzzeitpunkt* betrifft hingegen eine bereits in der Nutzung befindliche Anlage. Sie kann von der optimalen Nutzungsdauer abweichen, weil in der Zwischenzeit der bisherigen Nutzung mehr Informationen über die tatsächlichen Kosten und Erlöse bzw. Auszahlungen und Einzahlungen vorliegen. Der optimale Ersatzzeitpunkt ist erreicht, wenn der Kapitalwert maximal ist.

Sollen nicht einzelne Investitionen beurteilt, sondern umfassende *Investitionsprogramme* ermittelt und zusammengestellt werden, kann entweder zunächst das verfügbare bzw. beschaffbare Finanzierungsvolumen festgelegt werden und dann können mit Hilfe der dynamischen Verfahren solange Investitionsprojekte ausgewählt werden, bis der vorgegebene Finanzierungsrahmen erschöpft ist (*sukzessive Investitionsprogrammplanung*), oder der Betrag zu beschaffender Finanzmittel und die zu realisierenden Investitionen werden gleichzeitig und aufeinander abgestimmt festgelegt (*simultane Investitionsprogrammplanung*). Dabei werden die Investitionsalternativen nach sinkenden Kapitalwerten bzw. Renditen und die Finanzierungsmöglichkeiten nach steigenden Kapitalkosten geordnet. Die Rendite der letzten durchzuführenden Investition sollte gerade noch über dem Kapitalkostensatz liegen, damit die *Wirtschaftlichkeit* des Investitionsprogramms gewährleistet ist.

Übersicht Finanzwirtschaftliche Formeln

AuF = Aufzinsungsfaktor	
$(1+i)^n$	zinst einen heutigen Wert mit Zins und Zinseszins für n Jahre auf, hilft damit bei der Frage, wie viel ein heutiger Wert in n Jahren wert ist.
AbF = Abzinsungsfaktor	
$\frac{1}{(1+i)^n}$	zinst einen zukünftigen Wert unter Berücksichtigung von Zins und Zinseszins auf den heutigen Wert ab, hilft damit bei der Frage, wie viel eine in n Jahren fällige Zahlung heute wert ist.
RVF = Restwertverteilungsfaktor	
$\frac{i}{(1+i)^n-1}$	verteilt eine nach n Jahren fällige Zahlung unter Berücksichtigung von Zins und Zinseszins auf die Laufzeit von n Jahren, sodass sich jährlich der gleiche Betrag ergibt.
KWF = Kapitalwiedergewinnungsfaktor	
$\frac{i*(1+i)^n}{(1+i)^n-1}$	wird auch als Verrentungsfaktor oder Annuitätenfaktor bezeichnet; Verteilt einen heutigen Wert in gleiche Annuitäten unter Berücksichtigung von Zins und Zinseszins auf n Jahre.
EWF = Endwertfaktor	
$\frac{(1+i)^n-1}{i}$	wird auch als Aufzinsungssummenfaktor bezeichnet; zinst eine Zahlungsreihe aus jährlich gleichbleibenden Zahlungen (Annuitäten) unter Berücksichtigung von Zins und Zinseszins auf. Der Endwertfaktor ist der Reziprokwert des Restwertverteilungsfaktors.
BWF = Barwertfaktor	
$\frac{(1+i)^n-1}{i*(1+i)^n}$	wird auch als Abzinsungssummenfaktor, Diskontierungssummenfaktor, Rentenbarwertfaktor oder Kapitalisierungsfaktor bezeichnet; zinst eine Zahlungsreihe aus jährlich gleichbleibenden Zahlungen (Annuitäten) unter Berücksichtigung von Zins und Zinseszins ab. Der Diskontierungssummenfaktor ist der Reziprokwert des Kapitalwiedergewinnungsfaktors.

Zahlentabellen zu den Faktoren finden Sie am Ende des Buchs.

1.3.2 Finanzierung

Finanzierung ist die Beschaffung finanzieller Mittel für Unternehmenszwecke. Ziel von Finanzierungsentscheidungen ist es, die *Liquidität* (Zahlungsfähigkeit) des Unternehmens zu sichern sowie Mittel für anstehende *Investitionen* zu beschaffen, und dies zu möglichst niedrigen Kosten (Minimalprinzip). Dazu muss über die folgende Aspekte entschieden werden:

Übersicht Finanzierungsentscheidungen

Höhe des Finanzierungsbedarfs	ergibt sich aus der Finanzplanung Die Kosten von Investitionsprojekten sind oft schwierig zu schätzen. Es muss daher genügend Spielraum eingeplant werden.
Herkunft der Finanzmittel	Innenfinanzierung (aus dem Umsatz) oder Außenfinanzierung (Mittelzuführung von außen)? Eigenfinanzierung oder Fremdfinanzierung (rechtliche Stellung der Kapitalgeber)? Kriterien sind die Finanzierungskosten, Höhe und Zeitpunkt der Rückzahlungsverpflichtung und die erwartete Einflussnahme des Kapitalgebers.
Zeitpunkt der Finanzierungsmaßnahmen	Zum Zeitpunkt, in dem die Mittel benötigt werden, müssen sie auch bereit stehen, sonst kommt es zu Engpässen. Der (teure) Dispositionskredit ermöglicht es, Spitzen auszugleichen.
Fristigkeit der Finanzierungsmaßnahmen	kurzfristig (zur Überbrückung von Engpässen), mittelfristig oder langfristig Kongruenzprinzip: Die Kreditlaufzeit soll sich an der Nutzungsdauer der Anlage orientieren.

Höhe und Dauer des Finanzierungsbedarfs bestimmen die Herkunft der Finanzierungsmittel und damit auch die Kosten der Kapitalbeschaffung. Weitere Kriterien sind die Größe und die wirtschaftliche Lage des Unternehmens. Große Unternehmen haben Zugang zu den organisierten Kapitalmärkten (Aktienbörsen). Aus Sicht des Kapitalgebers spielen die wirtschaftliche Lage und die Zukunftserwartungen eine wichtige Rolle (Kreditwürdigkeit, erwartete Kursgewinne).

Übersicht Herkunft der Finanzmittel

	innen	**außen**
eigen	Gewinnthesaurierung, Abschreibung, Umschichtung	Beteiligungsfinanzierung, z. B. Ausgabe von Aktien
fremd	Bildung von Rückstellungen	Kreditaufnahme (Darlehen)

Die kostengünstigste Finanzierungsform ist die *Innenfinanzierung*: Aus den Umsatzerlösen werden überschüssige Mittel gewonnen und können für Unternehmenszwecke eingesetzt werden. Zudem gibt es keine Einflussnahme von außen auf die Entscheidungen der Unternehmensführung. Umsatzerlöse stellen einen Zahlungsmittelzufluss dar. Davon abgezogen werden alle Zahlungsmittelabflüsse (Aufwand, der mit Auszahlung verbunden ist, aber auch Tilgung von Krediten, Gewinnausschüttungen, etc.). Die verbleibenden Zahlungsmittel werden als freier Cash-Flow bezeichnet und stehen für Investitionen (Mittelverwendung) zur Verfügung.

Übersicht Innenfinanzierung

Gewinn-thesaurierung	Bei Kapitalgesellschaften (AG, GmbH) erwarten die Gesellschafter Gewinnausschüttungen. Bei Personengesellschaften entnehmen die Gesellschafter Kapital für ihre private Lebensführung (Entnahmen). Der Restgewinn wird einbehalten.
Abschreibungen	Abschreibungen stellen Aufwand dar, der nicht mit einem Zahlungsmittelabfluss (einer Auszahlung) verbunden ist. Die Verteilung der Anschaffungskosten auf die Nutzungsdauer reduziert den ausgewiesenen Gewinn, ohne die Kasse zu belasten. Kapazitätserweiterungseffekt: Finanzierung der Kapazitätserweiterung allein über die Abschreibungsgegenwerte
Umschichtung	Veräußerung von Vermögensgegenständen, die für den Betriebszweck entbehrlich sind oder zurückgemietet werden können (sale and lease back)
Bildung von Rückstellungen	Rückstellungen werden gebildet, wenn in der Zukunft eine Belastung auf das Unternehmen zukommt, die noch nicht genau vorhersehbar ist. Droht dem Unternehmen ein Prozess oder wurde den Mitarbeitern eine betriebliche Altersversorgung zugesagt, ist eine Instandhaltung bald notwendig, so können aus den Umsatzerlösen entsprechende Beträge als Aufwand ohne (jetzige) Auszahlung entnommen werden, die zur Verfügung stehen, bis die Belastung tatsächlich auftritt. Die Bildung von Rückstellungen reduziert den Gewinn, ohne die Kasse zu belasten.

Bei der *Beteiligungsfinanzierung* (außen, eigen) sind die Kapitalgeber rechtlich Miteigentümer des Unternehmens. Daraus ergibt sich das Bedürfnis, auf die Unternehmensführung Einfluss zu nehmen. Es besteht kein Anspruch auf Gewinnausschüttung oder Rückzahlung des Kapitals. Das politisch-gesetzliche Umsystem gibt für die Gestaltung der Einflussnahme Muster als *Rechtsformen* vor, die als Stufen der Trennung von Eigentum und Kontrolle begriffen werden können. Der *Einzelunternehmer* ist Alleineigentümer und damit vollständige Kontrolle. Bei *Personengesellschaften* gibt es mehrere Eigentümer und Entscheidungsträger, ein Teil kann auf die direkte Einflussnahme verzichten

(Kommanditisten der KG). Bei *Kapitalgesellschaften* ist durch Verbriefung des Eigentums die weitgehende Trennung von Eigentum und Kontrolle möglich.

Übersicht Beteiligungsfinanzierung

Personengesellschaften	
Offene Handels-gesellschaft (OHG)	Alle Gesellschafter haften persönlich, unbeschränkt und solidarisch. Jeder Gesellschafter kann die Gesellschaft alleine vertreten. Die Gesellschafter bringen Teile ihres Privatvermögens in das Unternehmen ein. Bei Aufnahme eines neuen Gesellschafters muss dieser an der Geschäftsführung beteiligt werden.
Kommandit-gesellschaft (KG)	Komplementär ist Vollhafter (wie bei OHG) und kann die Gesellschaft alleine vertreten. Kommanditist haftet nur mit seiner Kommanditeinlage, hat keine Geschäftsführungsbefugnis, aber ein Informationsrecht. Die Gesellschafter bringen Teile ihres Privatvermögens in das Unternehmen ein. Ein neuer Gesellschafter kann als Komplementär oder als Kommanditist aufgenommen werden.
Kapitalgesellschaften	
Gesellschaft mit beschränkter Haftung (GmbH)	Stammkapital (mindestens 25.000 Euro), aufgeteilt in Stammeinlagen (mindestens 100 Euro) Haftung ist auf das Kapital beschränkt (evtl. Nachschusspflicht). Vertretung erfolgt durch den Geschäftsführer, nicht durch die Gesellschafter. Gesellschafter schießen Kapital nach (wenn Nachschusspflicht im Gesellschaftsvertrag vereinbart). Die Gesellschafter beschließen eine Kapitalerhöhung, damit über zusätzlich ausgegebene Anteile neue Gesellschafter in das Unternehmen aufgenommen werden können. Einflussnahme der Gesellschafter nur über die Gesellschafterversammlung
Aktien-gesellschaft (AG)	Grundkapital (mindestens 50.000 Euro), verbrieft in Aktien: - Nennwertaktien: Mindestnennwert 1 Euro - Stückaktien: Prozent-Anteil am Grundkapital Haftung auf das Kapital beschränkt. Vertretung durch den Vorstand, nicht durch Aktionäre. Die Aktionäre beschließen auf der Hauptversammlung eine Kapitalerhöhung. Die zusätzlichen Aktien bringen neues Kapital. Einflussnahme der Aktionäre nur über die Hauptversammlung

Börsennotierte Aktiengesellschaften (*Publikumsgesellschaften*) können über Kapitalerhöhung und Verkauf der neuen Aktien über Banken große Kapitalbeträge beschaffen (Aktienemission). Der Börsengang einer Aktiengesellschaft (*going public*) und auch die Emission von Aktien bei einer Kapitalerhöhung ist mit hohen Kosten verbunden.

Eine besondere Form der Beteiligungsfinanzierung für junge Unternehmen (start ups) ist die *Wagnisfinanzierung* mittels Venture Capital. Die Kapitalgeber (meist darauf spezialisierte Unternehmen) riskieren für erfolgversprechende Innovationen große Verluste, um im Falle des Erfolgs kräftige Gewinne mitzunehmen. Sie stellen zunächst kostenlos Risikokapital zur Verfügung und nehmen aktiv beratend Einfluss auf die Geschäftsführung, um bei Erfolg über einen Börsengang des Unternehmens ihr eingesetztes Kapital mit gutem Gewinn zurückzuerhalten.

Bei der *Kreditfinanzierung* (Außenfinanzierung als Fremdfinanzierung) sind die Kapitalgeber Gläubiger. Daraus ergibt sich der Anspruch auf Verzinsung des Kapitals und Rückzahlung. Auch Gläubiger, insbesondere Banken, versuchen, Einfluss auf die Unternehmensführung zu nehmen, um die Zins- und Tilgungszahlungen zu sichern. Aus dem *Kongruenzprinzip* (Anpassung der Kreditlaufzeit an den Zweck der Mittelverwendung) ergibt sich die Unterscheidung in kurzfristige und mittel- bzw. langfristige Kreditarten.

Übersicht Kreditarten

kurzfristige Fremdfinanzierung	
Lieferantenkredit	Von Lieferanten gewährte (bzw. geduldete) Zahlungsziele werden in Anspruch genommen. Nicht genutzter Skontoabzug ist Zinsaufwand.
Kundenanzahlung	Kunde zahlt einen Teilbetrag vor Erbringung der Leistung oder nach Teilleistungen. Kann auch zur Absicherung des Zahlungseingangs eingesetzt werden.
Bankkredit	Mit einem Kreditinstitut wird ein Kreditrahmen vereinbart, die Inanspruchnahme schwankt im Zeitablauf: Dispositionskredit, wird der Rahmen überschritten: Überziehungskredit. Auch Kredite mit unterjähriger fester Laufzeit, z. B. gegen Verpfändung von Wertpapieren (Lombardkredit), werden von Kreditinstituten zur Verfügung gestellt.
mittel- bzw. langfristige Fremdfinanzierung	
Annuitätendarlehen	Darlehen mit jährlich gleichbleibender Zahlung (= Annuität), die sich aus einem sinkenden Zinsanteil und einem steigenden Tilgungsanteil zusammensetzt.
Tilgungsdarlehen	Darlehen mit jährlich gleichbleibender Tilgung; die Zinsen werden jeweils auf die Restschuld berechnet und sinken daher im Zeitablauf.
Festdarlehen	Darlehen mit Tilgung in einem Betrag am Ende der Laufzeit; während der Laufzeit sind nur (gleichbleibende) Zinszahlungen zu leisten.

Der Unterschied zwischen kurzfristig, mittelfristig und langfristig ist nicht eindeutig definiert. Nach den *Rechnungslegungsvorschriften des HGB* für Kapitalgesellschaften gilt folgende Abgrenzung:

kurzfristig	**mittelfristig**	**langfristig**
bis ein Jahr	ein bis fünf Jahre	länger als fünf Jahre

Rechtlich liegt einem Kredit ein *Darlehensvertrag* gem. § 488 BGB zugrunde. Der Darlehensgeber verpflichtet sich, den vereinbarten Geldbetrag zur Verfügung zu stellen. Der Darlehensnehmer verpflichtet sich, den geschuldeten Zins zu zahlen und bei Fälligkeit das Darlehen zurückzuerstatten. Jeder Kreditvertrag enthält daher grundsätzlich die Kreditsumme, Höhe und Fälligkeit der Zinsen und die Fälligkeit(en) der Rückzahlung. Weitere Inhalte können der Verwendungszweck und die Kreditbesicherung sein.

Ist bei einem Darlehen der Auszahlungsbetrag kleiner als die vereinbarte Darlehenshöhe, so wird die Differenz als *Disagio* oder Damnum bezeichnet. Dies sind vorwegbezahlte Zinsen, und der im Kreditvertrag vereinbarte Nominalzins ist kleiner als bei einem Darlehen mit 100 Prozent Auszahlung. Der *Effektivzins*, d. h. der Zins im Verhältnis zum Auszahlungsbetrag ist höher als der Nominalzins. Die Höhe des Effektivzinses kann nach der folgenden Formel näherungsweise berechnet werden:

$$\textbf{Effektivzins} = \frac{\textbf{Nominalzins} + \dfrac{\textbf{Disagio}}{\textbf{Laufzeit}}}{\textbf{Auszahlung}}$$

Ein Disagio kann in der Bilanz aktiviert und über die Laufzeit des Kredits abgeschrieben werden (*Aktive Rechnungsabgrenzung*, Verteilung der Zinskosten auf die Kreditlaufzeit). Es kann durch ein *Tilgungsstreckungsdarlehen* finanziert werden, wenn der Kreditnehmer den vollen Kreditbetrag in Anspruch nehmen möchte. Das Tilgungsstreckungsdarlehen ist vor Tilgung des Hauptdarlehens zurückzuzahlen.

Die *Annuität* des Annuitätendarlehens wird finanzmathematisch ermittelt, indem der Kreditbetrag mit dem Annuitätenfaktor (Kapitalwiedergewinnungsfaktor KWF) multipliziert wird, in Tabellenkalkulationsprogrammen über die Funktion RMZ (regelmäßige Zahlung).

Große Unternehmen können langfristige Kreditmittel auch über die Börse beschaffen. Dazu wird durch die Banken eine *Schuldverschreibung* (Obligation, Anleihe) in Umlauf gebracht, in kleiner Stückelung, z. B. 100.000 Anteile für je 100 Euro, um eine breite Streuung zu erreichen.

Eine weitere Möglichkeit ist die Mittelbeschaffung bei öffentlichen Förderbanken, z. B. der Kreditanstalt für Wiederaufbau (www.kfw.de) für bestimmte Zwecke, z. B. Umweltschutzinvestitionen, i. d. R. ohne Besicherung und mit niedrigen Zinsen. Zu unterscheiden sind *Fördermittel* (müssen zurückgezahlt werden) von staatlichen Zuschüssen (müssen nicht zurückgezahlt werden).

Leasing wird der Fremdfinanzierung zugerechnet, auch wenn es sich rechtlich um einen Mietvertrag handelt. Der Leasingnehmer wird Besitzer, der Leasinggeber bleibt Eigentümer des Leasinggutes. Der Kauf entfällt und damit die Notwendigkeit, Mittel zu beschaffen. Ferner verfügt man über die neueste

Technik und bei einem Schaden oder Defekt des Leasinggutes stellt der Leasinggeber sofort Ersatz (sofern im Leasingvertrag so vereinbart). Nachteil ist die monatliche Belastung durch die Leasingrate, die aus dem Umsatzprozess erwirtschaftet werden muss. Ein Leasingvertrag kann unterschiedlich ausgestaltet sein, z. B. mit Kaufoption oder Mietverlängerungsoption am Ende der Grundmietzeit.

Auch *Factoring* (Verkauf von Forderungen) kann als Form der Fremdfinanzierung betrachtet werden. Das Unternehmen verkauft offene Kundenrechnungen an ein Factoringunternehmen und bekommt den Rechnungsbetrag abzüglich Gebühren sofort gutgeschrieben. Factoring kann auch als Umschichtungsfinanzierung (Verkauf von Forderungen) der Innenfinanzierung zugerechnet werden.

Bei *unterjährigen Krediten* kann zur Berechnung der Zinsbelastung die Laufzeit in Tagen verwendet werden. Dazu dient die folgende Formel, auch Kaput-Formel (Kapital x Prozent x Tage) genannt:

$$\textbf{Zinsbetrag} = \frac{\textbf{Kreditbetrag x Zinssatz x Tage}}{\textbf{100 x 360}}$$

Das Bankjahr hat 360 Tage.

Kreditgeber (Gläubiger) sichern ihre Ansprüche durch *Kreditsicherheiten*. Der Kreditnehmer wird als Sicherungsgeber, der Kreditgeber als Sicherungsnehmer bezeichnet. Wichtig ist in diesem Zusammenhang die Unterscheidung zwischen Besitz und Eigentum. *Besitz* ist die tatsächliche Verfügungsgewalt über eine Sache, *Eigentum* die rechtliche Verfügungsgewalt. Die folgende Übersicht erläutert die wichtigsten Kreditbesicherungsmöglichkeiten.

Übersicht Kreditsicherheiten

Sicherungsübereignung	Sicherungsgeber bleibt Besitzer, Sicherungsnehmer wird Eigentümer, z. B. bei Pkws, Maschinen, Lagerbeständen.
Verpfändung	Sicherungsgeber bleibt Eigentümer, Sicherungsnehmer wird Besitzer, z. B. Wertpapiere, Schmuck, Kunstgegenstände.
Grundpfandrechte	Grundstücke: Hypothek und Grundschuld werden ins Grundbuch (Abteilung III) eingetragen, beschränken die Verkaufsmöglichkeit.
Zession	Abtretung von Forderungen an Dritte, z. B. Kundenforderungen oder Lebensversicherungen. Die Zession kann offen (dem Drittschuldner bekannt gemacht) oder still erfolgen.
Bürgschaft	Ein Dritter (Bürge) verspricht Zahlung, wenn der Kreditnehmer nicht zahlt. Bei der selbstschuldnerischen Bürgschaft verzichtet der Bürge auf die Einrede der Vorausklage, d. h. darauf, dass vorher erfolglos zwangsvollstreckt wurde.

In der *Unternehmenspraxis* spielen vor allem die Sicherungsübereignung und die stille Zession eine wichtige Rolle. Werden Pkws sicherungsübereignet, erhält die Bank die Fahrzeugbriefe. Bei Lagerbeständen müssen Bestandslisten eingereicht werden. Für die Zession von Kundenforderungen werden der Bank entsprechende Listen vorgelegt. Verfügt das Unternehmen über Grundbesitz, kann eine Grundschuld eingetragen werden. Die Hypothek ist ungeeignet, da sie mit einem bestimmten Darlehen fest verbunden (akzessorisch) ist, d. h. nur in Höhe der Restschuld verwertet werden kann. Die Eintragung einer Grundschuld ist mit hohen Kosten verbunden, da sie über einen Notar erfolgen muss.

Am Anfang jeder Kreditgewährung steht jedoch die Prüfung der Kreditwürdigkeit. Die *Kreditwürdigkeit* hängt ab von persönlichen Eigenschaften des Kreditnehmers und von sachlichen Voraussetzungen, insbesondere den Ertragsaussichten des Unternehmens. Unabhängig von den vorhandenen Sicherheiten wird ein Kredit nur dann gewährt, wenn der Kreditnehmer fähig und in der Lage ist, ihn auch zurückzubezahlen.

1.3.3 Finanzplanung

In der Finanzplanung werden alle Investitions- und Finanzierungsalternativen zusammengetragen und es wird versucht, sie in Übereinstimmung zu bringen und das *Problem der finanziellen Lücke*, dass die für die Leistungserstellung erforderlichen Auszahlungen zeitlich vor den Einzahlungen aus der Leistungsverwertung liegen, zu lösen. Dazu muss sowohl langfristig als auch kurzfristig der *Finanzbedarf* ermittelt und durch entsprechende Beschaffung von Finanzmitteln gedeckt werden.

Die kurzfristige Finanzplanung wird auch als *Liquiditätsplanung* bezeichnet. Sie kann monatsbezogen oder bei Bedarf auch tageweise durchgeführt werden, und zu ihr gehört die *Kontodisposition*, gerade wenn das Unternehmen Konten bei mehreren Banken unterhält. Die Salden auf den Konten werden so verteilt, dass die Zinskosten minimiert werden, z. B. muss das Konto, über das die Lohn- und Gehaltszahlungen laufen, zum Zahlungstermin mit genügend Deckung versorgt werden. In der *monatlichen Liquiditätsplanung* sind die Zahlungsmittelzuflüsse aus Umsatzerlösen, Besitzwechseln und anderen Quellen den Zahlungsmittelabflüssen für Lieferantenrechnungen, Schuldwechsel, Kapitaldienst für Kredite (Zinszahlung und Tilgung), Lohn- und Gehaltszahlungen, etc. gegenüberzustellen. Dabei ist zum einen bei den Umsatzerlösen das Zahlungsverhalten der Kunden, zum anderen sind Spielräume bei der Begleichung von Lieferantenrechnungen zu berücksichtigen. Ein monatlicher Fehlbetrag (*Unterdeckung*) muss per Dispositionskredit oder kurzfristiger Kreditaufnahme am Geldmarkt, z. B. als einmonatiger Lombardkredit gedeckt werden. Ein Überschuss (*Überdeckung*) kann kurzfristig als Festgeld oder Termingeld angelegt werden.

Die *langfristige Finanzplanung* kann anhand einer Bewegungsbilanz vorgenommen werden. Ausgangspunkt ist die Bilanzgliederung nach § 266 HGB, die in der folgenden Übersicht vereinfacht und auf die Kernpunkte reduziert dargestellt ist.

Übersicht Bilanzgliederung

Aktiva	Passiva
Anlagevermögen	**Eigenkapital**
Lizenzen, Patente, Firmenwert	gezeichnetes Kapital
Sachanlagen (Grundstücke, Gebäude, Maschinen, etc.)	Kapitalrücklage
Beteiligungen, Finanzanlagen	Gewinnrücklagen
Umlaufvermögen	Bilanzgewinn
Vorräte	**Rückstellungen**
unfertige und fertige Erzeugnisse	**Verbindlichkeiten**
Forderungen und sonstige Vermögensgegenstände	ggü. Banken
	ggü. Lieferanten
Kasse, Bankguthaben	sonstige Verbindlichkeiten

Es können für die Zukunft geplante Werte über mehrere Jahre in Planbilanzen erfasst werden und mit Vergangenheitswerten verglichen oder aus diesen fortgerechnet werden (Prognose). Für die Finanzplanung werden die Veränderungen der Bilanzpositionen in der Bewegungsbilanz (auch Cash-Flow-Rechnung genannt) nach den Merkmalen *Mittelherkunft* und *Mittelverwendung* gruppiert:

Übersicht Bewegungsbilanz

Mittelherkunft	Mittelverwendung
Aktivminderungen	Aktivmehrungen
Passivmehrungen	Passivminderungen

Aktivminderungen setzen Mittel frei, die dem Finanzierungsvolumen zugerechnet werden können. Beispiele dafür sind der Verkauf von Anlagegütern, Abbau der Vorräte (z. B. just in time), Minderung der Außenstände (z. B. durch Factoring), erhöhte Abschreibungen. Ebenso führen *Passivmehrungen* Mittel zu, z. B. durch Aufnahme neuer Gesellschafter, Erhöhung der Gewinnrücklagen, Erhöhung von Rückstellungen, Aufnahme von Darlehen oder höhere Inanspruchnahme von Lieferantenzielen.

Aktivmehrungen und Passivminderungen ergeben den *Finanzierungsbedarf*. *Aktivmehrungen* sind z. B. Kauf von Anlagegütern (Investitionen), Mehrung der Vorräte (z. B. zur Nutzung von Mengenrabatten), Erhöhung der Forderungen (z. B. Kundenkredite als Marketingmaßnahme). *Passivminderungen* sind: Kapitalherabsetzung, Gewinnausschüttung, Auflösung von Rückstellungen, Tilgung von Darlehen, vermehrte Skonto-Nutzung bei Lieferanten etc.

Statt der Bilanzgliederung in Verbindung mit der Bewegungsbilanz kann zur Finanzplanung auch eine *Planbestandsdifferenzenbilanz* eingesetzt werden, in der die Bestände und ihre Veränderungen erfasst werden. So können die Wirkungen verschiedener alternativer Investitions- und Finanzierungsmaßnahmen auf die finanzwirtschaftlichen *Kennzahlen* (Anlagendeckung, Verschuldungsgrad, Liquiditätsgrade, Rentabilitäten, etc.) berechnet und analysiert werden.

Kennzahlen sind für externe Kapitalgeber wichtige Informationsquellen für die Beurteilung der wirtschaftlichen Lage des Unternehmens, die ihre Bereitschaft, Kapital zur Verfügung zu stellen, beeinflussen. Einerseits sind Kapitalgeber am wirtschaftlichen Erfolg des Unternehmens (hohe *Rentabilität*) interessiert, andererseits möchten sie das Risiko des Kapitalverlustes minimieren. So kann sich z. B. aus der Veränderung der vertikalen Kapitalstruktur zum einen der *Leverage-Effekt* ergeben, zum anderen das *Kapitalstrukturrisiko*. Je höher der Verschuldungsgrad, umso höher ist die Eigenkapitalrentabilität, aber umso höher ist auch das Risiko des Kapitalverlusts, da z. B. bei Umsatzeinbrüchen der Fremdkapitaldienst (fixe Kosten) weiter, evtl. aus der Substanz des Unternehmens heraus, finanziert werden muss.

Organisatorisch wird die Finanzplanung von der *Finanzbuchhaltung* durchgeführt. Sie sammelt dazu aus allen Unternehmensbereichen alle zahlungswirksamen Informationen und versucht, diese aufeinander abzustimmen. Engpässe müssen beseitigt und Überschüsse können angelegt werden. Verhandlungen mit Banken über Kredite müssen geführt, Sicherheiten bestellt, Kapitalerhöhungen vorbereitet und Maßnahmen des Investor-Relationship-Mangements ergriffen werden. Die Debitorenbuchhaltung mit Überwachung des Zahlungseingangs und Mahn- und Inkassowesen fällt in ihren Aufgabenbereich, ferner übernimmt die Finanzbuchhaltung die *Kontodisposition* und das Cash Management, bei Konzernen evtl. mittels Cash Pooling und Netting.

Auch die Abwicklung des *Zahlungsverkehrs* ist ihrem Aufgabenbereich zuzuordnen: Auslösen von Lastschriften, Überwachung und Inkasso der Besitzwechsel und Schecks, Bezahlung der Schuldwechsel. Durch Vernetzung und Computerisierung können viele dieser Aufgaben über *Internet Banking* schnell und effizient durchgeführt werden.

Im *Auslandszahlungsverkehr* werden Akkreditiveröffnungen vorbereitet, wenn das Unternehmen als Importeur Zahlung per *Dokumentenakkreditiv* vereinbart hat. Die einzufordernden Dokumente müssen bestimmt werden. Umgekehrt muss ein Exporteur die Dokumente (auch beim *Dokumenteninkasso*) beschaffen und an die Hausbank weiterleiten. Ferner sind im Auslandszahlungsverkehr *Meldungen* über ausgehende und eingehende Zahlungen an die Bundesbank abzugeben.

Schließlich ist die Finanzbuchhaltung zuständig für die Ergreifung von Maßnahmen zur *Risikoabsicherung* z. B. von Fremdwährungsrisiken und Zinsrisiken mittels Hedging-Instrumenten (Swaps, Futures, Optionen etc.).

Bei größeren Unternehmen sind die verschiedenen Aufgaben der Finanzplanung auch auf mehrere Organisationseinheiten verteilt. Im *Organisationsplan* müssen dazu auch die Kompetenzen und Weisungsbefugnisse der Mitarbeiter definiert sein.

In den folgenden drei Modulen werden die in dieser Lerneinheit nur überblicksartig dargestellten Inhalte und Aufgaben der Finanzwirtschaft in einem Unternehmen vertieft und anhand von Beispielen eingehend erläutert:

Übersicht Finanzwirtschaft

Modul 2 Investitionsrechnung

Lerneinheit 2.1 Statische Investitionsrechnung

Kostenvergleich	Gewinnvergleich	Rentabilitätsvergleich	Amortisationsvergleich

Lerneinheit 2.2 Dynamische Investitionsrechnung

Kapitalwertmethode	Annuitätenmethode	Interne Zinssatzmethode

Lerneinheit 2.3 Die optimale Investitionsentscheidung

Statische oder dynamische Verfahren	Methode des vollständigen Finanzplans	Optimale Nutzungsdauer	Optimaler Ersatzzeitpunkt

Modul 3 Finanzierung

Lerneinheit 3.1 Kapitalbedarf

Die finanzielle Lücke	Kapitalbedarf aus dem Anlagevermögen	Kapitalbedarf aus dem Umlaufvermögen	Risiken der Kapitalbedarfsplanung

Lerneinheit 3.2 Außenfinanzierung als Eigenfinanzierung

Beteiligungsfinanzierung und Rechtsform	Die Kapitalerhöhung der AG	Die bedingte Kapitalerhöhung	Wagnisfinanzierung

Lerneinheit 3.3 Außenfinanzierung als Fremdfinanzierung

Kreditfähigkeit und Kreditwürdigkeit	Kurzfristige Kreditfinanzierung	Langfristige Kreditfinanzierung	Kreditsicherheiten	Kreditleihe

Lerneinheit 3.4 Sonderformen der Außenfinanzierung

Leasing	Factoring	Finanzinstrumente

Lerneinheit 3.5 Innenfinanzierung

Cash Flow	Finanzierung durch Abschreibungen	Kapazitätserweiterungseffekt

Modul 4 Finanzplanung

Lerneinheit 4.1 Finanzmanagement

Finanzentscheidungen	Planbestandsdifferenzenbilanz	Operative Finanzplanung

Lerneinheit 4.2 Finanzplanung mit Kennzahlen

Kennzahlen	Goldene Regeln	Leverage-Effekt

Lerneinheit 4.3 Zahlungsverkehr

Zahlungsformen	Konten-Clearing	Auslandszahlungsverkehr	Internet Banking

Kontrollfragen zu Lerneinheit 1.3

Überblick über die Finanzwirtschaft

1. Was verstehen Sie unter einer Investition?
2. Wozu dient die Investitionsrechnung?
3. Wovon hängt die Wahl des Verfahrens der Investitionsrechnung ab?
4. Wie lautet die wichtigste Kritik an den statischen Investitionsrechenverfahren?
5. Worin unterscheidet sich die Amortisationsrechnung von den anderen statischen Verfahren (Kostenvergleich, Gewinnvergleich, Rentabilitätsvergleich)?
6. Was verstehen Sie unter einem Kapitalwert, was ist das Problem dabei und wie lässt es sich lösen? Gehen Sie auch auf den Begriff Opportunitätskosten ein.
7. Wozu dienen der Rentenbarwertfaktor und der Rentenendwertfaktor?
8. Wie gehen Sie mathematisch vor, um ein Polynom n-ten Grades zu lösen?
9. Wodurch unterscheidet sich die optimale Nutzungsdauer vom optimalen Ersatzzeitpunkt?
10. Welche Ziele werden mit Finanzierungsentscheidungen verfolgt?
11. Welche Finanzierungsform würden Sie im Zweifel immer wählen, sofern sie zur Verfügung steht?
12. Erläutern Sie den wesentlichen Unterschied zwischen Beteiligungsfinanzierung und Kreditfinanzierung.
13. Nach welchen Kriterien können Sie kurz-, mittel- und langfristige Finanzierung unterscheiden?
14. Was verstehen Sie unter einem Effektivzins und wie kann er berechnet werden?
15. Wie lässt sich der Zinsbetrag bei unterjährigen Krediten ermitteln?
16. Wozu dient die Kreditwürdigkeitsprüfung in erster Linie?
17. Welche Kreditsicherheiten sind in der Unternehmenspraxis vor allem üblich?
18. Welche Aufgaben hat die Finanzplanung?

Lösungen zu Lerneinheit 1.3

Überblick über die Finanzwirtschaft

1. Eine Investition ist eine längerfristig wirkende Unternehmensentscheidung, die zu Beginn zu einer Auszahlung führt und aus der für die Zukunft eine Reihe von Einzahlungsüberschüssen erwartet werden. Es werden liquide Mittel in Vermögensgegenständen gebunden mit dem Ziel, Gewinn zu erwirtschaften.

2. Die Investitionsrechnung ist eine Wirtschaftlichkeitsrechnung. Sie dient dazu, den zu erwartenden Erfolg einer Investition zu ermitteln und aus verschiedenen Investitionsalternativen die effizienteste auszuwählen bzw. ein optimales Investitionsprogramm, bestehend aus mehreren sich gegenseitig nicht ausschließenden Investitionen zusammenzustellen.

3. Die Wahl des Verfahrens der Investitionsrechnung hängt von der Art und der Bedeutung der Investition für den Unternehmenserfolg ab. Operative Investitionsentscheidungen ergeben sich zwangsläufig aus der Marketingstrategie und der daraus resultierenden Produktions- und Absatzplanung. Strategische Investitionsentscheidungen bestimmen die Produktions- und Absatzplanung. Je wichtiger die Entscheidung ist, umso präzisere Verfahren sollten angewandt werden.

4. Die sich aus der Investitionsentscheidung ergebenden Kennzahlen (Kosten, Erlöse, Gewinne, Rentabilität) werden für eine Durchschnittsperiode erfasst und verglichen. Mögliche Veränderungen der Kennzahlen während der Nutzungsdauer und Zinseszinseffekte werden nicht oder nur überschlägig berücksichtigt.

5. Die Amortisationsrechnung ist eine Risikobetrachtung, während die anderen statischen Verfahren sich auf Erfolgsgrößen (Kosten, Gewinn, Rentabilität) richten.

6. Der Kapitalwert ist die Summe der Barwerte zukünftiger Zahlungen. Das Problem ist die Wahl des geeigneten Diskontierungszinssatzes. Empfohlen wird, den Marktzins (z. B. für festverzinsliche Wertpapiere) um einen Risikoaufschlag zu erhöhen. Bei einer Verwendung von Finanzmitteln für die Investition entgehen die Zinsen aus der Anlage am Markt. Diese Kosten der entgangenen Gelegenheit werden als Opportunitätskosten bezeichnet.

7. Der Rentenbarwertfaktor zinst eine jährlich gleichbleibende Zahlung auf den Gegenwartswert ab. Der Rentenendwertfaktor zinst eine jährlich gleichbleibende Zahlung auf den Wert am Ende des Planungshorizontes auf.

8. Polynome n-ten Grades, wie sie bei der Internen Zinssatzmethode auftreten, können durch Einsetzen von Werten und schrittweiser Annäherung oder durch Verwendung eines Tabellenkalkulationsprogramms gelöst werden.

9. Die optimale Nutzungsdauer wird vor Durchführung der Investition bestimmt, der optimale Ersatzzeitpunkt, wenn die Investition bereits getätigt wurde und neue Informationen über die zu erwartenden Cash Flows aus dem Projekt vorliegen.

10. Finanzierung ist die Beschaffung finanzieller Mittel für Unternehmenszwecke. Ziel von Finanzierungsentscheidungen ist es, die Liquidität (Zahlungsfähigkeit) des Unternehmens zu sichern sowie Mittel für anstehende Investitionen zu beschaffen, und dies zu möglichst niedrigen Kosten (Minimalprinzip).

11. Die kostengünstigste Finanzierungsform ist die Innenfinanzierung: Aus den Umsatzerlösen werden überschüssige Mittel gewonnen und können für Unternehmenszwecke eingesetzt werden. Zudem gibt es keine Einflussnahme von außen auf die Entscheidungen der Unternehmensführung.

12. Der wesentliche Unterschied zwischen Beteiligungsfinanzierung und Kreditfinanzierung liegt in der Rechtsstellung der Kapitalgeber. Eigenkapitalgeber sind Eigentümer und haben keinen Anspruch auf Verzinsung oder Rückzahlung, Fremdkapitalgeber sind Gläubiger und haben eben diese Ansprüche.

13. Es gibt keine einheitliche Abgrenzung zwischen kurz-, mittel- und langfristiger Finanzierung. Die Regelungen des HGB geben die Grenzen „bis zu einem Jahr" und „länger als fünf Jahre" an, die hilfsweise herangezogen werden können.

14. Der Effektivzins stellt die tatsächliche Zinsbelastung von Darlehen mit einem anfänglichen Zinsabschlag (Disagio) dar. Er wird näherungsweise berechnet, indem der Zinsabschlag nominal auf die Laufzeit verteilt wird (durchschnittlicher jährlicher Zinsabschlag) und die sich so ergebende gesamte Zinslast auf die tatsächlich ausgezahlte Kreditsumme (Auszahlung) bezogen wird.

15. Der sich jährlich ergebende Zinsbetrag (Kreditsumme x Jahreszins) wird auf das Verhältnis der Laufzeit in Tagen zur Gesamtzahl der Tage des Jahres bezogen.

16. Die Kreditwürdigkeitsprüfung dient in erster Linie der Feststellung, ob der potenzielle Kreditnehmer fähig und in der Lage ist, den Kredit auch zurückzuzahlen.

17. In der Unternehmenspraxis sind vor allem die Sicherungsübereignung und die stille Zession üblich, da sie einfach zu bestellen sind. Es genügt die genaue Bezeichnung der sicherungsübereigneten Maschine bzw. die Übergabe der Fahrzeugbriefe des Fuhrparks. Für die Zession werden Debitorenlisten eingereicht.

18. In der Finanzplanung werden alle Investitions- und Finanzierungsalternativen zusammengetragen und es wird versucht, sie in Übereinstimmung zu bringen und das Problem der finanziellen Lücke, dass die für die Leistungserstellung erforderlichen Auszahlungen zeitlich vor den Einzahlungen aus der Leistungsverwertung liegen, zu lösen. Dazu muss sowohl langfristig als auch kurzfristig der Finanzbedarf ermittelt und durch entsprechende Beschaffung von Finanzmitteln gedeckt werden. Zur Finanzplanung gehört die Mehrjahresfinanzplanung, aber auch die Kontodisposition und die Abwicklung des Zahlungsverkehrs.

Modul 2

Investitionsrechnung

Lerneinheit 2.1

Statische Investitionsrechnung

In dieser Lerneinheit können Sie folgende **Lernziele** erreichen:

- relevante Kosten von Investitionsprojekten definieren und berechnen
- die statischen Verfahren als Entscheidungsinstrumente einschätzen
- fixe und variable Kosten von Investitionsprojekten ermitteln
- Kostenvergleich, Gewinnvergleich und Rentabilitätsvergleich durchführen
- die kritische Auslastung(smenge) zweier Investitionsalternativen berechnen
- die Bedeutung der Verfahren für das Controlling erkennen
- die Amortisationszeit mittels einfacher Cash-Flow-Rechnung ermitteln

2.1.1 Kostenvergleich

In der Kostenvergleichsrechnung werden die Kosten alternativer Investitionsprojekte verglichen, um die *kostengünstigste* Investitionsentscheidung zu treffen. Dabei wird davon ausgegangen, dass die erzielbaren Umsatzerlöse und Rentabilitäten für alle betrachteten Projekte gleich sind.

Der Kostenvergleich ist damit Grundlage für eine Entscheidung nach dem *Minimalprinzip*, d. h. es wird angestrebt, mit geringstmöglichen Kosten ein bestimmtes Ziel zu erreichen.

Die erste Schwierigkeit in der Kostenvergleichsrechnung besteht darin, die für die Investitionsprojekte *relevanten Kosten* zu identifizieren. Kosten, die unabhängig davon anfallen, ob das Projekt realisiert wird oder nicht, gehören nicht in die Kalkulation. Ebenso wenig brauchen Kosten betrachtet zu werden, die für alle Investitionsprojekte gleich hoch sind.

Die Kosten eines Investitionsprojektes, z. B. einer neuen Produktionsanlage, sind zunächst Kosten der Einrichtung der Anlage, Anschaffungskosten, Kosten baulicher Maßnahmen, notwendiger Testläufe, Personalkosten, Materialkosten, etc. Hinzu kommen die Kosten des Betriebs der Anlage, die laufenden Kosten, und schließlich müssen im Sinne der *Total Cost of Ownership* auch Wartungs-, Instandhaltungs-, Abbruch- und Entsorgungskosten berücksichtigt werden.

Ein Problem, das die Kostenvergleichsrechnung ignoriert, ist die Tatsache, dass Kosten im Zeitablauf unterschiedlich anfallen und sich verändern können. So nehmen z. B. die Instandhaltungskosten im Zeitablauf zu und können die Anlage mit der Zeit unrentabel werden lassen. Bezugskosten für Fertigungsmaterial, Maschinenwerkzeuge und Ersatzteile, Löhne und Gehälter, Mieten, Strom- und Wasserkosten verändern sich. Die Abbruch- und Entsorgungskosten sind schwer zu prognostizieren. Oft genug besteht auch die Möglichkeit, die gebrauchte Anlage wieder zu verkaufen, oder dies wird zumindest von den Entscheidungsträgern erwartet. Dann ist der Buchwert der Anlage zum Zeitpunkt des Ausscheidens aus dem Unternehmen ein guter Schätzer für den erzielbaren Verkaufserlös, der die Kosten senkt.

Die Kostenvergleichsrechnung ist ein einfaches Praktikerverfahren, das mit geschätzten *Durchschnittsgrößen* arbeitet und nur eine grobe Entscheidungsunterstützung leistet. Sie eignet sich daher insbesondere für einfache *Ersatzentscheidungen* und *Rationalisierungsentscheidungen* bzw. für eine erste grobe Einschätzung und Beurteilung von Investitionsprojekten. Sie kann auch als Instrument der nachträglichen Rechtfertigung bereits getroffener Entscheidungen herangezogen werden.

Da in der Praxis exakte Größen gerade für die Zukunft schwierig zu ermitteln sind, hat eine grobe Durchschnittsbetrachtung sicherlich ihre Rechtfertigung als Entscheidungsgrundlage. Die Gefahr bei der Anwendung des reinen Kostenvergleichs liegt jedoch darin, dass die erzielbaren *Erträge* und damit die *Wirtschaftlichkeit* des Projektes unbeachtet bleiben.

Beispiel Kostenvergleich

Die Bergthaler Hausgeräte GmbH erwägt, eine technisch veraltete Produktionsanlage zu ersetzen. Für die Ersatzbeschaffung sind nach den bisherigen Vorüberlegungen zwei alternative Anlagen in die engere Wahl genommen worden, die den technischen Anforderungen entsprechen. Für die endgültige Entscheidung stehen die folgenden Daten für eine Kostenvergleichsrechnung zur Verfügung:

	Anlage 1	Anlage 2
Anschaffungskosten	2.570.000 €	1.800.000 €
Nutzungsdauer	7 Jahre	6 Jahre
Restwert nach sechs Jahren	170.000 €	0 €
maximale Fertigungskapazität	100.000 Stück	80.000 Stück
sonstige fixe Kosten (pro Jahr)	159.200 €	27.500 €
Fertigungslöhne (pro Stück)	45 €	46 €
Fertigungsmaterial (pro Stück)	13 €	17 €
sonstige variable Kosten (pro Stück)	26 €	30 €
Abbruchkosten der alten Anlage	12.000 €	12.000 €

Die Bergthaler Hausgeräte GmbH verwendet bei ihren Berechnungen einen Kalkulationszinssatz von 7 % p. a. Die jährliche Absatzmenge der auf der Anlage produzierten Erzeugnisse liegt bei 60.000 Stück.

Statt zwei Alternativen zu vergleichen, kann die Kostenvergleichsrechnung auch dazu verwendet werden, die Kosten einer vorhandenen Produktionsanlage den Kosten bei *Ersatzbeschaffung* gegenüberzustellen und so die Entscheidung, ob ersetzt werden soll oder nicht, zu begründen.

Auch bei unterschiedlichen Produktionsmengen ist der Kostenvergleich anwendbar, z. B. wenn zwischen einer *Massenmarktstrategie* oder einer *Spezialisierungsstrategie* entschieden werden soll.

Um die Kosten einer Produktionsanlage bzw. eines Investitionsprojekts zu ermitteln, ist zunächst eine *Kostenauflösung* in fixe und variable Kosten und die Unterscheidung in Einzel- und Gemeinkosten erforderlich.

Fixe Kosten entstehen unabhängig davon, ob produziert wird oder nicht, und sie sind in der Höhe nicht abhängig von der produzierten Menge. *Variable Kosten* verändern sich mit der Ausbringungsmenge. Es wird i. d. R. vereinfachend davon ausgegangen, dass variable Kosten *proportional* sind, d. h. in einer linearen Abhängigkeit zur Ausbringung stehen. *Sprungfixe Kosten* sind bis zu einer bestimmten Ausbringungsmenge konstant (fix) und springen dann auf ein höheres Niveau. Ein Beispiel für sprungfixe Kosten sind feste Gehälter, die sich erhöhen, wenn ein weiterer Mitarbeiter eingestellt wird.

Einzelkosten sind dem Investitionsprojekt direkt zurechenbare Kosten, das sind insbesondere die Anschaffungskosten inklusive aller Anschaffungsnebenkosten, aber auch das Fertigungsmaterial und die Fertigungslöhne, sofern Akkordlohn pro Stück gezahlt wird. *Gemeinkosten* sind nicht direkt zurechenbar, sie können aber geschlüsselt und über Zuschlagssätze indirekt verrechnet werden. Der Stromverbrauch einer Produktionsanlage ist ein Beispiel für *unechte Gemeinkosten*, denn mit einem Stromzähler an der Maschine wären es Einzelkosten.

Der Controller der Bergthaler Hausgeräte GmbH hat folgende Kostenvergleichsrechnung erstellt und der Geschäftsführung präsentiert. Er empfiehlt die Anschaffung der Anlage 1, da sie mit geringeren Kosten verbunden ist.

	Anlage 1	Anlage 2
Abschreibungen	400.000 €	300.000 €
kalkulatorische Zinsen	95.900 €	63.000 €
sonstige fixe Kosten	159.200 €	27.500 €
Summe Fixkosten	655.100 €	390.500 €
Fertigungslöhne	2.700.000 €	2.760.000 €
Materialkosten	780.000 €	1.020.000 €
sonstige variable Kosten	1.560.000 €	1.800.000 €
Summe variable Kosten	5.040.000 €	5.580.000 €
Gesamtkosten	5.695.100 €	5.970.500 €

Abschreibungen stellen die Erfassung des Wertverzehrs der Anlage dar. In einer Durchschnittsbetrachtung empfiehlt sich auch bei beweglichen Anlagegütern die *lineare Abschreibungsmethode* anzuwenden und die Anschaffungskosten durch die Nutzungsdauer zu teilen. Ein erwarteter Restverkaufserlös mindert den zu erfassenden Wertverzehr. Strenggenommen müssten unter Controllinggesichtspunkten die geschätzten *Wiederbeschaffungskosten* durch die Nutzungsdauer geteilt werden. Insbesondere Investitionen in Informationstechnologie (z. B. neue Server) sind in den letzten Jahren immer kostengünstiger geworden.

Der Controller der Bergthaler Hausgeräte GmbH hat die Abschreibungen und die kalkulatorischen Zinsen wie folgt berechnet:

	Anlage 1	Anlage 2
Abschreibung:	$\frac{2.570 - 170}{6} = 400$	$\frac{1.800}{6} = 300$
kalk. Zinsen:	$\frac{2.570 + 170}{2} \times 7\,\% = 95{,}9$	$\frac{1.800}{2} \times 7\,\% = 63$

Obwohl die Nutzungsdauer von Anlage 1 sieben Jahre beträgt, werden beide Anlagen auf sechs Jahre gerechnet, um einen einheitlichen Planungshorizont anzusetzen.

Bei alternativen Anlagen mit unterschiedlicher Nutzungsdauer stellt sich die Frage, ob nach Ablauf der Nutzungsdauer eine Ersatzbeschaffung (Reinvestition) erfolgen wird oder nicht. Wird die Produktion nach sechs Jahren fortgeführt, müsste Anlage 2 ersetzt werden, während Anlage 1 noch ein weiteres Jahr genutzt werden kann. Mangels genauerer Informationen kann man dann von einer identischen Reinvestition ausgehen, d. h. man nimmt an, dass Anlage 2 zu identischen Bedingungen wiederbeschafft werden kann und rechnet die Abschreibung über die tatsächliche Nutzungsdauer.

Die Berechnung *kalkulatorischer Zinsen* berücksichtigt die Kapitalbindungskosten, die durch die Investition verursacht werden. Das *durchschnittlich gebundene Kapital* ergibt sich als Mittelwert aus Anfangskapital und Endkapital. Es wird mit einem Kalkulationszinssatz multipliziert, sofern die tatsächlichen Kapitalkosten nicht bekannt sind. Bei einer kreditfinanzierten Investition kann statt der kalkulatorischen Zinsen der tatsächliche Zinsaufwand angesetzt werden.

Die richtige Festlegung des *Kalkulationszinssatzes* wird in der wissenschaftlichen Fachliteratur umfangreich diskutiert. Er kann ein Erfahrungswert, ein durchschnittlicher Kapitalkostensatz der letzten Jahre sein oder eine von den Eigentümern bzw. Eigenkapitalgebern geforderte *Mindestrendite*, die den Zinssatz einer alternative Anlage am Kapitalmarkt um einen *Risikozuschlag* erhöht. Es wird auch von Opportunitätskosten (Kosten der entgangenen Gelegenheit) gesprochen: Das sind die entgangenen Zinserträge bei einer Anlage am Kapitalmarkt. Eine Variation des Kalkulationszinssatzes hat wenig Einfluss auf das Ergebnis der Kostenvergleichsrechnung.

Die Abbruchkosten wurden vom Controller der Bergthaler Hausgeräte GmbH nicht berücksichtigt. Sie stellen zwar für die Entscheidung, ob die alte Anlage ersetzt werden soll oder nicht, relevante Kosten dar, nicht jedoch für die Auswahlentscheidung zwischen zwei alternativen neuen Anlagen, da sie für beide gleich groß sind.

Die variablen Kosten pro Stück werden mit der durchschnittlich erwarteten jährlichen Absatzmenge multipliziert. Im Beispiel liegt sie bei 60.000 Stück. Wenn jedoch (wider Erwarten) die Nachfrage nach dem Produkt auf mehr als 80.000 Stück steigen sollte, würde Anlage 2 mit ihrer Maximalkapazität zum Engpass. Der Einfluss der Produktions- und damit Absatzmenge auf den Kostenvergleich lässt sich durch Ermittlung der *Kostenfunktionen* beider Anlagen zeigen.

Der Controller der Bergthaler Hausgeräte GmbH stellt zur Untermauerung seiner Argumentation die beiden Kostenfunktionen der Anlagen in seiner Präsentation vor:

	Anlage 1	Anlage 2
Summe Fixkosten (K^F)	655.100 €	390.500 €
Summe variable Stückkosten (k^v)	84 €	93 €
Kostenfunktion	$K_1 = 655.100 + 84\ x$	$K_2 = 390.500 + 93\ x$

Während die Fixkosten bei Anlage 1 deutlich höher sind als bei Anlage 2, ist die Situation bei den variablen Stückkosten umgekehrt. Die kritische Auslastung ergibt sich als Differenz der Fixkosten durch Differenz der variablen Kosten:

$$\text{kritische Auslastung} = \frac{655.100 - 390.500}{93 - 84} = 29.400 \text{ Stück}$$

Bis zu einer Produktionsmenge von 29.400 Stück ist Anlage 2 kostengünstiger, ab dieser Menge wird Anlage 1 kostengünstiger. Es steht also nicht zu befürchten, dass sich aufgrund eines Produktionsrückgangs die Entscheidung für Anlage 1 bald als falsch herausstellen wird.

Allgemein wird die *kritische Auslastung* ermittelt, indem man die beiden Kostenfunktionen gleichsetzt und dann nach der Menge (x) auflöst.

Kostenfunktion Anlage 1: $K_1 = K_1^F + k_1^v * x$

Kostenfunktion Anlage 2: $K_2 = K_2^F + k_2^v * x$

$$K_1^F + k_1^v * x = K_2^F + k_2^v * x \rightarrow K_1^F - K_2^F = k_2^v * x - k_1^v * x \rightarrow x = \frac{K_1^F - K_2^F}{k_2^v - k_1^v}$$

Solange die eine Anlage höhere Fixkosten und niedrigere variable Stückkosten hat als die andere, gibt es eine kritische Auslastung.

Die kritische Auslastung ergibt sich aus dem *Fixkostendegressionseffekt*: Je größer die produzierte Menge, umso geringer sind die Produktionskosten pro Stück, da die Last der fixen Kosten breiter verteilt wird. Daher sind kapitalintensive Produktionsverfahren bei großen Mengen kostengünstiger. Dieses Phänomen wird auch als das *Verfahrensausgleichsgesetz* bezeichnet. Unterhalb der kritischen Auslastung ist das Verfahren mit den geringeren Fixkosten und den höheren variablen Stückkosten günstiger, oberhalb das Verfahren mit den höheren Fixkosten und den geringeren variablen Stückkosten. Wird daher in der Unternehmensplanung mit der Möglichkeit gerechnet, die Produktions- und Absatzmenge in den nächsten Jahren zu erhöhen, empfiehlt sich das zunächst teurer erscheinende Projekt mit den höheren Fixkosten.

Die in vielen Lehrbüchern anzutreffende Aussage, die Kostenvergleichsrechnung sei eine *Ein-Perioden-Betrachtung*, ist so nicht richtig, denn es wird die gesamte Nutzungsdauer der Anlage in die Betrachtung mit einbezogen, z. B. verteilen die Abschreibungen die Anschaffungskosten auf die Nutzungsdauer, und die kalkulatorischen Kapitalkosten werden über die Kapitalrückflüsse des gesamten Projektes ermittelt. Entscheidungsträgern, die die Kostenvergleichsrechnung anwenden, sollte bewusst sein, dass es sich bei den Kostengrößen um geschätzte Durchschnittswerte handelt. Es empfiehlt sich daher im Sinne des *Controllings*, während der Laufzeit des Projekts und auch in einer Nachbetrachtung die geschätzten Kosten mit den tatsächlich angefallenen Kosten zu vergleichen, um für die Zukunft bessere Schätzgrundlagen zu generieren.

2.1.2 Gewinnvergleich

Gewinn ist die Differenz zwischen *Umsatz* und *Kosten*. Im Unterschied zur Kostenvergleichsrechnung ermöglicht die Gewinnvergleichsrechnung eine Entscheidung nach dem *Maximalprinzip*: Welches von zwei alternativen Investitionsprojekten verspricht den höheren Gewinn? Welche Anlage ist ökonomisch vorteilhafter?

Ein Gewinnvergleich ist dann sinnvoll, wenn die auf den alternativen Anlagen produzierten Güter zu unterschiedlichen Preisen verkauft werden, weil sich durch die Produktion z. B. Qualitätsunterschiede ergeben. Ist der Preis des Gutes unabhängig von der Wahl der Produktionsanlage, genügt ein Kostenvergleich. Ein Gewinnvergleich liefert dann keine zusätzlichen Informationen für die Entscheidung.

Statt zwei Investitionsalternativen zu vergleichen, kann die Gewinnvergleichsrechnung auch dazu verwendet werden, eine vorhandene Produktionsanlage mit einer möglichen *Ersatzbeschaffung* zu vergleichen, insbesondere wenn mit der neuen Anlage eine bessere Qualität produziert und ein höherer Preis am Markt durchgesetzt werden. Auch eine aus Konkurrenzgründen notwendige Preissenkung kann mittels Ersatzbeschaffung realisiert werden. Bei unterschiedlichen Produktionsmengen ist der Gewinnvergleich auch dann anwendbar, wenn die Preise gleich sind. Ein weiteres Anwendungsfeld des Gewinnvergleichs sind unternehmensinterne Verbesserungsmaßnahmen, denn eine *Kostenersparnis* kann auch als Gewinn interpretiert werden.

Die Gewinnvergleichsrechnung ist ein einfaches Praktikerverfahren, das mit geschätzten *Durchschnittsgrößen* arbeitet und nur eine grobe Entscheidungsunterstützung leistet. Sie ignoriert, dass Umsätze und Kosten im Zeitablauf in unterschiedlicher Höhe anfallen und verwendet statt dessen geschätzte Durchschnittsgrößen.

Nach allgemeiner Auffassung hat jedes Produkt eine begrenzte Lebensdauer, auch wenn es bisher jedoch nicht gelungen ist, einen solchen *Lebenszyklus* für ein konkretes Produkt vorherzusagen. Vor der Markteinführung entstehen bereits Entwicklungskosten, die später über den Gewinn aus dem Verkauf des Produktes mit abgedeckt werden müssen. Nach der Markteinführung gilt es, das Produkt möglichst bald aus der *Verlustzone* zu bringen. Der Umsatz steigt zunächst überproportional, dann unterproportional und sinkt schließlich ab. Die Kosten sinken mit der Zeit aus zwei Gründen: Zum einen können aufgrund der *Erfahrung* die Produktionsprozesse verbessert und die Produktionskosten gesenkt werden, zum anderen sind bei am Markt gut etablierten Produkten die *Marketingkosten* geringer. Der Lebenslauf eines Produktes lässt sich in folgende Phasen einteilen:

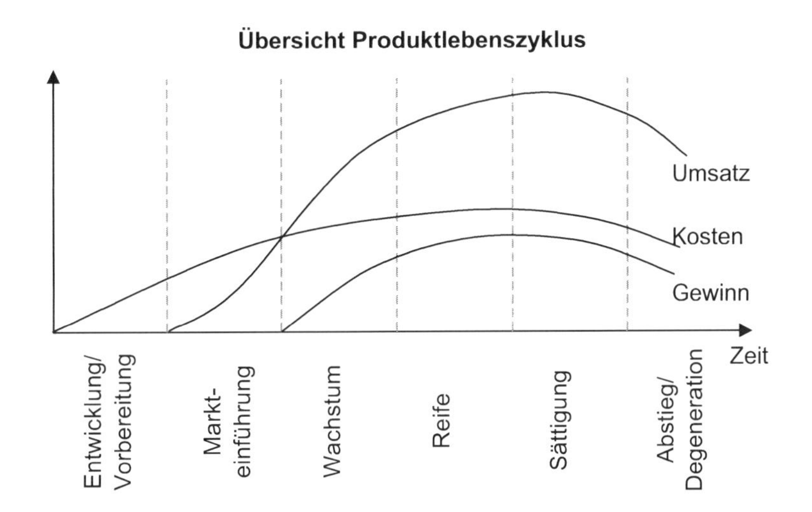

Über den gesamten Lebenszyklus hinweg gerechnet ist ein Produkt umso erfolgreicher, je mehr der insgesamt erzielte Umsatz die insgesamt aufgewendeten Kosten übersteigt. Dies ist umso eher der Fall, je länger die Lebensdauer des Produktes ist bzw. die Degenerationsphase durch weitere Maßnahmen wie Produktveränderungen, z. B. im Design, hinausgezögert werden kann.

Werden nun für die Gewinnvergleichsrechnung alle erwarteten Umsätze und Kosten aufaddiert und durch die Anzahl Jahre geteilt, ergibt sich als Differenz aus Durchschnittsumsatz und Durchschnittskosten ein *Durchschnittsgewinn*. Ein anderer Ansatz ist, die durchschnittlich erwartete Verkaufsmenge pro Jahr mit dem durchschnittlich zu erzielenden Preis zu multiplizieren.

Beispiel Gewinnvergleich

Die Bergthaler Hausgeräte GmbH erwägt, eine technisch veraltete Produktionsanlage zu ersetzen. Für die Ersatzbeschaffung sind nach den bisherigen Vorüberlegungen zwei alternative Anlagen in die engere Wahl genommen worden, die den technischen Anforderungen entsprechen. Für die endgültige Entscheidung stehen die folgenden Daten für eine Gewinnvergleichsrechnung zur Verfügung:

	Anlage 1	Anlage 2
Gesamtkosten (siehe Beispiel Kostenvergleich)	5.695.100 €	5.970.500 €
Verkaufspreis (pro Stück)	123 €	133 €
Umsatz (Absatzmenge: 60.000 Stück pro Jahr)	7.380.000 €	7.980.000 €
Gewinn (Umsatz minus Kosten)	1.684.900 €	2.009.500 €

Zwar liegen die Kosten von Anlage 2 über den Kosten von Anlage 1, jedoch ist aufgrund der besseren Qualität der auf Anlage 2 produzierten Güter ein höherer Verkaufspreis zu erzielen, sodass der Mehrumsatz die Mehrkosten übersteigt.

	Anlage 1	Anlage 2
Gesamtkosten pro Stück	94,92 €	99,51 €
am Mark realisierbarer Gewinnzuschlag	29,59%	33,66%

Daher ist aufgrund des Gewinnvergleichs Anlage 2 zu empfehlen.

Die *Gesamtkosten pro Stück* ergeben sich als Quotient aus Gesamtkosten und Absatzmenge. Die Differenz zum erzielbaren Verkaufspreis ins Verhältnis zu den Gesamtkosten pro Stück gesetzt ergibt den *Gewinnzuschlag*. Werden den Kunden aus Marketing-Erwägungen Rabatt und/oder Skonto gewährt, reduziert sich der Gewinnzuschlag entsprechend.

Der Gewinnvergleich sollte, insbesondere da er ein grobes Entscheidungsverfahren ist, durch *Sensitivitätsanalysen* (Simulationsrechnungen) ergänzt werden, indem Absatzmenge und Preise variiert und die Auswirkungen betrachtet werden.

Der Controller der Bergthaler Hausgeräte GmbH stellt zur Untermauerung seiner Argumentation die Ergebnisse mehrerer Sensitivitätsanalysen vor. Zunächst hat er eine Gewinnschwellenanalyse durchgeführt:

	Anlage 1	Anlage 2
Umsatzfunktion	$U_1 = 123\ x$	$U_2 = 133\ x$
Kostenfunktion	$K_1 = 655.100 + 84\ x$	$K_2 = 390.500 + 93\ x$
Break Even (Stück)	$x = \frac{655.100}{123 - 84} \approx 16.797$	$x = \frac{390.500}{133 - 93} \approx 9.762$

Beide Anlagen bewegen sich gut in der Gewinnzone. Danach variierte er mit Hilfe einer Tabellenkalkulationssoftware (zur Nachahmung empfohlen!) Preise, Kosten und Absatzmenge und zeigte, dass sich die Entscheidung für Anlage 2 robust verhält.

Die Anwendbarkeit vielfältiger betriebswirtschaftlicher Analyseinstrumente darf nicht darüber hinweg täuschen, dass die statische Gewinnvergleichsrechnung nur ein recht grobes Entscheidungsinstrument ist.

2.1.3 Rentabilitätsvergleich

Die Rentabilitätsvergleichsrechnung setzt den aus einem Investitionsprojekt erzielbaren durchschnittlichen Gewinn ins Verhältnis zum durchschnittlich eingesetzten Kapital und liefert so eine Information über die *Verzinsung* (Rendite, Return on Investment) des Kapitals.

$$\textbf{Rentabilität (RoI)} = \frac{\textbf{durchschnittlicher Gewinn} \times 100}{\textbf{durchschnittlich eingesetztes Kapital}}$$

Das durchschnittlich eingesetzte Kapital wird wie in der Kostenvergleichsrechnung als Mittelwert aus Anfangskapital (Anschaffungskosten) und Endkapital (Restwert) gebildet. Da bei der Ermittlung des Gewinns die kalkulatorische *Eigenkapitalverzinsung* als Kosten abgezogen wurden, diese jedoch den Kapitalgebern auch als Ertrag zufließt, empfiehlt es sich, den Gewinn wieder um diesen Betrag zu erhöhen, um die tatsächliche Verzinsung des Kapitals im Sinne einer Gesamtkapitalrentabilität zu ermitteln. Daher sollten auch *Fremdkapitalzinsen* bei der Gewinnermittlung zunächst nicht abgezogen werden, selbst wenn die Finanzierungsart bereits feststeht, damit die Vorteilhaftigkeit des Projekts allgemein und ohne Berücksichtigung von Finanzierungsgesichtspunkten beurteilt werden kann.

Beispiel Rentabilitätsvergleich

Die Bergthaler Hausgeräte GmbH erwägt, eine technisch veraltete Produktionsanlage zu ersetzen. Für die Ersatzbeschaffung sind nach den bisherigen Vorüberlegungen zwei alternative Anlagen in die engere Wahl genommen worden, die den technischen Anforderungen entsprechen. Für die endgültige Entscheidung stehen die folgenden Daten für eine Rentabilitätsvergleichsrechnung zur Verfügung:

	Anlage 1	Anlage 2
Anschaffungskosten	2.570.000 €	1.800.000 €
Nutzungsdauer	7 Jahre	6 Jahre
Restwert nach sechs Jahren	170.000 €	0 €
Abschreibungen	400.000 €	300.000 €
kalkulatorische Zinsen	95.900 €	63.000 €
sonstige fixe Kosten	159.200 €	27.500 €
Summe variable Kosten	5.040.000 €	5.580.000 €
Gesamtkosten	5.695.100 €	5.970.500 €
Umsatz	7.380.000 €	7.980.000 €
Gewinn	1.684.900 €	2.009.500 €
Gewinn + kalkulatorische Zinsen	1.780.800 €	2.072.500 €

Die für die Berechnung zugrundegelegte (erwartete) Absatzmenge beträgt 60.000 Stück pro Jahr (siehe Beispiele Kostenvergleich und Gewinnvergleich).

Der Controller der Bergthaler Hausgeräte GmbH nimmt den Rentabilitätsvergleich der beiden Investitionsprojekte wie folgt vor:

	Anlage 1	Anlage 2
Kapital:	$\frac{2.570 + 170}{2} = 1.370$	$\frac{1.800}{2} = 900$
Rendite:	$\frac{1.780,8 \times 100}{1.370} = 130,0\ \%$	$\frac{2.072,5 \times 100}{900} = 230,3\ \%$

Die außerordentliche hohe Rendite verwundert den Controller nicht, da er gedanklich berücksichtigt, dass es sich bei seinen Berechnungen um eine Teilkostenrechnung handelt: Nur die in Bezug auf die beiden alternativen Investitionsprojekte relevanten Kosten sind hier in die Betrachtung einbezogen. Der sonstige Overhead des Unternehmens (Verwaltungskosten, Managementkosten, Gehälter, Fuhrpark, Gebäudemiete, etc.) ist nicht berücksichtigt.

Statt zwei Alternativen zu vergleichen, kann die Rentabilitätsvergleichsrechnung auch dazu verwendet werden, die Rentabilität einer vorhandenen Produktionsanlage der Rentabilität bei *Ersatzbeschaffung* gegenüberzustellen und so die Entscheidung, ob ersetzt werden soll oder nicht, zu begründen.

Auch auf unterschiedliche Produktionsmengen, Produktqualitäten, Marktbearbeitungsstrategien, Kooperationsmöglichkeiten mit anderen Unternehmen, etc. ist der Rentabilitätsvergleich anwendbar.

Wie alle statischen Verfahren ist auch die Rentabilitätsvergleichsrechnung mit der notwendigen Vorsicht anzuwenden, da in einer Durchschnittsbetrachtung wichtige Informationen nicht mitverarbeitet werden. Die Entscheidung, die Produktion mit einer neu zu beschaffenden Anlage fortzusetzen, wirkt sich auf das gesamten Unternehmen aus und bindet weitere Ressourcen, Mitarbeiterkapazitäten und Lagerbestände. Insbesondere ein eiserner Bestand in der Lagerhaltung müsste in die Kapitalbindung mit eingerechnet werden. Auch Entscheidungen über Ersatz- und Rationalisierungsinvestitionen müssen in die *Gesamtunternehmensplanung*, insbesondere die *Absatzplanung* einbezogen werden, z. B. auch durch eine Make-or-buy-Analyse (Eigenfertigung oder Fremdbezug). Ferner werden unsichere *Zukunftserwartungen* nur unzureichend berücksichtigt, und die Tendenz, das Projekt mit dem geringsten Kapitaleinsatz vorzuziehen, kann zu Fehlentscheidungen führen.

2.1.4 Amortisationsvergleich

Während die bisher dargestellten Verfahren der statischen Investitionsrechnung mit Kosten und Erlösen rechneten, werden im Amortisationsvergleich *Zahlungsgrößen* zur Entscheidungsfindung herangezogen, jedoch immer noch, wie bei allen statischen Verfahren, in einer Durchschnittsbetrachtung.

Als *Amortisationszeit*, *Amortisationsdauer* oder auch *Kapitalrückflusszeit* wird der Zeitraum bezeichnet, bis die Investitionsauszahlung am Anfang des Projekts (die Anschaffungskosten) durch Zahlungsmittelrückflüsse aus den Umsatzerlösen gedeckt ist. Man spricht daher auch von der *Pay-off-Periode* oder *Payback-Periode*. Erst nach Überschreiten der Amortisationszeit werden finanzielle Überschüsse erzielt. Die Amortisationsvergleichsrechnung liefert damit keine Informationen über den Erfolg eines Investitionsprojekts, sondern über das *Risiko*.

Im Amortisationsvergleich wird das Projekt bevorzugt, das die kürzere Amortisationszeit hat. Insofern gilt hier wieder das *Minimalprinzip*. Angewandt wird dieses Verfahren inbesondere bei risikoreichen Auslandsinvestitionen, bei denen ein eventueller Totalverlust aufgrund politischer Umschwünge minimiert werden soll (Risikominimierung). Es wird dabei unterstellt, dass das Risiko mit zunehmender Investitionsdauer zunimmt.

Beispiel Amortisationsvergleich

Die Bergthaler Hausgeräte GmbH erwägt den Aufbau einer Produktionsstätte an zwei alternativen Standorten in Fernost. An beiden Standorten ist eine Investition nur als Equity-Joint-Venture möglich, d. h. es muss mit 50 % Kapitalbeteiligung mit einem einheimischen Unternehmen kooperiert werden. Für die beiden Standorte liegen die folgenden Informationen vor:

	Standort 1	Standort 2
Investitionsvolumen	2.570.000 €	1.800.000 €
Planungshorizont	5 Jahre	5 Jahre
sonstige fixe Kosten (pro Jahr)	159.200 €	27.500 €
variable Kosten (pro Jahr)	355.000 €	540.000 €
Umsatzvolumen (pro Jahr)	1.400.000 €	1.500.000 €

Die Bergthaler Hausgeräte GmbH verwendet bei ihren Berechnungen einen Kalkulationszinssatz von 7 % p. a. Mittels einer Amortisationsvergleichsrechnung soll die Entscheidung für einen der beiden Standorte gefällt werden. Dazu werden die folgenden Berechnungen durchgeführt:

	Standort 1	Standort 2
Abschreibungen	514.000 €	360.000 €
kalkulatorische Zinsen	89.950 €	63.000 €
sonstige fixe Kosten	159.200 €	27.500 €
variable Kosten	355.000 €	540.000 €
Gesamtkosten	1.118.150 €	990.500 €
durchschnittlicher Gewinn	281.850 €	509.500 €
Cash Flow (Gewinn + Abschreibungen)	795.850 €	869.500 €
Amortisationszeit	3,23 Jahre	2,07 Jahre

Standort 2 ist vorzuziehen, da er die kürzere Amortisationszeit aufweist.

Die Amortisationszeit ergibt sich als Quotient aus Anfangsauszahlung und jährlichen durchschnittlichen Zahlungsmittelrückflüssen:

$$\textbf{Amortisationszeit} = \frac{\textbf{Anschaffungsauszahlung}}{\textbf{Gewinn + Abschreibungen}}$$

Auch bei einem Amortisationsvergleich werden alle projektbezogenen Kosten und die durchschnittlich erzielbaren Umsätze ermittelt bzw. geschätzt. Zur Ermittlung der Zahlungsmittelrückflüsse dient eine einfache *indirekte Cash-Flow-Ermittlung*. Abschreibungen sind Aufwand, der nicht mit einer Auszahlung verbunden ist, die Beträge fließen über die Umsatzerlöse ins Unternehmen und stehen dort als Liquidität zur Verfügung.

Ob die *kalkulatorischen Zinsen* in die Cash-Flow-Rechnung einbezogen werden oder nicht, hängt davon ab, ob tatsächlich Zinszahlungen an Dritte erfolgen, z. B. aufgrund der Aufnahme von Fremdkapital oder als Mindestrendite an die Eigentümer. Es empfiehlt sich daher, kalkulatorische Zinsen nicht in die Cash-Flow-Rechnung einfließen zu lassen, da sie in irgendeiner Form auszahlungswirksam werden.

Die Amortisationsrechnung kann prinzipiell auf alle risikobehafteten Entscheidungen angewandt werden, z. B. auch, indem eine bestimmte Amortisationszeit, die nicht überschritten werden darf, als *Zielvorgabe* festgelegt wird. Da betriebswirtschaftliche Entscheidungen jedoch in erster Linie auf das Ziel der Gewinnmaximierung ausgerichtet sein sollen, ist die Amortisationsrechnung nur als zusätzliches Entscheidungsinstrument mit nicht allzu hohem Einfluss empfehlenswert.

Statt einer Durchschnittsbetrachtung kann die *kumulative Amortisationsrechnung* eingesetzt werden, wenn eine Zahlungsreihe vorliegt.

Beispiel Kumulative Methode

Der Bergthaler Hausgeräte GmbH liegen für die beiden alternativen Standorte in Fernost die folgenden Zahlungsreihen vor (in 1.000 €):

Jahr	0	1	2	3	4	5
Standort 1	-2.570	230	940	1.230	2.410	2.170
kumuliert		-2.340	-1.400	-170	2.240	4.410
Standort 2	-1.800	830	920	1.020	510	230
kumuliert		-970	-50	970	1.480	1.710

Der Controller empfiehlt daher Standort 2, da dort schon gegen Ende des zweiten Jahres die Anfangsauszahlung fast zurückgezahlt ist, während dies bei Standort 1 erst zu Beginn des vierten Jahres der Fall sein wird.

Er gibt dabei jedoch zu bedenken, dass unter Ertragsgesichtspunkten Standort 1 vorzuziehen sei, da dort die erzielbaren Überschüsse deutlich höher liegen.

Eine exakte Anzahl an Jahren lässt sich bei der kumulativen Methode nicht angeben ohne mehr Informationen darüber, zu welchen Zeitpunkten die Zahlungsflüsse genau stattfinden. Ist z. B. eine jährliche Gewinnabführung nach Ablauf des Geschäftsjahres vereinbart oder finden monatlich Rückflüsse statt? Für die Beurteilung und den Vergleich zweier Projekte unter Risikogesichtspunkten reicht die Darstellung jedoch aus.

Von der kumulativen Methode ist es nicht weit zur *dynamischen Amortisationsrechnung,* in der die zukünftigen Einzahlungsüberschüsse auf den heuten Wert abgezinst (diskontiert) werden, d. h. spätere Zahlungen haben einen geringeren Wert als frühere. Damit verlängert sich die Amortisationszeit im Vergleich zur statischen Methode, insgesamt ändert dies jedoch nichts an der Tatsache, dass die Amortisationszeit nur ein sehr grobes *Risikomaß* darstellt und zum einen außer Acht lässt, dass Risiken abgesichert werden können, zum anderen, dass das Eingehen von Risiken oft genug Voraussetzung für den Erfolg ist.

Kontrollfragen zu Lerneinheit 2.1

Statische Investitionsrechnung

1. Warum wird in der Kostenvergleichsrechnung eine Entscheidung nach dem Minimalprinzip getroffen?
2. Was verstehen Sie unter relevanten Kosten?
3. Was verstehen Sie unter Total Costs of Ownership (TCO)?
4. Warum werden die statischen Investitionsrechenverfahren Kostenvergleich, Gewinnvergleich und Rentabilitätsvergleich als einperiodige Verfahren bezeichnet?
5. Für welche Art von Investitionsentscheidungen sind die statischen Verfahren geeignet?
6. Wie werden Erträge und das Wirtschaftlichkeitsziel in der Kostenvergleichsrechnung berücksichtigt?
7. Warum wird bei den statischen Verfahren die Abschreibung nach der linearen Methode berechnet und ein Restwert vorher von den Anschaffungskosten abgezogen?
8. Was verstehen Sie unter kalkulatorischen Zinsen und wie werden sie berechnet?
9. Was verstehen Sie unter einer Kostenfunktion und wie wird die kritische Auslastung berechnet?
10. Warum ist die Gewinnvergleichsrechnung als grobes Praktikerverfahren mit der dynamischen Theorie des Produktlebenszyklus grundsätzlich vereinbar?
11. Was verstehen Sie unter einer Sensitivitätsanalyse bzw. Simulationsrechnung?
12. Was verstehen Sie unter einer Break-Even-Analyse? Wie gehen Sie dabei vor?
13. Was verstehen Sie unter dem Return on Investment und wie wird er berechnet?
14. Warum wird beim Rentabilitätsvergleich das durchschnittlich gebundene Kapital und nicht das tatsächlich eingesetzte Kapital zur Berechnung verwendet?
15. Nennen Sie die beiden wesentlichen Unterschiede zwischen Kosten-, Gewinn- und Rentabilitätsvergleich einerseits und Amortisationsvergleich andererseits.
16. Wie wird die Amortisationszeit nach der Durchschnittsmethode berechnet?

Lösungen zu Lerneinheit 2.1

Statische Investitionsrechnung

1. Aufgrund einer Kostenvergleichsrechnung wird die Alternative mit den geringsten Kosten ausgewählt. Ein gegebenes Ziel (abgenutzte Maschine ersetzen) soll mit minimalem Mitteleinsatz (zu geringstmöglichen Kosten) erreicht werden.

2. Relevante Kosten sind diejenigen Kosten, die nur durch die jeweilige Entscheidung entstehen und ohne sie nicht anfallen würden. Kosten, die unabhängig davon anfallen, ob eine Entscheidung getroffen wird oder die für alle Alternativen gleich hoch sind, sind nicht entscheidungsrelevant.

3. TCO umfasst alle Kosten eines Projekts von der Planung, Beschaffung und Einrichtung, Lizenzen, über die laufenden Kosten, Material- und Personalkosten, Abschreibungen, Wartung, Instandhaltung, bis hin zu den Abwicklungskosten, Abbruch- und Entsorgungskosten.

4. Kostenvergleich, Gewinnvergleich und Rentabilitätsvergleich werden „statisch" genannt, weil sie nur eine (Durchschnitts-)Periode betrachten. Daraus ergibt sich die schärfste Kritik an diesen Verfahren, da sie die Verläufe der Kosten bzw. Zahlungsströme nicht im Zeitablauf berücksichtigen.

5. Die statischen Verfahren eignen sich insbesondere für einfache Ersatzentscheidungen und Rationalisierungsentscheidungen bzw. für eine erste grobe Einschätzung und Beurteilung von Investitionsprojekten.

6. In Kostenvergleichsrechnung werden Erträge und Wirtschaftlichkeit nicht in die Betrachtung mit einbezogen. Es wird von alternativenunabhängigen Erträgen ausgegangen. Wirtschaftlichkeit setzt die Erträge ins Verhältnis zu den Kosten.

7. Die statischen Verfahren stellen eine Durchschnittbetrachtung dar. Die lineare Abschreibung stellt die durchschnittlichen Anschaffungskosten dar. Der erzielbare Verkaufserlös am Ende der Nutzungsdauer mindert die Kosten des Projekts und muss daher aus der Betrachtung herausgenommen werden.

8. Kalkulatorische Zinsen sind geschätzte Kapitalbeschaffungskosten, die als Durchschnittswert angesetzt werden. Daher werden sie auf das durchschnittlich gebundene Kapital (Mittelwert aus Anfangs- und Endkapital) berechnet. Steht die Art der Finanzierung des Projekts (z. B. durch Darlehen) bereits fest, können auch die tatsächlichen Finanzierungskosten (z. B. auch Disagio, auf die Laufzeit verteilt) angesetzt werden.

9. Die Kostenfunktion berechnet die Gesamtkosten eines Projekts als Summe aus fixen und variablen Kosten bei unterschiedlichen Ausbringungsmengen. Die kritische Auslastung ist diejenige Menge, bei der die Kosten zweier alternativer Investitionsprojekte gleich sind. Sie ergibt sich als Quotient der Differenzen aus Fixkosten und variablen Stückkosten.

10. Über die gesamte Lebensdauer eines Produkts von der Entwicklung bis zur Degeneration fallen Kosten und Umsätze an, deren kumulierte Differenz den Gesamterfolg des Produkts angibt, auf die Jahre verteilt den Durchschnittserfolg.

11. Die Robustheit einer Entscheidung wird geprüft, indem man die Parameter der zugrundeliegenden Berechnung verändert und die Auswirkung betrachtet. Mit Hilfe von Tabellenkalkulationssoftware können verschiedene Szenarien einfach und schnell überprüft werden und somit kann das in der Berechnung nicht berücksichtige Risiko einer Fehlentscheidung praktisch abgeschätzt werden.

12. Der Break Even (die Gewinnschwelle oder auch Nutzenschwelle) ist die Produktionsmenge, ab der das Projekt in die Gewinnzone kommt. Er wird berechnet als Quotient aus Fixkosten und Stückdeckungsbeitrag. In der Gewinnvergleichsrechnung stellt der Abstand der erwarteten Produktions- und Absatzmenge vom Break Even eine zusätzliche Information über das Risiko der Entscheidung dar. Im Zusammenhang mit dem Produktlebenszyklus spricht man auch von einem zeitlichen Break Even: der Zeitpunkt, ab dem der Umsatz die Kosten übersteigt.

13. Der RoI ist eine Rentabilitätskennzahl, die als Quotient aus durchschnittlichem Gewinn (ohne Abzug kalkulatorischer Zinsen) und durchschnittlich gebundenem Kapital berechnet wird. Er gibt die Verzinsung des eingesetzten Kapitals an. Er kann weiter aufgeschlüsselt werden in das Produkt aus Umsatzrentabilität und Kapitalumschlag.

14. Die statischen Investitionsrechenverfahren arbeiten mit Durchschnittsgrößen. Die Verwendung des Anfangskapitals würde bedeuten, dass nur das erste Projektjahr betrachtet würde (Ein-Perioden-Betrachtung). Da das durchschnittlich gebundene Kapital niedriger ist, fallen die Rentabilitäten höher aus.

15. Statt mit Kosten und Erlösen rechnet der Amortisationsvergleich mit Zahlungsgrößen und er betrachtet nicht eine Durchschnittsperiode, sondern mehrere.

16. Die Amortisationszeit ergibt sich als Quotient aus Anfangsauszahlung und durchschnittlichem Zahlungsmittelrückfluss (Cash Flow). Der Cash Flow wird dabei als Summe aus durchschnittlichem Gewinn und Abschreibung geschätzt (indirekte Cash-Flow-Ermittlung).

Lerneinheit 2.2

Dynamische Investitionsrechnung

In dieser Lerneinheit können Sie folgende **Lernziele** erreichen:

- das Barwertkonzept verstehen, Barwerte und Endwerte berechnen
- die Ermittlung der Zahlungsströme aus der Unternehmensplanung verstehen
- die Vorteilhaftigkeit eines Investitionsprojekts dynamisch beurteilen
- zwei Investitionsprojekte dynamisch vergleichen
- das Problem des geeigneten Kalkulationszinses diskutieren
- das Konzept der Internen Zinssatzmethode verstehen
- mit finanzmathematischen Formeln und Tabellen umgehen

2.2.1 Kapitalwertmethode

Die Kapitalwertmethode, auch als Diskontierungsmethode bezeichnet, ist das wichtigste Investitionsrechenverfahren: Von zwei alternativen Investitionsprojekten wird dasjenige mit dem höheren Kapitalwert bevorzugt. Damit liegt eine Entscheidung nach dem *Maximalprinzip* vor. Ein einzelnes Investitionsprojekt wird dann als lohnend erachtet, wenn sein Kapitalwert größer als Null ist.

Der *Kapitalwert* ergibt sich als Summe der Barwerte zukünftiger Cash Flows. Er stellt ein *Informationskonzentrat* dar, das zukünftige Zahlungsflüsse auf eine einzige Kennzahl zusammenfasst und damit den Vergleich verschiedener Investitionsprojekte ermöglicht.

Der *Barwert* einer zukünftigen Zahlung ist ihr heutiger Wert. Die Idee hinter dem Barwertkonzept ist, dass die heutige Anlage eines bestimmten Betrags sich in der Zukunft mit Zins und Zinseszins entsprechend vermehrt hat. Werden aus dem zukünftigen Betrag daher Zins und Zinseszins herausgerechnet, ergibt sich der heutige Wert. Diese Berechnung wird auch *Diskontieren* oder Abzinsen genannt. Alternativ lässt sich ein Betrag zu jedem beliebigen zukünftigen Zeitpunkt aufzinsen. Der *Endwert* ist der Wert eines Zahlungsflusses am Ende der Laufzeit des Projekts.

$$\textbf{Barwert} = \frac{\textbf{zukünftige Zahlung}}{(1 + \textbf{Zinssatz})^{\text{Anzahl Jahre}}} \qquad cf_0 = \frac{cf_n}{(1+i)^n}$$

$$\textbf{Endwert} = \textbf{heutige Zahlung} * (1 + \textbf{Zinssatz})^{\text{Anzahl Jahre}} \qquad cf_n = cf_0 * (1+i)^n$$

Problematisch ist zum einen das Ermitteln bzw. Schätzen der zukünftigen Cash Flows eines Investitionsprojekts, zum anderen die Auswahl des Zinssatzes.

Idealerweise ergeben sich die zu erwartenden Zahlungsflüsse aus der langfristigen gesamtunternehmungsbezogenen Planung: Ausgangspunkt bildet das strategische *Marketing* und damit die *Geschäftsfeldplanung*. Daraus wird die Absatzplanung und damit die Produktionsplanung sowie die Beschaffungsplanung abgeleitet. Hier müssen auch Make-or-buy-Entscheidungen berücksichtigt werden. Aus der *Absatzplanung* ergeben sich die laufenden Zahlungsmittelzuflüsse (Umsätze), wobei die genauen Zuflusszeitpunkte von der Forderungsplanung (Kundenziel) beeinflusst werden. Ferner kann die Desinvestitionsplanung Zahlungsmittelzuflüsse auslösen, z. B. durch Verkauf von Anlagen.

Aus der *Produktions- und Beschaffungsplanung* ergeben sich die laufenden Zahlungsmittelabflüsse (auszahlungswirksame Kosten). In diese Planungen fließen die Vorratsplanung und die Personalplanung ein. Wird z. B. eine neue Produktionsanlage beschafft, muss i. d. R. auch eine Personalbeschaffung stattfinden. Weitere Zahlungsmittelabflüsse ergeben sich aus der *Investitionsplanung* (Potenzialveränderungsplanung) selbst: die Anschaffungsauszahlung für eine neue Produktionsanlage inklusive Einrichtung der Anlage, baulicher Maßnahmen, notwendiger Testläufe, Personalkosten, Materialkosten, etc. Anzahlungen oder Zahlungsziele müssen bei der Aufstellung des Zahlungsplans berücksichtigt werden, ferner Zahlungen für Wartung, Instandhaltung, Abbruch und Entsorgung.

Übersicht Unternehmensplanung

<table>
<tr><th colspan="3">Marketingplanung und Geschäftsfeldplanung</th></tr>
<tr><td>Absatzplanung</td><td>Produktionsplanung</td><td>Beschaffungsplanung</td></tr>
<tr><td>Forderungsplanung</td><td>Vorratsplanung</td><td>Personalplanung</td></tr>
<tr><td>Desinvestitionsplanung</td><td colspan="2">Investitionsplanung
(Potenzialveränderungsplanung)</td></tr>
<tr><td>Zahlungsmittelzuflüsse</td><td colspan="2">Zahlungsmittelabflüsse</td></tr>
</table>

Alle Zahlungmittelzu- und -abflüsse werden auf den Zeitpunkt der Entscheidungsfindung abgezinst und dann aufaddiert, um die Vergleichbarkeit herzustellen. Wie bei den statischen Verfahren gilt auch hier, dass nur die für das Investitionsprojekt *relevanten Zahlungsströme* erfasst werden dürfen. Die Komplexität der Planung kann zudem reduziert werden, indem Erfahrungswerte und Durchschnittsgrößen als Schätzwerte verwendet werden. Der entscheidende Unterschied zu den statischen Verfahren ist, dass durch die Diskontierung die unterschiedlichen *Zahlungszeitpunkte* berücksichtigt und so *mehr Informationen* im Entscheidungsprozess verarbeitet werden. Wichtig ist im Sinne des Controllings, im Nachhinein die tatsächlichen Zahlungsströme mit den geplanten zu vergleichen, um die Informationsbasis für die zukünftige Planung zu verbessern.

Die richtige Festlegung des *Kalkulationszinssatzes* wird in der wissenschaftlichen Fachliteratur umfangreich diskutiert. Er kann ein Erfahrungswert, ein durchschnittlicher Kapitalkostensatz der letzten Jahre sein oder eine von den Eigentümern bzw. Eigenkapitalgebern geforderte *Mindestrendite*, die den Zinssatz einer alternative Anlage am Kapitalmarkt um einen *Risikozuschlag* erhöht. Es wird auch von Opportunitätskosten (Kosten der entgangenen Gelegenheit) gesprochen: Das sind die entgangenen Zinserträge bei einer Anlage am Kapitalmarkt. Der Risikozuschlag bemisst sich grundsätzlich nach der Höhe des Risikos. Im Capital Asset Pricing Modell wird dazu das allgemeine *Marktrisiko* und das *spezielle Risiko* einer Investition unterschieden. Der Risikozuschlag darf nur das spezielle Risiko berücksichtigen; das allgemeine Marktrisiko ist nicht vermeidbar und daher nicht entscheidungsrelevant. Die Wahl des Kalkulationszinssatzes kann massiven Einfluss auf das Ergebnis der Kapitalwertmethode haben.

Ein einfacher Risikozuschlag berücksichtigt nicht, dass die geschätzten Zahlungsflüsse unterschiedlich risikobehaftet sind. Insbesondere die Rückflüsse hängen von der Marktentwicklung und dem Konkurrenzverhalten ab. Wird der Risikozuschlag aus übertriebener Vorsicht zu hoch angesetzt, können sonst vorteilhafte Projekte abgelehnt werden. Es empfiehlt sich daher, einen Marktzins zu verwenden und die Ergebnisse mit der notwendigen Vorsicht zu betrachten.

Beispiel Kapitalwertmethode

Die Bergthaler Hausgeräte GmbH hat sich in ihrer strategischen Marketingplanung zur Umsetzung einer Produktinnovation entschlossen und für die notwendige Produktionsplanung im Rahmen einer Potenzialerweiterungsplanung zwei Produktionsanlagen in die engere Wahl genommen. Da Qualität und Ausstattung des zu erzeugenden neuen Produkts auf beiden Anlagen unterschiedlich ausfallen, ergeben sich für den kommenden Planungshorizont von fünf Jahren unterschiedliche Ein- und Auszahlungsströme, die in der folgenden Tabelle als Einzahlungsüberschüsse (Cash Flows) zusammengefasst sind (in 1.000 €):

	Anlage 1	Anlage 2
Anschaffungsauszahlung	110.000	90.000
Cash Flow 1. Jahr	25.000	30.000
Cash Flow 2. Jahr	35.000	30.000
Cash Flow 3. Jahr	45.000	20.000
Cash Flow 4. Jahr	35.000	20.000
Cash Flow 5. Jahr	25.000	20.000
Liquidationserlös im 5. Jahr	10.000	20.000

Die Anschaffungszahlung wird zu Beginn des Anschaffungsjahres fällig. Die Rückflüsse erfolgen jeweils am Ende der betreffenden Jahre. Der Kalkulationszins wird mit 2 % Risikozuschlag auf den Marktzins berechnet, der aktuell 6 % beträgt.

Zur Entscheidungsfindung werden die einzelnen Zahlungsströme beider Projekte auf den heutigen Wert abgezinst und aus der Summe dieser Barwerte der Kapitalwert berechnet. Dazu werden die Abzinsungsfaktoren (siehe Tabellen am Ende des Buches) für 8 % verwandt.

Anschaffungsauszahlung **Anlage 1**			- 110.000
Cash Flow 1. Jahr	25.000	x 0,925926 =	23.148
Cash Flow 2. Jahr	35.000	x 0,857339 =	30.007
Cash Flow 3. Jahr	45.000	x 0,793832 =	35.722
Cash Flow 4. Jahr	35.000	x 0,735030 =	25.726
Cash Flow 5. Jahr	25.000	x 0,680583 =	17.015
Liquidationserlös im 5. Jahr	10.000	x 0,680583 =	6.806
Kapitalwert Anlage 1 (Summe der Barwerte)			28.424

Der Liquidationserlös, der am Ende des fünften Jahres anfällt und der zum gleichen Zeitpunkt zufließende Cash Flow des fünften Jahres müssen mit demselben Abzinsungsfaktor diskontiert werden und könnten daher auch zusammengefasst werden.

Anschaffungsauszahlung **Anlage 2**			- 90.000
Cash Flow 1. Jahr	30.000	x 0,925926 =	27.778
Cash Flow 2. Jahr	30.000	x 0,857339 =	25.720
Cash Flow 3. Jahr	20.000	x 0,793832 =	15.877
Cash Flow 4. Jahr	20.000	x 0,735030 =	14.701
Cash Flow 5. Jahr	20.000	x 0,680583 =	13.612
Liquidationserlös im 5. Jahr	20.000	x 0,680583 =	13.612
Kapitalwert Anlage 2 (Summe der Barwerte)			21.299

Beide Projekte haben positive Kapitalwerte, sind daher vorteilhafter als eine Anlage am Kapitalmarkt (unter Berücksichtigung des höheren Risikos). Anlage 1 weist einen um 7.125.000 Euro höheren Kapitalwert auf als Anlage 2 und ist deshalb vorzuziehen.

Zu beachten ist, dass bei unterschiedlichen Anschaffungskosten zur Herstellung der Vergleichbarkeit die Differenz in die Berechnung mit einbezogen werden müsste. Im Beispiel hat Anlage 2 eine um 20.000 Euro niedrigere Anfangsauszahlung. Wird dieser Betrag für eine weitere Investition verwendet, die einen positiven Kapitalwert aufweist, müsste dies im Vergleich berücksichtigt werden. Wird der Betrag hingegen zu 8 % angelegt, ergibt sich kein Unterschied in den Zahlungsreihen. Kann er nur zum Marktzins von 6 % angelegt werden, verschlechtert dies die Chancen von Anlage 2.

Sind über mehrere Jahre hinweg die Cash Flows gleich hoch, kann statt des Abzinsungsfaktors der *Rentenbarwertfaktor BWF* (auch Abzinsungssummenfaktor, oder Kapitalisierungsfaktor genannt) verwendet werden, der eine Zahlungsreihe aus jährlich gleichbleibenden Zahlungen unter Berücksichtigung von Zins und Zinseszins diskontiert. Die Formel für den Rentenbarwertfaktor lautet:

$$\textbf{Rentenbarwertfaktor (BWF)} = \frac{(1+i)^n - 1}{i * (1+i)^n}$$

Sie ist finanzmathematisch aus der Abzinsung gleichbleibender Zahlungen allgemein hergeleitet und eignet sich insbesondere auch, um z. B. Miet- oder Leasingzahlungen zu kapitalisieren, d. h. in einen Kapitalwert umzurechnen.

Anschaffungsauszahlung **Anlage 2**			- 90.000
Cash Flow 1. + 2. Jahr	30.000	x 1,783265 =	53.498
Cash Flow 3. bis 5. Jahr	20.000	x 2,577097 x 0,857339 =	44.189
Liquidationserlös im 5. Jahr	20.000	x 0,680583 =	13.612
Kapitalwert Anlage 2			21.299

Die Anwendung des BWF auf die Cash Flows des dritten bis fünften Jahres liefert den Wert zum Beginn des dritten Jahres (= Ende des zweiten Jahres) und muss noch für zwei Jahre abgezinst werden.

Eine weitere Berechnungsvariante beim Vergleich von zwei alternativen Investitionsprojekten ist die Bildung des Kapitalwerts der *Differenzinvestition*. Dazu wird für jedes Jahr der Cash Flow des einen Investitionsprojekts von dem des anderen Investitionsprojekts abgezogen. I. d. R. zieht man das Projekt mit der kleineren Anschaffungsauszahlung von dem mit der größeren Anschaffungsauszahlung ab. Diese Vorgehensweise reduziert den Berechnungsaufwand, ist jedoch mit Informationsverlust verbunden, denn es ist nicht mehr erkennbar, ob die unterlegene Investition überhaupt einen positiven Kapitalwert hat.

	Anlage 1	Anlage 2	Differenz		
Anschaffungskosten	- 110.000	- 90.000			- 20.000
Cash Flow 1. Jahr	25.000	30.000	- 5.000	x 0,925926 =	- 4.630
Cash Flow 2. Jahr	35.000	30.000	5.000	x 0,857339 =	4.287
Cash Flow 3. Jahr	45.000	20.000	25.000	x 0,793832 =	19.846
Cash Flow 4. Jahr	35.000	20.000	15.000	x 0,735030 =	11.025
Cash Flow 5. Jahr	25.000	20.000	5.000	x 0,680583 =	3.403
Liquidationserlös	10.000	20.000	- 10.000	x 0,680583 =	- 6.806
Kapitalwert der Differenzinvestition					7.125

Für jedes Jahr wird die Differenz der Cash Flows beider Anlagen gebildet. Die Barwerte der Differenzen ergeben den Kapitalwert der Differenzinvestition. Anlage 2 wurde von Anlage 1 abgezogen. Da die Differenzinvestition einen positiven Kapitalwert hat, ist Anlage 1 vorteilhafter als Anlage 2.

Sogar wenn beide Investitionsalternativen einen negativen Kapitalwert haben, kann die Differenz positiv sein, wie folgende Variation des Beispiels zeigt, in dem nur die Anschaffungsauszahlung um 30.000 Euro erhöht wurde:

Anlage 1	Anlage 2	Differenz (1 - 2)	AbF 8 %	Barwerte Anlage 1	Barwerte Anlage 2	Barwerte Differenz
- 140.000	- 120.000	- 20.000		- 140.000	- 120.000	- 20.000
25.000	30.000	- 5.000	0,925926	23.148	27.778	- 4.630
35.000	30.000	5.000	0,857339	30.007	25.720	4.287
45.000	20.000	25.000	0,793832	35.722	15.877	19.846
35.000	20.000	15.000	0,73503	25.726	14.701	11.025
25.000	20.000	5.000	0,680583	17.015	13.612	3.403
10.000	20.000	- 10.000	0,680583	6.806	13.612	- 6.806
Kapitalwerte:				- 11.576	- 18.701	7.125

Anlage 1 ist zwar vorteilhafter als Anlage 2, jedoch ist beiden Projekten eine Anlage am Kapitalmarkt vorzuziehen, da die Kapitalwerte beider Projekte unter Berücksichtigung des Risikos durch Zinsaufschlag einen negativen Kapitalwert haben.

Variiert man in dem abgewandelten Beispiel den Kalkulationszins, zeigt sich, dass je nach Wahl des Kalkulationszinses ganz unterschiedliche Ergebnisse für die Entscheidungsvorbereitung entstehen können.

Anlage 1	Anlage 2	Differenz (1 - 2)	AbF 7 %	Barwerte Anlage 1	Barwerte Anlage 2	Barwerte Differenz
- 140.000	- 120.000	- 20.000		- 140.000	- 120.000	- 20.000
25.000	30.000	- 5.000	0,934579	23.364	28.037	- 4.673
35.000	30.000	5.000	0,873439	30.570	26.203	4.367
45.000	20.000	25.000	0,816298	36.733	16.326	20.407
35.000	20.000	15.000	0,762895	26.701	15.258	11.443
25.000	20.000	5.000	0,712986	17.825	14.260	3.565
10.000	20.000	- 10.000	0,712986	7.130	14.260	- 7.130
Kapitalwerte				2.324	- 5.656	7.980

Bei einem Kalkulationszins von 7 % weist Anlage 1 einen positiven und Anlage 2 einen negativen Kapitalwert auf.

Grundsätzlich gilt: Je niedriger der gewählte Kalkulationszins, desto höher ist der Kapitalwert eines Investitionsprojektes, da die Abzinsungsfaktoren größer sind und die negative Anschaffungsauszahlung durch höhere Barwerte zukünftiger Zahlungsmittelzuflüsse schneller kompensiert wird. Dies zeigt folgender Vergleich der Abzinsungsfaktoren für ein Jahr (siehe auch die finanzwirtschaftlichen Tabellen am Ende des Buches):

4%	5%	6 %	7 %	8%	9%	10%
0,961538	0,952381	0,943396	0,934579	0,925926	0,917431	0,909091

Statt die Barwerte der Zahlungsmittelflüsse zu addieren, können alternativ auch die *Endwerte* verwendet werden. Dazu werden die Cash Flows mit den jeweiligen Aufzinsungsfaktoren multipliziert.

Anlage 1	Anlage 2	Differenz (1 - 2)	AuF 7 %	Endwerte Anlage 1	Endwerte Anlage 2	Endwerte Differenz
- 140.000	- 120.000	- 20.000	1,402552	- 196.357	- 168.306	- 28.051
25.000	30.000	- 5.000	1,310796	32.770	39.324	- 6.554
35.000	30.000	5.000	1,225043	42.877	36.751	6.125
45.000	20.000	25.000	1,1449	51.521	22.898	28.623
35.000	20.000	15.000	1,07	37.450	21.400	16.050
25.000	20.000	5.000		25.000	20.000	5.000
10.000	20.000	- 10.000		10.000	20.000	- 10.000
Kapitalendwerte				3.260	- 7.933	11.193

Die Anschaffungsauszahlung wird über fünf Jahre aufgezinst, der Cash Flow am Ende des ersten Jahres über vier Jahre, usw. Am Entscheidungsergebnis ändert sich nichts. Zinst man die Kapitalwerte über fünf Jahre auf, ergeben sich die Kapitalendwerte der Projekte:

Kapitalwerte	2.324	- 5.656	7.980
x 1,402552 =	3.260	- 7.933	11.193

Bei Bedarf, z. B. bei der Entscheidung, ob eine Anlage heute oder eine alternative Anlage erst in zwei Jahren getätigt werden soll, können die Projektwerte zu jedem beliebigen Zeitpunkt ermittelt werden. Die Kapitalwertmethode hat daher vielfältige Anwendungsmöglichkeit, sie kann z. B. auch zur Ermittlung des optimalen Ersatzzeitpunktes einer Produktionsanlage oder zur optimalen Nutzungsdauer angewendet werden. Der *optimale Ersatzzeitpunkt* ist erreicht, wenn der Kapitalwert des sofortigen Ersatzes größer ist als der Kapitalwert des späteren Ersatzes. Die *optimale Nutzungsdauer* ist in dem Jahr erreicht, in dem der Kapitalwert maximal ist.

Wird die Anwendung der Kapitalwertmethode mit einer *Tabellenkalkulationssoftware* durchgeführt, kann für die Berechnung des Kapitalwerts einer Zahlungsreihe die Formel *NBW* (für Nettobarwert) verwendet werden. Der *Rentenbarwertfaktor* findet sich unter *BW* (RMZ ist die regelmäßige Zahlung). Es ergeben sich im Vergleich zu tabellierten Faktoren Rundungsdifferenzen, da die Berechnung genauer ist. Es kommt für die Entscheidungsfindung auch angesichts der Planungsunsicherheit jedoch nicht auf die Nachkommastellen an, sondern auf die Kernaussage.

2.2.2 Annuitätenmethode

Die Annuitätenmethode baut auf der Kapitalwertmethode auf und wählt eine andere Darstellungsform der Berechnungsergebnisse: Sie verteilt den Kapitalwert eines Investitionsprojekts gleichmäßig auf seine Laufzeit und bietet daher einen guten Vergleich mit einem *Durchschnittsgewinn* (vgl. dazu auch 2.1.2 Gewinnvergleich) oder mit einer gleichmäßigen jährlichen Zinszahlung aus einer Anlage am Kapitalmarkt. Auch aus Finanzierungsgesichtpunkten kann die Annuität als Entscheidungsgrundlage von Entscheidungsträgern als aufschlussreicher wahrgenommen werden, lässt sie sich doch gut mit dem *Kapitaldienst* z. B. bei einem Annuitätendarlehen (feste jährliche Zahlung mit sinkendem Zins- und steigendem Tilgungsanteil) abgleichen.

Die *Annuität* (von lat. annus = das Jahr) ist eine jährlich gleichbleibende Zahlung, die aus dem *Kapitalwert* mit Hilfe des *Annuitätenfaktors* ermittelt wird.

$$\textbf{Annuitätenfaktor (KWF)} = \frac{i*(1+i)^n}{(1+i)^n-1}$$

Der Annuitätenfaktor wird auch als *Verrentungsfaktor* oder *Kapitalwiedergewinnungsfaktor* bezeichnet. Er verteilt einen heutigen Wert in gleiche Annuitäten unter Berücksichtigung von Zins und Zinseszins auf die Laufzeit eines Projekts. Es ist daher immer zunächst notwendig, den Kapitalwert einer Investition zu ermitteln, um daraus die Annuität zu berechnen. Es könnten zwar auch die Barwerte aller zukünftigen Cash Flows und die Anschaffungsauszahlung einzeln verrentet und dann addiert werden, doch diese Vorgehensweise erhöht den Berechnungsaufwand zusätzlich.

Ein Projekt ist vorteilhaft, wenn es eine positive Annuität aufweist. Von zwei alternativen Investitionsprojekten wird dasjenige mit der höheren Annuität bevorzugt. Damit liegt eine Entscheidung nach dem *Maximalprinzip* vor.

Beispiel Annuitätenmethode

Die Bergthaler Hausgeräte GmbH hat sich zur Umsetzung einer Produktinnovation entschlossen und dazu zwei Produktionsanlagen in die engere Wahl genommen. Für den Planungshorizont von fünf Jahren ergeben sich unterschiedliche Ein- und Auszahlungsströme, die in der folgenden Tabelle als Einzahlungsüberschüsse (Cash Flows) zusammengefasst sind (in 1.000 €):

	Anlage 1	Anlage 2
Anschaffungsauszahlung	110.000	90.000
Cash Flow 1. Jahr	25.000	30.000
Cash Flow 2. Jahr	35.000	30.000
Cash Flow 3. Jahr	45.000	20.000
Cash Flow 4. Jahr	35.000	20.000
Cash Flow 5. Jahr	25.000	20.000
Liquidationserlös im 5. Jahr	10.000	20.000

Die Anschaffungszahlung wird zu Beginn des Anschaffungsjahres fällig. Die Rückflüsse erfolgen jeweils am Ende der betreffenden Jahre. Der Kalkulationszins wird mit 8 % angesetzt.

Zur Entscheidungsfindung werden die einzelnen Zahlungsströme beider Projekte mittels Abzinsungsfaktor AbF auf den heutigen Wert abgezinst und mittels Annuitätenfaktor KWF für 5 Jahre (siehe Tabellen am Ende des Buches) auf die Laufzeit verteilt.

Anlage 1

Anschaffungsauszahlung	- 110.000		x 0,250456 =	- 27.550
Cash Flow 1. Jahr	25.000	x 0,925926	x 0,250456 =	5.798
Cash Flow 2. Jahr	35.000	x 0,857339	x 0,250456 =	7.515
Cash Flow 3. Jahr	45.000	x 0,793832	x 0,250456 =	8.947
Cash Flow 4. Jahr	35.000	x 0,735030	x 0,250456 =	6.443
Cash Flow 5. Jahr	25.000	x 0,680583	x 0,250456 =	4.261
Liquidationserlös im 5. Jahr	10.000	x 0,680583	x 0,250456 =	1.705
Annuität Anlage 1				7.119

Anlage 2

Anschaffungsauszahlung	- 90.000		x 0,250456 =	- 22.541
Cash Flow 1. Jahr	30.000	x 0,925926	x 0,250456 =	6.957
Cash Flow 2. Jahr	30.000	x 0,857339	x 0,250456 =	6.442
Cash Flow 3. Jahr	20.000	x 0,793832	x 0,250456 =	3.976
Cash Flow 4. Jahr	20.000	x 0,735030	x 0,250456 =	3.682
Cash Flow 5. Jahr	20.000	x 0,680583	x 0,250456 =	3.409
Liquidationserlös im 5. Jahr	20.000	x 0,680583	x 0,250456 =	3.409
Annuität Anlage 2				5.334

Beide Projekte haben positive Annuitäten, sind daher vorteilhafter als eine Anlage am Kapitalmarkt. Anlage 1 weist einem um 1.785.000 Euro höhere Annuität auf als Anlage 2 und ist deshalb vorzuziehen.

Eine Umrechnung der Kapitalwerte aus dem Beispiel Kapitalwertmethode (siehe 2.2.1) zeigt, dass die Annuität nichts weiter als eine andere Darstellungsform ist:

	Kapitalwert	x KWF =	Annuität
Anlage 1	28.424	x 0,250456 =	7.119
Anlage 2	21.299	x 0,250456 =	5.334
Differenzinvestition	7.125	x 0,250456 =	1.785

Eine Annuität kann mittels *Rentenbarwertfaktor* (Abzinsungssummenfaktor) in den Kapitalwert umgerechnet werden oder mit dem *Endwertfaktor* (Aufzinsungssummenfaktor) auf den Kapitalendwert hochgerechnet werden.

$$\textbf{Rentenbarwertfaktor (BWF)} = \frac{(1+i)^n - 1}{i * (1+i)^n}$$

$$\textbf{Endwertfaktor (EWF)} = \frac{(1+i)^n - 1}{i}$$

Die Cash Flows ganz am Ende der Laufzeit der Projekte lassen sich auch direkt mittels *Restwertverteilungsfaktor* in eine jährlich gleichbleibende Zahlung umrechnen.

$$\textbf{Restwertverteilungsfaktor (RVF)} = \frac{i}{(1+i)^n - 1}$$

Anlage 1	Anlage 2	Differenz	AbF 8 %	KWF 8 % 5 Jahre	
- 110.000	- 90.000	- 20.000		x 0,250456 =	- 5.009
25.000	30.000	-5.000	x 0,925926	x 0,250456 =	- 1.160
35.000	30.000	5.000	x 0,857339	x 0,250456 =	1.074
45.000	20.000	25.000	x 0,793832	x 0,250456 =	4.970
35.000	20.000	15.000	x 0,735030	x 0,250456 =	2.761
25.000	20.000	5.000	x 0,170456 (RVF 8 % 5 Jahre) =		852
10.000	20.000	- 10.000	x 0,170456 (RVF 8 % 5 Jahre) =		- 1.705
Annuität der Differenzinvestition					1.785

Für jedes Jahr wird die Differenz der Cash Flows beider Anlagen gebildet. Anlage 2 wurde von Anlage 1 abgezogen. Die Barwerte der Differenzen werden ergeben mit dem Annuitätenfaktor multipliziert und aufaddiert die Annuität der Differenzinvestition. Auf die beiden Differenzen der Cash Flows am Ende des Projekts wurde direkt der Restwertverteilungsfaktor angewandt. Da die Differenzinvestition einen positive Annuität hat, ist Anlage 1 vorteilhafter als Anlage 2.

Die bei der Darstellung der Kapitalwertmethode genannten Probleme gelten auch für die Annuitätenmethode. Auch bei negativen Annuitäten beider Projekte kann sich eine positive Annuität ergeben. Ebenso kann die Variation des Kalkulationszinssatzes oder eines Risikozuschlags zu sehr unterschiedlichen Beurteilungen von Investitionsprojekten führen.

In *Tabellenkalkulationssoftware* kann die Annuität über die Funktion *RMZ* berechnet werden, sofern zuvor der Kapitalwert ermittelt wurde. Der Restwertverteilungsfaktor wird auch mit RMZ ermittelt, statt des Kapitalwerts (Bw) muss dann der Endwert (Zw = zukünftiger Wert) angegeben werden.

2.2.3 Interne Zinssatzmethode

Die Interne Zinssatzmethode ist ein Versuch, das Problem der Wahl des richtigen Kalkulationszinssatzes zu umgehen. Sie liefert als *Kennzahl* zur Beurteilung von Investitionsprojekten den *Zinssatz*, bei dem der Kapitalwert des Projektes gerade Null wird. Dieser Zinssatz liefert die Information, wie sich das Projekt rentiert und daher kann die Interne Zinssatzmethode gut der statischen Rentabilitätsvergleichsrechnung gegenübergestellt werden. Der Unterschied ist, dass die Interne Zinssatzmethode mit den exakten Zahlungsströmen rechnet und daher eine genauere Information liefert als die Rentabilitätsvergleichsrechnung, die mit Durchschnittsgrößen arbeitet. Ein Zinssatz zur Beurteilung von Investitionsprojekten ist vielen Entscheidungsträgern zugänglicher als ein Kapitalwert. Ein Zinssatz als *Zielvorgabe* für Projekte (management by objectives) ist operationaler.

Ein Investitionsprojekt ist dann vorteilhaft, wenn der Interne Zinssatz über dem Marktzins liegt. Von zwei Investitionsprojekten ist dasjenige mit dem höheren Internen Zinssatz vorzuziehen.

Das Problem der Internen Zinssatzmethode liegt in der *Berechnung*: Die allgemeine Formel für die Bestimmung des Kapitalwerts muss dazu nach dem Zins aufgelöst werden.

Beispiel Interne Zinssatzmethode

In der Müller KG wird überlegt, ob Mittel kurzfristig in ein Projekt investiert werden sollen, aus dem sich die folgenden Zahlungsströme ergeben:

Anschaffungsauszahlung	Rückfluss 1. Jahr	Rückfluss 2. Jahr
- 50.000	40.000	20.000
A_0	CF_1	CF_2

Der Kapitalwert ergibt sich bei zwei Perioden nach der Formel:

$$C_0 = A_0 + \frac{CF_1}{(1+i)^1} + \frac{CF_2}{(1+i)^2}$$

Gesucht ist der Zins, bei dem der Kapitalwert (C_0) Null ist. Daher muss die Formel gleich Null gesetzt und nach dem Zins (i) aufgelöst werden. Dazu muss zunächst mit $(1+i)^2$ multipliziert werden.

$$A_0 * (1+i)^2 + CF_1 * (1+i) + CF_2 = 0$$

Nun wird durch A_0 geteilt, damit $(1+i)^2$ vorne alleine steht

$$(1+i)^2 - \frac{CF_1}{A_0} * (1+i) + \frac{CF_2}{A_0} = 0$$

Damit liegt eine quadratische Gleichung in einer Form vor, die sich mit mathematischen Methoden, z. B. mit Hilfe der pq-Formel lösen lässt:

$$x_{1,2} = -\frac{p}{2} \pm \sqrt{\left(\frac{p}{2}\right)^2 - q} \text{ und daher } (1+i)_{1,2} = -\frac{CF_1}{2*A_0} \pm \sqrt{\left(\frac{CF_1}{2*A_0}\right)^2 - \frac{CF_2}{A_0}}$$

Es ergeben sich nach dem Einsetzen für (1+i) die beiden Werte -0,348331477 und 1,148331477, wovon nur der zweite Wert ein sinnvolles Ergebnis darstellt. Der Interne Zinssatz des Investitionsprojekts liegt bei 14,83 %.

Bei mehr als zwei Perioden wird die Berechnung sehr komplex und mit der Zahl der Perioden steigt die Zahl der mathematisch möglichen Lösungen dieser sogenannten Polynome. Es können sich dann je nach Verlauf der Zahlungsreihe auch mehrere positive Interne Zinssätze ergeben, die dann nicht mehr sinnvoll zu interpretieren sind, oder es ist gar keine Lösung ermittelbar, z. B. wenn im oben dargestellten Berechnungsbeispiel die Wurzel negativ und damit nicht lösbar ist.

Statt einer mathematischen Umformung lässt sich der Interne Zinssatz vereinfacht *näherungsweise* bestimmen (Interpolation), denn es geht in der Beurteilung von Investitionsprojekten nicht weniger um mathematische Genauigkeit als um eine sinnvolle Einschätzung des Projekts.

Dem Finanzbuchhalter der Müller KG liegt das abstrakte Umformen von Gleichungen nicht so sehr, daher wählt er zur groben Bestimmung des Internen Zinssatzes das Interpolationsverfahren, indem er für den Zins (i) verschiedene Werte einsetzt:

$$C_0 = -50.000 + \frac{40.000}{(1+i)^1} + \frac{20.000}{(1+i)^2}$$

Bei einem Zinssatz von 10 % ergibt sich ein Kapitalwert von 2.893, bei einem Zinssatz von 20 % beträgt er - 2.777, bei 15 % sind es - 95, d. h. der Interne Zinssatz des Projekts liegt knapp unter 15 % und damit deutlich über dem Markzins, weshalb die Investition als vorteilhaft eingestuft wird.

Bei der Interpolation wird mit einem beliebigen Zins, z. B. dem Kalkulationszins begonnen. Ist der Kapitalwert positiv, wird ein höherer Zins gewählt, denn je höher der Zins, umso kleiner ist der Kapitalwert, da zukünftige Cash Flows bei höherem Zins einen niedrigeren Barwert haben. Ergibt der höhere Zins einen negativen Kapitalwert, muss der gesuchte Interne Zinssatz zwischen den beiden Zinsen liegen. Durch sukzessives Einsetzen (Iteration) nähert man sich mehr und mehr an, wobei eine Berechnung auf mehr als zwei Stellen nach dem Komma keinen zusätzlichen Informationsgehalt hat.

Tabellenkalkulationssoftware verwendet zur Berechnung des Internen Zinssatzes die Funktion *IKV*. Dazu werden so lange Werte für den Zins eingesetzt und variiert, bis das Ergebnis auf 0,00001 Prozent genau ist. Gelingt dies der Software nicht innerhalb von 20 Durchgängen, wird eine Fehlermeldung ausgegeben.

Kontrollfragen zu Lerneinheit 2.2

Dynamische Investitionsrechnung

1. Erläutern Sie den Unterschied zwischen Barwert und Endwert einer Zahlung.
2. Wie lässt sich die Vorteilhaftigkeit eines Investitionsprojekts mit der Kapitalwertmethode beurteilen und welche zwei grundlegenden Probleme gibt es dabei?
3. Weshalb handelt es sich bei der Anwendung der Kapitalwertmethode um eine Entscheidung nach dem Maximalprinzip?
4. Worin liegt der Unterschied zwischen der Kapitalwertmethode und der Annuitätenmethode?
5. Wie kann der Kalkulationszinssatz für die dynamische Beurteilung von Investitionsprojekten ausgewählt werden?
6. Aus welchen Gründen ist es nicht empfehlenswert, bei der Wahl des Kalkulationszinses einen Risikozuschlag vorzunehmen?
7. Beschreiben Sie das Konzept der Internen Zinssatzmethode.
8. Wie lässt sich ohne Computerunterstützung und ohne umfangreiche mathematische Umformungen der Interne Zinssatz eines Investitionsprojekts gut schätzen?
9. Wozu dient der Kapitalisierungsfaktor und wie unterscheidet er sich vom Kapitalwiedergewinnungsfaktor?
10. Erläutern Sie den Unterschied zwischen dem Aufzinsungssummenfaktor und dem Abzinszungssummenfaktor.
11. Was verstehen Sie unter der Potenzialveränderungsplanung und wie ist sie in die gesamtunternehmensbezogene Planung einzuordnen?
12. Wie werden die Cash Flows eines Investitionsprojekts ermittelt?

Lösungen zu Lerneinheit 2.2

Dynamische Investitionsrechnung

1. Als Barwert bezeichnet man den heutigen Wert einer zukünftigen Zahlung. Dazu wird die zukünftige Zahlung mit einem geeigneten Kalkulationszins diskontiert. Der Endwert ist der Wert einer Zahlung am Ende des Investitionsprojekts. Die Zahlung wird dazu über die entsprechende Anzahl Jahre aufgezinst.

2. Ein Investitionsprojekt ist vorteilhaft, wenn sein Kapitalwert größer Null ist. Das eine Problem ist die richtige Schätzung der zukünftigen, unsicheren Zahlungsströme, das andere Problem die Wahl des geeigneten Kalkulationszinses.

3. Beim Vergleich zweier Investitionsprojekte wird dasjenige mit dem höheren Kapitalwert bevorzugt. Es handelt sich dabei um das Maximalprinzip, weil mit gegebenem Mitteleinsatz in Form von Auszahlungen der geschaffene Wert maximiert werden soll, d. h. der heutige Wert (Barwert) aller Einzahlungen aus einem Investitionsprojekt soll den heutigen Wert (Barwert) aller Auszahlungen für das Projekt möglichst weit übersteigen.

4. Der Unterschied zwischen der Kapitalwertmethode und der Annuitätenmethode liegt ausschließlich in der Art der Darstellung des Ergebnisses. Während die Kapitalwertmethode den heutigen Wert des gesamten Investitionsprojekts, d. h. den Totalerfolg ermittelt, wird in der Annuitätenmethode eine jährlich gleichbleibende Zahlung über die gesamte Projektdauer berechnet (Periodenerfolg). Daher ist die Kapitalwertmethode eher bei einmaligen Investitionen, die Annuitätenmethode eher bei wiederholten Investitionen (Investitionsketten) geeignet.

5. Der Kalkulationszinssatz kann ein Erfahrungswert, ein durchschnittlicher Kapitalkostensatz der letzten Jahre sein oder eine von den Eigentümern bzw. Eigenkapitalgebern geforderte Mindestrendite, die den Zinssatz einer alternative Anlage am Kapitalmarkt um einen Risikozuschlag erhöht. Das Problem der Wahl des Kalkulationszinssatzes kann durch Anwendung der Internen Zinssatzmethode umgangen werden.

6. Ein Risikozuschlag berücksichtigt nicht, dass die geschätzten Zahlungsflüsse unterschiedlich risikobehaftet sind. Insbesondere die Rückflüsse hängen von der Marktentwicklung und dem Konkurrenzverhalten ab. Wird der Risikozuschlag aus übertriebener Vorsicht zu hoch angesetzt, können sonst vorteilhafte Projekte abgelehnt werden.

7. Bei der Internen Zinssatzmethode wird der Kalkulationszinssatz so gewählt, dass der Kapitalwert der Investition Null ist. Der Vorteil dieser Vorgehensweise liegt darin, dass eine Renditekennzahl generiert wird, die z. B. mit dem Zins für festverzinsliche Wertpapiere am Markt (Marktzins) verglichen werden kann. Das Problem liegt darin, dass sich je nach Zahlungsreihe mehrere Zinssätze ergeben können und damit keine Eindeutigkeit für die Entscheidungsfindung gegeben ist.

8. Ein Näherungsverfahren zur Schätzung des Internen Zinssatzes eines Investitionsprojekts ist die Interpolation (auch: Iteration): Dabei wird der Zinssatz so lange variiert, bis der Kapitalwert nahe Null ist. Ist beim ersten Zinssatz der Kapitalwert größer Null, wird ein größerer Zins gewählt, bei dem der Kapitalwert kleiner Null ist. Irgendwo zwischen diesen beiden Zinssätzen liegt der Interne Zinssatz, bei dem der Kapitalwert des Investitionsprojekts Null ist.

9. Der Kapitalisierungsfaktor, auch als Diskontierungssummenfaktor, Abzinsungssummenfaktor, Barwertfaktor, oder Rentenbarwertfaktor bezeichnet, zinst eine Zahlungsreihe aus jährlich gleichbleibenden Zahlungen, z. B. eine Mietzahlung, unter Berücksichtigung von Zins und Zinseszins ab. Er ist das Gegenstück zum Kapitalwiedergewinnungsfaktor (Verrentungsfaktor oder Annuitätenfaktor), der einen heutigen Wert unter Berücksichtigung von Zins und Zinseszins in jährlich gleiche Zahlungen (Annuitäten) auf die Laufzeit des Investitionsprojekts verteilt. Zähler und Nenner beider Faktoren sind vertauscht.

10. Der Aufzinsungssummenfaktor (Endwertfaktor) zinst eine Zahlungsreihe aus jährlich gleichbleibenden Zahlungen (Annuitäten) unter Berücksichtigung von Zins und Zinseszins auf. Er ist das Gegenstück zum Restwertverteilungsfaktor, der einen Kapitalendwert unter Berücksichtigung von Zins und Zinseszins auf die Laufzeit verteilt, sodass sich ein jährlich gleichbleibender Betrag ergibt. Der Abzinsungssummenfaktor hingegen zinst eine Zahlungsreihe aus jährlich gleichbleibenden Zahlungen, z. B. eine Mietzahlung, unter Berücksichtigung von Zins und Zinseszins ab (siehe Frage 9).

11. Als Potenziale werden die Gebäude, Maschinen und Anlagen eines Unternehmens bezeichnet, aber auch Vorratslager, Lizenzen und sonstiges Vermögen, das es ermöglicht, Produkte herzustellen und Dienstleistungen zu erbringen. Investitionen verändern diese Potenziale. Die Entscheidungen für solche Veränderungen ergeben sich aus dem Marketing und der gesamtunternehmensbezogenen strategischen Planung. Investitionsentscheidungen sind i. d. R. in größere Planungszusammenhänge eingeordnet. Wenn z. B. ein neues Produkt in den Markt gebracht werden soll, muss dazu die ertragreichste Investition getätigt werden. Daher wirkt die Investitionsrechnung auch als Informationslieferant auf die strategische Marketingplanung zurück. Unternehmensplanung kann als revolvierender Prozess sich ständig verändernder Teilplanungen und Abstimmungen der Teilpläne verstanden werden.

12. Aus der Absatzplanung ergeben sich die laufenden Zahlungsmittelzuflüsse (Umsätze), wobei sich die genauen Zuflusszeitpunkte von der Forderungsplanung (Kundenziel) beeinflusst werden. Ferner kann die Desinvestitionsplanung Zahlungsmittelzuflüsse auslösen, z. B. durch Verkauf von Anlagen. Aus der Produktions- und Beschaffungsplanung ergeben sich die laufenden Zahlungsmittelabflüsse (auszahlungswirksame Kosten). In diese Planungen fließen die Vorratsplanung und die Personalplanung ein. Weitere Zahlungsmittelabflüsse ergeben sich aus der Investitionsplanung selbst: die Anschaffungsauszahlung für eine neue Produktionsanlage inklusive Einrichtung der Anlage, baulicher Maßnahmen, notwendiger Testläufe, Personalkosten, Materialkosten, etc. Anzahlungen oder Zahlungsziele müssen bei der Aufstellung des Zahlungsplans berücksichtigt werden, ferner Zahlungen für Wartung, Instandhaltung, Abbruch und Entsorgung.

Lerneinheit 2.3

Die optimale Investitionsentscheidung

In dieser Lerneinheit können Sie folgende **Lernziele** erreichen:

- die Bedeutung von Investitionsrechenverfahren beurteilen
- die Methode des vollständigen Finanzplans verstehen
- Kapitalwertraten von Investitionsprojekten ermitteln
- Den cut off point bei simultaner Programmplanung ermitteln
- die optimale Nutzungsdauer eines Investitionsobjekts bestimmen
- das Konzept des optimalen Ersatzzeitpunkts verstehen

2.3.1 Statische oder dynamische Verfahren

Die Frage, ob bei Investitionsentscheidungen die statischen oder die dynamischen Verfahren bevorzugt angewendet werden sollen, ist eine Frage der Kosten und der Bedeutung der Entscheidung. Bei einfachen Ersatz- oder Infrastrukturinvestitionen, die für den Markterfolg des Unternehmens von untergeordneter Bedeutung sind, reicht – bei gut ausgebautem Kostenrechnungssystem – die statische Durchschnittsbetrachtung aus. In einem *Kostenvergleich* wird das Investitionsobjekt mit den niedrigsten durchschnittlichen Kosten gewählt. Hierzu müssen auch kalkulatorische Kosten einbezogen werden, sofern die diesbezüglichen Informationen verfügbar sind und diese Kosten, die nicht zu Auszahlungen führen, über den Umsatzprozess erwirtschaftet werden können. Der Kostenvergleich blendet *Qualitätsunterschiede* in der Leistung der Anlage aus der Betrachtung aus und auch der *Gewinnvergleich* berücksichtigt die Qualität nur insoweit, als sie zu unterschiedlichen Verkaufspreisen bzw. Verrechnungspreisen bei unternehmensinternen Leistungen führt. Bei marktbezogenen Entscheidungen kann hingegen die Qualität der Leistung ein strategischer Erfolgsfaktor sein und muss in die Überlegungen einbezogen werden. Daher kann die kostenintensivere Anlage unter Marketinggesichtspunkten die vorteilhaftere sein.

Der *Opportunitätskostengedanke*, der bei den statischen Verfahren über kalkulatorische Kosten, insbesondere die kalkulatorische Eigenkapitalverzinsung, berücksichtigt wird, ist in den dynamischen Verfahren Grundlage jeder Entscheidung: Die Alternative ist die Anlage der Finanzmittel am Markt. Ein positiver Kapitalwert bzw. eine positive Annuität zeigt, dass die Investition eine höhere Rendite bringt als eine Anlage am Markt. Ein Interner Zinssatz über dem Zins der Alternativanlage indiziert die Vorteilhaftigkeit des Projekts. Offen bleibt dabei die Frage, wie die Anlage am Markt erfolgen sollte und welche Risiken dabei eingegangen werden dürfen. Die am Shareholder Value orientierte Zielsetzung, den Wert des Unternehmens zu maximieren, d. h. nur Investitionen mit maximaler Rendite durchzuführen, geht an den wesentlichen, langfristigen Kriterien des Unternehmenserfolgs vorbei. Die Erhaltung und erfolgreiche Weiterentwicklung des Unternehmens auf kurzfristige Renditemaximierung zu verkürzen, kann, wie die Erfahrung der Praxis zeigt, langfristigen Misserfolg hervorrufen. Der sich langsam in den Köpfen der Entscheidungsträger durchsetzende Gedanke, dass *Kundenorientierung* und damit auch Mitarbeiterorientierung (Motivation) im Vordergrund stehen und Kostenorientierung das zugehörige Fundament für Entscheidungen bilden sollte, zeigt, dass Investitionsrechenverfahren zur Entscheidungsvorbereitung nur eine ergänzende, unterstützende Funktion haben.

Ein Vergleich der statischen mit den dynamischen Verfahren zeigt den informationellen Unterschied: Während der *Gewinnvergleich* einen durchschnittlichen Gewinn ermittelt, berücksichtigt die *Annuitätenmethode*, wann die einzelnen Zahlungsmittelüberschüsse anfallen und liefert so grundsätzlich eine genauere Information. Gleiches gilt für den *Rentabilitätsvergleich* und die *Interne Zinssatzmethode*. Das Problem dabei liegt in der Unsicherheit der Bestimmung zukünftiger Zahlungsströme, sodass es zu Scheingenauigkeiten kommen kann. Ferner hat die *Wahl des Kalkulationszinssatzes* bei den dynamischen Verfahren einen wesentlichen Einfluss auf das Entscheidungsergebnis, während er bei den statischen Verfahren nur über die Eigenkapitalverzinsung auf das Ergebnis einwirkt. Oft genügen daher die statischen Verfahren zur Entscheidungsfindung. Letztlich ist die Zukunft ungewiss und Investitionsrechenverfahren dienen in erster Linie dazu, Entscheidungen transparent und nachvollziehbar zu machen.

Eine weitere Frage ist, welches der dargestellten Verfahren in der konkreten Entscheidungssituation eingesetzt werden sollte. Die dynamischen Verfahren basieren alle auf der Kapitalwertmethode. Ob man den Kapitalwert in eine Annuität umrechnet, um statt des Totalerfolgs den Periodenerfolg darzustellen, oder den Zinssatz ermittelt, bei dem der Kapitalwert Null wird, ist Ansichtssache. Eine Prozentzahl als Ergebnis der Berechnung ist für Entscheidungsträger i. d. R. besser zu interpretieren als ein Kapitalwert in Euro.

Der statischen *Rentabilitätsrechnung* ist unter Controlling-Gesichtspunkten eine Sonderstellung einzuräumen, da sie zur ausschließlich ergebnisorientierten Beurteilung von Kapitalbindungen in Unternehmungsbereichen, Gliedbetrieben, Geschäftsfeldern oder Unternehmungen als Ganzes *RoI-Kennzahlen* (Return on Investment) liefert, die für die Ressourcenbindung Anstöße geben und auch als Zielvorgaben eingesetzt werden können.

Allen Verfahren ist anzulasten, dass sie in die Entscheidungsvorbereitung keine weiteren Kriterien einbeziehen und Interdependenzen zu anderen Investitionsobjekten und den Funktionsbereichen und Geschäftsfeldern des Unternehmens nicht berücksichtigen. Daher empfiehlt sich als übergeordnetes Entscheidungsinstrument die *Nutzwertanalyse*, die die Informationen aus den einfachen Investitionsrechenverfahren mit verarbeitet.

2.3.2 Methode des vollständigen Finanzplans

Bei isolierter Betrachtung einzelner Investitionsobjekte werden Interdependenzen zwischen den Investitionsobjekten nicht berücksichtigt. Zudem werden Auswirkungen im Hinblick auf die Funktionsbereiche sowie die gesamtunternehmungsbezogene Ergebnis- und Finanzplanung sowie aus diesen resultierende Restriktionen nicht erfasst.

In der *Methode des vollständigen Finanzplans* wird daher ein Investitionsprogramm aus einer Mehrzahl sich gegenseitig nicht ausschließender Investitionsprojekte gebildet und entweder Schritt für Schritt (sukzessive) oder simultan mit den zur Verfügung stehenden bzw. beschaffbaren Finanzmitteln abgestimmt.

In der *sukzessiven Investitionsplanung* wird zuerst ein Bestand an Finanzmitteln festgelegt und dann auf die darum konkurrierenden Investitionsprojekte optimal verteilt. Liegt keine Finanzierungsbeschränkung vor, werden alle Investitionsprojekte mit positivem Kapitalwert realisiert. Sind die Finanzmittel beschränkt, wird als Reihenfolgekriterium die *Kapitalwertrate* verwendet.

$$\textbf{Kapitalwertrate} = \frac{\textbf{Kapitalwert}}{\textbf{Anschaffungsauszahlung}}$$

Es werden die Investitionsprojekte in Reihenfolge absteigender Kapitalwertraten realisiert, bis die Finanzmittel erschöpft sind.

Beispiel Investitionsprogramm

Ein Unternehmen des verarbeitenden Gewerbes hat verschiedene Investitionsvorhaben und kann dazu ein Finanzierungsvolumen von 1 Mio. € aufbringen. Es ordnet die Projekte nach absteigenden Kapitalwertraten (Kapitalwert und Anschaffungsauszahlung in 1.000 €):

Investition Nr.	1	2	3	4	5
Kapitalwert	70	44	75	25	20
Anschaffungsauszahlung	180	150	300	170	230
Kapitalwertrate	0,39	0,29	0,25	0,15	0,09

Das fünfte Investitionsprojekt mit der niedrigsten Kapitalwertrate wird nicht realisiert, da das Budget von 1. Mio. € mit den ersten vier Projekten soweit ausgeschöpft ist, dass es nicht mehr ganz finanziert werden kann. Die verbleibenden 200.000 € werden am Kapitalmarkt angelegt.

In der *simultanen Investitionsplanung* erfolgt die Auswahl der Investitionsprojekte und Finanzierungsmöglichkeiten aufeinander abgestimmt, da die Vorteilhaftigkeit von Investitionsprojekten nicht zuletzt auch von den Finanzierungskosten abhängt. Dazu werden in einem ersten Schritt alle Investitionsprojekte nach einem Vorteilhaftigkeitskriterium, z. B. der Rendite, dem Kapitalwert oder dem Internen Zinssatz geordnet und ebenso die Finanzierungsmöglichkeiten nach aufsteigenden Finanzierungskosten. Der Interne Zinssatz eignet sich hier in besonderer Weise, da er als Prozentgröße gut mit den Finanzierungskosten im Sinne von Fremdkapitalzinsen bzw. geforderter Mindestrendite der Eigenkapitalgeber vergleichbar ist.

In einem zweiten Schritt wird am Schnittpunkt (*cut off point*) der aufsteigenden Finanzierungsalternativen mit den absteigenden Investitionsalternativen das optimale Investitionsprogramm bestimmt.

Übersicht Simultane Investitionsplanung

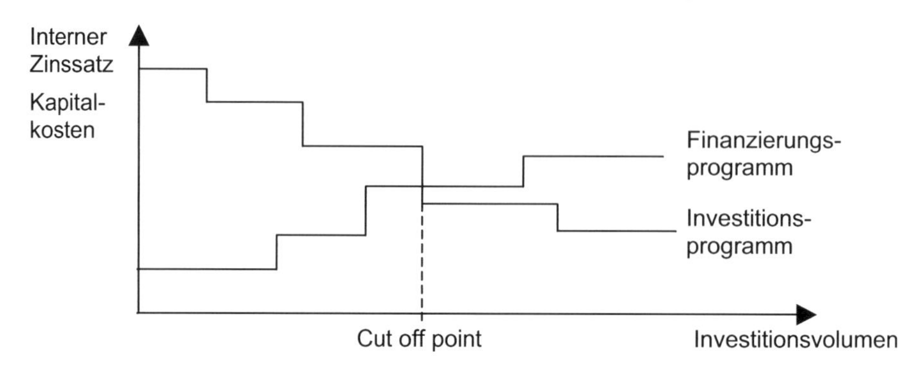

Durchgeführt werden nur die Investitionen links des Schnittpunkts, da sie durch Finanzmittel gedeckt sind, deren Beschaffungskosten unter den Erträgen aus den Investitionen liegen.

Komplexere Investitionsprogramme mit gegenseitigen Einflüssen aufeinander können nur EDV-gestützt mit Hilfe der Methoden des *Operations Research*, insbesondere durch Einsatz der Verfahren der linearen Programmierung gebildet werden.

2.3.3 Optimale Nutzungsdauer

Die *Nutzungsdauer* oder auch *TBR* (time between replacement) eines Investitionsobjekts ist der Zeitraum, über den die Anlage betrieblich genutzt wird. Sie muss zu Beginn der Investition geschätzt oder festgelegt werden. Grundlage für die Ermittlung der Nutzungsdauer bilden Erfahrungswerte aus der Kostenrechnung, insbesondere die Wartungs- und Instandhaltungskosten für die Anlage. Solange sich kein Totalschaden ereignet, hängt die Entscheidung, wann eine Anlage tatsächlich aus der Nutzung genommen werden soll, von der Finanzlage des Unternehmens und dem technischen Fortschritt ab. Die tatsächliche Nutzungsdauer steht erst fest, wenn es nicht mehr möglich oder sinnvoll ist, die Anlage weiter zu nutzen.

Die Festlegung der Nutzungsdauer wirkt jedoch auch auf die Kostenstruktur zurück, denn die Höhe der buchhalterischen Abschreibung bemisst sich nach ihr. Der Steuergesetzgeber hat in *AfA-Tabellen* Nutzungsdauern für zahlreiche Wirtschaftsgüter definiert, um steuerrechtliche Klarheit in Bezug auf die Abschreibungshöhe bei der Gewinnermittlung zu schaffen. Eine einfache Entscheidungsregel bei der Festlegung der betriebsgewöhnlichen Nutzungsdauer ist die Orientierung an den steuerrechtlichen Vorgaben. Eine ökonomische Entscheidungsregel ist das Prinzip der *Kapitalwertmaximierung*.

Übersicht Nutzungsdauerarten

technische Nutzungsdauer	Zeitraum, in dem ein Investitionsobjekt technisch nutzbar ist; wird durch Zeitverschleiß und Gebrauchsverschleiß bestimmt
rechtliche Nutzungsdauer	Zeitraum, für den die Nutzung rechtlich vorgegeben bzw. vertraglich vereinbart ist, z.B. Patentfrist oder Mietdauer
wirtschaftliche Nutzungsdauer	Zeitraum, in dem ein Investitionsobjekt wirtschaftlich vorteilhaft ist: maximaler Kapitalwert der Investition
steuerliche Nutzungsdauer	vom Bundesministerium für Finanzen in AfA-Tabellen zur Berechnung der steuerlichen Abschreibung festgelegter Zeitraum (gewöhnliche Nutzungsdauer)

Für die finanzwirtschaftliche Beurteilung von Investitionsprojekten ist einzig die wirtschaftliche Nutzungsdauer maßgeblich. Dabei spielt eine wesentliche Rolle, ob die Anlage nach Beendigung der Nutzung ersetzt werden soll oder nicht, und wie oft. Ergibt sich aus der Unternehmens- und Geschäftsfeldplanung, dass nach Nutzungsende kein Ersatz vorgenommen werden soll, so ist die optimale Nutzungsdauer erreicht, wenn der *Kapitalwert* sein *Maximum* hat. Die optimale Nutzungsdauer wird daher bestimmt, indem für verschiedene Nutzungsdauern unter Einbezug des erwarteten Restverkaufserlöses der Anlage der Kapitalwert ermittelt wird und die Nutzungsdauer mit dem höchsten Kapitalwert ausgewählt wird.

Auch bei einer *endlichen* Anzahl von Wiederholungen der Investition kann der Kapitalwert maximiert werden, wenn die Anlage zu dem Zeitpunkt ersetzt wird, da sie ihren höchsten Kapitalwert erreicht. Mangels genauerer Informationen über die Zukunft wird i. d. R. davon ausgegangen, dass die neue Anlage zu den gleichen Konditionen beschafft und die gleichen Zahlungsströme erwirtschaften wird wie die vorherige (*identische Reinvestition*). Die Kapitalwerte aller Folgeinvestitionen werden auf den heutigen Zeitpunkt abgezinst und ergeben so den *Gesamtkapitalwert der Investitionskette*.

Die optimale Nutzungsdauer der Erstinvestition ist umso kürzer, je mehr Folgeinvestitionen geplant sind, da die abgezinsten Kapitalwerte der Folgeinvestitionen den Kapitalwert der Erstinvestition erhöhen.

Ein anderer Ansatz in der Investitionsplanung ist, der Einfachheit halber von einer *unendlichen identischen Reinvestition* auszugehen, vor allem wenn zum Planungszeitpunkt nicht klar ist, ob und wann z. B. eine bestimmte Produktsparte aus dem Programm eliminiert werden soll. Jedes Produkt hat zwar einen *Lebenszyklus*, doch ist es kaum möglich, seine Dauer vorherzusagen. Dann haben Erstinvestition und alle Folgeinvestitionen die gleiche optimale Nutzungsdauer.

Beispiel Optimale Nutzungsdauer

Ein Kurierunternehmen beabsichtigt, ein zusätzliches Transportfahrzeug anzuschaffen. Die Anschaffungskosten betragen 30.000 €. Die aus der Nutzung des Fahrzeugs zu erwartenden Cash Flows (Einzahlungsüberschüsse) und die schätzungsweise erzielbaren Verkaufserlöse am Ende jedes Nutzungsjahres sind in der folgenden Tabelle gegeben:

	Cash Flow	Verkaufserlös
1. Jahr	8.000	28.000
2. Jahr	10.000	24.000
3. Jahr	12.000	20.000
4. Jahr	8.000	10.000
5. Jahr	6.000	6.000

Auf Basis eines Kalkulationszinssatzes von 8 % soll die optimale Nutzungsdauer des Fahrzeugs ermittelt werden. Dazu werden die Cash Flows und die Verkaufserlöse mit den Abzinsungsfaktoren für 8 % auf Barwerte umgerechnet. Die Barwerte der Cash Flows werden kumuliert. Dort wo die Summe aus kumulierten Barwerten und Barwert des jeweiligen Verkaufserlöses maximal wird, liegt die optimale Nutzungsdauer.

Jahr	AbF 8 %	Barwerte	kumulierte Barwerte	Barwerte der Verkaufserlöse	Summe
		-30.000			
1.	0,925926	7.407	-22.593	25.926	3.333
2.	0,857339	8.573	-14.019	20.576	6.557
3.	0,793832	9.526	-4.493	15.877	**11.383**
4.	0,735030	5.880	1.387	7.350	8.737
5.	0,680583	4.083	5.471	4.083	9.554

Es empfiehlt sich, das Fahrzeug am Ende des dritten Jahres zu verkaufen, da dann die Summe aus Kapitalwert und Barwert des Verkaufserlöses maximal wird.

Der maximale *Gesamtkapitalwert* der Investitionskette bei unendlicher identischer Reinvestition wird ermittelt, indem der maximale Kapitalwert mit dem Annuitätenfaktor multipliziert und durch den Kalkulationszinssatz dividiert wird:

$$\textbf{Gesamtkapitalwert} = \frac{\textbf{Annuität}}{\textbf{Kalkulationszins}}$$

Allgemein empfiehlt es sich für das Unternehmen (bei gleichbleibenden Anschaffungsauszahlungen und Cash Flows), neu gekaufte Fahrzeuge jeweils nach drei Jahren zu ersetzen, da so der Unternehmenswert maximiert wird:

Kapitalwertmaximum	x KWF 8 %, 3 Jahre =	Annuität
11.383	x 0,388034 =	4.417

$$\text{Gesamtkapitalwert} = \frac{4.417}{8\ \%} = 55.214$$

Wird das Fahrzeug jeweils nach drei Jahren identisch ersetzt, kann die Investitionskette mit einem Gesamtkapitalwert von 55.214 € mehr zum Unternehmenserfolg beitragen als eine Anlage der entsprechenden Finanzmittel zum Kalkulationszins am Kapitalmarkt.

Wird in der Unternehmensplanung die begründete Annahme getroffen, dass die Folgeinvestitionen andere Anschaffungsauszahlungen und andere Zahlungsströme haben werden (*nicht-identische Reinvestition*), so ist es weder bei endlichen noch bei unendlichen Investitionsketten möglich, mit einfachen Entscheidungsinstrumenten die optimale Nutzungsdauer der einzelnen Investitionen zu bestimmen. In der betriebswirtschaftlichen Fachrichtung des *Operations Research* wurden für diese Fälle EDV-gestützte iterative Investitionsplanungsmethoden und Optimierungsmodelle entwickelt.

2.3.4 Optimaler Ersatzzeitpunkt

Die Frage des optimalen Ersatzzeitpunkts richtet sich darauf, ob eine im Unternehmen bereits genutzte Anlage sofort oder später ersetzt werden soll. Der Unterschied zur Entscheidung über die optimale Nutzungsdauer liegt darin, dass diese Entscheidung *vor Anschaffung* der Anlage aufgrund der erwarteten Zahlungsströme, die des optimalen Ersatzzeitpunktes *während der Nutzung* mit bis zu diesem Zeitpunkt realisierten Zahlungsströmen getroffen wird und insbesondere dann gerechtfertigt ist, wenn die Erwartungen sich nicht erfüllt haben.

Im Sinne des *Controllings* ist eine wiederholte Überprüfung der Plangrößen mit den Istgrößen zur Verbesserung der Entscheidungsqualität angebracht und kann bei entsprechender Abweichung zur *Revidierung von Entscheidungen* führen. Die Überprüfung der tatsächlichen Kapitalwertentwicklung von Investitionsprojekten ergibt grundsätzlich vier Entscheidungsalternativen.

Übersicht Entscheidungsalternativen zur Ersatzinvestition

1. Alternative	Keine Ersatzinvestition durchführen, derzeitiges Projekt abbrechen und bestmöglichen Verkaufserlös der vorhandenen Anlage realisieren.
2. Alternative	Keine Ersatzinvestition durchführen und derzeitiges Projekt bis zum Ende der Nutzungsdauer fortführen.
3. Alternative	Sofort Ersatzinvestition durchführen, bestmöglichen Verkaufserlös der vorhandenen Anlage realisieren und zur Teilfinanzierung der neuen Anlage nutzen.
4. Alternative	Ersatzinvestition später durchführen, eventuell den Zeitpunkt dafür jetzt schon festlegen.

Bei der Entscheidung über den optimalen Ersatzzeitpunkt werden die aktuellen Kapitalwerte des laufenden Projekts bei sofortigem Ersatz und für spätere Ersatzzeitpunkte ermittelt und einander gegenübergestellt. Ist der Kapitalwert bei sofortigem Ersatz größer als bei späterem Ersatz, sollte die Ersatzinvestition sofort durchgeführt werden.

Diese Entscheidungsregel funktioniert jedoch nur dann, wenn der Kapitalwertzuwachs der vorhandenen Anlage abnimmt und somit unter die Annuität der neuen Anlage sinken kann.

Übersicht Optimaler Ersatzzeitpunkt

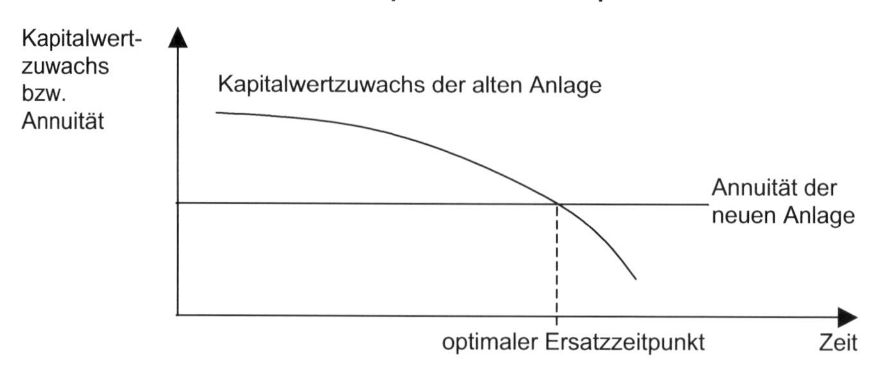

Ein sinkender Kapitalwertzuwachs ergibt sich insbesondere dann, wenn die Auszahlungen für Reparatur- und Instandsetzungsarbeiten zunehmen und die Umsatzeinzahlungen aus dem Verkauf der mit der Anlage erstellten Leistungen diesen Zuwachs nicht kompensieren.

Der Ersatz einer Anlage mit positivem Kapitalwert – unabhängig davon, ob die Zuwächse abnehmen – kann auch dann sinnvoll sein, wenn aufgrund technischer Neuerungen die Ersatzinvestition sofort einen höheren Kapitalwert bzw. eine höhere Annuität erwarten lässt. Dies ist z. B. der Fall, wenn durch Rationalisierung die ausgabenwirksamen Kosten gesenkt werden können oder aufgrund von Qualitätsverbesserungen am Markt höhere Umsatzeinzahlungen erwirtschaftet werden können.

Auch am Ende der Nutzungsdauer einer Anlage oder bei Totalschaden kann die Ersatzentscheidung immer aufgrund von Kapitalwerten getroffen werden, sie muss aber in die gesamtunternehmensbezogene Planung, insbesondere die Marketingplanung und die daraus abgeleitete Produktionsplanung integriert sein.

Kontrollfragen zu Lerneinheit 2.3

Die optimale Investitionsentscheidung

1. Wovon hängt es ab, ob bei Investitionsentscheidungen die statischen oder die dynamischen Verfahren angewendet werden sollen?
2. Was verstehen Sie unter Opportunitätskosten und welchen Einfluss haben sie auf die Investitionsentscheidung?
3. Weshalb ist eine ausschließliche Orientierung an der Maximierung des Shareholder Value bei Investitionsentscheidungen problematisch?
4. Worin liegt der entscheidende Unterschied zwischen dem Gewinnvergleich und der Annuitätenmethode bzw. dem Rentabilitätsvergleich und der Internen Zinssatzmethode?
5. Worin liegt der entscheidende Unterschied zwischen Kapitalwertmethode, Annuitätenmethode und Interner Zinssatzmethode?
6. Welche Besonderheit hat die statische Rentabilitätsrechnung unter Controlling-Gesichtspunkten?
7. Welches sind die Hauptkritikpunkte an allen dargestellten Verfahren zur Beurteilung von Investitionsprojekten?
8. Was verstehen Sie unter der Kapitalwertrate und in welcher Entscheidungssituation wird sie als Kriterium für die Beurteilung von Investitionsprojekten herangezogen?
9. Erläutern Sie die Vorgehensweise bei der simultanen Investitionsplanung.
10. Was verstehen Sie unter der optimalen Nutzungsdauer, wie wird sie ermittelt und welche Unterschiede ergeben sich in Bezug auf die Frage, ob die Investition wiederholt werden soll oder nicht?
11. Wie können Investitionsprogrammentscheidungen mit nicht-identischen Reinvestitionen getroffen werden?
12. Worin unterscheidet sich die Entscheidung über die optimale Nutzungsdauer von der Entscheidung über den optimalen Ersatzzeitpunkt einer Anlage?
13. Wie lautet das Entscheidungskriterium für den sofortigen oder späteren Ersatz einer Anlage und welche Voraussetzung muss dazu erfüllt sein?
14. Wie kann der optimale Ersatzzeitpunkt bei sinkenden Kapitalwertzuwächsen der vorhandenen Anlage bestimmt werden und wie lassen sich sinkende Kapitalwertzuwächse begründen?

Lösungen zu Lerneinheit 2.3

Die optimale Investitionsentscheidung

1. Ob bei Investitionsentscheidungen die statischen oder die dynamischen Verfahren bevorzugt angewendet werden sollen, ist eine Frage der Kosten und der Bedeutung der Entscheidung. Bei einfachen Ersatz- oder Infrastrukturinvestitionen reicht die statische Durchschnittsbetrachtung aus.

2. Opportunitätskosten sind in der Investitionsrechnung die Kosten der entgangenen Gelegenheit einer Anlage der Finanzmittel am Kapitalmarkt, d. h. entgangene Zinserträge. Während Opportunitätskosten in der statischen Investitionsrechnung über die kalkulatorische Eigenkapitalverzinsung einen geringen Einfluss auf die Entscheidung haben, spielen sie in den dynamischen Verfahren über die Wahl des Kalkulationszinssatzes, bei der Internen Zinssatzmethode als Vergleichszins, eine bedeutende Rolle.

3. Die am Shareholder Value orientierte Zielsetzung, den Wert den Unternehmens zu maximieren, d. h. nur Investitionen mit maximalem Kapitalwert durchzuführen, geht an den wesentlichen Kriterien des Unternehmenserfolgs, der Kundenorientierung vorbei. Die Wirtschaftlichkeitsbetrachtung der Investitionsrechenverfahren hat bei der Entscheidungsvorbereitung eine ergänzende, unterstützende Funktion. Von mehreren Investitionsalternativen soll die wirtschaftlichste gewählt werden. Aus reinen Renditeerwägungen in Märkte zu investieren, zu denen die Kernkompetenzen fehlen, ist ein häufiger Managementfehler.

4. Gewinnvergleich und Rentabilitätsvergleich arbeiten mit Durchschnittsgrößen, während die Annuitätenmethode und die Interne Zinssatzmethode mit Zahlungsströmen rechnen und daher genauere Informationen liefern. Angesicht der Nichtvorhersagbarkeit der Zukunft kann es dabei jedoch zu Scheingenauigkeiten kommen: Auch zukünftige Zahlungsströme sind geschätzt.

5. Der entscheidende Unterschied zwischen Kapitalwertmethode, Annuitätenmethode und Interner Zinssatzmethode liegt in der Präsentation des Ergebnisses. Alle drei Verfahren basieren auf dem Kapitalwert, der den Totalerfolg des Projekts angibt. Die aus dem Kapitalwert mittels Kapitalwiedergewinnungsfaktor ermittelte Annuität zeigt den Periodenerfolg. Die Interne Zinssatzmethode gibt den Zinssatz aus, bei dem der Kapitalwert Null wird. Eine Prozentzahl ist für Entscheidungsträger i. d. R. besser zu interpretieren als ein Eurowert.

6. Die statische Rentabilitätsrechnung liefert als Ergebnis einen Return on Investment. Der RoI ist eine der wichtigsten Kennzahlen des Controlling zur ausschließlich ergebnisorientierten Beurteilung von Kapitalbindungen.

7. Allen dargestellten Investitionsrechenverfahren ist anzulasten, dass sie in die Entscheidungsvorbereitung keine weiteren Kriterien einbeziehen und Interdependenzen zu anderen Investitionsobjekten und den Funktionsbereichen und Geschäftsfeldern des Unternehmens nicht berücksichtigen.

8. Die Kapitalwertrate als Quotient aus Kapitalwert und Anschaffungsauszahlung wird in der sukzessiven Investitionsprogrammplanung bei begrenzten Finanzmitteln eingesetzt, um die optimale Reihenfolge der realisierbaren Investitionen zu ermitteln. Die Investitionsvorhaben werden nach absteigender Kapitalwertrate angeordnet und so lange realisiert, wie die Finanzmittel dazu ausreichen.

9. In der simultanen Investitionsplanung werden die Investitionsprojekte und die Finanzierungsmöglichkeiten aufeinander abgestimmt. Dazu werden in einem ersten Schritt alle Investitionsprojekte nach abnehmender Vorteilhaftigkeit und die Finanzierungsmöglichkeiten nach aufsteigenden Finanzierungskosten geordnet. In einem zweiten Schritt wird am Schnittpunkt (cut off point) das optimale Investitionsprogramm bestimmt. Durchgeführt werden nur die Investitionen, deren Rendite (Interner Zinssatz) über den Finanzierungskosten liegt.

10. Die optimale Nutzungsdauer eines Investitionsprojekts ist erreicht, wenn der Kapitalwert der Investition maximal wird. Dabei müssen auch die Barwerte der erzielbaren Restverkaufserlöse der Anlage berücksichtigt werden. Bei endlicher identischer Reinvestition verkürzt sich die optimale Nutzungsdauer umso mehr, je mehr Folgeinvestitionen geplant sind, da die abgezinsten Kapitalwerte der Folgeinvestitionen den Kapitalwert des Gesamtprojekts erhöhen. Bei unendlicher identischer Reinvestition ist die optimale Nutzungsdauer für alle Einzelinvestitionen gleich. Der Gesamtkapitalwert der Investitionskette, der sich als Quotient aus Annuität und Kalkulationszinssatz ermittelt, soll maximiert werden.

11. Bei nicht-identischen Reinvestitionen, d. h. wenn die Folgeinvestitionen andere Anschaffungsauszahlungen und andere Zahlungsströme haben, ist es nicht möglich, mit einfachen Entscheidungsinstrumenten die optimalen Nutzungsdauern der einzelnen Investitionen zu bestimmen, sondern es müssen Methoden des Operations Research (iterative Investitionsplanungsmethoden und Optimierungsmodelle) eingesetzt werden.

12. Die Entscheidung über die optimale Nutzungsdauer einer Anlage wird vor Anschaffung der Anlage auf Basis der geplanten bzw. erwarteten Zahlungsströme gefällt, während die Entscheidung über den optimalen Ersatzzeitpunkt einer Anlage bei laufender Nutzung der Anlage gestellt wird, insbesondere wenn das Investitions-Controlling zeigt, dass die tatsächlichen Zahlungsströme mit den erwarteten Zahlungsströmen nicht übereinstimmen.

13. Ist der Kapitalwert der Investition bei sofortigem Ersatz größer als bei späterem Ersatz, dann sollte die Ersatzinvestition sofort durchgeführt werden. Voraussetzung ist, dass der Kapitalwertzuwachs in jedem weiteren Jahr abnimmt.

14. Der optimale Ersatzzeitpunkt ist zu dem Zeitpunkt erreicht, an dem der Kapitalwertzuwachs der vorhandenen Anlage unter die Annuität der neuen Anlage sinkt. Die Kapitalwertzuwächse sinken, wenn die Auszahlungen für Reparaturen und Instandsetzung stärker steigen als die Einzahlungen aus den Umsatzerlösen.

Modul 3

Finanzierung

Lerneinheit 3.1

Kapitalbedarf

In dieser Lerneinheit können Sie folgende **Lernziele** erreichen:

- das betriebswirtschaftliche Problem der finanziellen Lücke charakterisieren
- Komponenten des Kapitalbedarfs benennen und erläutern
- die Kapitalbedarfsplanung in die Unternehmensplanung einordnen
- durchschnittliche Tagesverbräuche und Kapitalbindungen berechnen
- das Problem des Ergänzungsbedarfs der Kapitalbedarfsplanung beschreiben

3.1.1 Die finanzielle Lücke

Das Wirtschaften in Betrieben ist mit zahlreichen Zahlungsvorgängen verbunden, die aufeinander abgestimmt werden müssen. I. d. R. liegen dabei die *Auszahlungen* für Werkstoffe, Betriebsmittel und Arbeitsleistungen zeitlich vor den *Einzahlungen* aus Umsatzerlösen. Diese zeitliche Abweichung wird als *finanzielle Lücke* bezeichnet und muss finanziert, d. h. überbrückt werden.

Finanzierung wird daher als die Beschaffung bzw. Erhaltung finanzieller Mittel für Zwecke des Unternehmens definiert. Man spricht auch von einer Zahlungsreihe, die mit einer *Einzahlung* beginnt. Je nach Art der Finanzierung zieht sie auch mehr oder minder regelmäßige Auszahlungen, z. B. für Zinsen und Tilgung oder Dividendenausschüttung nach sich.

Bei der *Planung des Kapital- bzw. Finanzbedarfs* sind daher vielfältige Komponenten aus allen Unternehmensbereichen zu berücksichtigen. I. d. R. wird die Kapitalbedarfsplanung *nachrangig*, d. h. aufgrund der Ergebnisse aller anderen Unternehmenspläne, vorgenommen. In finanziellen Engpasssituationen kann der Finanzplan auch im Vordergrund stehen und den anderen Teilplänen Vorgaben in Form von Budgets machen, die einzuhalten sind.

Für die Erhaltung und erfolgreiche Weiterentwicklung des Unternehmens ist es wichtig, die erforderlichen Finanzmittel stets zur Verfügung zu haben – Illiquidität ist Insolvenzgrund –, jedoch auch zu minimieren, da das Vorhalten nicht benötigten Kapitals zu Renditeverlust führt. Zu diesem *Minimalziel* Sicherung der Zahlungsfähigkeit kommt daher hinzu, dass die Finanzmittel zu möglichst geringen Kosten beschafft werden sollen. Damit ergibt sich aus dem Problem der finanziellen Lücke ein *komplexes Zielsystem*, das es zu optimieren gilt.

Übersicht Ziele der Kapitalbedarfsplanung

Liquidität	jederzeitige Sicherstellung der Zahlungsfähigkeit
Kosten	Minimierung des Kapitalbedarfs Minimierung der Kapitalbeschaffungskosten
zeitliche Ziele	Auszahlungen so spät wie möglich Einzahlungen so früh wie möglich Fristenkongruenz

Aus diesem Zielkatalog ergeben sich eine Reihe von *Zielkonflikten*. In schwierigen Zeiten kann die Sicherstellung der Zahlungsfähigkeit mit hohen Kosten verbunden sein, wenn Kapitalgeber, insbesondere Banken, aufgrund der Bonitätsprüfung eine schlechte Risikobewertung vornehmen und die Kapitalkosten entsprechend anpassen. Das zeitliche Ziel der Verzögerung von Auszahlungen kann, z. B. bei nicht in Anspruch genommenem Skonto, die Kosten erhöhen und einen negativen Eindruck bei Lieferanten hinterlassen, der sich in schlechtere Konditionen auswirken kann. Einzahlungen aus Umsatzerlösen können durch das Marketinginstrument Skontogewährung beschleunigt werden. Dies kann aber dem Marketinginstrument Kundenkredite widersprechen, über die eine bessere Kundenbindung und damit stabilere Umsätze erreicht werden sollen. Insbesondere wenn in der Branche ein bestimmtes Verhalten als üblich und von den Kunden als erwartet gilt, kann nicht aus reinen Kapitalbedarfserwägungen davon abgewichen werden.

Eine hilfreiche Praktikerregel für die Bewältigung des Problems der finanziellen Lücke ist *Fristenkongruenz*, d. h. soweit möglich, werden die Einzahlungen auf die Auszahlungen zeitlich abgestimmt. Dies mindert den Planungs- und Abstimmungsbedarf erheblich. Für Investitionsprojekte werden über die Nutzungsdauer Finanzierungsverträge geschlossen, Mieten statt Kaufen verteilt die Auszahlung auf die Zeit der Nutzung, etc. Eine weitere Erleichterung der Kapitalbedarfsplanung ist die Aufgliederung in eine *langfristige*, grobe *Finanzplanung* über fünf Jahre, die auf die langfristig prognostizierte Geschäftsentwicklung und die Investitionspläne abgestimmt wird und *kurzfristige Teilpläne*, die bis hin zur Tagesplanung und zum Cash Management und Kontenclearing die operative Umsetzung bewältigt.

Aufgabe des *Cash Management* ist die Disposition der liquiden Mittel. Überschüsse werden kurzfristig angelegt, Defizite müssen gedeckt werden. Dazu werden auf allen Konten des Unternehmens die Mittel so transferiert, dass die Zinskosten minimiert bzw. die kurzfristigen Anlageerträge maximiert werden. Vorhersehbare Liquiditätsengpässe müssen rechtzeitig geschlossen werden, für nicht vorhersehbare Liquiditätsschwankungen müssen Reserven zur Verfügung stehen.

Durchgeführt wird die Kapitalbedarfsplanung vom *Treasurer*, der dazu aus allen anderen Unternehmensplänen die Zahlungswirkungen mit ihren zeitlichen Strukturen herausziehen und in der Kapitalbedarfsplanung einander gegenüberstellen und aufeinander abstimmen muss. Ausgangspunkt ist dabei die langfristige Marketing- und Geschäftsfeldplanung, aus der sich die Absatz-, Produktions- und Beschaffungspläne ergeben. Zwischen Produktions- und Absatzplan liegt die Fertiglagerplanung, zwischen Beschaffungs- und Produktionsplan die Vorratslagerplanung, aber auch die Investitions- und Personalplanung. Bei der Vorratslagerplanung können Bestellsysteme (Bestellpunktsystem, Bestellrhythmussystem) oder auch das Just-in-time-Konzept eingesetzt werden. Aus dem Absatzplan in Verbindung mit dem Marketingplan ergibt sich die Debitorenplanung, d. h. die Planung von Höhe und Dauer der Außenstände. Die folgende Übersicht zeigt die Quellen der Kapitalbedarfsplanung:

Übersicht Quellen der Kapitalbedarfsplanung

Absatzplan
Produktionsplan
Beschaffungsplan
Vorratsplan
Debitorenplan
Personalplan
Desinvestitionsplan
Investitionsplan
Einzahlungen
finanzielle Lücke
Auszahlungen

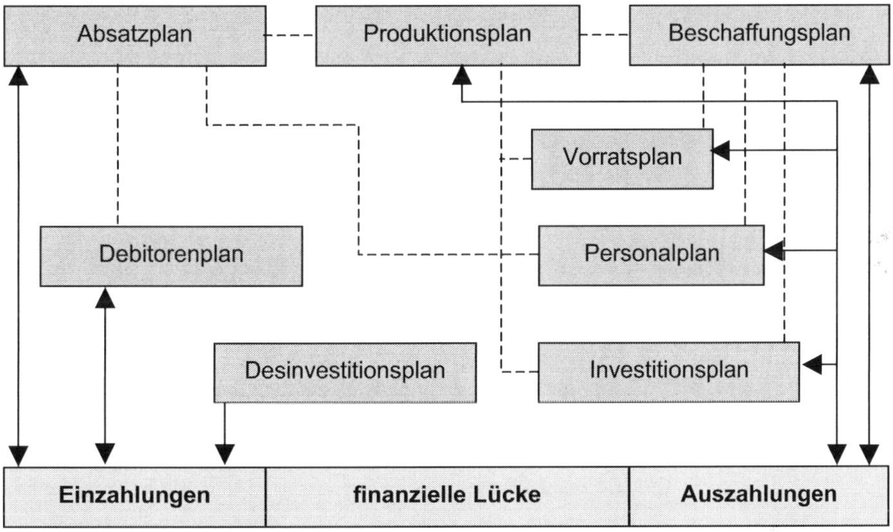

Aus dem *Absatzplan* ergeben sich die Umsatzerlöse, die in Abhängigkeit vom *Debitorenplan* einzahlungswirksam werden. Abzuziehen sind Auszahlungen für Absatzmaßnahmen, z. B. für Verkäuferprovisionen, Werbe- und Verkaufsförderungsmaßnahmen sowie Public Relations.

Der *Produktionsplan* liefert Informationen über zeitlichen Anfall und Höhe für Wartung und Instandhaltung der Produktionsanlagen. Die Auszahlungen für die Anschaffung von Produktionsanlagen ergeben sich aus dem *Investitionsplan*. Der Produktionsplan bestimmt auch den Materialbedarf, der über den *Beschaffungsplan* zu Auszahlungen für die Beschaffung führt. Daraus ergibt sich auch der *Vorratsplan*, der zudem Auszahlungen für das Lagermanagement enthält. Die Errichtung und Ausgestaltung von Lägern ergibt sich wiederum aus dem Investitionsplan. Aus allen Plänen folgt der Personalbedarf und damit die Auszahlungen für Löhne und Gehälter der Mitarbeiter im *Personalplan*. Diese Plandaten lassen sich auch direkt dem Absatzplan (für interne Mitarbeiter im Absatz), dem Produktionsplan (für die Mitarbeiter in der Produktion, insbesondere auch bei Variabilität der Auszahlung aufgrund von Akkordlöhnen) und in der Beschaffung (z. B. Gehälter der Mitarbeiter im Einkauf und in der Lagerverwaltung) zuordnen.

Der *Desinvestitionsplan* liefert Informationen über zukünftige Möglichkeiten, Anlagegüter aus dem Bestand zu verkaufen (Umschichtungsfinanzierung).

Zusammenfassend lassen sich alle Komponenten des Kapitalbedarfs analog zur Gliederung der Aktivseite der Bilanz wie folgt zusammenfassen:

Übersicht Komponenten des Kapitalbedarfs

<table>
<tr><td>Anlagevermögen</td><td colspan="2">Kapitalbedarf für
- Rechte, Patente und Lizenzen, Firmenwert
- Grundstücke und Gebäude
- Maschinen und Anlagen
- Betriebs- und Geschäftsausstattung
- Beteiligungen
- Eiserne Reserve an Roh-, Hilfs- und Betriebsstoffen</td></tr>
<tr><td>Umlaufvermögen</td><td>Tagesverbrauch an
- Werkstoffen
- Energie
- Arbeits- und Dienstleistungen</td><td>Kapitalbindung durch
- Produktionsdauer
- Lagerdauer
- Zahlungsziel</td></tr>
<tr><td>Ergänzungs-bedarf</td><td colspan="2">- nicht oder nur grob geplante Ausgaben
- unerwartete bzw. nicht vorhersehbare Abweichungen der Ein- und Auszahlungen von der Planung</td></tr>
</table>

Beispiel Kapitalbedarfsermittlung

Der Bergthaler Hausgeräte GmbH stehen für die Einrichtung eines neuen Produktionszweigs Investitionsmittel von insgesamt 5.800.000 € zur Verfügung. Ein Grundstück für die neu zu errichtende Produktionsanlage ist im Bestand vorhanden. Die Beschaffung und Einrichtung der Anlage ist mit 1.900.000 € inklusive Betriebs- und Geschäftsausstattung zu veranschlagen. Darin sind die Kosten der auf dem Grundstück noch zu errichtenden Produktionshalle in Höhe von 1.200.000 € noch nicht enthalten. Der Sicherheitsmaterialbestand soll 15 Produktionstage abdecken.

Der tägliche Materialeinsatz ist mit 13.000 € anzusetzen. Das Lieferantenziel beträgt 10 Tage. Die Fertigungskosten betragen im Durchschnitt 17.000 € täglich und steigen über die Fertigungsdauer von 5 Tagen kontinuierlich an. Für die Rückflüsse aus Umsatzerlösen werden die folgenden Erfahrungswerte angesetzt:

Zahlungseingang binnen	10 Tagen	30 %
	30 Tagen	40 %
	60 Tagen	20 %
	90 Tagen	10 %

Die Umschlagshäufigkeit des Wareneingangslagers beträgt 36, die des Fertigwarenlagers 18, berechnet auf der Basis von 360 Tagen p. a. Ferner müssen permanente Verwaltungskosten in Höhe von 5.000 € täglich und Vertriebskosten von 4.000 € täglich ab Fertigstellung der Produkte berücksichtigt werden.

Der Treasurer der Bergthaler Hausgeräte GmbH hat wie folgt ermittelt, ob die zur Verfügung stehenden Investitionsmittel den Gesamtkapitalbedarf für die Einrichtung des neuen Produktionszweigs decken:

Beschaffung und Einrichtung der Anlage inkl. BGA	1.900.000 €
Produktionshalle	1.200.000 €
Eiserner Bestand Material 15 Tage x 13.000 € =	195.000 €
Kapitalbedarf aus dem Anlagevermögen	3.295.000 €

3.1.2 Kapitalbedarf aus dem Anlagevermögen

Bei *Grundstücken und Gebäuden* stellt sich in Bezug auf die Kapitalbedarfsplanung die Frage: mieten bzw. pachten, kaufen oder bauen?

Bei der Gründung und bei Erweiterungen des Unternehmens müssen Geschäftsräume und/oder Betriebsgelände beschafft werden. Eventuell müssen Gebäude für Produktionsanlagen und Lagerhallen errichtet werden, sofern am gewünschten Ort nichts Geeignetes vorhanden ist. Aus Repräsentationsgründen kann auch die Errichtung von Büro- oder Geschäftsgebäuden sinnvoll sein, dies führt jedoch zu einer Vergrößerung der finanziellen Lücke, bis die fertigen Einrichtungen zur Erzielung von Umsatzerlösen und damit Zahlungsrückflüssen genutzt werden können. Berücksichtigt werden müssen auch die Kosten der Grundbucheintragung und die Maklerprovision. Der Vorteil des Mietens liegt in der höheren Flexibilität und dem geringeren Investitionsvolumen und damit Kapitalbedarf. Hier können Liquiditätsengpässe oder erschwerte Kapitalbeschaffung Rückwirkungen auf die Sachentscheidungen haben.

Die *Betriebs- und Geschäftsausstattung* erfordert Tische und Stühle, PCs, Drucker, Faxgeräte, Netzwerk-Komponenten, Kopiergeräte, etc. Solche Beschaffungen müssen an Betriebszweck und Betriebsumfang orientiert werden. Es handelt sich um Gebrauchsgüter, die dem Verschleiß unterliegen. Daher sind immer wieder Ersatzbeschaffungen erforderlich. Verschleiß wird unterschieden in Gebrauchsverschleiß und Zeitverschleiß und im betrieblichen Rechnungswesen durch Abschreibung erfasst.

Die Anschaffung von Betriebs- und Geschäftsausstattung zieht regelmäßig weitere Beschaffungsentscheidungen über die benötigten Verbrauchsgüter wie Papier, Toner, etc. nach sich. Auch die Beschaffung von zugehörigen Dienstleistungen (z. B. Wartungsverträgen für Kopiergeräte) muss in die Entscheidung mit einbezogen werden.

In der Kapitalbedarfsplanung muss hier von wenig variierbaren Auszahlungen ausgegangen werden, allerdings kann eine Überprüfung der Lieferantenauswahl auch die Beschaffungsauszahlungen senken. Insgesamt hat diese Position im Verhältnis zu den anderen Größen jedoch eine untergeordnete Bedeutung.

Der Kapitalbedarf für *Maschinen und maschinelle Anlagen* wird auch von der Entscheidung Eigenfertigung oder Fremdbezug und damit der Fertigungstiefe im Unternehmen beeinflusst.

Besteht der Betriebszweck darin, Güter herzustellen, müssen, ausgerichtet am angestrebten Produktprogramm, Produktionsanlagen beschafft werden. Starken Einfluss auf diese Entscheidungen hat das Marketing, denn Umfang und Kosten der Produktion müssen sich daran orientieren, ob und wie sich die Güter am Markt verkaufen lassen. Für die Entscheidung, welche Produktionsanlagen beschafft werden sollen, werden die Verfahren der Investitionsrechnung eingesetzt. Die Make-or-buy-Entscheidung (Eigenfertigung oder Fremdbezug) richtet sich nach den Kriterien Kosten und Qualität. Dem Lean-Production-Ansatz (verschlankte Produktion) zufolge soll die Produktion all dessen ausgelagert werden (Outsourcing), bei dem keine besonderen Fähigkeiten (Kernkompetenzen) im Unternehmen vorhanden sind. Dieser Ansatz reduziert auch den Kapitalbedarf.

Auszahlungen für *Lizenzen und Rechte* betreffen Software-Lizenzen, Patente, Wegerechte, etc. und können im Desinvestitionsfall auch wieder zu Einzahlungen führen. Für die Verwendung von Software müssen die notwendigen Lizenzen beschafft werden. Eine Lizenz ist das Recht, Dinge zu tun, die ohne Erlaubnis verboten sind. Eine Lizenz wird oft auch als EULA bezeichnet, als Endbenutzer-Lizenzvertrag (End User License Agreement), der vor oder bei Installation der Software akzeptiert werden muss, um die Software nutzen zu können.

Bei Freeware wird die Lizenz (das Nutzungsrecht) pauschal jedermann eingeräumt, der die Software nutzt. Die Zustimmung zur Lizenzvereinbarung erfolgt durch die Nutzung der Software. Der Rechteinhaber fordert keine Gegenleistung, d. h. es ist keine Auszahlung erforderlich, aber die Verwendung von neuer Software, z. B. Linux, kann erhöhte Auszahlungen für Mitarbeiterschulungen nach sich ziehen.

Um patentierte Warenmuster, Produktionsverfahren, etc. nutzen zu können, muss ebenfalls eine Lizenz erworben werden. Ob sich diese Auszahlungen lohnen, muss sich aus der Produktkalkulation im Rahmen der Geschäftsfeldplanung ergeben. Gleiches gilt für *Beteiligungen* an anderen Unternehmen, sofern sie nicht nur zur Anlage von überschüssigen Finanzmitteln dienen. Beim Erwerb von ganzen Unternehmen führt der sogenannte *Firmenwert* des erworbenen Unternehmens zu einer Auszahlung, die über den Wiederbeschaffungskosten der Sachvermögensgüter (abzüglich Verbindlichkeiten) liegt. Er ist mit Kundenstamm, Markt- und Technologiekenntnissen, Wettbewerbssituation etc. zu begründen.

Der *eiserne Bestand* im Materiallager schließlich ist dem Anlagevermögen zuzurechnen, da er dauerhaft dem Unternehmenszweck dienen soll. Er soll sicherstellen, dass bei Lieferungsengpässen der Lieferanten die Produktion und damit der Absatz aufrechterhalten werden kann. Seine Höhe hängt von der Risikobereitschaft der Unternehmensleitung ab. Er bindet Kapital, das beschafft werden muss und nicht für andere Zwecke zur Verfügung steht. Gelingt es, bei entsprechender Vertragsgestaltung mit den Lieferanten (Risikoabwälzung), auf eine fertigungssynchrone Anlieferung umzustellen (just in time), kann der Kapitalbedarf deutlich reduziert werden.

3.1.3 Kapitalbedarf aus dem Umlaufvermögen

Der Bergthaler Hausgeräte GmbH stehen für die Einrichtung eines neuen Produktionszweigs Investitionsmittel von insgesamt 5.800.000 € zur Verfügung.

Der tägliche Materialeinsatz ist mit 13.000 € anzusetzen. Das Lieferantenziel beträgt 10 Tage. Die Fertigungskosten betragen im Durchschnitt 17.000 € täglich und steigen über die Fertigungsdauer von 5 Tagen kontinuierlich an. Für die Rückflüsse aus Umsatzerlösen werden die folgenden Erfahrungswerte angesetzt:

Zahlungseingang binnen	10 Tagen	30 %
	30 Tagen	40 %
	60 Tagen	20 %
	90 Tagen	10 %

Die Umschlagshäufigkeit des Wareneingangslagers beträgt 36, die des Fertigwarenlagers 18, berechnet auf der Basis von 360 Tagen p. a. Ferner müssen permanente Verwaltungskosten in Höhe von 5.000 € täglich und Vertriebskosten von 4.000 € täglich ab Fertigstellung der Produkte berücksichtigt werden.

Der Treasurer der Bergthaler Hausgeräte GmbH hat nun den Kapitalbedarf aus dem Umlaufvermögen ermittelt: Zunächst hat er in einer Nebenrechnung die vom Lager-Controlling gelieferte Kennzahl Umschlagshäufigkeit in die Lagerdauer umgerechnet.

Eingangslager / Ausgangslager

$$\text{Lagerdauer} = \frac{\text{360 Tage}}{\text{Umschlagshäufigkeit}} \qquad \frac{360}{36} = \text{10 Tage} \qquad \frac{360}{18} = \text{20 Tage}$$

In einer zweiten Nebenrechnung wurden aus dem Debitorenplan die zu erwartenden Zahlungseingänge in ein durchschnittliches Kundenziel umgerechnet:

Zahlungseingang	10 Tage	x 30 % =	3
	30 Tage	x 40 % =	12
	60 Tage	x 20 % =	12
	90 Tage	x 10 % =	9
durchschnittliches Kundenziel:		100 % =	36

Der *Kapitalbedarf des Umlaufvermögens* ergibt sich aus der durchschnittlichen Kapitalbindung, die die einzelnen Positionen des Umlaufvermögens verursachen.

Das *Materiallager* bindet vom Zeitpunkt der Auszahlung für die Materialbeschaffung bis zum Eingang der Zahlungen aus den Umsatzerlösen der produzierten und verkauften Güter Kapital.

Lagerdauer Eingangslager (360/36)	10 Tage		
./. Lieferantenziel	./. 10 Tage		
+ Produktionsdauer	+ 5 Tage		
+ Lagerdauer Ausgangslager (360/18)	+ 20 Tage		
+ durchschnittliches Kundenziel	+ 36 Tage		
Kapitalbindung Material	= 61 Tage	x 13.000 € =	793.000 €

Für die Ermittlung der *Kapitalbindung in der Fertigung* werden die durchschnittlich pro Tag anfallenden Fertigungskosten, insbesondere Fertigungslöhne und Energieverbrauch, aber auch Auszahlungen für Wartung und Instandhaltung mit der *Fertigungsdauer* multipliziert. Materialkosten fließen nicht ein, da sie bei der Lagerdauer bereits berücksichtigt sind. Die Kapitalbindung der Fertigung dauert jedoch an, bis die Zahlungsrückflüsse aus den Umsatzerlösen dem Unternehmen wieder zur Verfügung stehen. Daher muss die Lagerdauer des Ausgangslagers und das durchschnittliche Kundenziel in die Berechnung mit einbezogen werden.

Produktionsdauer	5 Tage		
+ Lagerdauer Ausgangslager (360/18)	+ 20 Tage		
+ durchschnittliches Kundenziel	+ 36 Tage		
Kapitalbindung Produktion	= 61 Tage	x 17.000 € =	1.037.000 €

Werden dem Treasurer aus der Produktionsplanung nicht die durchschnittlichen Fertigungskosten genannt, sondern die gesamten Fertigungskosten, die *kontinuierlich anwachsen* so muss er noch den Durchschnitt ermitteln, indem er nur die halbe Fertigungsdauer ansetzt.

In Bezug auf die *Kapitalbindung durch die Verwaltung* muss eine Annahme darüber vorliegen, wie sich verwaltungsbezogene Auszahlungen dem Betriebsprozess zeitlich zurechnen lassen. I. d. R. ist davon auszugehen, dass sie dauerhaft, d. h. vom Zeitpunkt des Materialeingangs bis zum Eingang der Zahlungen aus den Umsatzerlösen anfallen. Dem Bereich Verwaltung sind alle Auszahlungen zuzuordnen, die nicht den Bereichen Material, Fertigung oder Vertrieb zugeordnet werden können.

Lagerdauer Eingangslager (360/36)	10 Tage		
+ Produktionsdauer	+ 5 Tage		
+ Lagerdauer Ausgangslager (360/18)	+ 20 Tage		
+ durchschnittliches Kundenziel	+ 36 Tage		
Kapitalbindung Verwaltung	= 71 Tage	x 5.000 € =	355.000 €

Die *Kapitalbindung des Vertriebs* wird oft mit der Verwaltung zusammengefasst, im Beispiel beginnt sie mit Fertigstellung der Produkte. Hier zeigen sich schon die Schwächen dieser Durchschnittsbetrachtung, die nicht die genauen Ein- und Auszahlungszeitpunkte plant und daher oft beliebige bzw. geschätzte Zeiträume zur Kapitalbedarfsplanung ansetzt.

+ Lagerdauer Ausgangslager (360/18)	+ 20 Tage		
+ durchschnittliches Kundenziel	+ 36 Tage		
Kapitalbindung Vertrieb	= 56 Tage	x 4.000 € =	224.000 €

Weitere Auszahlungen aus dem Umlaufvermögen entstehen für *Dienstleistungen* von Banken, Versicherungen, Spediteuren, Lagerhaltern, verschiedenen Beratern, IT-Supportern, etc. Bei Bankdienstleistungen fallen Auszahlungen für

Kontoführungs- und Überweisungs-Service, Lastschrifteinzug und Online-Banking, aber auch für Finanzberatungen an. Der Umfang an notwendigem Versicherungsschutz muss in einer Abwägung zwischen Kosten und Risiken festgelegt werden. Die Inanspruchnahme von fremden Transport- und Lagerhaltungsleistungen ist abzuwägen gegen das Unterhalten eines eigenen Fuhrparks bzw. eigener Lager. Berater übernehmen vielfältige Aufgaben, von der Steuererklärung (Steuerberater), Personalbeschaffung (Head Hunter), Auswahl von EDV-Lösungen (EDV-Berater) bis hin zur Unternehmensberatung, um Betriebsabläufe effizienter zu gestalten. IT-Supporter lösen IT-Probleme, Bildungsträger bieten Weiterbildung an, Makler vermitteln Grundstücke, etc.

Personalauszahlungen richten sich nach Anzahl und Qualifikationen der Mitarbeiter. Die Personalbeschaffung wird auf Grundlage der Personalbedarfsplanung vorgenommen, die auf die anderen Pläne, insbesondere den Produktions- und Absatzplan ausgerichtet sein muss. Es wird abgewogen zwischen Lohnkosten und Qualifikation der Mitarbeiter. Die Anzahl der benötigten Mitarbeiter hängt auch von Auslastung und Motivation der Mitarbeiter ab.

Die für die Leistungserstellung benötigten Roh-, Hilfs- und Betriebsstoffe, Werkzeuge, Produktfertigteile und Handelswaren werden auch als *Leistungsfaktoren* bezeichnet, da sie die Faktoren für die Leistungserstellung darstellen. Während Kleinteile, die immer wieder gebraucht werden, wie Schrauben, Kabelbinder, und auch Büromaterial, in ungefähr benötigten Mengen beschafft und auf Vorrat gehalten werden, müssen für die wertvolleren Leistungsfaktoren des Primärbedarfs genauere Beschaffungsentscheidungen getroffen werden, da sie eine umfangreiche Kapitalbindung verursachen. Die *ABC-Analyse* ist dazu ein wichtiges Instrument. Sie klassifiziert die zu beschaffenden Güter nach Menge und Wert in A-Güter (geringe Menge, hoher Wert) und C-Güter (hohe Menge, geringer Wert). Dazwischen liegen die B-Güter (weder A noch C):

A-Güter werden aufgrund von *Stücklisten* beschafft, die sich aus der konkreten Produktionsplanung ergeben. Es wird nur eine geringe Stückzahl auf Lager gehalten, oft erfolgt die fertigungssynchrone Anlieferung (just in time). In einem kundenorientiert geführten Unternehmen richtet sich der Bedarf grundsätzlich danach, was für die Erbringung der Leistungen an den Kunden benötigt wird (produktions- bzw. *kundenorientierte Bedarfsermittlung*).

Für C-Güter, z. B. Schrauben oder Büromaterial, soll der Aufwand der Beschaffungsentscheidung gering gehalten werden. Daher werden Verfahren der *verbrauchsorientierten Bedarfsermittlung* angewandt. Die Bestellmenge wird aufgrund des Verbrauchs in der Vergangenheit festgelegt, entweder flexibel durch einen Mitarbeiter als Disponenten oder durch eine fest definierte Entscheidungsregel automatisiert. Bei B-Gütern muss von Fall zu Fall entschieden werden.

Eine weitere Anwendung der ABC-Analyse ist die *RSU-Analyse*: Es werden dabei R-Güter (regelmäßiger Verbrauch), S-Güter (schwankender Verbrauch) und U-Güter (unregelmäßiger Verbrauch) unterschieden. Inwieweit diese Unterscheidung Auswirkungen auf die Kapitalbedarfsplanung hat, hängt vom Wertvolumen dieser Güter ab. Ferner ist für die Kapitalbedarfsplanung der Zusammenhang zwischen Bedarf und Beschaffung bedeutsam:

Übersicht Bedarf, Beschaffung und Kapitalbindung

Einzelbeschaffung im Bedarfsfall	Beschaffung bei Auftreten des Bedarfs
	- sofort beschaffbare Leistungsfaktoren - Vorratshaltung nicht möglich - für nicht vorhersehbaren Bedarf - bei Auftragsfertigung
	Kapitalbindung tritt erst im Bedarfsfall ein.
Einsatzsynchrone Anlieferung (just in time)	Anlieferung zum Produktionstermin
	- genau vorhersehbarer Bedarf - sofortige Weiterverarbeitung notwendig - Großserien- und Massenfertigung
	Kapitalbindung wird auf Lieferanten ausgelagert.
Vorratshaltung	Beschaffung auf Vorrat
	- nicht sofort beschaffbare Güter - für vorhersehbaren Bedarf - Kleinteile-, Serien- und Massenfertigung
	Kapitalbindung darf nicht unterschätzt werden.

Beim *Bestellpunktsystem* wird die Bestellung ausgelöst, wenn das Lager durch Entnahmen den Meldebestand erreicht hat. Der Meldebestand setzt sich zusammen aus eisernem Bestand plus der Menge, die voraussichtlich verbraucht wird, bis die neue Lieferung eintrifft. Die Bestellmenge ergibt sich als Differenz aus Lagerkapazität und eisernem Bestand. Das Lager wird wieder aufgefüllt. Der Zeitpunkt der Bestellung hängt bei diesem Verfahren von der Verbrauchsgeschwindigkeit ab. Die Gefahr dieses Verfahrens besteht darin, dass der Verbrauch zwischen Auslösung der Bestellung und Auffüllung des Lagers den eisernen Bestand überschreitet und es zu Produktionsstillstand kommt, z. B. bei Lieferungsverzögerung. Bei schwankendem Verbrauch zwischen Auslösung des Bestellvorgangs und Eingang der Ware und bei schwankenden Lieferzeiten wird die Lagerkapazität über- oder unterschritten. Der Kapitalbedarf für die Lagerhaltung richtet sich zeitlich nach dem tatsächlichen Verbrauch, die Höhe bleibt - konstante Preise vorausgesetzt - gleich.

Beim *Bestellrhythmussystem* werden zu regelmäßigen Zeitpunkten, d. h. im zeitlichen Rhythmus, die Nachbestellungen ausgelöst. Die Bestellmenge hängt davon ab, wie viel tatsächlich verbraucht wurde. Das Lager wird aufgefüllt. Auch bei diesem Verfahren besteht die Gefahr darin, dass bis zum nächsten Bestellzeitpunkt der Lagerbestand aufgebraucht ist und es zu Produktionsstillstand kommt. Der Kapitalbedarf für die Lagerhaltung tritt jeweils zum gleichen, planbaren Zeitpunkt ein, die Höhe richtet sich nach dem Verbrauch.

Die *optimale Bestellmenge* und damit auch optimale Lagergröße ergibt sich beim Minimum der Summe aus Bestellkosten und Lagerkosten. Ein wichtiger Bestandteil der Lagerkosten sind die Kapitalbindungskosten.

3.1.4 Risiken der Kapitalbedarfsplanung

Der Bergthaler Hausgeräte GmbH stehen für die Einrichtung eines neuen Produktionszweigs Investitionsmittel von insgesamt 5.800.000 € zur Verfügung. Der Treasurer hat aus den ihm vorliegenden Informationen der Geschäftsleitung die folgende Kapitalbedarfsermittlung vorgelegt:

Kapitalbedarf aus dem Anlagevermögen		3.295.000 €
Kapitalbindung Material	793.000 €	
Kapitalbindung Produktion	1.037.000 €	
Kapitalbindung Verwaltung	355.000 €	
Kapitalbindung Vertrieb	224.000 €	
Kapitalbedarf Umlaufvermögen		2.409.000 €
Gesamtkapitalbedarf		5.704.000 €
zur Verfügung stehendes Kapital		5.800.000 €

Das Ergebnis seiner Durchschnittsbetrachtung ist, dass das zur Verfügung stehende Kapital zur Deckung des Kapitalbedarfs des Projektes ausreicht. Er weist in seinem Bericht jedoch einerseits auf die Risiken einer solchen groben Kapitalbedarfsermittlung hin, anderseits zeigt er Möglichkeiten der Senkung des Kapitalbedarfs auf.

Die *Risiken* der Durchschnittsbetrachtung liegen, wie bei der statischen Investitionsrechnung (siehe Lerneinheit 2.1) darin, dass die genauen Zeitpunkte der Zahlungsflüsse nicht berücksichtigt werden. Ferner wird unterstellt, dass die angesetzten Preise und Stückkosten konstant bleiben, die Debitoren- und Kreditorenziele eingehalten werden, keine Beschäftigungsschwankungen und Verzögerungen im Produktionsablauf auftreten, die Liefertermine eingehalten werden und die Umsatzentwicklung den Erwartungen entspricht.

Eine zeitgenaue Planung der Ein- und Auszahlungsströme berücksichtigt auch saisonale Schwankungen und verbessert die Zielerreichung der optimalen Kapitalbedarfsplanung, insbesondere die Vermeidung von Liquiditätsengpässen und ungenutzten Finanzmittelüberschüssen. Sie bedeutet andererseits einen größeren Planungsaufwand und die Unsicherheit aufgrund von Schätzungen bleibt. Daher sollte sie nur bei in der Höhe der Kapitalbindung bedeutsamen Größen eingesetzt werden. Auf jeden Fall ist eine Kapitalreserve für Liquiditätsengpässe einzuplanen.

Ein *zu gering* ermittelter Kapitalbedarf kann zu Ergänzungsbedarf und damit zu Liquiditätsengpässen und Lieferschwierigkeiten und damit Bonitätsverlust bei Lieferanten und Kunden führen. Wenn ein Lieferant nicht liefert, weil noch Rechnungen offen sind und es dadurch zu Produktionsausfällen kommt und Kunden nicht beliefert werden können, leidet das Image des Unternehmens und Kunden wandern zu Konkurrenten ab.

Ein *zu hoch* ermittelter Kapitalbedarf verteuert aufgrund zu hoher Kapitalkosten die Produkte und kann zu Wettbewerbsnachteilen und verschlechterten Kapitalbeschaffungsmöglichkeiten aufgrund zu geringer Rendite führen. Überschüssige liquide Mittel können nicht kurzfristig mit hohen Renditen anderweitig angelegt werden. Im Vorfeld der Erstellung des Jahresabschlusses sind daher immer auch die Positionen Vorräte, Forderungen, liquide Mittel und kurzfristige Verbindlichkeiten, insbesondere Lieferantenverbindlichkeiten zu prüfen, da sie dem Bilanzanalysten Auskunft über die Qualität der Kapitalbedarfsplanung des Unternehmens geben.

Ferner gehört es in den Aufgabenbereich des Treasurers, in Zusammenarbeit mit dem Controller Möglichkeiten zur *Senkung des Kapitalbedarfs* zu finden:

- Durch Pachten von Grundstücken und Mieten von Gebäuden statt Kauf kann der Kapitalbedarf reduziert werden.
- Durch Leasing von Maschinen und Anlagen kann der Kapitalbedarf zu Beginn eines Projekts reduziert und auf die Nutzungsdauer verteilt werden.
- Durch Factoring (Verkauf der Kundenforderungen) kann das Kundenziel verkürzt werden.
- Alternativ führt Skontogewährung, sofern im Verkaufspreis kalkulierbar, zu schnellerem Zahlungseingang.
- Das Lieferantenziel kann durch Auswahl und Verhandlungen mit Lieferanten gestreckt werden. Bei entsprechender Vertragsgestaltung kann der eiserne Bestand gesenkt werden.
- Durch Just-in-time-Anlieferung kann die Lagerdauer des Wareneingangslagers verkürzt werden.
- Durch verbesserte Produktions- und Absatzplanung kann die Ausgangslagerdauer deutlich reduziert werden.
- Durch Outsourcing und Lean Production kann der Kapitalbedarf der Produktion reduziert werden.

Für den langfristigen Unternehmenserfolg muss dabei jedoch behutsam und kundenorientiert vorgegangen werden. Sicherlich besteht auch die Möglichkeit, über die Personalbedarfsplanung die Kapitalbindung zu reduzieren, aber eine Ausrichtung alleine an der Maximierung des Shareholder Values, die Reduzierung des Unternehmens auf Renditemaximierung, kann gefährlich sein.

Kontrollfragen zu Lerneinheit 3.1

Kapitalbedarf

1. Was verstehen Sie unter dem Problem der finanziellen Lücke und welche Bedeutung hat sie für ein Unternehmen?
2. Welche Ziele verfolgt die Kapitalbedarfsplanung? Beschreiben Sie auch Zielkonflikte, die sich daraus ergeben können.
3. In welchen Situationen sollte die Kapitalbedarfsplanung nicht nachrangig aufgrund der anderen Unternehmenspläne eingeordnet werden, sondern Vorgabecharakter für die restliche Unternehmensplanung erhalten?
4. Was verstehen Sie unter Cash Management und unter Konten-Clearing?
5. Beschreiben Sie das Tätigkeitsfeld des Treasurers.
6. Nennen und erläutern Sie die drei Komponenten des Kapitalbedarfs.
7. Erläutern Sie am Beispiel der Beschaffung von Freeware die Kapitalbindungswirkung von Lizenzen.
8. Wieso ist der eiserne Bestand im Materiallager dem Anlagevermögen zuzurechnen und wovon hängt seine Kapitalbindungswirkung ab?
9. Was verstehen Sie unter der Lagerumschlagshäufigkeit und wie lässt sie sich in die Lagerdauer umrechnen?
10. Wie ermitteln Sie aus Erfahrungswerten über die Zahlungseingänge aus den Umsatzerlösen das durchschnittliche Kundenziel?
11. Wie wird die durchschnittliche Kapitalbindung kontinuierlich anwachsender Produktionskosten ermittelt?
12. Welche Auswirkung hat die Anwendung der ABC-Analyse in der Kapitalbedarfsplanung? Gehen Sie bei der Beantwortung der Frage auch auf die Kapitalbindungswirkungen von Bestellsystemen ein.
13. Welche Risiken der Kapitalbedarfsplanung als Durchschnittsrechnung können Sie benennen?
14. Wie lässt sich der Kapitalbedarf eines Unternehmens grundsätzlich senken?
15. Erläutern Sie den Zusammenhang zwischen Kapitalbedarfsplanung und optimaler Bestellmenge.

Lösungen zu Lerneinheit 3.1

Kapitalbedarf

1. Das Problem der finanziellen Lücke ergibt sich daraus, dass im Unternehmensprozess die Auszahlungen für Werkstoffe, Betriebsmittel und Arbeitsleistungen zeitlich vor den Einzahlungen aus Umsatzerlösen liegen. Zur Erhaltung des Unternehmens muss diese Lücke überbrückt, d. h. finanziert werden. Zahlungsunfähigkeit (Illiquidität) ist Insolvenzgrund.

2. Die Kapitalbedarfsplanung hat zum Ziel, die finanzielle Lücke optimal zu überbrücken, d. h. die jederzeitige Zahlungsfähigkeit des Unternehmens sicherzustellen, dabei jedoch ebenso einen Überschuss zu vermeiden. Daher lassen sich als weitere Ziele das doppelte Kostenziel Minimierung des Kapitalbedarfs und Minimierung der Kapitalbeschaffungskosten und die zeitlichen Ziele Auszahlungen so spät und Einzahlungen so früh wie möglich formulieren. Das Ziel der Fristenkongruenz reduziert die Komplexität der Planung. Als Zielkonflikt lässt sich z. B. nennen, dass die zeitliche Verzögerung von Auszahlungen zu Imageschaden und Bonitätsverlust führen kann. Gleiches gilt für die Kundenseite: Zahlungsbedingungen, die den schnellen Eingang der Umsatzerlöse fördern sollen, können die Kundenzufriedenheit beeinträchtigen.

3. In finanziellen Engpasssituationen sollte der Finanzplan im Vordergrund stehen und den anderen Teilplänen Vorgaben in Form von Budgets machen, die einzuhalten sind. Durch Prioritätensetzung können dann die verfügbaren finanziellen Mittel effizient, d. h. entwicklungs- und ergebnisoptimal eingesetzt werden und für den Unternehmenserfolg weniger wichtige Auszahlungen vermieden bzw. reduziert werden.

4. Cash Management und Konten-Clearing dienen der kurzfristigen Abstimmung der Teilpläne in der Unternehmensplanung bis hin zur Tagesplanung. Aufgabe des Cash Managements ist die Disposition der liquiden Mittel. Überschüsse werden kurzfristig angelegt, Defizite müssen gedeckt werden. Dazu werden auf allen Konten des Unternehmens die Mittel so transferiert, dass die Zinskosten minimiert bzw. die kurzfristigen Anlageerträge maximiert werden (Konten-Clearing). Vorhersehbare Liquiditätsengpässe müssen rechtzeitig geschlossen werden, für nicht vorhersehbare Liquiditätsschwankungen müssen Reserven zur Verfügung stehen.

5. Der Treasurer führt die Kapitalbedarfsplanung durch. Er zieht dazu aus allen Unternehmensplänen die Zahlungswirkungen mit ihren zeitlichen Strukturen heraus, stellt sie einander gegenüber und stimmt sie aufeinander ab. Ausgangspunkt ist dabei die langfristige Marketing- und Geschäftsfeldplanung, aus der sich die Absatz-, Produktions- und Beschaffungspläne ergeben. Zwischen Produktions- und Absatzplan liegt die Fertiglagerplanung, zwischen Beschaffungs- und Produktionsplan die Vorratslagerplanung, aber auch die Investitions- und Personalplanung. Aus dem Absatzplan ergeben sich die Umsatzerlöse, die in Abhängigkeit vom Debitorenplan einzahlungswirksam werden. Abzuziehen sind

Auszahlungen für Absatzmaßnahmen, z. B. für Verkäuferprovisionen, Werbe- und Verkaufsförderungsmaßnahmen sowie Public Relations. Der Produktionsplan liefert Informationen über zeitlichen Anfall und Höhe für Wartung und Instandhaltung der Produktionsanlagen. Die Auszahlungen für die Anschaffung von Produktionsanlagen ergeben sich aus dem Investitionsplan. Der Produktionsplan bestimmt auch den Materialbedarf, der über den Beschaffungsplan zu Auszahlungen für die Beschaffung führt. Daraus ergibt sich der Vorratsplan, der zudem Auszahlungen für das Lagermanagement enthält. Die Errichtung und Ausgestaltung von Lägern ergibt sich wiederum aus dem Investitionsplan. Aus allen Plänen folgt der Personalbedarf und damit die Auszahlungen für Löhne und Gehälter der Mitarbeiter im Personalplan. Der Desinvestitionsplan liefert Informationen über zukünftige Möglichkeiten, Anlagegüter aus dem Bestand zu verkaufen (Umschichtungsfinanzierung).

6. Aus dem Anlagevermögen ergibt sich der Kapitalbedarf für Rechte, Patente und Lizenzen, Firmenwert, Grundstücke und Gebäude, Maschinen und Anlagen, Betriebs- und Geschäftsausstattung, Beteiligungen sowie die eiserne Reserve an Roh-, Hilfs- und Betriebsstoffen. Aus dem Umlaufvermögen ergibt sich über den Tagesverbrauch an Werkstoffen, Energie sowie Arbeits- und Dienstleistungen die Kapitalbindung durch Produktionsdauer, Lagerdauer und Zahlungsziele. Der Ergänzungsbedarf ergibt sich aus nicht oder nur grob geplanten Ausgaben und unerwarteten bzw. nicht vorhersehbaren Abweichungen der Ein- und Auszahlungen von der Planung.

7. Die Beschaffung von Freeware bewirkt keine Kapitalbindung, da die Lizenz (das Nutzungsrecht) pauschal jedermann eingeräumt wird, der die Software nutzt. Die Zustimmung zur Lizenzvereinbarung erfolgt durch die Nutzung der Software. Der Rechteinhaber fordert keine Gegenleistung. Aber die Verwendung von neuer Software, z. B. Linux, kann erhöhte Auszahlungen für Mitarbeiterschulungen nach sich ziehen, die bis zum Rückfluss über die Umsatzerlöse eine Kapitalbindung bewirken.

8. Der eiserne Bestand im Materiallager ist dem Anlagevermögen zuzurechnen, da er dauerhaft dem Unternehmenszweck dienen soll. Er soll sicherstellen, dass bei Lieferungsengpässen der Lieferanten die Produktion und damit der Absatz aufrechterhalten werden kann. Seine Kapitalbindungswirkung hängt von der Risikobereitschaft und der Verhandlungsposition der Unternehmensleitung ab. Gelingt z. B. die Risikoabwälzung auf die Lieferanten durch Umstellung auf fertigungssynchrone Anlieferung (just in time), kann der Kapitalbedarf deutlich reduziert werden.

9. Die Lagerumschlagshäufigkeit gibt an, wie oft der durchschnittliche Lagerbestand in einer festgelegten Periode, z. B. pro Jahr, komplett aus einem Lager entnommen und ersetzt wurde. Ziel ist i. d. R. eine hohe Umschlagshäufigkeit, da Lagerung Kapital bindet. Wird die betrachtete Zeitperiode, z. B. 360 Tage, durch die Umschlaghäufigkeit geteilt, ergibt sich die Lagerdauer.

10. Die verschiedenen Zahlungsfristen werden mit ihren Eintrittswahrscheinlichkeiten bzw. ihren prozentualen Anteilen multipliziert und dann aufaddiert.

11. Die Produktionskosten werden statt mit der gesamten Produktionsdauer nur mit der halben Produktionsdauer multipliziert, da sich so die durchschnittlichen Pro-

duktionskosten ergeben. Alternativ können auch die halben Produktionskosten mit der gesamten Produktionsdauer multipliziert werden. Es ist daher immer darauf zu achten, ob die gesamten oder die durchschnittlichen Produktionskosten als Information des Controlling zur Verfügung stehen.

12. Die Beschaffung von Werkstoffen mit hohem Wertanteil (A-Güter) bei Bedarf (nach Stückliste gemäß Produktionsplanung) reduziert den Kapitalbedarf. Geringwertige Werkstoffe (C-Güter) werden hingegen auf Vorrat beschafft, dabei kann durch den Einsatz von Bestellsystemen die Planungskomplexität reduziert werden. Beim Bestellpunktsystem wird die Bestellung ausgelöst, wenn das Lager durch Entnahmen den Meldebestand erreicht hat. Der Kapitalbedarf für die Lagerhaltung richtet sich zeitlich nach dem tatsächlichen Verbrauch, die Höhe bleibt - konstante Preise vorausgesetzt - gleich. Beim Bestellrhythmussystem werden zu regelmäßigen Zeitpunkten, d. h. im zeitlichen Rhythmus die Nachbestellungen ausgelöst. Der Kapitalbedarf für die Lagerhaltung tritt jeweils zum gleichen, planbaren Zeitpunkt ein, die Höhe richtet sich nach dem Verbrauch.

13. Die Risiken der Durchschnittsbetrachtung liegen darin, dass die genauen Zeitpunkte der Zahlungsflüsse nicht berücksichtigt werden. Ferner wird unterstellt, dass die angesetzten Preise und Stückkosten konstant bleiben, die Debitoren- und Kreditorenziele eingehalten werden, keine Beschäftigungsschwankungen und Verzögerungen im Produktionsablauf auftreten, die Liefertermine eingehalten werden und die Umsatzentwicklung den Erwartungen entspricht. Ein zu gering ermittelter Kapitalbedarf kann zu Ergänzungsbedarf und damit zu Liquiditätsengpässen und Lieferschwierigkeiten und damit Bonitätsverlust bei Lieferanten und Kunden führen. Ein zu hoch ermittelter Kapitalbedarf verteuert aufgrund zu hoher Kapitalkosten die Produkte und kann zu Wettbewerbsnachteilen und verschlechterten Kapitalbeschaffungsmöglichkeiten aufgrund zu geringer Rendite führen.

14. Durch Pachten von Grundstücken und Mieten von Gebäuden statt Kauf kann der Kapitalbedarf reduziert werden. Durch Leasing von Maschinen und Anlagen kann der Kapitalbedarf zu Beginn eines Projekts reduziert und auf die Nutzungsdauer verteilt werden. Durch Factoring kann das Kundenziel verkürzt werden. Alternativ führt Skontogewährung zu schnellerem Zahlungseingang. Das Lieferantenziel kann durch Auswahl und Verhandlungen mit Lieferanten gestreckt werden. Bei entsprechender Vertragsgestaltung (z. B. just in time) kann die Kapitalbindung des Materiallagers gesenkt werden. Durch verbesserte Produktions- und Absatzplanung kann die Ausgangslagerdauer deutlich reduziert werden. Durch Outsourcing und Lean Production kann der Kapitalbedarf der Produktion reduziert werden.

15. Die optimale Bestellmenge und damit auch optimale Lagergröße ergibt sich beim Minimum der Summe aus Bestellkosten und Lagerkosten. Ein wichtiger Bestandteil der Lagerkosten sind die Kapitalbindungskosten.

Lerneinheit 3.2

Außenfinanzierung als Eigenfinanzierung

In dieser Lerneinheit können Sie folgende **Lernziele** erreichen:

- rechtsformabhängige Möglichkeiten der Beteiligungsfinanzierung kennen
- die vier Formen der Kapitalerhöhung der AG unterscheiden und ihre Finanzierungswirkungen identifizieren
- rechnerischen Wert des Bezugsrechts und Mischkurs berechnen
- zwischen Wandelschuldverschreibung und Optionsanleihe unterscheiden und Vorteilhaftigkeit des Umtauschs bzw. Bezugs berechnen
- Prinzip und Ablauf von Wagnisfinanzierungen charakterisieren

3.2.1 Beteiligungsfinanzierung und Rechtsform

Die Beteiligungsfinanzierung als klassische Form der Außenfinanzierung bedeutet, dass die Unternehmenseigentümer dem Unternehmen Kapital in Form von *Einlagen* zur Verfügung stellen. Dies kann als *Bareinlage*, durch Zuführung finanzieller Mittel, oder als *Sacheinlage*, durch Zuführung von Sachgütern, z. B. Grundstücken oder Fahrzeugen, erfolgen. Insbesondere bei der Gründung des Unternehmens, aber auch in Wachstumsphasen, vor allem aber in Unternehmenskrisen ist diese Form der Finanzierung die geeignetste, da dem Unternehmen aus der Zuführung von Eigenkapital keine rechtlichen Verpflichtungen erwachsen. Bei der Außenfinanzierung als Eigenfinanzierung sind die Kapitalgeber rechtlich *Miteigentümer* des Unternehmens. Daraus ergibt sich das Bedürfnis, auf die Unternehmensführung Einfluss zu nehmen, z. B. über die Hauptversammlung bei Aktiengesellschaften. Es besteht jedoch kein Anspruch auf Gewinnausschüttung oder Rückzahlung des Kapitals. Im Insolvenzfall haftet das Eigenkapital für die Schulden des Unternehmens. Damit ist die Ausstattung eines Unternehmens mit genügend Eigenkapital, messbar über Bilanzstrukturkennzahlen, wichtige Voraussetzung für weitere Finanzierungsmöglichkeiten, insbesondere die Kreditfinanzierung (Außenfinanzierung als Fremdfinanzierung), da das Eigenkapital die Sicherung der Ansprüche von Fremdkapitalgeber auf Zins und Tilgung repräsentiert.

Die vertikalen Bilanzstrukturkennzahlen, insbesondere der *Verschuldungsgrad* als Verhältnis von Fremdkapital zu Eigenkapital liefern dem potenziellen Kreditgeber wie auch Investor Informationen über die Geschäftslage und das Risikoverhalten des Unternehmens. Eine Praktikerregel sagt vage aus, dass ein Verschuldungsgrad von 2 bis 3 noch akzeptabel ist, dabei muss jedoch die Branche, die Konkurrenzsituation und die allgemeine wirtschaftliche Lage in die Betrachtung mit einbezogen werden. Eine wissenschaftliche Untermauerung solcher goldener Regeln gibt es nicht, der Zusammenhang zwischen Kapitalstruktur und Kapitalkosten (optimale Kapitalstruktur) wird in der Wissenschaft kontrovers diskutiert.

Für die Einschätzung der Rückzahlungsfähigkeit von Krediten sind die horizontalen Bilanzstrukturkennzahlen, insbesondere die *Anlagendeckungsgrade,* maßgeblicher, da die Deckung des Anlagevermögens durch Eigenkapital notwendige Voraussetzung dafür ist, dass in Krisenzeiten nicht Vermögensgegenstände für den Schuldendienst veräußert werden müssen, die zur Aufrechterhaltung der Geschäftstätigkeit unbedingt erforderlich sind. Dass es nach deutschem Bilanzrecht möglich ist, stille Reserven in den Vermögensbuchwerten zu bilden, stellt einen zusätzlichen, aber dem externen Bilanzleser nicht sichtbaren und damit schwer zu bewertenden Gläubigerschutz dar.

Der im deutschen Recht verankerte Gläubigerschutzgedanke ist aus der Sicht der Beteiligungsfinanzierung in die Kritik geraten und wird gerne dem amerikanischen System gegenüber, dass das Investoreninteresse in den Vordergrund stellt, als weniger effizient betrachtet. *Investor Relationship Management* bedeutet, potenziellen Investoren Informationen über das Unternehmen derart aufbereitet zur Verfügung zu stellen, dass sie die Bereitschaft entwickeln, dem Unternehmen Eigenkapital zur Verfügung zu stellen.

Bei Einzelunternehmen und Personengesellschaften ist dies unproblematisch, da Eigenkapitalgeber aufgrund der gesellschaftsrechtlichen Regelungen in die Geschäftsführung zumindest „eingeweiht", wenn nicht sogar daran beteiligt werden müssen. Die Trennung von Eigentum und Kontrolle bei Kapitalgesellschaften hingegen, d. h. die Geschäftsführung ist beim Unternehmen, von den Eigentümern, angestellt und muss ihnen gegenüber Rechenschaft über ihre Tätigkeit ablegen, hat in den letzten Jahren zu zahlreichen Gesetzesänderungen geführt, die die *Kontrolle und Transparenz* verbessern und so Management-Fehlverhalten reduzieren soll.

Diese Entwicklung resultierte daraus, dass die ursprüngliche Idee, ein Aufsichtsrat als Kontrollorgan für die Geschäftsführung reiche aus, um die Interessen der Eigentümer sicherzustellen, sich aufgrund der starken personellen Verflechtungen und der Überforderung von Aufsichtsratsmitgliedern mit zu vielen Sitzen in zu vielen Unternehmen als nicht ausreichend erwies. Die aus den USA stammende Entwicklung eines *Corporate Governance Kodex*, d. h. von Verhaltensregeln für das Management großer Unternehmen, wurde vom deutschen Gesetzgeber teils in die Rechnungslegungs- und Berichtsvorschriften des Handelsgesetzbuchs und des Aktiengesetzes eingeflochten (siehe z. B. § 161 AktG), zum Teil auf freiwilliger Basis von einer Regierungskommission („Cromme-Kommission") zusammengestellt und als *„Deutscher Corporate Governance Kodex"* veröffentlicht. Dies geschah, um zum einen dem Management großer Unternehmen Verhaltensrichtlinien an die Hand zu geben, zum anderen um für ausländische Investoren die sich aus dem Gläubigerschutzgedanken ergebende Informationslücke zu schließen.

Übersicht Beteiligungsfinanzierung

Einzelunternehmen		Bar- oder Sacheinlage des Unternehmers aus seinem Privatvermögen, inkl. Umwidmung von Wirtschaftsgütern zu gewillkürtem Betriebsvermögen, R 4.2 (9) EStR
		Gewinngutschrift, unterlassene Entnahme von Gewinn
		Aufnahme stiller Gesellschafter (typisch oder atypisch, d. h. ohne oder mit Haftung über die Einlage hinaus)
Personengesellschaften	**OHG**	Die Gesellschafter bringen Teile ihres Privatvermögens in das Unternehmen ein. Ein neuer Gesellschafter wird als Vollhafter an der Geschäftsführung beteiligt.
	KG	Ein neuer Gesellschafter kann als Kommanditist aufgenommen werden. Er hat keine Geschäftsführungsbefugnis, aber ein Informationsrecht.
Kapitalgesellschaften	**GmbH**	Gesetzlich vorgeschriebenes Mindestgründungskapital von 25.000 Euro (Stammkapital), in Stammeinlagen von mindestens 100 Euro zerlegt, muss bei Gründung mindestens zur Hälfte eingezahlt sein (§§ 5, 7 GmbHG).
		Die vorhandenen Gesellschafter schießen Kapital nach, sofern Nachschusspflicht im Gesellschaftsvertrag vereinbart ist (§§ 26 ff. GmbHG).
		Die Gesellschafter beschließen eine Kapitalerhöhung, damit über zusätzlich ausgegebene Anteile neue Gesellschafter ins Unternehmen aufgenommen werden können.
		Einflussnahme der Gesellschafter nur über die Gesellschafterversammlung
	AG	Gesetzlich vorgeschriebenes Mindestgründungskapital von 50.000 Euro (Grundkapital, § 7 AktG), in Aktien zerlegt (bei Nennwertaktien mindestens ein Euro Nennwert, § 8 AktG), bei Gründung muss der eingeforderte Betrag eingezahlt sein (§§ 36, 36a, 54 AktG).
		Die Aktionäre beschließen auf der Hauptversammlung eine Kapitalerhöhung (§§ 182 - 221 AktG). Die zusätzlichen Aktien bringen neues Kapital. Altaktionäre haben ein Vorkaufsrecht (Bezugsrecht, § 186 AktG), neue Eigentümer (Aktionäre) können über den Erwerb von Bezugsrechten (Bezugsrechtshandel) hinzutreten.
		Einflussnahme der Aktionäre nur über die Hauptversammlung

Bei der Ausgestaltung der verschiedenen Rechtsformen, die auch in Variationen und kombiniert, z. B. als KGaA oder GmbH & Co. KG auftreten können, hat sich der Gesetzgeber an der *Eigenkapitalbeschaffung* orientiert. Je kleiner die Stückelung der Kapitalanteile ist, umso besser können sie gestreut und umso mehr Eigenkapital kann beschafft werden. Desto geringer ist jedoch der Einfluss der Kapitalgeber und damit ihre Bereitschaft, Kapital zur Verfügung zu stellen, d. h. umso mehr müssen sie durch eine geeignete Informationspolitik bei Laune gehalten werden. Damit erhöht sich die Missbrauchsgefahr und damit der gesetzliche Regelungsbedarf.

Die §§ 230 ff. des Handelsgesetzbuches regeln für alle Kaufleute die *stille Gesellschaft*: Die Einlage ist so zu leisten, dass sie in das Vermögen des Unternehmens übergeht, aber im Insolvenzfall wird der stille Gesellschafter Insolvenzgläubiger (§ 236 HGB), sobald seine vereinbarte Verlustbeteiligung abgedeckt ist; dementsprechend hat er nur ein Kontrollrecht über den Jahresabschluss (§ 233 HGB). Damit eignet sich die stille Gesellschaft insbesondere für Einzelunternehmer zur zusätzlichen Beschaffung von Eigenkapital, sie ist aber auch bei Personengesellschaften und Kapitalgesellschaften anzutreffen. Zu unterscheiden von der (typischen) stillen Gesellschaft des HGB ist die *atypische*, die steuerrechtlich als *Mitunternehmerschaft* (vgl. R 15.8 EStR) zu behandeln ist: Der stille Gesellschafter hat Einfluss auf die Geschäftsführung und wird dazu am Vermögen, insbesondere an den *stillen Reserven*, und an der Haftung beteiligt. Ob und wie man einen stillen Gesellschafter zum Zwecke der Eigenkapitalbeschaffung in sein Unternehmen aufnimmt, hängt von der wirtschaftlichen Lage und den Ansprüchen potenzieller Kapitalgeber ab.

Personengesellschaften können ihr Eigenkapital erhöhen, indem die vorhandenen Gesellschafter zusätzliche Einlagen leisten bzw. auf Gewinnentnahme verzichten, oder indem neue Gesellschafter aufgenommen werden. Die Aufnahme neuer Gesellschafter bedingt insbesondere bei der OHG, dass ihnen Einfluss auf die Geschäftsführung eingeräumt werden muss und zur gerechten Aufteilung des Vermögens die *stillen Reserven* offengelegt werden müssen.

Beispiel Kapitalerhöhung und stille Reserven

Die Gesellschafter der Eichkamp OHG möchten aufgrund der guten Unternehmensentwicklung und neu zu erschließender Wachstumsmärkte die Eigenkapitaldecke ihres Unternehmens stärken. Dazu soll jeder der drei Gesellschafter eine zusätzliche Einlage aus seinem Privatvermögen leisten. Benötigt werden 600 T€. Die Option, einen zusätzlichen Gesellschafter aufzunehmen, wurde aufgrund des damit verbundenen Einflussverlustes und mangels Verfügbarkeit einer geeigneten Person verworfen. Die Anteile am Vermögen der OHG sind wie folgt verteilt:

Egon Marienburg	41 %
Annmarie Soldau	38 %
Franz Kurländer	21 %

Das Vermögen der OHG nach Buchwerten beträgt 3.340 T€. Darin sind stille Reserven in Höhe von 650 T€ enthalten. Die Verbindlichkeiten des Unternehmens bemessen sich auf insgesamt 1.720 T€. Die Gesellschafter diskutieren darüber, ob für die Kapitalerhöhung jeder den gleichen Betrag zuschießen soll oder ob dieser sich nach seinem Anteil am Vermögen berechnet.

Bei der anteiligen Berechnung müssen die stillen Reserven nicht aufgedeckt werden, da sich die Anteile der Gesellschafter am neuen, gestiegenen Gesamtvermögen nicht verändern. Es ergibt sich folgendes Bild (in Tausend Euro):

	vorher		Veränderung		nachher	
	T€	%	T€	%	T€	%
Gesamtvermögen	3.340		600		3.940	
Verbindlichkeiten	1.720				1.720	
Gesellschafteranteile						
Marienburg	664	41 %	246		910	41 %
Soldau	616	38 %	228		844	38 %
Kurländer	340	21 %	126		466	21 %
Eigenkapital gesamt	1.620	100 %	600		2.220	

Wird hingegen die Kapitalerhöhung gleichmäßig auf alle Gesellschafter verteilt, so verändern sich die Gesellschafteranteile am Unternehmen und auch an den stillen Reserven:

	vorher		Veränderung		nachher		Abweichung	
	T€	%	T€	%	T€	%	T€	%
Gesamtvermögen	3.340	600			3.940			
Verbindlichkeiten	1.720				1.720			
Gesellschafteranteil								
Marienburg	664	41 %	200	33 %	864	39 %		- 2 %
Soldau	616	38 %	200	33 %	816	37 %		- 1 %
Kurländer	340	21 %	200	33 %	540	24 %		3 %
Eigenkapital gesamt	1.620	100 %	600		2.220			
Stille Reserven	650				650			
Marienburg	267	41 %			253	39 %	- 13	- 2 %
Soldau	247	38 %			239	37 %	- 8	- 1 %
Kurländer	137	21 %			158	24 %	22	3 %

Die Gesellschaftsanteile von Marienburg und Soldau reduzieren sich, der von Kurländer steigt an. Dies hat auch Auswirkungen auf die zukünftige Verteilung des Gewinns, der laut Gesellschaftsvertrag nach Anteilen erfolgt.

Auch bei *Liquidation* der Gesellschaft oder *Ausscheiden* eines Gesellschafters müssen die stillen Reserven aufgedeckt und anteilig auf die Gesellschafter verrechnet werden.

Bei *Aufnahme* eines zusätzlichen Gesellschafters muss ein Teil seiner Einlage auf die stillen Reserven angerechnet werden, d. h. der Gesellschaftsanteil des neuen Gesellschafters berechnet sich nicht nach seinem Anteil am buchmäßigen Eigenkapital, sondern am tatsächlichen *Reinvermögen* (Differenz zwischen Vermögen und Schulden) des Unternehmens und muss in den Aufnahmeverhandlungen entsprechend festgelegt werden.

Bei der Aufnahme eines neuen Kommanditisten in eine *Kommanditgesellschaft* kann die Aufdeckung der stillen Reserven vermieden werden, wenn der Kommanditist sich mit der vorgeschlagenen Gewinnbeteiligung zufrieden gibt. Die Gewinnverteilungsregelungen des HGB für die OHG und die KG sind Auffangbestimmungen (vgl. §§ 109, 163 HGB), sofern es keine gesellschaftsvertragliche Regelung gibt.

Der Charakter der Kapitalgesellschaft, die Trennung von Eigentum und Kontrolle, ermöglicht eine wesentlich höhere *Fungibilität* (Handelbarkeit) der Kapitalanteile und damit eine deutlich erleichterte Beteiligungsfinanzierung. Bei der *GmbH* ist die Bindung der Gesellschafter an das Unternehmen noch recht eng: Zwar sind Geschäftsanteile veräußerlich und vererblich (§ 15 GmbHG), aber der Erwerber muss bei der GmbH angemeldet werden (§ 16 GmbHG). Im Gesellschaftsvertrag der GmbH kann eine sogenannte *Nachschusspflicht* vereinbart sein (§ 26 ff. GmbHG), d. h. die Vereinbarung, in bestimmten Situationen, z. B. Unternehmenskrisen, über die Stammeinlage hinaus weitere Einlagen zu leisten und so dem Unternehmen weiteres Eigenkapital zuzuführen. Kommt der Gesellschafter seiner Nachschusspflicht nicht nach, verliert er seinen Geschäftsanteil. Diese Regelung kann die Beschaffbarkeit von Eigenkapital einschränken.

Die Kapitalerhöhung der GmbH (§§ 55 ff. GmbHG) verlangt eine *notariell beglaubigte Erklärung* des Übernehmers, d. h. des neuen Gesellschafters oder eines bisherigen Gesellschafters, der seine Geschäftsanteile aufstockt. Der neue Gesellschafter erklärt damit seinen Beitritt zur Gesellschaft, der aufstockende seine Bereitschaft, mehr Kapital zur Verfügung zu stellen. Damit wird die Bindung der Gesellschafter an das Unternehmen unterstrichen, da die notarielle Beglaubigung stärker als die Text- oder Schriftform (vgl. §§ 126 ff. BGB) den Willensbildungsakt in das Bewusstsein des Erklärenden holt. Die Kapitalerhöhung kann statt durch Bildung neuer Geschäftsanteile auch durch Erhöhung des Nennbetrags der bisherigen Geschäftsanteile ausgeführt werden (§ 57h GmbHG), dies schließt die direkte Aufnahme neuer Gesellschafter aus.

Für die Kapitalerhöhung der *Aktiengesellschaft* hält das Aktiengesetz wesentlich detailliertere und strengere Regelungen bereit, da sie mit der kleinen Stückelung der Kapitalanteile von vorne herein auf eine breitere Streuung und damit eine geringere Einflussnahme der Eigentümer gerichtet ist. Dafür sind die Fungibilität von Aktien wesentlich höher und die Ausgestaltungsmöglichkeiten wesentlich flexibler. Vor allem aber ermöglicht die Rechtsform der AG den Gang an die Börse (*going public*).

Börsennotierte Aktiengesellschaften (Publikumsgesellschaften) können über die Kapitalerhöhung und den Verkauf der neuen Aktien über Banken große Kapitalbeträge beschaffen (*Aktienemission*). Sie unterliegen daher strengen gesetzlichen Auflagen und müssen die Anleger auch davon überzeugen, dass der Aktienkauf sich lohnt. Der Börsengang einer Aktiengesellschaft und auch die Emission von Aktien bei einer Kapitalerhöhung ist mit hohen Kosten verbunden, insbesondere die sogenannte *Konsortialgebühr*, die die Banken als Entgelt für ihre Dienste nehmen, aber auch Marketingkosten. Wie große Börsengänge der Vergangenheit zeigen, kann es dabei zu einem regelrechten Run und mehrfacher Überzeichnung kommen, d. h. die Nachfrage nach den Aktien ist deutlich höher als die für die Kapitalerhöhung zur Verfügung stehende Anzahl. So günstig dies für die Festsetzung des Ausgabekurses ist, so schädlich kann dies insgesamt für den Markt sein, wenn die ersten Kurse Ernüchterung erzeugen und gerade bei Kleinanlegern den Eindruck hervorrufen, an einem Lotteriespiel teilgenommen zu haben. Der *Ausgabekurs* setzt sich zusammen aus dem Nennbetrag der Aktie (bei Nennbetragsaktien) bzw. dem Anteil am Grundkapital (bei Stückaktien) und dem *Agio*, das – abzüglich Konsortialgebühr – in die Kapitalrücklage (§ 266 (3) A. II. HGB) fließt.

Übersicht Arten von Aktien

nach der Übertragbarkeit	
Inhaberaktien	Übertragung durch Einigung und Übergabe; Aktieninhaber ist der AG nicht unbedingt bekannt.
Namensaktien	Aktieninhaber ist im Aktienbuch eingetragen, Übertragung durch Einigung und Übergabe mit Indossament; werden zur Pflege der Beziehung zu den Aktionären (Investor Relationship Management) immer beliebter.
vinkulierte Namensaktien	Übertragung nur mit Genehmigung der AG; dienen dem Schutz vor feindlicher Übernahme.
nach dem Umfang der verbrieften Rechte	
Stammaktien	Aktien mit den im Aktiengesetz definierten Aktionärsrechten, vor allem Stimmrecht
Vorzugsaktien	Aktien mit zusätzlichen Rechten, z. B. höhere Dividende oder garantierter Gewinnausschüttung; das Stimmrecht kann eingeschränkt sein.
nach der Zerlegung des Grundkapitals	
Nennbetragsaktien	Jede Aktie verbrieft einen festen Eurobetrag, z. B. 5 Euro. Die Summe der Beträge aller ausgegebenen Aktien bildet das Grundkapital (gezeichnetes Kapital).
Stückaktien	Jede Aktie verbrieft einen (prozentualen) Anteil am Grundkapital.
nach der Fungibilität (Handelbarkeit)	
amtlicher Markt	hohe Börsenzulassungsvoraussetzungen; Transparenzkriterien Prime Standard oder General Standard
geregelter Markt	mittlere Börsenzulassungsvoraussetzungen; Transparenzkriterien Prime Standard oder General Standard
Freiverkehr	geringe Börsenzulassungsvoraussetzungen (open market)
nicht notiert	nicht an der Börse gehandelt; institutioneller Handel
nach dem Ausgabezeitpunkt	
alte Aktien	aus früheren Emissionen; voll dividendenberechtigt
neue (junge) Aktien	aus der aktuellen Kapitalerhöhung, nur mittels Bezugsrecht erwerbbar; Umfang der Dividendenberechtigung muss angegeben sein.

Gedruckt werden einzelne Aktien i. d. R. nicht mehr, sie werden nur noch in elektronischer Form (*Girosammeldepot*) bei einer Wertpapiersammelbank (in Deutschland zentral bei der Deutschen Börse Clearing AG) verbucht. Dazu wird eine Sammelurkunde erstellt und auf den einzelnen Aktionär wird ein Anspruch auf Herausgabe des Miteigentumsanteils am Depotbestand übertragen.

In den letzten Jahren haben viele Aktiengesellschaften von Nennwert- auf Stückaktien und von Inhaber- auf Namensaktien umgestellt. Dass der rechnerisch entfallende Anteil bei *Stückaktien* nicht aus der Aktienurkunde hervorgeht, erleichterte zum einen die Euro-Umstellung und ermöglicht zum anderen die Platzierung an internationalen Börsen, die die Nennwertaktie nicht kennen, z. B. an der Wall Street.

Die Ausgabe von *Namensaktien* und damit das Führen von Aktienbüchern bedeutet für das Unternehmen einen höheren Aufwand, dafür liegen ihm Informationen über die Aktionärsstruktur vor und die Ansprache der Anteilseigner kann zielgruppenorientierter und damit effizienter ausgestaltet werden. Dies schafft Aktionärsbindung und kann die zukünftige Kapitalbeschaffung erleichtern bzw. in Krisen das Abspringen von Aktionären und damit den Kursverfall dämpfen. Auch feindliche Übernahmen sind eher erkennbar, wenn dem Unternehmen die Aktionäre namentlich bekannt sind und schließlich gibt es internationale Börsen, z. B. die Wall Street, an denen nur Namensaktien direkt gehandelt werden.

Die börsennotierte Aktiengesellschaft bietet neben der Ausgabe von Aktien im Rahmen der Kapitalerhöhung weitere spezifische kostengünstige Fremdkapitalbeschaffungsmöglichkeiten, insbesondere über die Ausgabe von Optionsanleihen, Wandel- und Gewinnschuldverschreibungen. Die *Optionsanleihe* verbrieft das zusätzliche Bezugsrecht auf Aktien, die *Wandelschuldverschreibung* ermöglicht dem Anleger den Tausch in Aktien (Wandel), die *Gewinnschuldverschreibung* gewährt zusätzlich zur Verzinsung einen Anteil am Gewinn des Unternehmens.

Die *Definanzierung* als Umkehrung der Beteiligungsfinanzierung ist ebenso von der Rechtsform des Unternehmens abhängig. Während bei der stillen Gesellschaft eine einfache Kündigung des Gesellschaftsvertrags gemäß § 234 HGB ausreicht, ist bei der OHG und für Komplementäre der KG § 131 (3) HGB eine Auffangregelung; maßgeblich ist der Gesellschaftsvertrag. Die §§ 174 und 175 HGB stellen für das Ausscheiden von Kommanditisten den Schutz des öffentlichen Glaubens heraus.

Für *Kapitalgesellschaften* gelten aufgrund der Trennung von Eigentum und Kontrolle strengere Regeln: §§ 58 ff. GmbHG und §§ 222 ff. AktG stellen vor allem auf den Gläubigerschutz ab. Der *Erwerb eigener Anteile* wird in § 33 GmbHG und noch strenger in § 71 AktG begrenzt auf bestimmte, im Gesetz abschließend aufgezählte Tatbestände. Die Rechnungslegungsvorschriften des HGB verlangen zudem aus Transparenzgründen einen Bruttoausweis. Der Erwerb eigener Anteile muss nicht unbedingt mit einer Kapitalherabsetzung einhergehen und dient vor allem zur Abfindung von Gesellschaftern, zur Ausgabe von Belegschaftsaktien zur Abwehr eines schweren, unmittelbaren Schadens sowie zur Herbeiführung oder Abwehr von Unternehmenszusammenschlüssen.

3.2.2 Die Kapitalerhöhung der AG

Aufgrund der Trennung von Eigentum und Kontrolle bei der Aktiengesellschaft räumt das Aktiengesetz der Hauptversammlung i. d. R. einmal jährlich umfangreiche Rechte in Bezug auf Unternehmensentscheidungen ein, die über den alltäglichen Geschäftsverkehr hinausgehen, vgl. §§ 118 - 147, 173 - 180, 182, 192, 202 (2), 207, 222 AktG. Insbesondere die verschiedenen Formen der Kapitalerhöhung bedürfen der nachhaltigen Zustimmung durch die Hauptversammlung: drei Viertel des bei Beschlussfassung vertretenen Grundkapitals oder einer höheren in der Satzung bestimmten Mehrheit.

Übersicht Kapitalerhöhung der AG

ordentliche Kapitalerhöhung §§ 182 - 191 AktG	von der Hauptversammlung mit 3/4-Mehrheit oder einer anderen, in der Satzung festzuschreibenden Mehrheit zu beschließen Unter-Pari-Emission ist verboten; bei Über-Pari-Emission ist der Mindestbezugskurs im Beschluss festzusetzen. Altaktionäre erhalten ein Bezugsrecht auf die jungen Aktien; dies kann mit 3/4-Mehrheit ausgeschlossen werden. Durch die zugeflossenen Mittel erhöht sich das Grundkapital entsprechend dem Nennwert der jungen Aktien, das Agio ist gem. § 272 (2) HGB in die Kapitalrücklage einzustellen.
bedingte Kapitalerhöhung §§ 192 - 201 AktG	Es werden junge Aktien gebildet, die den Inhabern von Wandelschuldverschreibungen bzw. Optionsanleihen aufgrund ihres Umtausch- bzw. Bezugsrechts oder Arbeitnehmern aufgrund von Gewinnbeteiligungen zustehen. auch zur Vorbereitung von Unternehmenszusammenschlüssen, um die Eigentümer des übernommenen Unternehmens auszuzahlen
genehmigtes Kapital §§ 202 - 206 AktG	Ermächtigung des Vorstandes durch Satzung oder Beschluss der Hauptversammlung, binnen fünf Jahren eine Kapitalerhöhung durchzuführen maximal 50 % des bisherigen Grundkapitals Durchführung erfordert Zustimmung des Aufsichtsrats. Vorteil: Schnellere Reaktion und Anpassung von Emissionsvolumen und Bezugskurs an Kapitalmarktgegebenheiten
nominelle Kapitalerhöhung §§ 207 - 220 AktG	Umwandlung von Gewinnrücklagen und Kapitalrücklage in Grundkapital; Kapitalerhöhung aus Gesellschaftsmitteln kein Zufluss finanzieller Mittel, reiner Passivtausch Aktionäre erhalten Zusatzaktien („Gratisaktien“).

Aus Sicht der Beteiligungsfinanzierung erweist sich die *ordentliche Kapitalerhöhung* als relativ unflexibel, da nur im späten Frühjahr, nach Erstellung des Jahresabschlusses und Einberufung der Hauptversammlung die Auslösung des Finanzierungsvorgangs möglich ist, und wenn viele Aktiengesellschaften diesen Weg beschreiten, der Kapitalmarkt überlastet werden kann. Daher gibt es das flexiblere Instrument des *genehmigten Kapitals*, dass den Vorstand dazu ermächtigt, den geeigneten Zeitpunkt für die Kapitalerhöhung selbst festzulegen.

Die *bedingte Kapitalerhöhung* bringt unter Finanzierungsgesichtspunkten einen sofortigen Zufluss von kostengünstigem Fremdkapital aufgrund der Ausgabe von Schuldverschreibungen, die mit Sonderrechten verbunden sind. Über den Zeitpunkt des Wandels bei *Wandelschuldverschreibungen* entscheidet im vorgegebenen Rahmen der Anleger, dies ist jedoch für das Unternehmen unproblematisch, da der Wandel nur einen Passivtausch von Fremdkapital in Eigenkapital bedeutet und keine neuen Mittel zugeführt werden. Die Aktien müssen lediglich bereitgehalten werden. Bei der *Optionsanleihe* kommt es hingegen zu einem zweiten Mittelzufluss, wenn der Anleger die Option ausübt, da er dann zusätzlich zur Schuldverschreibung Aktien des Unternehmens zu einem vorher festgelegten Basiskurs erwirbt. Über den Zeitpunkt dieses erneuten Mittelzuflusses entscheidet im vorgegebenen Rahmen der Anleger, so dass für das Unternehmen unklar ist, wann die zusätzlichen Mittel und wie viel zufließen werden. Auch hier müssen die Aktien bereitgehalten werden.

Die *Kapitalerhöhung aus Gesellschaftsmitteln* (nominelle Kapitalerhöhung) ist im Prinzip reine Bilanzkosmetik, das Grundkapital wird erhöht, die Rücklagen werden entsprechend reduziert, dem Unternehmen fließt kein Kapital zu. Der Anteil verbrieften Eigenkapitals steigt, die Kapitalstrukturkennzahlen bleiben gleich, der *Bilanzkurs* sinkt:

$$\textbf{Bilanzkurs} = \frac{\textbf{bilanziertes Eigenkapital}}{\textbf{Grundkapital}} \textbf{ x 100 \%}$$

Die Bezeichnung der Zusatzaktien als „*Gratisaktien*“ oder „Freiaktien“ ist irreführend, da sie einen Ausgleich für den Wertverlust darstellen, den ein Aktionär erleidet, der mit der bisherigen Anzahl Aktien an einem nun größeren Grundkapital beteiligt ist. Da nun die einzelne Aktie einen geringeren Anteil am Unternehmenswert hat, der mehr oder minder gut durch den *Börsenkurs* der Aktie repräsentiert wird, sinkt dieser und damit kann die Verkäuflichkeit der Aktie zunehmen. Insofern kann die nominelle Kapitalerhöhung auch zur Imagepflege und Gestaltung der Investor Relationships dienen.

Beispiel Kapitalerhöhung

Die Carrallan AG ist eine große Kapitalgesellschaft im Sinne des HGB und plant im Laufe des kommenden Jahres die Erweiterung des Unternehmens durch Errichtung einer neuen Produktionsanlage für 30 Millionen €, die mit einer ordentlichen Kapitalerhöhung finanziert werden soll. Vorstand und Aufsichtsrat nehmen daher in die Tagesordnung der bevorstehenden Hauptversammlung als Beschlusspunkt eine entsprechende Kapitalerhöhung auf und beauftragen ein Bankenkonsortium mit der Platzierung der neuen Aktien am Markt. Das Konsortium verlangt eine Konsortialgebühr von 8 %. Die jungen Aktien sollen von Anfang an voll dividendenberechtigt sein.

Die bisherige Eigenkapitalposition der Carrallan AG sieht wie folgt aus:

A. Eigenkapital	
I. Gezeichnetes Kapital	35.000.000
II. Kapitalrücklage	15.220.000
III. Gewinnrücklagen	12.750.200

Das Grundkapital ist in insgesamt 7 Millionen Stückaktien zerlegt, der Börsenkurs liegt bei 22 €, für die jungen Aktien ist ein Agio von 12,50 € vorgesehen. Das Bezugsverhältnis soll 7:2 betragen.

Das *Bezugsverhältnis* gibt an, auf wie viel alte Aktien eine junge Aktie ausgegeben werden soll, d. h. in welchem Verhältnis das Grundkapital (gezeichnetes Kapital) erhöht werden soll. Die Entscheidung darüber liegt bei der Hauptversammlung und bedarf einer 75%igen Mehrheit des anwesenden Kapitals; der Vorschlag wird vom Vorstand unterbreitet.

$$\textbf{Bezugsverhältnis} = \frac{\textbf{Grundkapital}}{\textbf{Erhöhungskapital}}$$

Das *Bezugsrecht* ist das Recht der bisherigen Aktionäre, bei einer Kapitalerhöhung entsprechend den bisherigen Anteilen eine neue Aktie gegen Entgelt zu beziehen (§ 186 AktG). Bei einem Bezugsverhältnis von 7:2 erhält ein Aktionär, der sieben alte Aktien besitzt, sieben Bezugsrechte und kann daher gegen Zahlung des Ausgabepreises zwei junge Aktien beziehen.

Dieses Vorkaufsrecht wirkt einem zweifachen Verlust der Altaktionäre bei einer Kapitalerhöhung entgegen: Da die Anzahl der im Umlauf befindlichen Aktien erhöht wird, sinkt der Wert der im Besitz des Altaktionärs bereits befindlichen Aktien. Er erleidet einen *Wertverlust*, der verstärkt wird, wenn die jungen Aktien zu einem niedrigeren als dem aktuellen Börsenkurs ausgegeben werden, was i. d. R. der Fall ist, um einen gewissen Kaufanreiz zu schaffen. Ferner erleidet ein Altaktionär ohne Vorkaufsrecht einen *Anteilsverlust*, da sich durch die Ausgabe weiterer Aktien sein Kapital- und Stimmrechtsanteil vermindert.

Altaktionäre können innerhalb einer vom Vorstand bekanntgegebenen *Bezugsfrist* von mindestens zwei Wochen das Bezugsrecht ausüben oder es an der Börse verkaufen bzw. weitere Bezugsrechte zukaufen. Hat ein Aktionär z. B. zehn Aktien (d. h. zehn Bezugsrechte), so kann er bei einem Bezugsverhältnis von 7:2 zwischen folgenden Möglichkeiten wählen:

1. drei Bezugsrechte verkaufen und zwei junge Aktien erwerben
2. vier Bezugsrechte zukaufen und vier junge Aktien erwerben
3. alle zehn Bezugsrechte verkaufen und keine jungen Aktien erwerben

Bei der dritten Alternative realisiert er die Entschädigung für den Wert- und Anteilsverlust, die § 186 AktG ihm zuschreibt und erhält einen Zahlungsmittelzufluss, für Alternative 2 hingegen muss er am tiefsten in die Tasche greifen, da er die zusätzlichen Bezugsrechte und die jungen Aktien bezahlen muss. Er kann selbstverständlich auch noch mehr Bezugsrechte erwerben.

Der *rechnerische Wert des Bezugsrechts* ergibt sich aus der Kursdifferenz und dem Bezugsverhältnis und bietet eine gute Beurteilungsgrundlage für den tatsächlichen Preis des Bezugsrechts, der sich nach Handelsaufnahme durch Angebot und Nachfrage bestimmt.

$$\textbf{Wert des Bezugsrechts} = \frac{\textbf{Kurs Altaktie ./. Kurs Jungaktie}}{\textbf{Bezugsverhältnis + 1}}$$

Aus dem Kurs der alten Aktien und dem Ausgabepreis der jungen Aktien lässt sich ein *Mischkurs* berechnen; der tatsächliche Kurs nach der Kapitalerhöhung hängt von Angebot und Nachfrage nach der Aktie an der Börse ab.

$$\textbf{Mischkurs} = \frac{\textbf{Kurs Altaktie x Bezugsverhältnis + Kurs Jungaktie}}{\textbf{Bezugsverhältnis + 1}}$$

Der rechnerische Wert des Bezugsrechts bei der Kapitalerhöhung der Carrallan AG beträgt:

$$\frac{22\ € \text{ ./. } 17{,}50\ €}{3{,}5 + 1} = 1\ €$$

Der Ausgabepreis für die neuen Aktien ergibt sich aus der Überlegung, dass bei einem Grundkapital von 35 Mio. € und 7 Millionen umlaufenden Aktien der Anteil der einzelnen Stückaktie am Grundkapital 5 € beträgt (dies entspricht bei Nennwertaktien einem Nennwert von 5 €). Der Mischkurs beträgt:

$$\frac{22\ € \text{ x } 3{,}5 + 17{,}50\ €}{3{,}5 + 1} = 21\ €$$

Ein Altaktionär, der sieben Aktien besitzt, erhält, wenn er alle Bezugsrechte verkauft, theoretisch 7 € als Ausgleich für seinen Wert- und Anteilsverlust. Sein Wertverlust beträgt 1 € pro Aktie, da der Kurs von 22 € auf 21 € (Mischkurs) sinkt, d. h. er wird theoretisch voll entschädigt. Die tatsächlichen Werte hängen von Angebot und Nachfrage ab.

Möchte er seinen Anteil am Unternehmen halten, so muss er 2 x 17,50 €, d. h. 35 € aufwenden, um zwei junge Aktien zu beziehen. Möchte er aufgrund der guten Zukunftsaussichten seinen Anteil am Unternehmen aufstocken, muss er weitere Bezugsrechte erwerben. Will er z. B. seinen Anteil verdoppeln, muss er 42 Bezugsrechte zukaufen:

gewünscht: 18 Aktien

vorhanden: 7 Aktien

zu erwerben: 11 Aktien

Sieben Bezugsrechte berechtigen zum Erwerb von zwei jungen Aktien. Mit 42 Bezugsrechten lassen sich daher 12 junge Aktien erwerben. Der Bezug von exakt 11 Aktien ist bei einem Bezugsverhältnis von 7:2 während des Bezugsrechtshandels nicht möglich. Er zahlt rechnerisch 42 Euro für die Bezugsrechte und 12 x 17,50 € = 210 Euro für die jungen Aktien, d. h. insgesamt 252 Euro. Die überschüssige Aktie könnte er nach Aufnahme des regulären Handels verkaufen oder nur 10 junge Aktien beziehen und am Markt eine elfte nachkaufen.

Bei der *Dimensionierung der Kapitalerhöhung* muss ausgehend vom erzielbaren Preis für die neuen Aktien, dem Nennwert der Aktien und den benötigten finanziellen Mitteln das *Agio* festgelegt werden. Dies ist in der Praxis oft schwierig. Vergangene Kapitalerhöhungen großer Unternehmen haben mehrfach gezeigt, dass bei einem im Voraus festgelegten Ausgabekurs die Nachfrage entweder zu gering war, oder der Börsenkurs nach Freigabe der jungen Aktien für den Handel einbrach und Enttäuschungen bei den Anlegern auslöste. Die Erwartungshaltung, dass durch den schnellen Verkauf Mitnahmegewinne erzielt werden können, hat sich oft genug nicht erfüllt. Inzwischen ist man daher bei der Ermittlung des Ausgabekurses i. d. R. zum *Bookbuilding*-Verfahren übergegangen, einer am Anleger orientierten Preisfindung.

Übersicht Bookbuilding-Verfahren

Pre-Marketing-Phase	Banken, die die Emission durchführen wollen und können, erkunden das Interesse potenzieller Investoren und ermitteln so eine Preisspanne, in der sich der Ausgabekurs bewegen soll.
Marketing-Phase	Die Preisspanne wird öffentlich bekannt gegeben und auf Roadshows (Präsentationen des Unternehmens) an den Börsenplätzen werden weitere Anleger geworben.
Order Taking	Anleger können innerhalb einer vorgegebenen Frist Kaufaufträge abgeben, die den gewünschten Preis und die gewünschte Anzahl Aktien enthalten (Bookbuilding).
Closing	Nach Ablauf der Frist wird aus den vorliegenden Kaufangeboten der endgültige Emissionspreis festgelegt. Aufträge unter dem Preis werden nicht bedient. Liegt der gebotene Preis darüber, muss der Anleger nur den Emissionspreis zahlen. Bei Überzeichnung legt das Emissionskonsortium die Zuteilung fest oder die Anzahl der neuen Aktien wird erhöht.
Greenshoe	Wertpapierreserve bei Überzeichnung = Mehrzuteilungsoption der Konsortialbanken, kann bis zu sechs Wochen nach dem Börsengang ausgeübt werden

Der Treasurer der Carrallan AG prüft nun, ob bei einem Bezugsverhältnis von 7:2 die am Kapitalmarkt beschaffbaren Mittel zur Finanzierung der Investition ausreichen. Bei 7 Millionen Altaktien ergeben sich 2 Millionen junge Aktien und damit eine Kapitalerhöhung um nominal 10 Mio. €. Hinzu kommen 25 Mio. € aus dem Ausgabeaufschlag, abzuziehen ist die Konsortialgebühr von 8 % auf den Nominalbetrag der Kapitalerhöhung, d. h. 800.000 €, so dass der Mittelzufluss von insgesamt 34,2 Mio. € zur Finanzierung der Investition mehr als ausreicht.

Die Eigenkapitalposition der Carrallan AG entwickelt sich wie folgt:

A. Eigenkapital	bisher	Veränderung	neu
I. Gezeichnetes Kapital	35.000.000	+ 10.000.000	45.000.000
II. Kapitalrücklage	15.220.000	+ 24.200.000	39.420.000

Vor Einführung des Teileinkünfteverfahrens bei der Dividendenbesteuerung und der Vereinheitlichung des Körperschaftsteuersatzes auf 25 % unabhängig von der Gewinnverwendung bot sich für Aktiengesellschaften noch die Möglichkeit der Kapitalerhöhung nach der *Schütt-aus-hol-zurück-Methode*, da auf einbehaltenen Gewinnen eine höhere Körperschaftsteuerbelastung lag als auf ausgeschütteten Gewinnen (Anrechnungsverfahren, gespaltener Steuersatz). Den Aktionären wurde dazu ein Angebot unterbreitet, junge Aktien aus der Kapitalerhöhung zu beziehen, statt sich die Dividende auszahlen zu lassen. Der Erfolg dieser Vorgehensweise hing ab von der Streuung des Aktienkapitals und der Haltung der Aktionäre gegenüber dem Unternehmen: Bei überschaubarer Aktionärsstruktur und der Bereitschaft der Aktionäre, zum Wohl des Unternehmens und dessen Liquiditätslage auf die Gewinnausschüttung zu verzichten, konnte das Unternehmen erwarten, dass der Geldrückfluss der Dividendenzahlung entsprach. Ein tatsächlicher Finanzierungsvorgang im Sinne von Mittelzuführung liegt damit nicht vor, sondern nur der Versuch, einen Mittelabfluss zu verhindern.

Unter *Dividendenpolitik* versteht man strategische Überlegungen einer Aktiengesellschaft über die Höhe der angekündigten und ausgeschütteten Dividende. Unternehmen sind meist bestrebt, eine möglichst gleichmäßige Dividende zu zahlen, um den Kurs stabil zu halten; hohe Gewinne günstiger Geschäftsjahre werden nicht voll ausgeschüttet, sondern mittels geeigneter *Bilanzpolitik* als stille Reserven geparkt, um in mageren Jahren die gewohnte Dividende aufrechterhalten zu können. So werden tatsächliche Rentabilitätsveränderungen verschleiert, um Erwartungshaltungen des Kapitalmarktes nicht zu irritieren.

3.2.3 Die bedingte Kapitalerhöhung

Für die Ausgabe von Wandelschuldverschreibungen und Optionsanleihen muss die Hauptversammlung einer bedingten Kapitalerhöhung zustimmen. Die Bedingtheit dieser Kapitalerhöhung liegt darin, dass ihr Umfang sich erst in dem Zeitraum realisiert, indem dem das zusätzliche Recht, mit dem die Schuldverschreibungen ausgestattet sind, ausgeübt werden kann. Bei der Wandelschuldverschreibung spricht man von einer *Umtauschfrist*, bei der Optionsanleihe von einer *Bezugsfrist*.

Die Emission der Schuldverschreibung führt dem Unternehmen sofort Fremdkapital zu, daher sind diese beiden Finanzierungsinstrumente eigentlich der Fremdfinanzierung als Außenfinanzierung (siehe Lerneinheit 3.3) zuzuordnen. Die Ausstattung der Schuldverschreibungen mit zusätzlichen Rechten ermöglicht es, die Verzinsung und damit die *Kapitalbeschaffungskosten* niedrig zu halten. Es wird auf die Kursentwicklungserwartungen der Anleger gesetzt. Daher wird bei Wandel eine *Zuzahlung* (Wandelprämie) verlangt, bei der Optionsausübung erfolgt der Bezug zu einem bereits bei Ausgabe der Schuldverschreibung festgelegten *Basiskurs*, so dass sich für den Anleger erst bei steigendem Aktienkurs ein *Kursgewinn* ergeben kann.

Die Optionsanleihe kann später an der Börse in zwei Wertpapiere getrennt werden: die *Anleihe ex* (d. h. ohne Optionsrecht), die aufgrund der geringen Zinszahlung meist deutlich unter pari notiert und daher am Ende der Laufzeit bei Rückzahlung gute Kursgewinne verspricht, und den *Optionsschein*.

Altaktionäre haben ein *Bezugsrecht* (Vorkaufsrecht) für die Schuldverschreibungen, da sie über die Ausgabe von Aktien bei Wandel (Tausch) bzw. Optionsausübung (Bezug) sonst schlechter gestellt wären. Ferner muss eine *Umtausch-* bzw. *Bezugsfrist* und ein *Wandlungs-* oder *Bezugsverhältnis* angegeben werden, zu dem das zusätzliche Recht ausgeübt werden kann, d. h. eine Angabe, wie viele junge Aktien der Anleger pro Schuldverschreibung beziehen kann. Die geforderte Zuzahlung für die jungen Aktien kann auch zeitlich gestaffelt sein, da von im Zeitablauf steigenden Kursen ausgegangen wird. Die zeitliche Staffelung kann den Anleger dazu bewegen, sein Zusatzrecht früh auszuüben, wenn die Kursentwicklung der Aktie an der Börse entsprechend ist. Daher ist bei der Optionsanleihe in der Finanzplanung mit einem eher frühen Zufluss der zusätzlichen Mittel zu rechnen.

Übersicht Wandelschuldverschreibung und Optionsanleihe

Wandelschuldverschreibung	Optionsanleihe
Mit Erwerb gelangt der Anleger in eine *Gläubigerposition* (Recht auf Verzinsung und Rückzahlung). Zusätzlich erhält er ein *Umtauschrecht.*	Mit Erwerb gelangt der Anleger in eine *Gläubigerposition* (Recht auf Verzinsung und Rückzahlung). Zusätzlich erhält er ein *Bezugsrecht.*
Durch Umtausch verliert der Anleger die Gläubigerrechte und erlangt *Aktionärsrechte* (Eigentum, Dividendenberechtigung, Bezugsrecht bei Kapitalerhöhung).	Mit Ausübung der Option erlangt der Anleger *zusätzlich Aktionärsrechte* (Eigentum, Dividendenberechtigung, Bezugsrecht bei Kapitalerhöhung). Er behält die Gläubigerposition.
Vor dem Umtausch ist der Anleger dem geringen Risiko festverzinslicher Wertpapiere ausgesetzt, nach dem Umtausch dem höheren Risiko der Aktienanlage. Der Umtausch lohnt sich nur, wenn der Börsenkurs über dem Wert der Anleihe plus Zuzahlung liegt, d. h. ein *Wandlungsgewinn* erzielt werden kann. Der *Verlust* bei Verzicht auf den Umtausch besteht in der niedrigeren Verzinsung (Opportunitätskosten des entgangenen Zinsgewinns).	Vor Ausübung der Option ist der Anleger dem geringen Risiko festverzinslicher Wertpapiere ausgesetzt, nach Ausübung zusätzlich dem höheren Risiko der Aktienanlage. Die Ausübung lohnt sich nur, wenn der Börsenkurs über dem Basiskurs liegt, d. h. ein *Optionsgewinn* erzielt werden kann. Der *Verlust* bei Verzicht auf Ausübung der Option besteht in der niedrigeren Verzinsung (Opportunitätskosten des entgangenen Zinsgewinns).
Für das Unternehmen ist die Ausgabe mit einer Zuführung von *Fremdkapital* verbunden. Beim Wandel findet ein Passivtausch in *Eigenkapital* statt, die Verpflichtung auf Verzinsung und Tilgung entfallen.	Für das Unternehmen ist die Ausgabe mit einer Zuführung von *Fremdkapital* verbunden. Bei Ausübung der Option durch den Anleger fließt dem Unternehmen *zusätzlich Eigenkapital* zu. Die Verpflichtung auf Verzinsung und Tilgung bleibt bestehen.

Beispiel Wandelschuldverschreibungen und Optionsanleihe

Die Carrallan AG hat ihm Rahmen ihrer langfristigen Finanzplanung einen Kapitalbedarf von 30 Mio. € ermittelt, den sie über eine günstige Fremdfinanzierung decken will. Aufgrund der hohen Zinsen am Rentenmarkt und gleichzeitig niedrigen Aktienkurse wird die Ausgabe von Wandelschuldverschreibungen als vorteilhaft betrachtet. Gemeinsam mit der Emissionsbank werden die folgenden Konditionen erarbeitet:

		Umtauschfrist	
Stückelung:	je 10 €	Beginn:	zwei Jahre nach Ausgabe
Verzinsung p.a.:	2,3 %	Dauer:	drei Jahre
Ausgabekurs:	100 %	Zuzahlungen	
Bezugsverhältnis:	4 : 1	erstes Jahr:	13 € je Aktie
Umtauschverhältnis:	2 : 1	zweites Jahr:	15 € je Aktie
		drittes Jahr:	20 € je Aktie

Der Wertanteil jeder Stückaktie am Grundkapital beträgt 5 €.

Der entscheidende *Vorteil für das Unternehmen* liegt in der günstigen Verzinsung, zumal die Zinsen als Betriebsausgaben steuerlich berücksichtigt werden. Bei der Wandelschuldverschreibung fällt nach einer Zeit die Zinszahlung ganz weg, sofern die Anleger ihr Recht ausüben.

Der *Anleger* erzielt auch dann einen Vermögensvorteil, wenn er sein Recht trotz gestiegenen Börsenkurses der Aktie nicht ausübt und statt dessen die Schuldverschreibung veräußert, da auch der Kurs der Anleihe i. d. R. steigt. Sinkt hingegen der Börsenkurs der Aktie, so ist der Verlust des Anlegers begrenzt, da er einen festen Verzinsungs- und Rückzahlungsanspruch hat.

Ein Aktionär der Carrallan AG hält 48 Aktien. Er kann daher sechs Wandelanleihen zu je 10 € erwerben: 48 Aktien zu 5 € Anteil am Grundkapital entspricht 240 €. Bei einem Bezugsverhältnis von 4:1 ist er berechtigt, Wandelanleihen im Wert von 60 € zu erwerben, d. h. sechs Stück zu 10 €.

Wenn der Aktionär von seinem Wandlungsrecht Gebrauch machen möchte, kann er bei einem Umtauschverhältnis von 2:1 für jede Schuldverschreibungen im Wert von 10 € eine Stückaktie mit einem Wertanteil am Grundkapital von 5 € erhalten, d. h. er kann insgesamt 6 Aktien beziehen.

Sowohl beim Bezugsverhältnis als auch beim Umtausch wird von den Nennwerten bzw. Wertanteilen am Grundkapital ausgegangen. Die Höhe des Börsenkurses der Aktie und des Börsenkurses der Anleihe in der Umtauschfrist bestimmen, ob sich der Umtausch für den Anleger lohnt.

Der Aktionär überlegt, im ersten Jahr der Umtauschfrist von seinem Umtauschrecht Gebrauch zu machen. Der Börsenkurs der Obligation liegt bei 100 % und der Börsenkurs der Aktie bei 25 €. Der Anleger gibt 10 € Wert der Anleihe auf und zahlt 13 € je Aktie zu. Damit beträgt sein Wandlungsgewinn 2 € je Aktie. Für den Anleger ist der Umtausch vorteilhaft, er geht jedoch das Risiko ein, dass er bei weiter steigendem Kurs auf einen höheren Wandlungsgewinn verzichten muss.

Da bei Optionsanleihen die Anleihe bestehen bleibt, gibt der Anleger bei Ausübung der Option nichts auf und daher wird der Basiskurs bei Ausübung der Option etwas über dem aktuellen Börsenkurs festgelegt.

Der Treasurer der Carrallan AG prüft die langfristige Finanzplanung noch einmal und stellt fest, dass in den nächsten Jahren weiterer Kapitalbedarf auf das Unternehmen zukommt. Er schlägt daher vor, statt einer Wandelschuldverschreibung eine Optionsanleihe an den Markt zu geben, da hieraus bei Ausübung der Option ein weiter Kapitalzufluss erfolgen wird. Gemeinsam mit der Optionsbank arbeitet er die folgenden Emissionskonditionen aus:

		Bezugsfrist	
Stückelung:	je 10 €	Beginn:	zwei Jahre nach Ausgabe
Verzinsung p.a.:	2,3 %	Dauer:	drei Jahre
Ausgabekurs:	100 %	Basiskurs	
Bezugsverhältnis:	4 : 1	erstes Jahr:	23 € je Aktie
Bezugsverhältnis bei Ausübung der Option:	2 : 1	zweites Jahr:	25 € je Aktie
		drittes Jahr:	30 € je Aktie

Ein Aktionär der Carrallan AG hält 48 Aktien. Er kann daher sechs Optionsanleihen zu je 10 € erwerben: 48 Aktien zu 5 € Anteil am Grundkapital entspricht 240 €. Bei einem Bezugsverhältnis von 4:1 ist er berechtigt, Optionsanleihen im Wert von 60 € zu erwerben, d. h. sechs Stück zu 10 €.

Wenn der Aktionär von seinem Optionsrecht Gebrauch machen möchte, kann er bei einem Bezugsverhältnis von 2:1 zu jeder Schuldverschreibungen im Wert von 10 € eine Stückaktie mit einem Wertanteil am Grundkapital von 5 € erhalten, d. h. er kann insgesamt 6 Aktien zusätzlich beziehen.

Der Aktionär überlegt, im ersten Jahr der Bezugsfrist von seinem Bezugsrecht Gebrauch zu machen. Der Börsenkurs der Aktie liegt bei 25 €, der Basiskurs hingegen nur bei 23 € je Aktie. Damit beträgt sein Optionsgewinn 2 € je Aktie. Für den Anleger ist die Ausübung der Option vorteilhaft, er geht jedoch das Risiko ein, dass er bei weiter steigendem Kurs auf einen höheren Optionsgewinn verzichten muss.

3.2.4 Wagnisfinanzierung

Eine besondere Form der Beteiligungsfinanzierung für junge Unternehmen (start ups) ist die Wagnisfinanzierung mittels *Venture Capital*. Die Kapitalgeber (meist darauf spezialisierte Unternehmen) riskieren für erfolgversprechende Innovationen große Verluste, um im Falle des Erfolgs kräftige Gewinne mitzunehmen. Sie stellen zunächst kostenlos Risikokapital als *Eigenkapital* zur Verfügung und nehmen aktiv beratend Einfluss auf die Geschäftsführung, um bei Erfolg über einen Börsengang des Unternehmens ihr eingesetztes Kapital mit gutem Gewinn zurückzuerhalten. Die Berater werden auch als *Business Angel* bezeichnet; es handelt sich oft um erfahrene ehemalige Unternehmer oder Manager, die junge, noch unerfahrene Unternehmensgründer mit ihrem kaufmännischen Know How und ihren Marktkenntnissen unterstützen und bei der

Entwicklung von Unternehmensstrategien helfen, gleichzeitig aber eine Kontrollfunktion ausüben, d. h. massive Managementfehler rechtzeitig erkennen und verhindern und vor allem die Ausrichtung auf einen baldigen Börsengang (going public) vorantreiben.

Übersicht Venture Capital

1. Kapitalsammelphase	Der Venture-Capital-Geber beteiligt sich aufgrund eines Vertrages direkt an dem Unternehmen oder stellt sein Kapital einer Finanzierungsgesellschaft zur Verfügung.
2. Investitionsphase	Die Finanzierungsgesellschaft investiert Eigenkapital in das innovative Unternehmen und berät das Unternehmen in Management-, Marketing- und Organisationsfragen.
3. Desinvestitionsphase	Wenn das Geschäft gut angelaufen ist und das Start-up eine gewissen Größe erreicht hat, erfolgt der Exit über die Börse. Der Venture-Capital-Geber (bzw. die Finanzierungsgesellschaft) verkauft dabei seinen Aktienanteil mit kräftigem Gewinn.

Vor der Kapitalbereitstellung wird die Idee des jungen Unternehmers auf Marktfähigkeit geprüft. Gelingt es wider Erwarten nicht, das Unternehmen erfolgreich an der Börse zu platzieren, muss ein hoher Verlust bewältigt werden. Venture-Capital-Gesellschaften streuen daher ihr Kapital über verschiedene Unternehmen und Branchen, um das Risiko zu verteilen. Die meist hohen Gewinne lassen gelegentliche Verluste verschmerzen.

Die *Vorteile für Existenzgründer* liegen zum einen darin, dass Gründungskapital als Eigenkapital, d. h. ohne liquiditätsbindenden und kostenverursachenden Kapitaldienst zur Verfügung gestellt wird, zum anderen in der Beratungsleistung, die von den Jungunternehmern oft genug aber auch als Einmischung empfunden wird. Die *Gefahr* besteht darin, dass von vorneherein eine hohe Erwartungshaltung und Wachstumsausrichtung angestrebt wird. Wenn der Exit über die Börse erfolgt ist, bei dem die vorher in den Händen der Venture-Capital-Geber liegenden Aktien an der Börse verkauft werden, muss das junge Unternehmen genügend Stabilität, Kundenbindung und Know-How am Markt erreicht haben um seinen Kurs alleine fortsetzen zu können.

Kontrollfragen zu Lerneinheit 3.2

Außenfinanzierung als Eigenfinanzierung

1. Was verstehen Sie unter Beteiligungsfinanzierung und welche Bedeutung hat sie für die Unternehmensentwicklung?
2. Welchen Einfluss hat der Umfang der Beteiligungsfinanzierung auf die Beschaffung von Fremdkapital?
3. Warum ist der im deutschen Recht verankerte Gläubigerschutzgedanke aus der Sicht der Beteiligungsfinanzierung in die Kritik geraten?
4. Charakterisieren Sie, welche Probleme die Trennung von Eigentum und Kontrolle bei Kapitalgesellschaften entgegen den gesetzlichen Regelungen aufgeworfen hat und wie der Gesetzgeber darauf inzwischen reagiert hat.
5. Erläutern Sie den Unterschied zwischen der typischen und der atypischen stillen Gesellschaft.
6. Charakterisieren Sie die Bedeutung der stillen Reserven bei der Kapitalerhöhung einer OHG.
7. Was verstehen Sie unter einer Nachschusspflicht und was geschieht mit einem Gesellschafter, der dieser Pflicht nicht nachkommt?
8. Welchen besonderen Vorteil hat die Aktiengesellschaft unter dem Gesichtspunkt Beteiligungsfinanzierung gegenüber den anderen Rechtsformen?
9. Worin liegt der Vorteil von Namensaktien gegenüber Stückaktien?
10. Was verstehen Sie unter stimmrechtslosen Vorzugsaktien und welche Vorteile ergeben sich für das Unternehmen und für den Anleger daraus?
11. Was sind die Gemeinsamkeiten und Unterschiede zwischen Optionsanleihen, Wandelschuldverschreibungen und Gewinnschuldverschreibungen?
12. Was verstehen Sie unter Definanzierung und wann ist der Erwerb eigener Anteile mit einer Definanzierung verbunden?
13. Charakterisieren Sie die Finanzierungswirkungen der Kapitalerhöhung der AG.
14. Geben Sie an, wie die folgenden Kennziffern im Zusammenhang mit der Kapitalerhöhung der AG berechnet werden: Bilanzkurs, Bezugsverhältnis, rechnerischer Wert des Bezugsrechts, Mischkurs, Umtausch- bzw. Wandlungsverhältnis.
15. Was verstehen Sie unter dem Bookbuilding-Verfahren und in welche Phasen lässt es sich gliedern?
16. Was verstehen Sie unter Venture Capital?

Lösungen zu Lerneinheit 3.2

Außenfinanzierung als Eigenfinanzierung

1. Unternehmenseigentümer stellen dem Unternehmen Kapital in Form von Einlagen zur Verfügung. Es besteht kein Anspruch auf Gewinnausschüttung oder Rückzahlung des Kapitals. Insbesondere bei der Gründung des Unternehmens, aber auch in Wachstumsphasen, vor allem aber in Unternehmenskrisen ist diese Form der Finanzierung die geeignetste, da dem Unternehmen aus der Zuführung von Eigenkapital keine rechtlichen Verpflichtungen erwachsen. Im Insolvenzfall haftet das Beteiligungskapital für die Schulden des Unternehmens.

2. Die Eigenkapitaldecke, bewertet mittels Bilanzstrukturkennzahlen, ist ein wichtiges Bonitätskriterium für potenzielle Gläubiger. Für Kapitalstruktur (vertikale Bilanzstruktur) gilt die Praktikerregel, dass ein Verschuldungsgrad (Verhältnis von Fremd- zu Eigenkapital) von 2 bis 3 akzeptabel ist. In Bezug auf die horizontale Bilanzstruktur wird verlangt, dass das Anlagevermögen (und die eiserne Reserve bei den Vorräten) durch Eigenkapital, zumindest aber durch Eigen- und langfristiges Fremdkapital gedeckt ist (Anlagendeckungsgrade I und II).

3. Die deutschen Rechnungslegungsvorschriften des HGB ermöglichen die Bildung stiller Reserven. Damit verschleiert der Jahresabschluss dem potenziellen Investor die tatsächliche Finanzlage des Unternehmens und führt zu zögerlichem Verhalten der Investoren. Viele Unternehmen gehen daher dazu über, zusätzlich einen Jahresabschluss nach den IFRS zu veröffentlichen. Börsennotierte Aktiengesellschaften nach Prime Standard sind dazu verpflichtet.

4. Der Aufsichtsrat als Kontrollorgan für die Geschäftsführung reichte aufgrund starker personeller Verflechtungen und Überforderung von Aufsichtsratsmitgliedern mit zu vielen Sitzen in zu vielen Unternehmen nicht aus, um die Interessen der Eigentümer sicherzustellen. Der Gesetzgeber hat die Anzahl der Aufsichtsratssitze pro Person begrenzt und Informationspflichten gegenüber den Anlegern und Verhaltensregeln für das Management in die Rechnungslegungs- und Berichtsvorschriften des HGB und des AktG eingeflochten bzw. auf freiwilliger Basis als „Deutscher Corporate Governance Kodex“ veröffentlicht.

5. Die §§ 230 ff. des Handelsgesetzbuches regeln für alle Kaufleute die (typische) stille Gesellschaft: Die Einlage geht in das Vermögen des Unternehmens über, der stille Gesellschafter hat ein Kontrollrecht über den Jahresabschluss, im Insolvenzfall wird er Insolvenzgläubiger. Die atypische stille Gesellschaft wird steuerrechtlich als Mitunternehmerschaft behandelt, der stille Gesellschafter hat Einfluss auf die Geschäftsführung und ist an Vermögen und Haftung beteiligt.

6. Erfolgt bei der Kapitalerhöhung einer OHG die Kapitalzuführung nicht im Verhältnis der Geschäftsanteile der Gesellschafter, so verändern sich diese Anteile und damit auch die Anteile an den stillen Reserven des Unternehmens. Insbesondere bei Aufnahme eines neuen OHG-Gesellschafters ist daher die Aufdeckung der stillen Reserven erforderlich.

7. Die Nachschusspflicht ist eine Kann-Bestimmung des GmbH-Gesetzes, sie muss im Gesellschaftsvertrag vereinbart sein und bedeutet, dass die Gesellschafter in bestimmten Situationen, z. B. Unternehmenskrisen, über die Stammeinlage hinaus dem Unternehmen weiteres Eigenkapital zuführen müssen. Kommt der Gesellschafter dieser Pflicht nicht nach, verliert er seinen Geschäftsanteil.

8. Eine Aktiengesellschaft kann durch den Gang an die Börse (going public) eine wesentlich größere Anlegerzahl erreichen und so weitaus größere Kapitalbeträge beschaffen. Sie muss dazu jedoch den strengen Börsenvorschriften insbesondere in Bezug auf Transparenz und Information gerecht werden.

9. Bei Namensaktien ist der Anleger dem Unternehmen namentlich mit Adresse bekannt, da er ins Aktienbuch eingetragen werden muss. Dadurch ergibt sich ein besseres Investor Relationship Management. Außerdem werden an manchen internationalen Börsen, z. B. der Wall Street, nur Namensaktien gehandelt.

10. Gem. § 12 AktG können Aktien als Vorzugsaktien ohne Stimmrecht, d. h. ohne Einfluss auf die Unternehmensführung, ausgegeben werden. Der Vorteil für den Anleger liegt in zusätzlichen Rechten, z. B. höhere Dividende oder garantierte Gewinnausschüttung oder Mindestdividende.

11. Bei allen drei handelt es sich um börsenfähige Wertpapiere. Für das Unternehmen stellen sie langfristiges Fremdkapital dar. Die Optionsanleihe verbrieft das zusätzliche Bezugsrecht auf Aktien, die Wandelschuldverschreibung ermöglicht dem Anleger den Tausch in Aktien (Wandel), die Gewinnschuldverschreibung gewährt zusätzlich zur Verzinsung einen Anteil am Gewinn des Unternehmens.

12. Definanzierung ist die Rückgängigmachung von Finanzierungsvorgängen, z. B. die Tilgung von Krediten. Der Erwerb eigener Anteile (§ 33 GmbHG, § 71 AktG) ist dann mit einer Definanzierung (Rückgängigmachung der Beteiligungsfinanzierung) verbunden, wenn der Erwerb zum Zwecke der Kapitalherabsetzung erfolgt.

13. Die ordentliche Kapitalerhöhung wie das genehmigte Kapital bedeuten die einmalige Zuführung von Eigenkapital. Bei der bedingten Kapitalerhöhung wird sofort Fremdkapital zugeführt, das entweder später in Eigenkapital umgewandelt wird (Wandelanleihe) oder es kommt zur zusätzlichen Zuführung von Eigenkapital (Optionsanleihe). Die nominelle Kapitalerhöhung ist nicht mit einem Zufluss finanzieller Mittel verbunden, sie stellt nur einen Passivtausch dar.

14. Bilanzkurs = Quotient aus bilanziertem Eigenkapital und Grundkapital
    Bezugsverhältnis = Quotient aus Grundkapital und Erhöhungskapital
    Wert des Bezugsrechts = Kursdifferenz durch Bezugsverhältnis +1
    Mischkurs = gewogenes arithmetisches Mittel aus altem Kurs und Ausgabepreis
    Wandlungsverhältnis = Nennwert Wandelanleihen durch Nennwert Aktien

15. Das Bookbuilding-Verfahren ist die marktorientierte Ermittlung des Ausgabepreises für junge Aktien bei Kapitalerhöhungen und lässt sich untergliedern in die Pre-Marketing-Phase, die Roadshow, das Order Taking und das Closing.

16. Venture Capital (Wagniskapital) ist Beteiligungskapital (Eigenkapital), das jungen Startups von großen Kapitalgebern mit Beratung (Business Angel) zur Verfügung gestellt wird. Der Exit erfolgt über die Börse (going public).

Lerneinheit 3.3

Außenfinanzierung als Fremdfinanzierung

In dieser Lerneinheit können Sie folgende **Lernziele** erreichen:

- Kreditfähigkeit und Kreditwürdigkeit als Voraussetzungen der Fremdkapitalbeschaffung beschreiben
- kurzfristige Kreditfinanzierungsformen, insbesondere Lieferantenkredit und Kontokorrentkredit, bewerten und vergleichen
- Fristenkongruenz und Effektivzins als Auswahlkriterien für die Fremdkapitalbeschaffung anwenden
- Tilgungspläne für Annuitäten- und Tilgungsdarlehen erstellen
- Kreditbesicherungsformen charakterisieren und voneinander abgrenzen
- Formen und Anwendungsbereiche der Kreditleihe kennen

3.3.1 Kreditfähigkeit und Kreditwürdigkeit

Fremdfinanzierung ist die Bereitstellung von Kapital durch fremde Personen. Im Gegensatz zur Eigenfinanzierung entsteht bei der Fremdfinanzierung keine Beteiligung, sondern ein *Kreditverhältnis*. Die Kapitalgeber sind *Gläubiger* des Unternehmens. Im Insolvenzfall haben sie Anspruch auf Befriedigung aus der Insolvenzmasse. Ein weiterer Unterschied zur Eigenfinanzierung ist, dass der Cash Flow des Unternehmens durch laufende *Zinsaufwendungen* und *Tilgungsraten* belastet wird. Dafür sind die *Mitsprachemöglichkeiten* der Geldgeber bei unternehmerischen Entscheidungen grundsätzlich eingeschränkt, in der Praxis versucht aber insbesondere die Hausbank, bei der i. d. R. das Hauptobligo liegt, mit ihrem spezifischen Know-How auch bei unternehmerischen Entscheidungen dem Unternehmen beratend zur Seite zu stehen.

Kredit (von lateinisch credo = ich glaube) lässt sich definieren als die vorübergehende Verfügungsmöglichkeit über Fremdkapital gegen Zahlung einer Nutzungsentschädigung, aber auch als „Kredit-Haben" im Sinne von Kreditwürdigkeit. Ein *Kreditvertrag* kann formlos geschlossen werden und sollte Bestimmungen enthalten über Höhe, Besicherung, Verfügungsmöglichkeit, Verwendung, Laufzeit oder Kündigung und Rückzahlung, Kreditkosten (Zinsen, Provision, Auszahlungskurs), evtl. Kontrollrechte des Kreditgebers.

Rechtsgrundlage für den Kreditvertrag ist *§ 488 BGB*: Der Kreditgeber verpflichtet sich, den vereinbarten Kreditbetrag zur Verfügung zu stellen, der Kreditnehmer verpflichtet sich, die vereinbarten Zins- und Tilgungszahlungen zu leisten. § 488 BGB stellt *Auffangregelungen* zur Verfügung, die gelten, sofern nichts anderes konkret vereinbart wurde. So sind gem. § 488 (2) BGB die vereinbarten Zinsen am Jahresende bzw. bei Rückzahlung zu zahlen. In der Praxis können Zinsen auch unterjährig berechnet werden, z. B. monats- oder quartalsweise. Auch in Bezug auf die Frage, wann unterjährige Tilgungsleistungen auf die Restschuld angerechnet werden und so die Zinslast vermindern, wird von den Kreditgebern durchaus unterschiedlich gehandhabt.

Sofern kein Termin für die Tilgung vereinbart wurde, haben beide Seiten gem. § 488 (3) BGB ein *Kündigungsrecht* mit einer Kündigungsfrist von drei Monten. Eine Kündigungsfrist kann aber im Kreditvertrag auch explizit vereinbart bzw. ausgeschlossen werden. So kommt es in der Praxis häufig genug vor, dass ein Sonderkündigungsrecht wie auch das Recht, vorzeitige Sondertilgungen zu leisten, mit Nachteilen für den Kreditnehmer verbunden sind. Dies ist nachvollziehbar, da insbesondere Banken als Kreditgeber um eine fristenkongruente Rückfinanzierung bemüht sind und die erwirtschafteten Zinserträge in die Kalkulation ihrer Dienstleistungen einfließen lassen.

Voraussetzung für die Erlangung eines Kredits sind die Kreditfähigkeit und die Kreditwürdigkeit. *Kreditfähigkeit* ist die rechtliche Fähigkeit, als Kreditnehmer auftreten zu können. Kreditfähig sind rechtsfähige und unbeschränkt geschäftsfähige natürliche Personen (vgl. §§ 104 ff. BGB), ferner juristische Personen des privaten und des öffentlichen Rechts und im Handelsregister eingetragene Personengesellschaften (OHG, KG). Erbengemeinschaften und BGB-Gesellschaften (nicht rechtsfähige Personenvereinigungen) sind als solche nicht kreditfähig, es ist jedoch eine gesamtschuldnerische Kreditnehmerposition möglich, d. h. jedes einzelne Mitglied haftet für den gesamten Kredit, und alle müssen den Kreditvertrag unterschreiben.

Zu unterscheiden von der Kreditfähigkeit ist die *Kreditwürdigkeit*: Das sind persönliche und wirtschaftliche Merkmale des Kreditnachfragers, die es dem Kreditgeber gerechtfertigt erscheinen lassen, das Risiko einer Kreditgewährung einzugehen. Während die *wirtschaftliche* Kreditwürdigkeit aufgrund der objektiv messbaren oder zumindest aus Erfahrungswerten prognostizierbaren Merkmale Ertragskraft und zur Kreditbesicherung geeignete Vermögenswerte ermittelt werden kann, muss die Bewertung der *persönlichen* Kreditwürdigkeit anhand eher subjektiv bewertbarer Merkmale, der persönlichen Eigenschaften des Kreditsuchenden, erfolgen.

Übersicht Persönliche Kreditwürdigkeit

charakterliche Eigenschaften	z. B. Fleiß, Zuverlässigkeit, Ehrlichkeit
fachliche Qualifikation	z. B. Warenkenntnisse, Verkaufstalent, technische Begabung
unternehmerische Fähigkeiten	z. B. Menschenführung, Organisationsgabe, Weitblick
persönliche Haftung	z. B. Einzelunternehmen, OHG

Das oberste und wichtigste Kriterium der Kreditwürdigkeit ist immer, ob der Kreditsuchende in der Lage ist, Zins und Tilgung aus seiner wirtschaftlichen

Tätigkeit zu erbringen. Erst dann stellt sich überhaupt die Frage nach der Kreditsicherung.

Kreditsicherung bietet dem Kreditgeber die Möglichkeit, sich aus den Sicherheiten zu bedienen, wenn der Kreditnehmer seinen Zahlungsverpflichtungen (Zins und Tilgung) nicht mehr nachkommt.

Übersicht Kreditsicherung

persönliche Kreditsicherung	
Eigensicherung durch Kreditnehmer	glaubwürdiges und integres Verhalten
Fremdsicherung durch Dritte	Wechselakzept Bürgschaft Kreditversicherung Patronatserklärung
sachliche Kreditsicherung	
durch bewegliche Sachen und Rechte	Eigentumsvorbehalt Verpfändung Sicherungsübereignung Forderungsabtretung (Zession)
mit Grundpfandrechten	Hypothek Grundschuld Rentenschuld

Unter *Rating* versteht man die Beurteilung eines Schuldners hinsichtlich dessen Fähigkeit, seine Zahlungsverpflichtungen zu erfüllen. Alle Banken in der Europäischen Union sind seit Anfang 2007 verpflichtet, haftendes Eigenkapital in Abhängigkeit von den Risiken der gewährten Kredite zu hinterlegen. Sie müssen daher ein Rating ihrer Kreditnehmer durchführen. Ausgangspunkt für die entsprechende EU-Richtlinie, die in deutsches Recht durch das Kreditwesengesetz, die „Mindestanforderungen an das Risikomanagement" (MaRisk) und die Solvabilitätsverordnung (SolvV) umgesetzt wird, sind die vom Basler Ausschuss für Bankenaufsicht in den letzten Jahren vorgeschlagenen Eigenkapitalvorschriften, zusammengefasst unter der Bezeichnung *Basel II*.

Daher wenden Banken, aber auch andere, insbesondere institutionelle Kapitalgeber, bei der Kreditwürdigkeitsbeurteilung Rating-Kriterien an. Dazu werden mittels mathematisch-statistischer Verfahren Ausfallwahrscheinlichkeiten anhand von Ausfallmerkmalen errechnet und mit alphanumerischen Bezeichnungen kategorisiert, z. B. steht der Ratingcode AAA für höchste Bonität, C oder gar D dagegen für eine sehr schlechte. Es gibt internationale Ratingagenturen und jede hat ihr eigenes Kategorisierungssystem.

Grundsätzlich kann ein Kreditnehmer mit besserem Rating auch mit besseren Konditionen rechnen. Je höher das Bonitätsrisiko, umso höher ist der Zins, sofern überhaupt noch eine Kreditvergabe erfolgt. Veränderungen bei den Kreditnehmerdaten führen zu einer Neubewertung des Ratings, entweder als Downgrade (Abwertung) oder als Upgrade (Aufwertung).

Aus Sicht des Unternehmens ist es daher empfehlenswert, eine strategische *Gestaltung und Pflege der relevanten Ratingkriterien* vorzunehmen, um die Kapitalbeschaffungskosten niedrig zu halten.

Übersicht Typische Ratingkriterien

die vergangene und prognostizierte Fähigkeit, Erträge zu erwirtschaften, um Kredite zurückzuzahlen und den sonstigen Finanzbedarf zu decken
die Kapitalstruktur und die Wahrscheinlichkeit, dass unvorhergesehene Umstände die Kapitaldecke aufzehren könnten und dies zur Zahlungsunfähigkeit führt
die finanzielle Flexibilität in Abhängigkeit vom Zugang zu Fremd- und Eigenkapitalmärkten, um zusätzliche Mittel erlangen zu können
der Grad der Fremdfinanzierung und die Auswirkungen von Nachfrageschwankungen auf die Rentabilität und den Cash Flow
die Qualität der Einkünfte, d. h. der Grad, zu dem die Einkünfte und der Cash Flow des Kreditnehmers aus dem Kerngeschäft und nicht aus einmaligen, nicht wiederkehrenden Quellen stammen
die Position innerhalb der Branche und die zukünftigen Aussichten in Bezug auf die wirtschaftliche Entwicklung der Branche
die Risikocharakteristik des Landes, in dem das Unternehmen seine Geschäfte betreibt und deren Auswirkungen auf die Schuldendienstfähigkeit des Kreditnehmers
die Qualität und rechtzeitige Verfügbarkeit von Informationen über den Kreditnehmer, einschließlich der Verfügbarkeit testierter Jahresabschlüsse, der anzuwendenden Rechnungslegungsstandards und der Einhaltung dieser Standards
die Stärke und Fähigkeit des Managements, auf veränderte Bedingungen effektiv zu reagieren und Ressourcen einzusetzen

Zur Beurteilung werden nicht nur die Jahresabschüsse (Bilanzanalyse, Kennzahlen), sondern auch Presseberichte und vor allem persönliche Kontakte mit dem Management (Gespräche, Betriebsbesichtigungen, etc.) herangezogen, aus denen subjektive Einschätzungen und Werturteile hervorgehen. Es lassen sich zusammenfassend die folgenden Einflussgrößenkategorien abgrenzen:

Übersicht Rating-Kategorien

quantitative Rating-Kriterien	qualitative Rating-Kriterien
Vermögenslage	Branchen-, Produkt- und Marktstellung
Ertragslage	interne Wertschöpfung
Finanzlage	Management und Strategie
	Planung und Steuerung
	Kontodaten / Finanzpolitik

3.3.2 Kurzfristige Kreditfinanzierung

Unter kurzfristiger Fremdfinanzierung werden nach gängiger Auffassung Kredite mit einer Laufzeit *bis zu einem Jahr* verstanden. Diese Abgrenzung geht auf § 268 (5) HGB zurück, der den gesonderten Ausweis von Verbindlichkeiten mit einer Laufzeit von bis zu einem Jahr vorschreibt, und damit sind auch von Kunden erhaltene Anzahlungen den kurzfristigen Verbindlichkeiten zuzurechnen. Die zweite Grenze, die die Rechnungslegungsvorschriften bieten, sind gemäß § 285 Nr. HGB Verbindlichkeiten mit einer Restlaufzeit von mehr als fünf Jahren, die damit als langfristig einzustufen sind. Alles dazwischen könnte man als mittelfristig bezeichnen. Eine sinnvollere Unterscheidung in kurz- und langfristige Kreditfinanzierung ergibt sich aus dem *Zweck* der Finanzierung: Geht es um das Schließen der finanziellen Lücke zwischen Auszahlungen und Einzahlungen oder um die fristenkongruente Finanzierung von Investitionsvorhaben?

Nach der Art des Kreditgebers lässt sich die kurzfristige Fremdfinanzierung untergliedern in Handelskredite und Bankkredite.

Übersicht Kurzfristige Fremdfinanzierung

Handels-kredite	Lieferantenkredit	Lieferung erfolgt vor der Zahlung.
	Kundenanzahlung	Zahlung erfolgt vor der Leistung.
Bank-kredite	Kontokorrentkredit	Dispositionsrahmen und Überziehungsmöglichkeit auf dem laufenden Konto
	Diskontkredit	Ankauf von Wechsel durch die Bank
	Lombardkredit	Kreditgewährung gegen Verpfändung

Ein *Lieferantenkredit* entsteht durch Gewährung von Zahlungszielen, d. h. durch die Stundung der Zahlung des Unternehmens an den Lieferanten. Er kommt oft genug konkludent zustande, d. h. ohne besondere Vereinbarung auf Basis der vom Lieferanten vorgegebenen Zahlungsbedingungen und branchenüblichen Verhaltensweisen. Lieferanten können auch aus marketingstrategischen Erwägungen den Kontrahierungsmix bewusst so gestalten, dass sie sich durch günstigere Zahlungsziele oder auch Ratenzahlung von der Konkurrenz abheben. Bietet der Lieferant einen *Sofortzahlungsrabatt* (Skonto), muss er diesen preiserhöhend in den Produktpreis einkalkuliert haben und die Entscheidung „Sofortzahlung unter Skontoausnutzung oder Inanspruchnahme des Lieferantenkredits" betrifft den *Zielkonflikt* Liquidität versus Kosten. Zur Besicherung des Lieferantenkredits empfiehlt sich der *Eigentumsvorbehalt.*

Eine weitere Form des Lieferantenkredits ist die Zahlung durch einen *Wechsel*, sofern er zu einem zukünftigen Datum fällig gestellt wird. Der Lieferant als Kreditgeber stellt einen Wechsel aus und zieht ihn auf den Kunden als Kreditnehmer. Ein Wechsel ist daher zunächst immer eine *Zahlungsaufforderung* (Ausnahme: Ein Solawechsel wird vom Zahlungspflichtigen ausgestellt und ist damit ein Zahlungsversprechen). Der *Bezogene* (Kreditnehmer) akzeptiert durch Unterschrift den Wechsel und übergibt ihn dem Aussteller, der den Wechsel bei Fälligkeit dem Bezogenen zur Zahlung vorlegen lässt. Der Vorteil für den Kreditgeber liegt in der Strenge des Wechselgesetzes: Zahlt der Bezogene nicht, geht der Wechsel zu *Protest* und wenige Tage später liegt aufgrund einer Entscheidung des Wechselgerichts (beim Amtsgericht), das den Wechsel rein formal prüft, ein vollstreckbarer Titel vor und die Zwangsvollstreckung kann durchgeführt werden. Der Vorteil für den Kunden als Bezogenen kann darin liegen, dass er durch das Wechselakzept seine Zahlungsbereitschaft unmissverständlich zum Ausdruck bringt und deshalb sein Auftrag angenommen wird. Insbesondere wenn die Vertragsparteien einander nicht bekannt sind, ist die Wechselzahlung eine Form des Lieferantenkredits, die den gegenseitigen Vertrauensvorschuss reduziert.

Die *Kundenanzahlung* als die andere Form des Handelskredits entsteht durch Zahlung vor der Lieferung oder Leistung. Sie ist gut geeignet, das Problem der finanziellen Lücke zu beheben, da die notwendigen Auszahlungen zu Beginn der Leistungserstellung durch einen Finanzmittelzufluss zumindest zum Teil gedeckt werden, und bietet zudem eine teilweise Sicherung gegen Forderungsausfall. Sie muss allerdings branchenüblich bzw. am Markt durchsetzbar sein. Dies ist besonders bei länger laufenden Aufträgen der Fall.

Für beide Formen des Handelskredits gilt, dass die Machtstrukturen und Marktgegebenheiten bestimmen, inwieweit sie als Finanzierungsinstrument einsetzbar sind. Bei einem *Käufermarkt*, d. h. wenn die Nachfrage hinter dem Angebot zurückbleibt und die Macht bei den Käufern liegt, sind Lieferantenkredite ein gutes Absatzinstrument für die Anbieter. Bei einem *Verkäufermarkt* hingegen, wenn die Nachfrage größer ist als das Angebot und die Macht bei den Verkäufern liegt, können Kundenanzahlungen als kostenloses Finanzierungsinstrument zur Schließung der finanziellen Lücke eingesetzt werden.

Der bedeutsamste kurzfristige Bankkredit ist der *Kontokorrentkredit*. Grundlage ist das Kontokorrent, ein in laufender Rechnung geführtes Geschäftskonto gemäß § 355 HGB, auf dem die aus der Verbindung entspringenden gegenseitigen Ansprüche und Leistungen nebst Zinsen in Rechnung gestellt und in regelmäßigen Zeitabschnitten durch Verrechnung und Feststellung des für den einen oder anderen Teil sich ergebenden Überschusses ausgeglichen werden. Derjenige, welchem bei dem Rechnungsabschluss ein Überschuss gebührt, kann von dem Tag des Abschlusses an Zinsen von dem Überschuss verlangen, auch soweit in der Rechnung Zinsen enthalten sind.

§ 355 (2) HGB stellt eine Auffangregelung dar, die besagt, dass der Rechnungsabschluss *mindestens einmal jährlich* erfolgen muss. In der Bankpraxis wird meist eine kürzere Frist von drei Monaten oder auch monatlich vereinbart. Zudem legt die Bank eine an den Unternehmensgegebenheiten und am Gesamtobligo orientierte *Höchstgrenze* (Limit, Dispositionsrahmen) für die Kreditinanspruchnahmen fest, die unter besonderen Umständen auch überschritten werden darf (*Überziehungskredit*). Die Höhe der Inanspruchnahme schwankt durch laufende Aus- und Einzahlungen ständig und sollte im Durchschnitt beim Nullpunkt liegen. Aufgrund der Schwankungen des Saldos ist die Höhe der Kreditinanspruchnahme für die Bank schwer kalkulierbar, weshalb sie einen eher hohen Zins verlangt und für Guthaben niedrige Zinsen gewährt. Eine Überziehung lässt sie sich durch einen entsprechenden Zinsaufschlag vergüten. Die Höhe der geforderten und gezahlten Zinsen insgesamt hängt von der Bonität des Kunden und seinem Gesamtengagement bei der Bank ab.

Stellt sich auf dem Kontokorrent ein dauerhafter Sollsaldo ein, ist eine Umfinanzierung in eine andere kurzfristige Kreditform empfehlenswert.

Rechtlich ist zur Begründung des Kontokorrent eine *Kontokorrentabrede* erforderlich, d. h. eine vertragliche Vereinbarung, die gegenseitigen Forderungen und Verbindlichkeiten in regelmäßigen Zeitabständen zu verrechnen. Die Rechtsnatur der einzelnen Forderungen ändert sich durch die Kontokorrentabrede zwar nicht, jedoch ist ihre einzelne Geltendmachung ausgeschlossen. Am Ende jeder vereinbarten Abrechnungsperiode ist das *Saldoanerkenntnis* ein für die Kontokorrentabrede absolut erforderliches Rechtsgeschäft: Eine Partei (die Bank) führt die Verrechnung durch, d. h. sie saldiert alle Forderungen und Verbindlichkeiten, erstellt einen Abschluss fordert die andere Partei (das Unternehmen) zur Anerkennung des Saldos auf. Mit Anerkennung, die konkludent, d. h. durch Schweigen erfolgen kann, erlöschen alle bisherigen Einzelforderungen (*Novation*) und an ihre Stelle tritt der abstrakte Saldoanspruch, und eine neue Abrechnungsperiode wird eröffnet. § 355 (3) HGB ermöglicht für beide Seiten die sofortige *Kündigung* des Kontokorrent.

Eine spezielle *Besicherung* des Kontokorrentkredits ist im Geschäftsverkehr eher *unüblich*, da durch Grundschuld, Sicherungsübereignung, Verpfändung, und Abtretung von Forderungen das Gesamtobligo des Kunden so gut wie möglich abgedeckt wird.

Preisgünstigere Formen des kurzfristigen Bankkredits sind der *Wechseldiskont* und der Lombardkredit. Die Bank kauft vom Unternehmen in Wechseln verbriefte Kundenforderungen an und zahlt den um Zinsen verminderten (diskontierten) Wechselbetrag auf das laufende Konto aus. Am Fälligkeitstag lässt die Bank dem Bezogenen den Wechsel vorlegen und durch dessen Zahlung wird der Kredit getilgt. Früher galten für sogenannte bundesbankfähige Wechsel besonders günstige Diskontsätze, da die Banken die angekauften Wechsel an die Zentralbank weiterverkaufen (rediskontieren) konnten. Seit die Deutsche Bundesbank mit Beginn der dritten Stufe der Europäischen Währungsunion 1999 das Rediskontgeschäft eingestellt hat und keine Wechsel zur Rediskontierung mehr annimmt, ist die Bedeutung des Wechseldiskonts zurückgegangen.

Der Wechseldiskont darf nicht mit dem *Wechselinkasso* verwechselt werden, den die Bank als Dienstleistung für seine Kunden durchführt, d. h. sie nimmt den Wechsel in ihr Depot, lässt ihn am Fälligkeitstag dem Bezogenen vorlegen und zahlt dann erst den erhaltenen Betrag auf das Kundenkonto aus.

Der *Lombardkredit* wird durch Verpfändung beweglicher Sachen oder verbriefter Rechte besichert. Der Name kommt daher, dass diese Form des Kredits in der Lombardei schon zu Ende des Mittelalters weit verbreitet war und zum frühen Wohlstand der oberitalienischen Stadtstaaten führte. Bei der Verpfändung bleibt der Pfandgeber *Eigentümer*, der Pfandnehmer wird *Besitzer* der Sache. Beliebt ist daher das Lombardieren von Effekten (Wertpapieren), die bereits im Depot bei der Bank liegen, d. h. die pfandweise Übergabe entfällt, da die Bank bereits Besitzer ist. Damit ist diese Kreditform für die Bank mit geringen Kosten verbunden, was sich entsprechend günstig auf die Höhe des Zinssatzes auswirkt. Aktien werden i. d. R. zu bis zu 50 % des Kurswertes, festverzinsliche Wertpapiere bis zu 75 % des Kurswertes beliehen.

Beispiel Lieferantenkredit

Der Treasurer der Bergthaler Hausgeräte GmbH erwägt im Zusammenhang mit der kurzfristigen Finanzplanung die stärkere Inanspruchnahme von Zahlungszielen bei Lieferanten und führt dazu die folgende Vergleichsrechnung anhand eines Lieferanten durch, der ein Zahlungsziel von 30 Tagen und 2 % Skonto bei Zahlung binnen 10 Tagen gewährt. Die Dispositionslinie bei der Hausbank der Bergthaler Hausgeräte GmbH ist im Durchschnitt nur gering in Anspruch genommen. Die Bank berechnet einen Jahreszins von 8,5 % auf die Inanspruchnahmen.

Bei einem Zahlungsziel von 30 Tagen und 10 Tagen Frist für die Skontonutzung beträgt die Laufzeit des Lieferantenkredits 20 Tage. Der für diesen Zeitraum in Anspruch genommene Kreditbetrag entspricht 98 % der Rechnungssumme, denn bei Skontoinanspruchnahme wären nur 98 % der Rechnungssumme zu zahlen gewesen. Die für den Lieferantenkredit zu zahlenden Zinsen betragen 2 % der Rechnungssumme, denn das ist der Mehrbetrag, der aufgrund der Inanspruchnahme des Zahlungszieles gezahlt werden muss.

Um aus diesen Informationen den effektiven Jahreszins des Lieferantenkredits zu ermitteln, muss das Verhältnis von Zinszahlung zu Kreditbetrag von der tatsächlichen Laufzeit auf das Jahr umgerechnet werden:

$$\frac{2}{98} \times \frac{360}{20} \times 100 = 36{,}73\ \%$$

Im Vergleich zur Zinshöhe des Kontokorrentkredits bei der Hausbank zeigt sich, wie teuer die Inanspruchnahme des Lieferantenkredits, d. h. die Nichtinanspruchnahme von Skontoabzugsmöglichkeiten, tatsächlich ist.

Zur Berechnung des konkreten Zinsgewinns der Kontokorrentfinanzierung wendet der Treasurer der Bergthaler Hausgeräte GmbH den Vergleich auf eine Lieferantenrechnung in Höhe von 128.282 € brutto an. Bei Zahlung binnen 10 Tagen dürfen 2 % Skonto abgezogen werden, das sind 2.565,64 €. Der von der Hausbank zu finanzierende Kreditbedarf beträgt damit 98 % oder 125.716,36 €. Auf diesen Betrag 8,5 % Zinsen für 20 Tage ergibt eine Zinslast von 593,66 €.

$$\text{Zinsaufwand} = \frac{\text{Kredit x Zinssatz x Laufzeit}}{360 \times 100} = \frac{125.716{,}36 \times 8{,}5 \times 20}{360 \times 100} = 593{,}66\ €$$

Diesem Zinsaufwand bei Bankfinanzierung muss der tatsächliche Skontoaufwand bei Inanspruchnahme des Lieferantenziels gegenübergestellt werden. Dazu ist aus dem Bruttoskonto die Umsatzsteuer herauszurechnen, die für die Bergthaler Hausgeräte GmbH einen durchlaufenden Posten darstellt, da sie sie als Vorsteuer über die Umsatzsteuervoranmeldung vom Finanzamt zurückerhält:

Bruttoskonto	2.565,64
./. 19 % Vorsteuer	409,64
Nettoskonto = Skontoertrag	2.156,00
./. Zinsaufwand	593,66
Zinsgewinn	1.562,34

Bei Skontoinanspruchnahme beträgt die tatsächliche Ersparnis 2.156 €. Davon müssen die von der Bank berechneten Zinsen abgezogen werden, um den Zinsgewinn zu ermitteln.

3.3.3 Langfristige Kreditfinanzierung

Langfristige Kredite sollten nach dem Prinzip der *Fristenkongruenz* in ihrer Laufzeit an die jeweiligen Investitionsvorhaben angepasst sein und auch die Gestaltung der Zins- und Tilgungskonditionen sollte sich nach den Rückflüssen aus dem Investitionsprojekt richten. Diese Zweckorientierung reduziert die Komplexität der Finanzplanung. Auch die Besicherung kann am Investitionsobjekt orientiert erfolgen, z. B. durch Sicherungsübereignung der neu angeschafften Produktionsanlage, Grundschuld oder Hypothek auf das errichtete Geschäftsgebäude oder Abtretung (Zession) der sich aus dem Investitionsvorhaben ergebenden Kundenforderungen.

Nach *Art der Rückzahlung* lassen sich zum einen Festdarlehen, zum anderen Tilgungs- und Annuitätendarlehen unterscheiden. Bei *Festdarlehen* erfolgt die Rückzahlung in voller Höhe am Fälligkeitstag oder nach Kündigungsfrist (Fälligkeits- oder Kündigungsdarlehen), das gesamte Kapital steht während der vollen Laufzeit zur Verfügung. Lediglich Zinsen müssen regelmäßig aufgebracht werden. Da über die gesamte Laufzeit hinweg Zinsen auf den vollen Darlehensbetrag geleistet werden müssen, gehört das Festdarlehen zu den besonders teuren Kreditformen.

Ein besonderer Anwendungsbereich des Festdarlehens bei Privatkunden ist die Besicherung mit einer Kapitallebensversicherung, über deren Ausschüttung am Ende der Versicherungslaufzeit der Kredit zurückgeführt wird. Werden z. B. bei 30 Jahren Laufzeit pro Jahr 6,67 % Zinsen gezahlt, so summieren sich die Zinszahlungen auf das Doppelte der Kreditsumme, d. h. insgesamt muss das Dreifache der ursprünglichen Kreditsumme zurückgezahlt werden.

Übersicht Festdarlehen

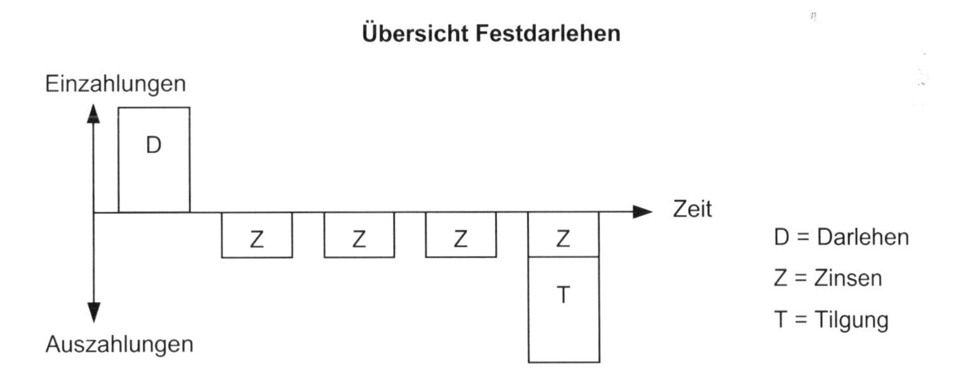

Bei Tilgungs- und Annuitätendarlehen ist die Rückzahlung über ihre Laufzeit verteilt. Bei *Tilgungsdarlehen* (Abzahlungsdarlehen, Ratentilgung) sind die Tilgungsraten jährlich gleich und die auf die jeweilig verbleibende Darlehensrestschuld berechneten Zinsen sinken.

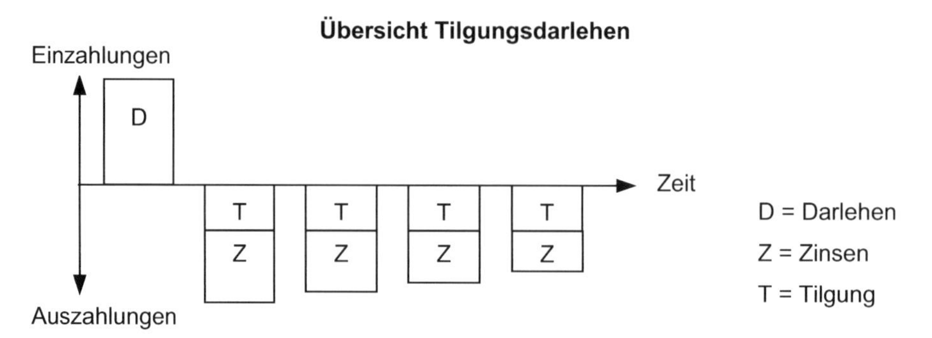

Bei *Annuitätendarlehen*, der häufigsten Form der langfristigen Fremdfinanzierung, werden über den Annuitätenfaktor jährlich gleichbleibende Beträge ermittelt, die sich aus einem zunehmenden Tilgungsteil und einem abnehmenden Zinsanteil zusammensetzen. Der Vorteil für die Finanzplanung des Kreditnehmers liegt in dem gleichbleibenden jährlichen Zahlungsmittelabfluss, der als „Durchschnittsgröße" gut in die Kalkulation einbeziehbar ist.

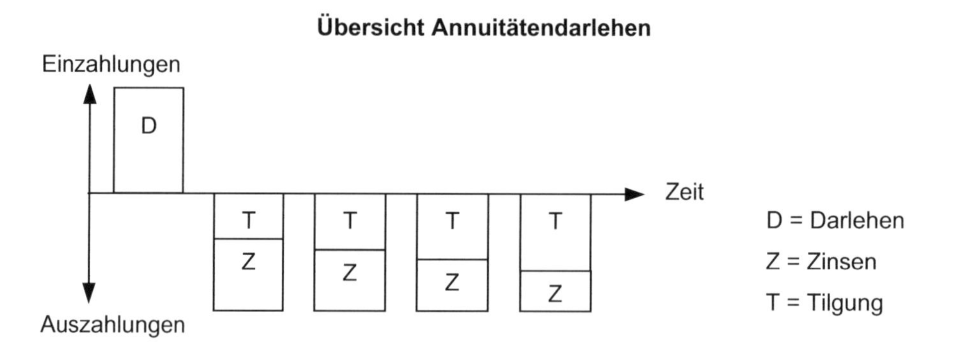

Zur Berechnung der Annuität wird der Darlehensbetrag als Kapitalwert zum vorgegebenen Zinssatz finanzmathematisch gleichmäßig auf die Laufzeit verteilt (verrentet). In Tabellenkalkulationssoftware kann diese Berechnung mit der Funktion *RMZ* (regelmäßige Zahlung) durchgeführt werden. Alternativ kann der *Verrentungsfaktor* (Kapitalwiedergewinnungsfaktor, Annuitätenfaktor) in finanzmathematischen Tabellen abgelesen und mit dem Darlehensbetrag multipliziert werden, um die Annuität zu erhalten.

Beispiel Darlehensarten

Die Bergthaler Hausgeräte GmbH benötigt zur Finanzierung eines Investitionsprojekts ein Darlehen in Höhe von 100.000 € mit einer Laufzeit von fünf Jahren. In einer Vergleichsrechnung werden dazu die drei Alternativen Festdarlehen, Tilgungsdarlehen und Annuitätendarlehen anhand von Zins- und Tilgungsplänen miteinander verglichen. Der Zinssatz wird mit 8 % angesetzt und es wird davon ausgegangen, dass für den Zeitraum eine Zinsfestschreibung vereinbart werden kann.

Die Berechnung der Annuität erfolgt anhand des Kapitalwiedergewinnungsfaktors, der für die Laufzeit von 5 Jahren bei 8 % Zinsen 0,250456 beträgt:

Annuität = Kapital x Annuitätenfaktor = 100.000 € x 0,250456 = 25.045,60 €

Damit ergeben sich die folgenden Zins- und Tilgungspläne:

1. Alternative: Tilgungsdarlehen

Jahre	Schuld zu Beginn der Periode	Zins	Tilgung	jährliche Zahlung	Restschuld am Ende der Periode
1.	100.000,00	8.000,00	20.000,00	28.000,00	80.000,00
2.	80.000,00	6.400,00	20.000,00	26.400,00	60.000,00
3.	60.000,00	4.800,00	20.000,00	24.800,00	40.000,00
4.	40.000,00	3.200,00	20.000,00	23.200,00	20.000,00
5.	20.000,00	1.600,00	20.000,00	21.600,00	0,00
Summe:		24.000,00	100.000,00		

2. Alternative: Annuitätendarlehen

Jahre	Schuld zu Beginn der Periode	Annuität	Zins	Tilgung	Restschuld am Ende der Periode
1.	100.000,00	25.045,60	8.000,00	17.045,60	82.954,40
2.	82.954,40	25.045,60	6.636,35	18.409,25	64.545,15
3.	64.545,15	25.045,60	5.163,61	19.881,99	44.663,16
4.	44.663,16	25.045,60	3.573,05	21.472,55	23.190,62
5.	23.190,62	25.045,87	1.855,25	23.190,62	0,00
Summe:			25.228,27	100.000,00	

Die Rundungsdifferenz von 0,27 € wurde am Ende des fünften Jahres verrechnet.

3. Alternative: Festdarlehen

Jahre	Schuld zu Beginn der Periode	Zins	Tilgung	jährliche Zahlung	Restschuld am Ende der Periode
1.	100.000,00	8.000,00	0,00	8.000,00	100.000,00
2.	100.000,00	8.000,00	0,00	8.000,00	100.000,00
3.	100.000,00	8.000,00	0,00	8.000,00	100.000,00
4.	100.000,00	8.000,00	0,00	8.000,00	100.000,00
5.	100.000,00	8.000,00	100.000,00	108.000,00	0,00
Summe:		40.000,00	100.000,00		

Es zeigt sich, dass in diesem Vergleich das Tilgungsdarlehen insgesamt das kostengünstigste ist. Die Bergthaler Hausgeräte GmbH entscheidet sich trotzdem für das Annuitätendarlehen, da die jährlich gleichbleibende Zahlung eine bessere Kalkulationsgrundlage bietet.

In der Praxis ist der Vergleich der verschiedenen Darlehensangebote durch die Vielfalt der Konditionen erschwert. So können zu Beginn *tilgungsfreie Jahre* vereinbart werden, was sich insbesondere bei Investitionen empfiehlt, bei denen mit Rückflüssen erst in späteren Jahren gerechnet wird. Wichtig für die Kreditkosten ist ferner, ob die Zinsen im Voraus (*vorschüssig*) oder im Nachhinein (*nachschüssig*) gezahlt werden müssen. und ob die Tilgungsverrechnung einmal jährlich oder *unterjährig*, z. B. quartalsweise, erfolgt. So kann ein geringfügig höherer Zins durch frühere Tilgungsverrechnung überkompensiert werden. Je früher die Tilgung auf die Restschuld verrechnet wird und damit die Zinslast reduziert wird, umso günstiger ist der Kredit.

Für die kurzfristige Finanzplanung ist es bedeutsam, wann die *Zahlungstermine* für Zins und Tilgung liegen, damit es nicht zu Liquiditätsengpässen kommt, wenn sie z. B. mit Steuerterminen oder Gehaltsterminen zusammenfallen. Für die langfristige Finanzplanung spielt es eine Rolle, ob eine *Zinsfestschreibung* über die gesamte oder einen Teil der Laufzeit vereinbart wird, da ein variabler Zinssatz ein Zinsrisiko birgt, dem aber durch (mit zusätzlichen Kosten verbundene) Zinssicherungsinstrumente, z. B. Swaps, entgegengewirkt werden kann.

Ferner unterbreiten Banken oft Angebote mit günstigerem Zinssatz, wenn das Darlehen mit einem *Disagio* (Abgeld) verbunden wird. Dies bedeutet, dass die Auszahlung unter dem vereinbarten Kreditbetrag liegt. Der einbehaltene Betrag wird in der Buchhaltung als Zinsaufwand (vorwegbezahlte Zinsen) verbucht und darf gem. § 250 (3) HGB bzw. muss gem. R 6.10 EStR über die Rechnungsabgrenzung auf die Laufzeit des Kredites verteilt werden. Die *Effektivverzinsung* von Darlehen mit Disagio lässt sich daher nach folgender (vereinfachter) Formel berechnen:

$$\textbf{Effektivzins} = \frac{\textbf{Nominalzins} + \dfrac{\textbf{Disagio}}{\textbf{Laufzeit}}}{\textbf{Auszahlung}}$$

Vereinfacht ist diese Formel, weil das Disagio ohne Berücksichtigung von Zinseszinseffekten auf die Laufzeit gleichmäßig verteilt wird. Im Nenner steht die Auszahlung und nicht der Kreditbetrag, da die Zinsbelastung prozentual auf die tatsächlich erhaltenen Kreditmittel berechnet werden muss.

Beispiel Investitionsprojekte und Darlehensangebote

Die Bergthaler Hausgeräte GmbH hat für die folgenden Investitionsprojekte verschiedene Darlehensangebote von Banken eingeholt:

Investitionsprojekte:

- Für die Anschaffung einer neuen Fertigungsstraße werden 2.350.000 € benötigt. Die Nutzungsdauer wird mit zehn Jahren veranschlagt.
- Der Fuhrpark erfordert Ersatzinvestitionen in Höhe von 560.000 € für neue Fahrzeuge. Die Nutzungsdauer der Fahrzeuge beträgt sechs Jahre.
- Im Rahmen einer strategischen Allianz mit anderen Hausgeräteherstellern sollen 500.000 € für Investitionen in Forschungs- und Entwicklungsprojekte bereitgestellt werden. Man rechnet mit ersten Ergebnissen nach zwei Jahren Forschungsarbeit.

Darlehensangebote:

1. Die Hausbank der Berliner Hausgeräte GmbH bietet im Rahmen der bereits vorhandenen Sicherheiten ein Annuitätendarlehen über maximal 2.700.000 €, Laufzeit zehn Jahre, zu einem Zinssatz von 6,6 % p. a., Auszahlung 100 %.
2. Bank 2 bietet ein Tilgungsdarlehen über 600.000 € zu 5,5 % Zinsen, Auszahlung 95 %, Laufzeit sechs Jahre, Zinsfestschreibung über die gesamte Laufzeit.
3. Bank 3 bietet ein Festdarlehen über maximal 2.400.000 € mit einer festen Laufzeit von acht Jahren zu 6 % p. a. bei einer Auszahlung von 90 %.
4. Bank 4 bietet ein Annuitätendarlehen über 560.000 € für sechs Jahre bei 100 % Auszahlung und einem festem Zinssatz von 6,6 % p.a.
5. Bank 5 bietet als Gesamtpaket ein Tilgungsdarlehen über 3,5 Mio. € mit variablem Zins in Höhe von zur Zeit 5,3 %, Laufzeit zunächst zwei Jahre, danach besteht die Möglichkeit, über eine Prolongation zu verhandeln. Die anfängliche Tilgung wird mit 5 % angesetzt, bei Ablösung des Darlehens wird der Bergthaler Hausgeräte GmbH die Möglichkeit eingeräumt, den Tilgungssatz nach ihren Bedürfnissen zu verändern.

Die Bergthaler Hausgeräte GmbH entscheidet sich, die Fertigungsstraße über die Hausbank zu finanzieren, da der Grundsatz der Fristenkongruenz (goldene Finanzierungsregel) gewahrt ist und die Stellung zusätzlicher Sicherheiten entfällt.

Das Festdarlehen von Bank 3 reicht angesichts des hohen Disagios nicht zur Finanzierung der Fertigungsstraße aus und ist mit acht Jahren Laufzeit nicht zur Nutzungsdauer der Fertigungsstraße kongruent.

In Bezug auf die Fuhrparkinvestition muss sie zwischen den Angeboten von Bank 2 und Bank 4 abwägen. Der Effektivzins des Angebots von Bank 2 liegt bei 6,67 %:

$$\text{Effektivzins} = \frac{5{,}5 + \frac{5}{6}}{95} = 6{,}67\ \%$$

Das Angebot von Bank 4 ist mit 6,6 % günstiger; außerdem kommt es bei Bank 2 zu einem Finanzierungsüberhang in Höhe von 10.000 €.

Die Forschungsinvestition wird mit kurzfristigen Hausbankmitteln finanziert. Das Angebot von Bank 5 wird aus Risikoerwägungen von vorneherein aus der näheren Analyse genommen.

Großunternehmen haben zudem die Möglichkeit der *Emission von festverzinslichen Wertpapieren* über die Börse und können so eine Vielzahl von Darlehensgebern erreichen. Diese als Schuldverschreibungen, Industrieobligationen oder Anleihen bezeichneten Wertpapiere können in unterschiedlicher Stückelung herausgegeben auch kleine Anleger erreichen und werden als Inhaberpapiere verkauft. Sie können mit Zusatzrechten, z. B. als Wandelschuldverschreibung, Optionsanleihe oder Gewinnschuldverschreibung, ausgestattet werden, wodurch die Zinskosten reduziert werden können. Dem Unternehmen entstehen mitunter erhebliche *Emissionskosten* für Prospekte, Werbung und Bankprovisionen. Statt einer festen Verzinsung kann auch eine variable, an Referenzzinssätze oder die Inflationsrate gekoppelte Verzinsung (*Floater*) oder keine laufende Verzinsung und statt dessen ein entsprechender Ausgabeabschlag (*Nullkuponanleihen*) gewählt werden.

3.3.4 Kreditsicherheiten

Die Vergabe von Krediten ist immer mit dem *Risiko* verbunden, dass der Kreditnehmer nicht bereit oder in der Lage ist, seinen Verpflichtungen, Zins und Tilgung zu leisten, nachzukommen. Der erste Schritt der Kreditsicherung ist daher die *Beurteilung der persönlichen Kreditwürdigkeit*, d. h. des Verhaltens und Auftretens des Kreditnehmers, seiner charakterlichen Merkmale und der Erfolgsfähigkeit seines Unternehmenskonzepts, aus dem er die notwendigen Mittel für Zins- und Tilgungszahlungen erwirtschaften kann.

Im nächsten Schritt können weitere Sicherungsmaßnahmen unternommen werden, wobei unter betriebswirtschaftlichen Gesichtspunkten für beide Parteien, sowohl für den Sicherungsgeber als auch für den Sicherungsnehmer, die *Kosten der Besicherung* eine wichtige Rolle spielen. Daher erfolgt die weitere Besicherung grundsätzlich nach den Möglichkeiten des Kreditnehmers. Er kann zunächst *dritte Personen* zur Besicherung heranziehen, die dem Kreditgeber gegenüber eine *kreditsichernde Erklärung* abgeben: eine Bürgschaft, ein Wechselakzept, eine Kreditversicherung oder die Patronatserklärung eines Mutterunternehmens für seine Konzerntochter. Für die Beurteilung des Sicherungswertes solcher Erklärungen muss der Sicherungsnehmer die Prüfung der persönlichen Kreditwürdigkeit auf den Dritten ausdehnen.

Übersicht Bürgschaft

Wesen	Der Bürge verpflichtet sich durch einen Bürgschaftsvertrag gegenüber dem Gläubiger eines Kreditnehmers, für dessen Schulden zu haften (§ 765 BGB). Der Bürge wird durch diesen Vertrag Nebenschuldner des Kreditgebers.
Formvorschrift	Zur Gültigkeit des Bürgschaftsvertrages ist die schriftliche Erteilung der Bürgschaftserklärung erforderlich (766 BGB). Für den Vollkaufmann ist auch die Abgabe der Erklärung in mündlicher Form verbindlich (§ 350 HGB).
Arten nach Umfang der Haftung	
Ausfallbürgschaft	Der Bürge hat die Einrede der Vorausklage (§ 771 BGB): Er kann die Leistung verweigern, bis der Gläubiger gegen den Hauptschuldner erfolglos die Zwangsvollstreckung versucht hat.
selbstschuldnerische Bürgschaft	Der Bürge verzichtet auf die Einrede der Vorausklage (§ 773 BGB). Der Gläubiger kann Leistung sofort von dem Bürgen verlangen, wenn der Schuldner die Zahlung verweigert. Vollkaufleute haften stets selbstschuldnerisch (§ 349 HGB).
gesamtschuldnerische Bürgschaft	Mehrere Personen übernehmen die Bürgschaft, sie haften als Gesamtschuldner (§§ 421 BGB). Der Gläubiger kann jeden von ihnen zur Zahlung der Schuldsumme auffordern. anteilige Entschädigung im Innenverhältnis
befristete Bürgschaft	Der Bürge verbürgt sich nur auf eine bestimmte Zeit (§ 777 BGB), nach Ablauf der Zeit ist er von seiner Verpflichtung frei.

In der Praxis bedeutsam ist vor allem die *selbstschuldnerische Bürgschaft*, da für den Kreditgeber eine Ausfallbürgschaft im Verwertungsfall zunächst mit hohem Aufwand und zeitlicher Verzögerung verbunden ist, bis dass die Zwangsvollstreckung in Gang gesetzt und erfolglos vollzogen ist.

Da von Kaufleuten eine höhere Sorgfalt im Geschäftsverkehr erwartet wird, können sie eine Bürgschaftserklärung auch mündlich abgeben, es fehlt dann jedoch an der Beweiskraft, weshalb auch hier die Schriftform vorherrscht.

Die *Verwendung realer Vermögensgegenstände* wie Wertpapiere, Waren, Maschinen und Grundstücke *als Kreditsicherheiten* bietet einen umso höheren Schutz gegen das Risiko des Kreditausfalls, je besser die Verfügbarkeit des Sicherungsnehmers über diese Gegenstände ist und je marktfähiger sie sind. Problematisch dabei ist, dass bei Vermögensgegenständen, die der Kreditnehmer für seine wirtschaftliche Tätigkeit benötigt, die tatsächliche Verfügungsgewalt (*Besitz, Verpfändung*) nicht an den Sicherungsnehmer übertragen werden kann. Hilfsweise erfolgt dann die unter Sicherheitsgesichtspunkten etwas schwächere Übertragung der rechtlichen Verfügungsgewalt (*Eigentum, Sicherungsübereignung*) oder eine Blockade der Veräußerungsfähigkeit (*Grundpfandrechte*) oder eine Abtretung der Rechte aus der Veräußerung (*verlängerter Eigentumsvorbehalt*) bzw. die Abtretung von Forderungen aus der Geschäftstätigkeit (*Zession*).

Übersicht Realsicherheiten

<table>
<tr><th colspan="3">Realsicherheiten an beweglichen Sachen</th></tr>
<tr><td>Pfandrecht</td><td colspan="2">Sachenrecht, kraft dessen der Gläubiger Befriedigung aus dem Pfand verlangen kann (§§ 1204 - 1259 BGB).
akzessorisch, d. h. es muss eine Forderung zugrundeliegen</td></tr>
<tr><td>Sicherungsübereignung</td><td colspan="2">treuhänderisches Rechtsverhältnis, gesetzlich nicht explizit geregelt, nur wirksam mit Besitzkonstitut (§ 930 BGB)</td></tr>
<tr><td>Eigentumsvorbehalt</td><td colspan="2">Eigentumsübergang erfolgt vereinbarungsgemäß erst nach Abschickung der Bezahlung (§§ 449; 158, 929 BGB)</td></tr>
<tr><th colspan="3">Realsicherheiten an unbeweglichen Sachen</th></tr>
<tr><td rowspan="4">Grundpfandrechte</td><td colspan="2">dingliche Rechte an einem Grundstück</td></tr>
<tr><td>Hypothek</td><td>akzessorisch (§ 1113 BGB)</td></tr>
<tr><td>Grundschuld</td><td>abstraktes Recht (§ 1191 BGB)</td></tr>
<tr><td>Rentenschuld</td><td>regelmäßige Zahlung (§ 1199 BGB)</td></tr>
<tr><th colspan="3">Realsicherheiten an Rechten</th></tr>
<tr><td>Pfandrecht</td><td colspan="2">an Patenten, Lizenzen u. ä. (§§ 1273 - 1296 BGB)
Es gelten die Vorschriften zum Pfandrecht an beweglichen Sachen, soweit anwendbar.</td></tr>
<tr><td>Zession</td><td colspan="2">sicherungsweise Abtretung von Forderungen und sonstigen Rechten (§§ 398 ff., 931 BGB)</td></tr>
</table>

Zur Bestellung des *Pfandrechts* ist es erforderlich, dass der Eigentümer die Sache dem Gläubiger übergibt (Faustpfand) und beide darüber einig sind, dass dem Gläubiger ein Pfandrecht daran zustehen soll. In der Praxis eignen sich zur Kreditbesicherung vor allem Gegenstände mit hohem Marktwert und kompakten Maßen, z. B. Schmuck, kleinere Gemälde, Skulpturen, historische Waffen und Besteck, die in der sogenannten *Silberkammer* im Tresor der Bank deponiert werden und so auch – als Nebeneffekt – vor Diebstahl geschützt sind.

Anstelle der Übergabe der Sache genügt die *Einräumung des Mitbesitzes*, wenn sich die Sache unter dem Mitverschluss des Gläubigers befindet oder, falls sie im Besitz eines Dritten ist und die Herausgabe nur an den Eigentümer und den Gläubiger gemeinschaftlich erfolgen kann. Werden Wertgegenstände an anderen Orten gelagert, z. B. große Gemälde in Museen, so wird eine entsprechende Vereinbarung getroffen.

Ist der Gläubiger bereits im Besitz der Sache, so genügt die Einigung über die Entstehung des Pfandrechts. Dies ist insbesondere bei Wertpapieren der Fall, die im Girosammeldepot der Bank verbucht sind. Daher ist der *Lombardkredit* eine günstige Kreditform, da für die Besicherung durch Lombardierung der Wertpapiere nur eine Unterschrift des Bankkunden erforderlich ist.

Die Übergabe einer im mittelbaren Besitz des Eigentümers befindlichen Sache kann dadurch ersetzt werden, dass der Eigentümer den mittelbaren Besitz auf den Pfandgläubiger überträgt und die Verpfändung dem Besitzer anzeigt. In diesem Falle aber erlangt der Sicherungsgeber nicht wirklich die tatsächliche Herrschaft über die Sache, weshalb eine sicherungsweise Eigentumsübertragung die sinnvollere Lösung ist.

Übersicht Sicherungsübereignung

Inhalt des Vertrags	Das Eigentum an einer beweglichen Sache wird auf den Kreditgeber übertragen, zugleich wird ein Rechtsverhältnis vereinbart, durch das der Kreditnehmer Nutzungs- oder Besitzrecht an der Sache erhält (Miete, Pacht, Leihe o. ä.), d. h. der Schuldner kann die Sache weiterhin nutzen. Gläubiger wird Eigentümer, kann seine Rechte jedoch nur im Falle der Nichtzahlung des Schuldners geltend machen.
Formvorschriften	Der Sicherungsübereignungsvertrag kann formlos geschlossen werden, es empfiehlt sich jedoch aus Beweisgründen die Schriftform.
Bedeutung	Da der Schuldner die Sache (z. B. Maschinen) weiter nutzen kann und der Gläubiger durch die Eigentumsübertragung volle Sicherheit bekommt, hat die Sicherungsübereigung große Bedeutung im Wirtschaftsleben erlangt. Gesetzlich ist sie nicht geregelt, aber durch die Rechtsprechung sanktioniert.

In der Praxis hat der Sicherungsnehmer nur dann wirkliche Sicherheit, wenn das Eigentum verbrieft ist, wie z. B. im *Fahrzeugbrief*, der zur Sicherungsübereignung von Fahrzeugen an den Kreditgeber übergeben werden muss, oder in einem *Konnossement*, das das Eigentum an den Waren verbrieft.

Bei der Sicherungsübereignung von Produktionsanlagen wird eine möglichst exakte Beschreibung der Anlage und ihres Standorts, evtl. eine Identifikationsnummer, in den Sicherungsübereignungsvertrag aufgenommen. Der Sicherungsnehmer muss davon ausgehen, dass der Kreditnehmer den Aufwand des Abbaus und Verkaufs der Anlage scheut. Bei der Übereignung von Lagerbeständen kann er regelmäßige Lagerlisten einfordern und in beiden Fällen durch gelegentliche Kontrollbesuche, eigentlich aber nur durch Vertrauen in die Ehrlichkeit und Integrität des Kreditnehmers eine gewisse Sicherung des Kreditengagements erreichen.

Übersicht Eigentumsvorbehalt

<table>
<tr><td>Inhalt der Vereinbarung</td><td colspan="2">Die Ware bleibt bis zur vollständigen Bezahlung im Eigentum des Verkäufers.
Kann auch als Klausel in den AGB des Verkäufers stehen.</td></tr>
<tr><td>Hintergrund</td><td colspan="2">Wer Waren ohne sofortige Bezahlung verkauft (Lieferantenkredit), geht das Risiko ein, dass der Käufer nicht zahlt.
Im Insolvenzfall des Käufers geht die Ware in die Insolvenzmasse ein. Statt des vereinbarten Preises erhält der Lieferer dann eine bescheidene Insolvenzquote oder gar nichts.</td></tr>
<tr><td colspan="3">Formen des Eigentumsvorbehalts</td></tr>
<tr><td>einfacher Eigentumsvorbehalt</td><td colspan="2">Verkäufer kann im Falle des Zahlungsverzugs die Herausgabe der Sache verlangen. Dazu muss er zunächst vom Vertrag zurücktreten (§ 449 BGB)
Herausgabeanspruch erlischt bei Veräußerung (§ 932 BGB) oder Verarbeitung (§ 950 BGB) der Sache.</td></tr>
<tr><td rowspan="3">verlängerter Eigentumsvorbehalt</td><td colspan="2">zusätzlich Abtretung der Rechte, die der Käufer durch Weiterveräußerung oder Verarbeitung der Sache erwirbt.</td></tr>
<tr><td>Verarbeitungsvorbehalt</td><td>Käufer tritt dem Verkäufer das Eigentum an der weiterverarbeiteten Sache ab.</td></tr>
<tr><td>weitergeleiteter Eigentumsvorbehalt</td><td>Käufer tritt dem Verkäufer die Forderung aus dem Weiterverkauf ab.</td></tr>
<tr><td>erweiterter Eigentumsvorbehalt</td><td colspan="2">Der Eigentumsvorbehalt bleibt so lange bestehen, bis die Zahlung erfolgt ist und auch alle übrigen Verpflichtungen des Käufers aus dem Geschäftsverkehr mit dem Verkäufer beglichen sind.</td></tr>
</table>

Der Eigentumsvorbehalt eignet sich grundsätzlich nur zur *Besicherung von Lieferantenkrediten*. Zahlt der Käufer nicht, wird der Verkäufer jedoch erst Maßnahmen ergreifen, um an sein Geld zu kommen (Mahnung, gerichtliches Mahnverfahren, etc.), denn i. d. R. hat er kein Interesse daran, die Ware, die vielleicht schon vom Erwerber genutzt worden ist, zurückzuerhalten. Daher muss er gem. § 449 (2) BGB erst vom Vertrag zurückgetreten sein, ehe er seinen *Herausgabeanspruch* gem. § 812 BGB geltend machen kann, da mit dem Rücktritt vom Kaufvertrag der rechtliche Grund wegfällt.

Bei einer *Weiterveräußerung* kollidiert das Eigentumsrecht des Verkäufers mit dem Eigentumsrecht des *gutgläubigen Erwerbers*. Der Gesetzgeber hat dem gutgläubigen Erwerber eine höhere Rechtsstellung eingeräumt, um Rechtssicherheit im Geschäftsverkehr zu gewährleisten, da der ursprüngliche Verkäufer andere Rechte zur Sicherung seines Anspruchs zur Verfügung hat. Gutgläubig ist jedoch nur, wer ernsthaft davon ausgehen kann, dass der Veräußerer auch Eigentümer der Sache ist bzw. sich im Zweifel dies nachweisen lässt, z. B. durch Vorlage der Quittung über die vollständige Bezahlung.

Bei der *Verbindung* der Sache mit einem Grundstück (§ 946 BGB) geht das Eigentum des Verkäufers ebenfalls verloren, z. B. wenn erworbene Pflanzen und Sträucher eingepflanzt wurden. Auch bei der *Weiterverarbeitung* (§ 950 BGB) tritt grundsätzlich ein Verlust des Eigentumsrechts ein, jedoch ist hier juristisch abzuwägen, ob tatsächlich eine gesetzlich schützenswerte Wertschöpfung erfolgt ist oder nicht. Bei Verbindung mit beweglichen Sachen (§ 947 BGB) oder *Vermischung* (§ 948 BGB) räumt der Gesetzgeber dem Verkäufer ein Miteigentumsrecht ein.

Übersicht Grundpfandrechte

Wesen	dingliche Rechte am Grundstück, unabhängig von Eigentümer
	Bei Nichtzahlung kann Gläubiger Zwangsversteigerung oder Zwangsverwaltung des Grundstücks beantragen.
Voraussetzungen für die Wirksamkeit	1. Abschluss eines Kreditvertrags
	2. Einigung über die Art der Belastung
	3. Antrag und Bewilligung der Eintragung über einen Notar beim Amtsgericht in der Abteilung Grundbuchamt
	4. Auszahlung des Darlehens
Arten	
Hypothek (§§ 1113 ff. BGB)	Hypothekengläubiger hat einen dinglichen Anspruch aus der Hypothek und einen persönlichen Anspruch aus dem Darlehen. Ist an eine konkrete Forderung gebunden (akzessorisch), d. h. kann nur zur Befriedigung dieser einen Forderung verwertet werden. Neben Grundstück, Gebäuden, allen Erzeugnissen und Erträgen des Grundstücks haftet der Kreditnehmer mit seinem gesamtem Vermögen.
Grundschuld (§§ 1191 ff. BGB)	Gläubiger hat nur einen dinglichen Anspruch, die persönliche Haftung des Schuldners entfällt. Der Eintragung braucht kein Schuldverhältnis zu Grunde zu liegen. Gläubiger braucht Forderung nicht nachzuweisen.

Die *Rentenschuld* (§§ 1199 ff. BGB) spielt in der Geschäftspraxis keine Rolle. Auch die *Hypothek* wird nur in sehr begrenzten Fällen als Kreditsicherheit eingesetzt, insbesondere von Spezialbanken im Baufinanzierungsgeschäft, die sich über die Emission von Pfandbriefen oder Kommunalobligationen am Markt für festverzinsliche Wertpapiere refinanzieren und bis zur Beleihungsgrenze von 60 % des Verkehrswertes Hypothekendarlehen zur Verfügung stellen (Realkredit). Für die allgemeine Kreditbesicherung ist die Hypothek aufgrund ihrer Akzessorietät ungeeignet, da für jeden neuen Kredit der hohe Aufwand der Eintragung ins Grundbuch erforderlich wäre. Eine einmal eingetragene *Grundschuld* hingegen bleibt bestehen und kann als Basissicherung für sich ständig verändernde Obligos eingesetzt werden.

Die Grundschuld wird in *Abteilung III* des Grundbuchs eingetragen. Neben dem Grundschuldbetrag werden *Grundschuldzinsen* (dingliche Zinsen) eingetragen, die über den Grundschuldbetrag hinausgehende Forderungen absichern sollen. Ferner ist es üblich, dass sich der Kreditnehmer der sofortigen *Zwangsvollstreckung* (§ 800 ZPO) in das Grundstück unterwirft. Damit wird im Befriedigungsfalle die sofortige Zwangsvollstreckung in das Grundstück ohne vorherige Erwirkung eines vollstreckbaren Titels (Urteil) ermöglicht. Im Rahmen der für die Grundbucheintragung notwendigen *notariellen Beurkundung* wird zudem von den Banken eine Unterwerfung des Kreditnehmers in die sofortige Zwangsvollstreckung in sein gesamtes Vermögen (*persönliche Zwangsvollstreckung*) verlangt, die ein von der Grundschuldbestellung losgelöster Vorgang ist und einen gesonderten Vollstreckungstitel zur Folge hat.

In der Praxis werden Grundschuld und Darlehen zwar durch eine Zweckerklärung (*Sicherungsabrede*) verbunden, aus der sich nach Rückzahlung des Kredits ein Recht auf Rückabtretung der Grundschuld sowie ein Recht auf Löschungsbewilligung ergibt, aber i. d. R. wird dem Kreditnehmer im Kreditvertrag nur ein Anspruch auf *Löschungsbewilligung* gewährt.

Die Bestellung einer Grundschuld ist aufgrund der Formvorschriften *zeit- und kostenintensiv* und empfiehlt sich daher nur für höhere und längerfristige Kredite, bewirkt aber aus Sicht der Banken eine gute Kundenbindung und stellt angesichts der relativen Wertstabilität von Grundstücken eine gute Besicherung dar. Nachteilig kann sich eine *nachrangige Eintragung* auf den Sicherungswert auswirken, da im Falle der Zwangsversteigerung zunächst die bevorrechtigten Ansprüche bedient werden müssen.

Eine Grundschuld kann (wie auch die Hypothek) verbrieft werden (*Briefgrundschuld*). Das Grundbuchamt stellt dazu einen Grundschuldbrief aus, der im Rechtsverkehr die Grundschuld verkörpert und ihre Übertragung auf einen anderen Gläubiger vereinfacht, da keine Eintragung ins Grundbuch mehr erforderlich ist, sondern ein *Abtretungsvertrag* und die *Übergabe* des Briefes ausreichen. Aus dem Grundbuch ist daher nicht immer ersichtlich, wer tatsächlich der Gläubiger ist.

Gem. § 1163 BGB verwandelt sich eine Hypothek in eine *Eigentümerhypothek* um, wenn die zugrundeliegende Forderung erloschen ist. Der ehemalige Kreditgeber stellt dann eine löschungsfähige Quittung aus und bestätigt damit, dass die der Hypothek zugrundeliegende Forderung getilgt wurde. Damit kann der Eigentümer mittels notariell beglaubigten Antrags beim Grundbuchamt die Umschreibung in eine Eigentümergrundschuld veranlassen.

Übersicht Forderungsabtretung (Zession)

Wesen	Forderungen des Kreditnehmers gegen Dritte werden an den Kreditgeber abgetreten (Sicherungsabtretung). Kreditgeber kann aus zedierten Forderungen Befriedigung erhalten.	
Arten	**stille Zession**	Schuldner der Forderung erhält keine Kenntnis von der Abtretung, zahlt an den Kreditnehmer mit befreiender Wirkung. Kreditgeber kann den Eingang überwachen.
	offene Zession	Schuldner wird von Forderungsabtretung unterrichtet und muss bei Fälligkeit direkt an den Kreditgeber zahlen.
	Mantelzession	grundsätzliche Vereinbarung über einen Zessionsrahmen, die tatsächliche Abtretung erfolgt erst mit Einreichung von Forderungslisten
	Globalzession	Alle bestehenden und zukünftigen Forderungen des Kreditnehmers werden (i. d. R. still) abgetreten. Bei mehreren Globalzessionen zählt nur die erste.

Die Offenlegung der Forderungsabtretung gegenüber den Kunden kann geschäftsschädigend wirken, daher wird in der Praxis die *stille Zession* bevorzugt. Dazu ist es vorteilhaft, wenn die Kunden die Rechnungen auf das Konto bei der Bank überweisen, mit der die Zessionsvereinbarung besteht. Auf jeden Fall verlangt der Kreditgeber, dass der Kreditnehmer ihm regelmäßig *Listen* mit den offenen Posten vorlegt, wobei er nie ganz sicher sein kann, dass die genannten Forderungen tatsächlich existieren.

Der Besicherungsaufwand ist gering: Es muss ein *Zessionsvertrag* geschlossen werden. Die Forderungslisten können nur stichprobenweise geprüft werden. Damit eignet sich die Zession eher zur Abrundung eines umfassenden, aus mehreren Komponenten bestehenden Sicherungskonzepts, oder für den Fall, dass andere Sicherheiten nicht verfügbar sind.

Banken wählen dazu i. d. R. die *Globalzession*, da damit alle gegenwärtigen und zukünftigen Forderungen abgedeckt werden können. Es kann jedoch zu rechtlichen Konflikten mit anderen Kreditbesicherungen kommen: Hat der Kreditnehmer z. B. Waren erworben und weiterveräußert, die unter einem *verlängertem Eigentumsvorbehalt* stehen, so kann die Forderung nicht gleichzeitig an den ursprünglichen Eigentümer und an die Bank abgetreten werden. Auch wenn dem Bankkunden ein Kontokorrentkredit eingeräumt wurde und er zusätzlich einen *Lieferantenkredit* in Anspruch nimmt, schränkt der Zahlungsanspruch des Lieferanten die Sicherungswirkung der Globalzession ein. Hat der Kreditnehmer zu einem früheren Zeitpunkt mit einem anderen Kreditgeber eine Globalzession vereinbart, ist jede weitere Zessionsvereinbarung ohne rechtliche Wirkung.

Die *offene Zession* wird selten, z. B. als sicherungsweise Abtretung von Ansprüchen aus einer Lebensversicherung eingesetzt. Versicherungen machen die Wirksamkeit der Abtretung häufig von ihrer Zustimmung abhängig.

Beispiel Kreditsicherheiten

Ein Unternehmen verfügt über folgende Aktiva (in Tsd. €) als Grundlage für die Entwicklung eines Besicherungskonzepts:

Anlagevermögen		
1. Grundstücke und Gebäude		12.000
2. Maschinen und technische Anlagen		23.000
3. Betriebs- und Geschäftsausstattung		5.400
4. Finanzanlagen		8.600
Umlaufvermögen		
5. Roh-, Hilfs- und Betriebsstoffe		3.500
6. unfertige und fertige Erzeugnisse		9.200
7. Forderungen aus Lieferungen und Leistungen		7.100
davon Besitzwechsel	2.200	
8. Kassenbestand, Guthaben bei Kreditinstituten		450

1. Grundstücke und Gebäude können zur Sicherung langfristiger Finanzierungsformen durch Grundpfandrechte bis zu den Beleihungsgrenzen (berechnet über einen Sicherheitsabschlag vom Verkehrswert) belastet werden. Die Grundschuld ist dabei der Hypothek vorzuziehen, da sie nicht akzessorisch ist, d. h. auch für wechselnde Kreditinanspruchnahme und mehrere Kredite als wirksames Sicherungsmittel einsetzbar ist und daher (bei hohen Ersteinräumungskosten: Notarkosten, Gebühren des Grundbuchamts) keine Folgekosten nach sich zieht.

2., 3., 5. und 6. Maschinen und technische Anlagen, Betriebs- und Geschäftsausstattung und auch Lagerbestände können grundsätzlich im Wege der Sicherungsübereignung (sicherungsweise Eigentumsübertragung an den Kreditgeber, Einräumung eines Besitzkonstituts) als Kreditsicherheiten eingesetzt werden. Maßgabe für die Bewertung muss die Veräußerbarkeit (Marktgängigkeit) der Vermögensgegenstände im Befriedigungsfall sein, so dass z. B. Spezialmaschinen oder auch veraltete Produktionsanlagen keinen Sicherungswert bieten. Problematisch bei der Sicherungsübereigung von Lagerbeständen ist die Bestandskontrolle durch den Sicherungsnehmer. Außerdem können Vorratslager durch Eigentumsvorbehalte belastet sein.

4. Aus den Finanzanlagen sind allenfalls die Wertpapiere des Anlagevermögens zur Besicherung einsetzbar. Sie können lombardiert, d. h. an den Kreditgeber verpfändet werden (Effektenlombard). Dem Sicherungsnehmer wird dazu die tatsächliche Verfügungsgewalt (Besitz) eingeräumt, wodurch die vom Sicherungsgeber verbleibende rechtliche Verfügungsgewalt (Eigentum) eingeschränkt, aber nicht aufgehoben wird. Sofern sich die Wertpapiere bereits im Besitz des Kreditgebers befinden, weil der Kreditnehmer dort sein Wertpapierdepot unterhält, erübrigt sich die körperliche Übergabe.

7. Forderungen aus Lieferungen und Leistungen können an den Kreditgeber sicherungsweise abgetreten werden (Zession). Durch die Abtretung wird die Forderung vom Zedenten (bisherigen Gläubiger) auf den Zessionar (neuen Gläubiger) übertragen. Forderungen können auch an ein Factoring-Unternehmen verkauft werden. Besitzwechsel können bei Kreditinstituten zum Diskont eingereicht werden. Aufgrund der Strenge des Wechselgesetzes stellen sie eine gute Sicherheitsposition dar.

3.3.5 Kreditleihe

Bei der Kreditleihe stellt ein Kreditinstitut keinen Geldbetrag zur Verfügung, sondern seine *Kreditwürdigkeit*. Trotz gelegentlicher Bankenzusammenbrüche und zugehöriger Krisen und Skandale ist die Kreditwürdigkeit von Banken grundsätzlich als hoch einzuschätzen, und wenn ein Vertragspartner sich bezüglich der Kreditwürdigkeit des mit ihm verhandelnden Unternehmens nicht sicher ist, kann es die *Sicherungserklärung* einer Bank von ihm verlangen.

Übersicht Kreditleihe

Avalkredit	Kreditinstitut tritt als selbstschuldnerischer Bürge für seine Kunden gegenüber deren Gläubigern auf. Über den Avalkredit wird eine Bürgschaftsurkunde ausgestellt. üblich zur Sicherung gestundeter Steuern bzw. Zölle oder als Sicherheiten für die Ausführung öffentlicher Aufträge
Akzeptkredit	Kreditinstitut akzeptiert einen auf es gezogenen Wechsel, den der Aussteller sicherungsweise dem Vertragspartner übergeben kann. Kommt der Aussteller seinen Verpflichtungen gegenüber dem Vertragspartner nicht nach, kann dieser das Akzept der Bank zur Zahlung vorlegen. ist durch die hohe Bonität des Kreditinstituts fast wie Bargeld üblich vor allem im Außenhandel (Rembourskredit)

Kreditinstitute gewähren die Kreditleihe i. d. R. nur erstklassigen Kunden mit einer hohen Kreditwürdigkeit und buchen den übernommenen Betrag in das Obligo des Kunden ein. Der entsprechende Betrag kann auch aus den Konten des Kunden auf ein spezielles Sperrkonto gebucht werden, bis die Verpflichtung der Bank hinfällig ist. Banken betreiben Risikominimierung.

Ob es sich bei dem Avalkredit um eine *Bürgschaft oder Garantie* handelt, hängt von der Formulierung der Sicherungserklärung ab. Der Unterschied liegt darin, ob die Bank ein abstraktes (Garantie) oder ein konkretes (Bürgschaft) Zahlungsversprechen abgibt. Die *Bürgschaft* der Bank unterliegt den Regeln der §§ 765 ff. BGB und ist gemäß § 349 HGB immer *selbstschuldnerisch*, da sie Kaufmann im Sinne des HGB ist.

Die *Garantie* ist im internationalen Geschäftsverkehr vorherrschend. Sie ist in Deutschland gesetzlich nicht geregelt und wird juristisch hilfsweise über die *Vertragsfreiheit* des § 311 BGB definiert. Zu ihrem Wirksamwerden muss - im Gegensatz zur Bürgschaft - keine Forderung des durch die Garantie Begünstigten gegenüber dem Kunden der Bank vorliegen. Der garantierte Betrag ist auf *erste Anforderung* des Begünstigten zahlbar, auch schon auf seine Behauptung hin, dass der Vertragspartner seinen Vertragsverpflichtungen nicht nachgekommen sei. Diese Regelung gewährt gerade in der Unsicherheit des internationalen Geschäftsverkehrs eine hohe Zahlungssicherheit und kann daher gut als strategisches Mittel in Vertragsverhandlungen eingesetzt werden.

Kontrollfragen zu Lerneinheit 3.3

Außenfinanzierung als Fremdfinanzierung

1. Worin unterscheidet sich die Position eines Gläubigers bei Fremdfinanzierung von der eines Eigentümers bei Eigenfinanzierung?
2. Nennen Sie Rechtsgrundlage, Formvorschrift und Inhalte eines Kreditvertrags.
3. Grenzen Sie ab zwischen Kreditfähigkeit und Kreditwürdigkeit.
4. Nennen Sie quantitative und qualitative Rating-Kriterien.
5. Wie lässt sich bei unterjähriger Finanzierung der Zinsaufwand ermitteln?
6. Beurteilen Sie die Durchsetzbarkeit von Lieferantenkredit und Kundenanzahlung in den Marktsituationen Käufermarkt und Verkäufermarkt.
7. Nennen Sie die Rechtsgrundlage des Kontokorrentkredits und erläutern Sie in diesem Zusammenhang die Begriffe Kontokorrentabrede, Saldoanerkenntnis und Novation.
8. Erläutern Sie die Vorteilhaftigkeit des Wechseldiskonts aus Sicht des Kreditnehmers und des Kreditgebers.
9. Unterscheiden Sie die drei Formen von langfristiger Fremdfinanzierung nach Art der Rückzahlung.
10. Was verstehen Sie unter einem Disagio und wie lässt sich der Effektivzins von Darlehen mit Disagio vereinfacht berechnen?
11. Was verstehen Sie unter Fristenkongruenz und welche Bedeutung hat sie für die Finanzplanung?
12. Was verstehen Sie unter einem Floater und was unter einer Nullkuponanleihe?
13. Warum akzeptieren Banken nur selbstschuldnerische Bürgschaften?
14. Was verstehen Sie unter der Bezeichnung „akzessorisch“ und welche akzessorischen Kreditsicherheiten kennen Sie?
15. Was verstehen Sie unter einem Effektenlombard?
16. Grenzen Sie die Sicherungsübereignung und das Pfandrecht nach der Rechtsstellung von Sicherungsgeber und Sicherungsnehmer voneinander ab.
17. Wie kann bei einer Sicherungsübereignung der Sicherungsnehmer sicherstellen, dass der Kreditnehmer den übereigneten Gegenstand nicht veräußert?
18. Erläutern Sie, warum ein verlängerter Eigentumsvorbehalt mit einer Globalzession kollidieren kann.
19. Beurteilen Sie die Grundschuld als Kreditsicherheit unter den Gesichtpunkten Kosten der Bestellung und Sicherungswert.
20. Unterscheiden Sie die beiden Formen der Kreditleihe und charakterisieren Sie ihre Bedeutung.

Lösungen zu Lerneinheit 3.3

Außenfinanzierung als Fremdfinanzierung

1. Im Gegensatz zur Eigenfinanzierung entsteht bei der Fremdfinanzierung keine Beteiligung, sondern ein Kreditverhältnis. Die Kapitalgeber sind Gläubiger des Unternehmens. Im Insolvenzfall haben sie Anspruch auf Befriedigung aus der Insolvenzmasse. Ein weiterer Unterschied ist, dass der Cash Flow des Unternehmens durch laufende Zinsaufwendungen und Tilgungsraten belastet wird. Dafür sind die Mitsprachemöglichkeiten der Geldgeber bei unternehmerischen Entscheidungen grundsätzlich eingeschränkt.

2. Rechtsgrundlage für den Kreditvertrag ist § 488 BGB. Er kann formlos geschlossen werden und sollte Bestimmungen enthalten über Höhe, Besicherung, Verfügungsmöglichkeit, Verwendung, Laufzeit oder Kündigung und Rückzahlung, Kreditkosten (Zinsen, Provision, Auszahlungskurs), evtl. Kontrollrechte des Kreditgebers.

3. Kreditfähigkeit ist die rechtliche Fähigkeit, als Kreditnehmer auftreten zu können. Unter Kreditwürdigkeit versteht man persönliche und wirtschaftliche Merkmale des Kreditnachfragers, die es dem Kreditgeber gerechtfertigt erscheinen lassen, das Risiko einer Kreditgewährung einzugehen.

4. quantitative Rating-Kriterien: Vermögens-, Finanz- und Ertragslage

   qualitative: Branchen-, Produkt- und Marktstellung, interne Wertschöpfung, Management und Strategie, Planung und Steuerung, Kontodaten / Finanzpolitik

5. Kreditbetrag x Jahreszins x Laufzeit in Tagen, durch 360 (Tage) und durch 100 (%) teilen. Andere Werte lassen sich durch Umstellen der Formel ermitteln.

6. Ist das Angebot größer als die Nachfrage (Käufermarkt), kann durch die Gewährung von Lieferantenkrediten Kundenbindung erzeugt werden. Im umgekehrten Fall (Verkäufermarkt) sind Kundenanzahlungen gut durchsetzbar.

7. § 355 HGB. Die Kontokorrentabrede ist die vertragliche Vereinbarung, die gegenseitigen Forderungen und Verbindlichkeiten in regelmäßigen Zeitabständen zu verrechnen. Durch Saldoanerkenntnis am Ende der jeweiligen Abrechnungsperiode gehen die Einzelforderungen unter (Novation).

8. Der Kreditnehmer gewährt seinem Kunden einen Lieferantenkredit gegen Akzept eines Wechsels und kann die so entstehende finanzielle Lücke durch Verkauf des Wechsels an seine Bank schließen. Die Bank kann aufgrund der Strenge des Wechselgesetzes auf den Zahlungseingang vertrauen: Geht der Wechsel zu Protest, erhält sie vom Wechselgericht nach rein formaler Prüfung binnen kurzer Zeit einen vollstreckbaren Titel und kann die Zwangsvollstreckung einleiten.

9. Festdarlehen: Rückzahlung in einem Betrag am Ende der Laufzeit
   Tilgungsdarlehen: Tilgung in gleichbleibenden Raten, Zinslast sinkt im Zeitablauf
   Annuitätendarlehen: Annuität, wachsender Tilgungs- und sinkender Zinsanteil

10. Unter einem Disagio oder Damnum versteht man bei Auszahlung eines Kreditbetrags sofort abgezogene Zinsen. Den Effektivzins ermittelt man vereinfacht (ohne Zinseszinseffekte), indem man das auf die Laufzeit verteilte Disagio dem Nominalzins zuschlägt und das Ergebnis durch die Auszahlung teilt.

11. Fristenkongruenz bedeutet, dass die Darlehenslaufzeit an die Nutzungsdauer des finanzierten Investitionsvorhabens angepasst wird. Dies reduziert die Komplexität der Finanzplanung.

12. Ein Floater ist ein festverzinsliches Wertpapier mit variablem Zins, der an eine Referenzgröße z. B. den EURIBOR oder die Inflationsrate gekoppelt wird. Eine Nullkuponanleihe hat keine laufende Verzinsung und wird unter pari ausgegeben.

13. Bei Verzicht des Bürgen auf die Einrede der Vorausklage (§§ 771, 773 BGB) muss die Bank im Verwertungsfalle nicht erst die Zwangsvollstreckung in das Vermögen des Hauptschuldners erfolglos durchgeführt haben.

14. Akzessorisch bedeutet „an eine Forderung gebunden“, d. h. ohne eine konkrete zugrundeliegende Forderung nicht und auch nur in Höhe des ausstehenden Betrags verwertbar. Akzessorisch sind die Bürgschaft, das Pfand und die Hypothek.

15. Ein Effektenlombard ist ein Kredit gegen Verpfändung von Wertpapieren. Der Beleihungswert der Wertpapiere richtet sich nach ihrem Kursrisiko.

16. Bei der Sicherungsübereignung bleibt der Sicherungsgeber Besitzer, der Sicherungsnehmer wird Eigentümer und muss dem Sicherungsgeber ein Besitzkonstitut einräumen. Beim Pfandrecht wird der Sicherungsnehmer Besitzer, der Sicherungsgeber bleibt Eigentümer.

17 Sofern das Eigentum an dem Gegenstand verbrieft ist (z. B. Fahrzeugbrief), durch Hereinnahme der Urkunde. In allen anderen Fällen durch möglichst genaue Bezeichnung des Gegenstandes im Sicherungsvertrag und Kontrollen.

18 Unter einer Globalzession versteht man die Abtretung aller gegenwärtigen und zukünftigen Forderungen des Kreditnehmers an den Kreditgeber. Liegt auf einer weiterveräußerten Ware ein verlängerter Eigentumsvorbehalt des ursprünglichen Verkäufers, kann die Forderung gegenüber dem Erwerber nicht an den Kreditgeber abgetreten werden, da sie bereits an den Verkäufer abgetreten ist.

19. Die für die Eintragung der Grundschuld ins Grundbuch erforderliche notarielle Beurkundung ist zeit- und kostenintensiv. Da die Grundschuld fiduziarisch (abstrakt, nicht akzessorisch) ist, eignet sie sich gut zur Besicherung immer wiederkehrender Kreditinanspruchnahmen, zumal die Wertbeständigkeit von Grundbesitz und die Eintragung von dinglichen Zinsen eine hohe Wertsicherheit bieten, sofern die Grundschuld nicht nachrangig eingetragen ist.

20. Kreditleihe bedeutet, dass eine Bank ihrem Kunden ihre Kreditwürdigkeit zur Verfügung stellt. Sie findet Anwendung, wenn sich im Geschäftsverkehr die Vertragsparteien nicht gut kennen, vor allem im Auslandsgeschäft. Die Bank gibt für ihren Kunden eine selbstschuldnerische Bürgschafts- oder Garantieerklärung ab (Avalkredit) oder akzeptiert einen auf sie gezogenen Wechsel (Akzeptkredit), den der Kunde dann seinem Vertragspartner sicherungsweise übergeben kann.

Lerneinheit 3.4

Sonderformen der Außenfinanzierung

In dieser Lerneinheit können Sie folgende **Lernziele** erreichen:

- Leasingverträge in ihrer konkreten Ausgestaltung voneinander abgrenzen und in das deutsche Schuldrecht einordnen
- Leasing und Kreditkauf nach den Kriterien Kosten und Liquidität vergleichen und Vor- und Nachteile von Leasing und Kreditkauf gegenüberstellen
- die Funktionen des Factoring benennen und von der Zession abgrenzen
- Kosten von Factoring und internem Debitorenmanagement vergleichen
- Termingeschäfte klassifizieren und ihre Bedeutung charakterisieren
- Das Wesen des Zinsswaps erläutern und den Zinsvorteil berechnen

3.4.1 Leasing

Die in § 311 BGB verankerte *Vertragsfreiheit* erlaubt es, schuldrechtliche Verhältnisse mit den unterschiedlichsten Merkmalen und Verpflichtungen auszustatten. Der im deutschen Recht nicht explizit definierte Leasingvertrag kann daher je nach Ausgestaltung ein *Mietvertrag* (§ 535 BGB, entgeltliche Überlassung zum Gebrauch), ein *Pachtvertrag* (§ 581 BGB, entgeltliche Überlassung zum Gebrauch und Fruchtgenuss) oder ein mit einem *Darlehensvertrag* (§ 488 BGB, Zurverfügungstellen eines Geldbetrag) kombinierter *Kaufvertrag* (§ 433 BGB, entgeltliche Eigentumsübertragung) sein. Gegenstand von Leasingverträgen können Maschinen, Fahrzeuge, Computer, etc. oder auch Grundstücke und Gebäude sein. Wesentliches Merkmal ist, dass der Leasinggeber dem Leasingnehmer einen Vermögensgegenstand zur Nutzung überlässt und dafür eine monatliche Zahlung erhält.

Decken die über die Leasingdauer kumulierten Zahlungen die Anschaffungs- und Bereitstellungskosten (inklusive Zinskosten) des Leasinggebers ab, so spricht man von einem *Vollamortisationsvertrag*, d. h. die Kosten des Leasinggebers werden durch diesen einen Vertrag voll amortisiert. Ist dies nicht der Fall, nennt man den Vertrag *Teilamortisationsvertrag*. Die *Leasingdauer* kann von vorneherein festgelegt sein oder nicht. Zudem kann ein Kündigungsrecht vereinbart oder ausgeschlossen sein.

Ferner muss geklärt sein, wer die Kosten für die *Wartung und Instandhaltung* des Vermögensgegenstandes übernimmt und im Falle von Mängeln den Regress auf den Hersteller vornimmt. Letzteres ist nur in dem (selteneren) Fall unproblematisch, dass der Hersteller gleichzeitig auch Leasinggeber ist (*direktes Leasing* oder Herstellerleasing). Im Regelfall ist der Leasinggeber ein darauf spezialisiertes Unternehmen, dass die Leasinggegenstände erwirbt und dann dem Leasinggeber zur Nutzung überlässt (*indirektes Leasing*). Oft genug ist die Leasinggesellschaft jedoch ein Tochterunternehmen des Herstellers, so dass je nach Intensität der Konzerneinbindung doch wieder von direktem Leasing gesprochen werden könnte.

Außerdem muss festgelegt werden, was nach Ablauf der Leasingdauer (*Grundmietzeit*) mit dem Leasinggut geschehen soll. Entweder es wird zurückgegeben (*Rückgabe*, wie bei Miete oder Pacht), oder der Vertrag wird verlängert (*Mietverlängerungsoption*, zu welchen Konditionen?) oder der Leasingnehmer hat die Möglichkeit, das Leasinggut zu erwerben (*Kaufoption*). Der Erwerb am Ende der Leasingdauer kann auch vorab schon vereinbart sein.

Schließlich spielt die *Leasingdauer* im Verhältnis zur betriebsgewöhnlichen *Nutzungsdauer* des Leasingguts eine wichtige Rolle bei der Vertragsgestaltung und damit für die *ertragsteuerliche Einordnung*. Der Steuergesetzgeber ist daran interessiert, echtes Leasing von *verdecktem Kreditkauf* zu unterscheiden, denn für die Besteuerung ist maßgeblich, wem das Leasinggut gem. § 39 AO zuzurechnen ist, d. h. ob es beim Leasinggeber oder beim Leasingnehmer als Vermögensgegenstand bilanziert werden muss. Wer das Leasinggut bilanziert, darf durch *Abschreibungen* (AfA) den Gewinn und damit die Steuerlast mindern. Der Leasinggeber muss die eingehenden Leasingraten als Erträge versteuern, der Leasingnehmer kann sie nur dann als *Betriebsausgaben* steuerlich absetzen, wenn er das Leasinggut nicht bilanzieren muss. Damit steuermindernde Gewinnverschiebungen reduziert werden, hat das *Bundesfinanzministerium* in einem *Erlass*, basierend auf der Rechtssprechung des Bundesfinanzhofs, klare Regeln für die Zurechnung formuliert:

- Grundsätzlich gilt, dass das Leasinggut dem Leasinggeber zuzurechnen ist, wenn die Grundmietzeit *mindestens 40 % und höchstens 90 %* der betriebsgewöhnlichen Nutzungsdauer beträgt.
- Bei Leasingverträgen mit *Kaufoption* muss der Leasingnehmer das Leasinggut bilanzieren, wenn der vereinbarte *Kaufpreis* niedriger ist als der *Buchwert* am Ende der Grundmietzeit. Zur Berechnung dieses Buchwerts wird die lineare AfA gem. § 7 (1) EStG angesetzt, sofern sich zum Zeitpunkt der Veräußerung nicht ein niedrigerer gemeiner Wert gem. § 9 (2) BewG bzw. Teilwert gem. § 6 (1) Nr. 1 Satz 2 EStG ergibt.
- Ist eine *Mietverlängerungsoption* vereinbart, kommt es auf die *Anschlussmiete* an: Deckt sie den Wertverzehr aufgrund linearer AfA auf den Buchwert oder niedrigeren gemeinen Wert für die Restnutzungsdauer nicht ab, so ist das Leasinggut dem Leasingnehmer zuzurechnen.
- Bei Verträgen über *Spezialleasing*, d. h. wenn das Leasinggut so auf den Leasingnehmer zugeschnitten ist, dass es nicht von einem anderen Unternehmen genutzt werden kann, muss es ohne Rücksicht auf das Verhältnis von Grundmietzeit und Nutzungsdauer sowie auf Optionsklauseln *immer dem Leasingnehmer* zugerechnet werden.

Finanzwirtschaftlich betrachtet, ist es zunächst unerheblich, ob man den Zahlungsmittelabfluss durch die Leasingraten als *Mietzahlung* oder als *Zins und Tilgung* für einen Kreditkauf betrachtet. Zwar ist die Tilgung keine Betriebsausgabe, dafür kann aber die Abschreibung des Leasinggutes als Aufwand gewinnmindernd gebucht werden, d. h. der ertragsteuerliche Zahlungsmittelabfluss variiert nur unwesentlich. Jedoch fällt bei einer Zurechnung des Leasingguts zum Leasingnehmer (Kreditkauf) die Umsatzsteuer auf den Gesamtbetrag sofort an, der Leasingvertrag wird als Rechnung i. S. d. § 14 UStG interpretiert, A 25 (4) und A 183 (2) UStR, muss vom Leasinggeber ans Finanzamt abgeführt werden und kann vom Leasingnehmer bei der nächsten Voranmeldung als Vorsteuer vom Finanzamt zurückgeholt werden.

Übersicht Leasingarten

nach dem Leasinggeber	
direktes Leasing	Leasinggeber ist der Hersteller des Leasinggutes, wird auch als Absatzleasing bezeichnet.
indirektes Leasing	Leasinggeber ist ein Unternehmen, dessen Geschäftszweck im Leasing besteht (Finanzinstitut).
nach der Art des Leasinggutes	
Mobilienleasing	Maschinen, Fahrzeuge, Betriebs- und Geschäftsausstattung, etc.
Immobilienleasing	Grundstücke und Gebäude
nach der Höhe der insgesamt gezahlten Leasingraten	
Vollamortisationsleasing	Summe der Leasingraten deckt die Kosten des Leasinggebers für Anschaffung bzw. Herstellung, Finanzierung, Versicherung, etc. ab.
Teilamortisationsleasing	Summe der Leasingraten deckt die Kosten des Leasinggebers für Anschaffung bzw. Herstellung, Finanzierung, Versicherung, etc. nicht ab.
nach der Risikoaufteilung	
Operate-Leasing	der Miete ähnlich, keine feste Grundmietzeit, jederzeitiges Kündigungsrecht (innerhalb Kündigungsfrist) Leasinggeber trägt das gesamte Risiko, erbringt zusätzlich Dienstleistungen wie Wartung und Reparatur.
Finance-Leasing	Leasingnehmer trägt Investitionsrisiko und Maßnahmen zur Werterhaltung (Wartung, Versicherung). Leasinggeber trägt Kreditrisiko. Feste Grundmietzeit, evtl. mit Kauf- oder Mietverlängerungsoption.

Ein Unternehmen, das ein neues Anlagegut beschaffen möchte, steht vor der Entscheidung, ob *Miete oder Kauf* bzw. welche Ausgestaltung eines sich zwischen Miete und Kauf bewegenden *Leasingvertrags* die beste Alternative ist. In die Entscheidungsfindung müssen vor allem die Kriterien *Liquidität und Kosten* einbezogen werden. Eine regelmäßige monatliche Leasingrate belastet den

Cash Flow des Unternehmens und muss über den Umsatzprozess erwirtschaftet werden. In Unternehmenskrisen droht daher *Illiquidität*, während sich aus einem Kauf zunächst keine laufenden Belastungen ergeben, dafür jedoch die Anschaffungsauszahlung zu einer hohen Belastung der Liquidität führt. Wird der Kauf kreditfinanziert, wird diese einmalige Belastung durch regelmäßige Zins- und Tilgungsverpflichtungen ersetzt, die wiederum den Cash Flow belasten und erwirtschaftet werden müssen, jedoch kann der Vermögensgegenstand in Unternehmenskrisen zur Liquiditätsbeschaffung veräußert werden, da er sich im Eigentum des Unternehmens befindet, während ein Leasingvertrag ohne Kündigungsrecht weiter bedient werden muss. Zudem ist die Hausbank als Kreditgeber oft eher verhandlungsbereit als eine Leasinggesellschaft.

Für das *Kostenkriterium* können die gesamten oder durchschnittlichen Kosten der beiden Alternativen gegenübergestellt werden. Zur Leasingrate können evtl. noch *Leasingsonderzahlungen* hinzukommen, und je nach Ausgestaltung des Leasingvertrags, Kosten für Wartung und Instandhaltung des Leasingobjekts. Beim Kreditkauf sind neben den *Zinskosten* kalkulatorische *Abschreibungen* zu berücksichtigen. Grundsätzlich ist davon auszugehen, dass der Kreditkauf geringere Kosten verursacht als das Leasing, da der Leasinggeber die Raten so bemessen muss, dass seine Kosten gedeckt sind und er einen Gewinn erwirtschaftet. Neben den Anschaffungskosten für das Leasinggut fallen Finanzierungskosten, Transportkosten, Versicherungskosten, Verwaltungs- und Vertriebskosten und bei Rücknahme Verwertungs- oder Entsorgungskosten an. Ein Verwertungserlös wirkt kostenmindernd. Wichtig für die Kalkulation des Leasinggebers ist auch, ob er den Vermögensgegenstand nach Vertragsende neu vermieten und daraus weitere Erträge ziehen kann.

Beispiel Bankkredit oder Leasing

Die Bergthaler Hausgeräte GmbH benötigt für die Fertigung eine neue Universalblechstanzmaschine, die ohne Einsatz von Eigenkapital beschafft werden soll. Es liegt das Angebot einer Leasinggesellschaft zu folgenden Konditionen vor:

Monatliche Leasingrate:	925 €
Einmalige Leasingsonderzahlung:	2.700 €
Grundmietzeit:	36 Monate

Kaufoption: Nach Ablauf der Grundmietzeit besteht die Möglichkeit, die Anlage zum Preis von 22.000 Euro zu erwerben.

Die Leasingsonderzahlung ist sofort nach Abschluss des Vertrags zu leisten.

Alternativ kann die Anlage zu einem Listenpreis von 50.000 € erworben werden. Der Lieferant bietet bei Sofortzahlung einen Rabatt von 10 %. Die Hausbank der Bergthaler Hausgeräte GmbH bietet zur Finanzierung ein Tilgungsdarlehen in Höhe von 45.000 € mit den folgenden Konditionen an:

Nominalzins:	7,4 %
Auszahlung	94 %
Laufzeit:	5 Jahre

Zinstermine und Tilgungsverrechnung: einmal jährlich nachschüssig

Die Nutzungsdauer der Maschine beträgt fünf Jahre.

Die Bergthaler Hausgeräte GmbH prüft beide Angebote unter den Kriterien Liquidität und Kosten. Zunächst stellt sie dabei fest, dass es sich bei dem Leasingangebot nicht um eine Vollamortisation handelt, da die Summe der Leasingraten geringer ist als die Anschaffungskosten:

Anschaffungskosten:	50.000 € ./. 10 % Rabatt =	45.000 €
Summe der Leasingraten:	2.700 € + 36 x 925 € =	36.000 €

Die Grundmietzeit beträgt 60 % der betriebsgewöhnlichen Nutzungsdauer. Der Preis bei Ausübung der Kaufoption am Ende der Grundmietzeit liegt über dem Restbuchwert:

lineare AfA für 3 Jahre:	45.000 € x 3/5 =	27.000 €
Restbuchwert am Ende des dritten Jahres:		18.000 €
Preis bei Ausübung der Kaufoption:		22.000 €

Dann überprüft sie die Liquiditätsbelastung. Bei beiden Alternativen ist zu Beginn eine gleichhohe Zahlung erforderlich: Die Leasingsonderzahlung in Höhe von 2.700 € entspricht dem Disagio (6 % von 45.000 € = 2.700 €). Angesichts der derzeit entspannten Liquiditätssituation der Bergthaler Hausgeräte GmbH kann sie das Disagio über den Dispositionskredit bei der Hausbank finanzieren. Für die weitere Finanzplanung ist bedeutsam, dass die Leasingrate monatlich aufzubringen ist. Aus dem Kredit ergeben sich einmal jährlich (abnehmende) Zahlungen. Es ist davon auszugehen, dass die Abschreibungsgegenwerte über die Umsatzerlöse verdient werden können.

Jahr	Leasingrate und Kaufoption	Kreditkauf			Differenz
		Tilgung	Zinsen	gesamt	
zu Beginn	2.700		2.700	2700	0
im 1. Jahr	11.100	9.000	3.330	12.330	-1.230
im 2. Jahr	11.100	9.000	2.664	11.664	-564
im 3. Jahr	33.100	9.000	1.998	10.998	22.102
im 4. Jahr		9.000	1.332	10.332	
im 5. Jahr		9.000	666	9.666	
Summe	58.000	45.000	12.690	57.690	310

Die Liquiditätsbelastung ist in den ersten beiden Jahren beim Kreditkauf etwas höher als bei Leasing, zudem fällt sie nur einmal im Jahr an, während sich die Belastung durch die Leasingraten auf das Jahr verteilt. Am Ende des dritten Jahres muss eine Entscheidung über die Ausübung der Kaufoption getroffen werden, die bei Ausübung eine zusätzliche einmalige Liquiditätsbelastung bewirkt, so dass die gesamte Liquiditätsbelastung bei Kreditkauf um 310 € geringer ist als bei Leasing. Alternativ zur Ausbung der Kaufoption könnte ein neuer Leasingvertrag geschlossen werden. Zu klären ist daher, ob bei Kreditkauf nach fünf Jahren Nutzungsdauer eine Ersatzinvestition erolgen soll. Der Vorteil eines neuen Leasingvertrags ist, dass nach drei Jahren eventuell eine technisch verbesserte Maschine gemietet werden kann.

Maßgeblich ist nach diesen Vorüberlegungen daher der Kostenvergleich der beiden Alternativen. Eine (statische) Durchschnittsbetrachtung wird für die Entscheidungsfindung als ausreichend empfunden:

Leasing

12 Leasingraten pro Jahr zu 925 € =	11.100 €
Leasingsonderzahlung / Grundmietzeit =	900 €
Summe Leasingkosten (pro Jahr):	12.000 €

Kreditkauf

Listenpreis	50.000 €
./. 10 % Rabatt	5.000 €
Kaufpreis = Kreditbetrag	45.000 €

Disagio 4 % von 45.000 € = 2.700 € / 5 Jahre =	540 €
Zinslast 7,4 % x 45.000 € x (5+1)/ 2 = 9.990 € / 5 Jahre =	1.998 €
Abschreibungen: 45.000 € / 5 Jahre =	9.000 €
Summe Kosten Kreditfinanzierung (pro Jahr):	11.538 €

Im Kostenvergleich anhand von Jahresdurchschnitten zeigt sich, dass der Kreditkauf die kostengünstigere Alternative ist. Der durchschnittliche Kostenvorteil beträgt 462 €.

Übersicht Kreditkauf oder Leasing

	Kreditkauf	**Leasing**
Vorteile	Anlagegut geht ins Eigentum des Unternehmens ein. Nutzung der Abschreibung zur Innenfinanzierung, Aufwand mindert die Steuerlast, ohne mit Auszahlung verbunden zu sein. Jederzeit Verkauf der Anlage möglich, z. B. bei Strategiewechsel und Änderung des Produktionsprogramms Bilanzierung erhöht Anlagevermögen für Bilanzanalyse.	Keine oder geringe Liquiditätsbelastung (Sonderzahlung) zu Beginn, Liquidität kann für andere Ziele eingesetzt werden. Konstante Leasingraten erleichtern die Finanzplanung. Kurze Vertragslaufzeiten ermöglichen flexible Anlageentscheidungen und Verwendung neuester Technologie. keine Ansparleistungen für Ersatzbeschaffung erforderlich
Nachteile	schlechtere Kapitalstruktur, höherer Verschuldungsgrad Kredit muss besichert werden (Sicherungsübereignung), dies schränkt die Veräußerbarkeit ein. Wertverfall durch Gebrauchs- und Zeitverschleiß sowie durch technischen Fortschritt schränkt Veräußerbarkeit ein.	Leasingraten enthalten Risikoprämie und Gewinn des Leasinggebers, sind daher hoch. Bei Umsatzeinbruch kann es zu Liquiditätsschwierigkeiten kommen, da die Leasingraten weiter gezahlt werden müssen. Wartungs- und Instandhaltungskosten müssen vom Leasingnehmer getragen werden

3.4.2 Factoring

Während die Entscheidung Kreditkauf oder Leasing zur Beschaffung von Anlagevermögen zu den langfristig wirkenden Entscheidungen zählt, bei der die *Fristenkongruenz* das maßgebliche Kriterium ist, geht es beim Factoring um *Umsatzkongruenz*, d. h. um das Schließen bzw. Reduzieren der finanziellen Lücke, die insbesondere durch die Gewährung von Kundenzielen entsteht. Auslöser für die Finanzentscheidung, das Dienstleistungsangebot eines Factors in Anspruch zu nehmen, kann daher die *Marketingstrategie* sein, im Rahmen des *Kontrahierungsmix* zur Verbesserung der Kundenbindung das Instrument *Kundenkredite* einzusetzen.

Beim *echten* Factoring kommt zwischen dem Unternehmen und dem Factor ein *Kaufvertrag* gem. §§ 433, 453 BGB zustande. Der Factor verpflichtet sich, vom Unternehmen Kundenforderungen, die die vereinbarten Kriterien erfüllen, anzukaufen und den Gegenwert (abzüglich Sicherheitseinbehalt) auszuzahlen, das Unternehmen verpflichtet sich, dem Factor die in den Kundenrechnung verbrieften Forderungen zu übergeben und ihm das Eigentum daran frei von Rechtsmängeln zu übertragen. In der Praxis erfolgt die Übertragung i. d. R. auf elektronischem Wege. Der wichtigste Unterschied zur Zession (Abtretung von Forderungen) ist, dass mit dem Verkauf das *Ausfallrisiko* (Delcredere-Risiko) auf den Factor übergeht. Ein Factor kauft daher nur Forderungen an, die bestimmte Kriterien erfüllen, und führt selbst eine *Bonitätsprüfung* der Debitoren durch, vor allem auch um das *Veritätsrisiko* (auch Bestandsrisiko, dass es die Forderung gar nicht gibt) auszuschließen. Es ist schon vorgekommen, dass ein Unternehmen einem Factor Forderungen verkauft hat, die entweder erfunden oder bereits per Globalzession an ein Kreditinstitut abgetreten waren. Über die sofortige Auszahlung lässt sich ein solcher Betrug eine zeitlang finanzieren.

Je nach weiterer Ausgestaltung des Factoring-Vertrags kann der Factor gegen Entgelt weitere Dienstleistungen wie das *Debitorenmanagement* inklusive Mahn- und Inkassowesen für das Unternehmen durchführen, d. h. zum Kaufvertrag kommt ein *Dienstvertrag* (§§ 611 ff. BGB) hinzu.

Übersicht Factoring

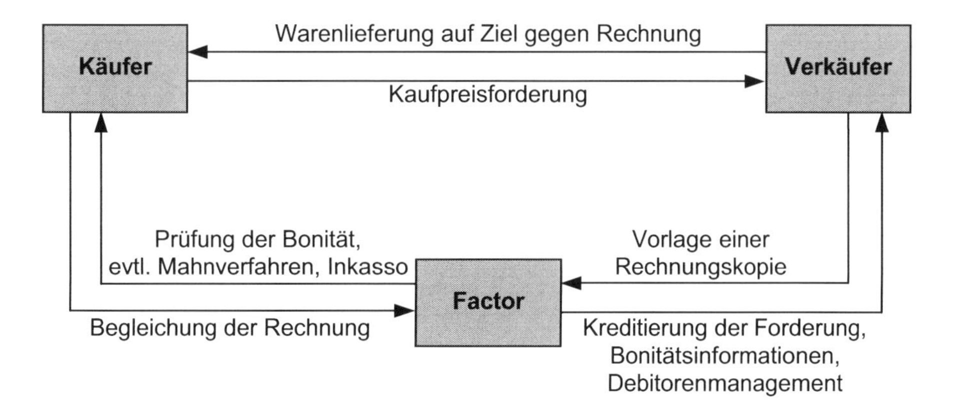

Die genaue inhaltliche Ausgestaltung des Factoring-Vertrags regelt den weiteren *Ablauf des Factoring*, insbesondere, welche Funktionen der Factor übernimmt und ob das Factoring den Debitoren gegenüber offengelegt wird oder nicht. Davon hängt auch ab, ob das Unternehmen dem Debitor die Rechnung zusendet und nur eine Kopie an den Factor übergibt, oder ob die Originalrechnung über den Factor an den Debitor weitergeleitet wird.

Übersicht Arten des Factoring

nach dem Leistungsumfang	
echtes Factoring	Kaufvertrag, d. h. Eigentumsübergang: Factor übernimmt das Delcredere-Risiko (Ausfallrisiko).
unechtes Factoring	Darlehens- und Zessionsvertrag, d. h. Rechtsabtretung: Bei Forderungsausfall erfolgt Rückgriff des Factors auf das Unternehmen; Verzicht auf die Delcrederefunktion.
Maturity-Factoring	Fälligkeits-Factoring: Auszahlung erfolgt erst nach Eingang der Forderung beim Factor. Factor übernimmt nur das Ausfallrisiko und das Debitorenmanagement, keine Kreditierung, d. h. Verzicht auf die Finanzierungsfunktion, keine Auswirkung auf die finanzielle Lücke
Inhouse-Factoring	Eigenservice- oder Bulk-Factoring: ohne Debitorenbuchhaltung und Mahnwesen, Factor übernimmt nur das Ausfallrisiko und das Inkasso. stark eingeschränkte Dienstleistungsfunktion
Auswahl-Factoring	Factor erwirbt nur einzelne, ausgesuchte Forderungen.
Import-Factoring	Ausländische Unternehmen beauftragen einen deutschen Factor mit dem Forderungseinzug.
Export-Factoring	Deutsche Exporteure beauftragen einen ortsansässigen Factor mit dem Forderungseinzug.
nach der Offenlegung gegenüber dem Debitor	
offenes Factoring	Debitor wird über das Factoring informiert, kann nur an den Factor schuldbefreiend zahlen (notification factoring).
halboffenes Factoring	Auf der Rechnung an den Debitor ist für die Zahlung das Konto des Factors angegeben.
stilles Factoring	Debitor wird über das Factoring nicht informiert. (non-notification factoring) erhöhtes Veritätsrisiko, daher Anwendung selten und nur bei erstklassigen Debitoren

Unechtes Factoring kann nach der *Vertragsbruchtheorie* des BGH bei Kollision mit einem verlängerten Eigentumsvorbehalt sittenwidrig (§ 138 BGB) sein. Die Forderung kann nicht an den Factor abgetreten werden, da sie dem Unternehmen solange nicht zusteht, wie es seine Lieferantenrechnung nicht bezahlt hat. Wird sie dennoch abgetreten, liegt ein Bruch des Vertrags mit dem Lieferanten vor und das Unternehmen macht sich des Betrugs nach § 263 StGB strafbar, wenn es den Lieferanten in dem Glauben belässt, dass sein verlängerter Eigentumsvorbehalt Bestand hat. Auch wenn die Globalzession gegenüber dem (unechten) Factor zeitlich vor dem Vertrag mit dem Lieferanten liegt, ist sie daher dennoch unwirksam.

Beim echten Factoring ergibt sich dieses Problem nicht, da auch ein bedingtes Recht veräußert werden kann, und wenn die Auszahlung umsatzkongruent zur Tilgung eben dieser Lieferantenforderung genutzt wird, erlischt der verlängerte Eigentumsvorbehalt.

Übersicht Funktionen und Kosten des Factoring

Finanzierungs-funktion **Liquiditäts-funktion**	Factor zahlt die in Zukunft fälligen Kundenforderung sofort aus, abzüglich 10 - 20 % Sicherheitseinbehalt (Sperrbetrag) für Skontoabzug oder Minderung wegen Mängelrüge. Der verbleibende Betrag wird bei Fälligkeit überwiesen. Kreditzinsen für die Dauer der Inanspruchnahme
Delcredere-funktion **Versicherungs-funktion**	Factor übernimmt das Ausfallrisiko (Delcredererisiko), d. h. er zahlt auch wenn die Forderung ausfällt. Factor prüft daher die Bonität der Debitoren, legt für jeden ein Ankauflimit fest, übernimmt keine Dubiosen und sichert sich zusätzlich durch eine Globalzession ab. Delcrederegebühr
Dienstleistungs-funktion	Factor übernimmt im Zusammenhang mit der Forderung stehende Verwaltungsaufgaben: Bonitätsprüfung, Beratung, Debitorenbuchhaltung, Meldungen im Außenwirtschafts-verkehr, Mahnwesen, Inkasso, etc. Dienstleistungsgebühr

Der wichtigste Vorteil des Factoring liegt für die meisten Unternehmen in der *Finanzierungsfunktion*, da die Kundenkredite die Liquidität des Unternehmens nicht belasten, sondern an den Factor durchgereicht werden. Die Zahlung des Factors erfolgt üblicherweise sofort oder binnen weniger Tage nach Vorlage der Rechnung. Das Unternehmen kann seine *kurzfristigen Verbindlichkeiten*, insbesondere Inanspruchnahmen von Dispositionslinien, deutlich reduzieren und Lieferantenskonto nutzen. Die *Bilanzstruktur* verbessert sich, der Verschuldungsgrad sinkt. Die *Kosten* sinken, wenn die Kostensenkung aufgrund des geringeren Zins- und Skontoaufwands über die zusätzlichen Kosten des Factoring hinausgehen.

Weitere Kosteneinsparungen ergeben sich aus der *Delcrederefunktion*: Die Abschreibung zweifelhafter und uneinbringlicher Forderungen (Wertberichtigung) entfällt. Die Inanspruchnahme der *Dienstleistungsfunktion* bewirkt, dass die Kosten für das Debitorenmanagement – Bonitätsprüfung, Überwachung des Zahlungseingangs, Mahn- und Inkassowesen – entfallen. Insbesondere die dafür eingesetzten Mitarbeiterkapazitäten können im Unternehmen anderweitig genutzt werden, jedoch ist eine vollständige Abschaffung des *Debitorenmanagement* i. d. R. nicht möglich, da der Factor *nicht alle Arten von Forderungen* übernimmt: Forderungen mit speziellen Ausfallrisiken (z. B. politische Risiken,

Wechselkursrisiken), langfristige Forderungen oder solche, die mit längerfristigen Gewährleistungsansprüchen verbunden sind, und Forderungen an Endverbraucher werden nicht angekauft. Ferner wird für jeden Kunden abhängig von der Bonität ein Limit festgelegt, die bis zu dem Forderungen angekauft werden, und wenn das Limit erschöpft ist, werden so lange keine Forderungen dieses Kunden angekauft, bis Rückflüsse wieder Platz geschaffen haben.

Die vom Factor berechneten „*Gebühren*" treten in der Praxis unter verschiedenen Bezeichnungen auf, z. B. auch als Umsatzgebühren, Bankgebühren, Kauflimitprüfungsgebühren oder sonstige Gebühren. Sie decken die Kosten für die Bevorschussung der angekauften Forderungen (Zinsen), Ausfallkosten (Wertberichtigung), Inkassokosten (z. B. Mahnbescheidgebühren), Mitarbeitergehälter, Verwaltungskosten und sonstige Gemeinkosten und enthalten zudem einen Gewinnzuschlag und die Umsatzsteuer.

Beispiel Factoring

Die Brandenburger Maschinenbau GmbH, Bad Freienwalde, hat vorwiegend gewerbliche Kunden, denen sie zur Absatzförderung Zahlungsziele von bis zu drei Monaten einräumt. Sie erwägt daher, die so entstehende finanzielle Lücke zwischen den Auszahlungen für Beschaffung und Produktion und den Einzahlungen aus Umsatzrückflüssen durch Factoring zu schließen und holt das folgende Angebot bei der Percenta Factoring GmbH ein:

> Ankauf von Forderungen, sofern Debitorenbonität gegeben, ab einem Mindestbetrag von 1.000 € gegen Vorlage der Rechnungskopie. Die Rechnung an den Kunden darf ausschließlich unsere Bankverbindung enthalten, ein Hinweis auf das Factoring ist nicht erforderlich. Die Auszahlung des Rechnungsbetrags abzüglich Sicherheitseinbehalt (Sperrbetrag) von 10 % erfolgt ein Tag nach Einreichung der Rechnungskopie. Bei noch erforderlicher Bonitätsprüfung kann sich die Auszahlung verzögern. Das maximale Forderungsziel beträgt drei Monate. Für jeden Debitor wird ein Limit abhängig von der Bonität eingerichtet, bis zu dem Forderungen angekauft werden. Kein Ankauf von Forderungen mit speziellen Ausfallrisiken und mit längerfristigen Gewährleistungsansprüchen sowie von Forderungen an Endverbraucher. Die Kosten betragen:
>
> 8,5 % Zinsen auf die Inanspruchnahme,
>
> 1,2 % Delcrederegebühr auf den Jahresumsatz,
>
> 1,9 % Dienstleistungsgebühr auf den Jahresumsatz.
>
> Die Percenta GmbH übernimmt für Sie das vollständige Debitorenmanagement und unterrichtet Sie regelmäßig über die Bonität Ihrer Kunden, insbesondere über Unregelmäßigkeiten, die zum Forderungsausfall führen könnten. Wir arbeiten dazu mit der renommierten Rappcent-Auskunftei zusammen. Wir entlasten Sie durch Übernahme des kompletten Mahn- und Inkassowesens und sollte dennoch eine Forderung ausfallen, haben Sie bei der Percenta GmbH dadurch keine Einbuße, denn wir übernehmen das volle Ausfallrisiko (ohne Sperrbetrag).

Der Controller der Brandenburger Maschinenbau GmbH überprüft nun anhand der Kosteninformationen und der folgenden Zahlen (in Tsd. €) aus dem Rechnungswesen mittels einer Kostenvergleichsrechnung, ob das Angebot der Percenta GmbH für die Brandenburger Maschinenbau GmbH mit einem Kostenvorteil verbunden ist.

zusammengefasste Bilanz
Brandenburger Maschinenbau GmbH

Aktiva		Passiva	
Anlagevermögen	8.700	Eigenkapital	6.300
Umlaufvermögen		Fremdkapitel	
Vorräte	2.600	langfristig	4.200
Warenforderungen	9.900	Lieferanten	3.100
Liquide Mittel	0	Kreditinstitute	7.600
	21.200		21.200

Relevante Daten aus der Betriebsabrechnung (Jahresdurchschnittswerte):

Umsatz	47.000	Lieferantenskonto	2,5 %
Wareneinsatz	23.000	Zinssatz Kontokorrentkredit	9,5 %

Für die in der Bilanz ausgewiesenen Lieferantenverbindlichkeiten sind die Skontofristen bereits abgelaufen. In Zukunft sollen die Wareneinkäufe skontiert werden und die Inanspruchnahme der Dispositionslinien auf Null zurückgefahren werden. Im Unternehmen sind zwei Mitarbeiter hauptsächlich mit dem Debitorenmanagement inklusive Mahn- und Inkassowesen beschäftigt, denen in Zukunft vermehrt andere Aufgaben zugewiesen werden sollen. Hans Dremel, Bilanzbuchhalter, bezieht ein monatliches Gehalt von 3.850 €. Er soll mehr Aufgaben im Controlling übernehmen. Erwin Köttmann, Außendienstmitarbeiter und bisher für das Inkasso zuständig, bezieht ein Gehalt inklusive Verkäuferprovision von 2.650 € monatlich und soll wieder verstärkt im Vertrieb arbeiten. Das Unternehmen zahlt 14 Monatsgehälter, die Lohnnebenkosten betragen 70 %.

Die Außenstände betragen im Durchschnitt 20 % des Jahresumsatzes, die Forderungsausfälle bemessen sich auf 1,3 % des Jahresumsatzes. An weiteren Kosten des Debitorenmanagements (Büromaterial, Auskünfte, Mahnkosten, Gerichts- und Anwaltskosten) fallen jährlich durchschnittlich 28.400 € an:

Die Kosten für das Factoring werden vom Controller wie folgt berechnet:

8,5 % Zinsen auf die Inanspruchnahme	8,5 % x 8.460 =	719,1
1,2 % Delcrederegebühr auf den Jahresumsatz	1,2 % x 47.000 =	564,0
1,9 % Dienstleistungsgebühr auf den Jahresumsatz	1,9 % x 47.000 =	893,0
Gesamtkosten Factoring		2.176,1

Die durchschnittliche Inanspruchnahme von 8.460 ergibt sich, indem von den durchschnittlichen Außenständen von 9.400 (20 % des Jahresumsatzes) 10 % Sperrbetrag abgezogen werden.

Folgende Einsparungen ergeben sich durch das Factoring:

Personalkosten	(3,85 + 2,65) x 14 Monate + 70 %	154,7
Kosten Debitorenmanagement		28,4
Forderungsausfälle	1,3 % x 47.000 Jahresumsatz	611,0
Skonto	2,5 % x 23.000 Wareneinsatz	575,0
Zinskosten	9,5 % x 7.600 kfr. Bankverbindlichkeiten	722,0
		2.091,1

Auch wenn die beiden Mitarbeiter weiterbeschäftigt werden, müssen die Personalkosten als relevante Kosten in den Kostenvergleich einbezogen werden. Durch die Übernahme des Delcredere-Risikos durch den Factor kommt es nicht mehr zu Forderungsausfällen. Über die Finanzierungsfunktion kann Lieferantenskonto genutzt und der Kontokorrentkredit zurückgeführt werden; beide Maßnahmen sparen Zinskosten ein. Insgesamt ergibt sich aus dieser Durchschnittsrechnung, dass das Factoring um 85 Tsd. € teurer ist als das eigene Debitorenmanagement. Vor allem die Dienstleistungsgebühr des Factors ist zu hoch. Es soll daher in den Vertragsverhandlungen versucht werden, die Dienstleistungsgebühr auf 1,5 % vom Jahresumsatz zu senken, denn dann ergibt sich durch Factoring eine Kosteneinsparung von 103 Tsd. €.

3.4.3 Finanzinstrumente

Neben den klassischen Finanzierungsformen haben sich, unterstützt durch die Computerisierung der globalen Finanzmärkte, inzwischen zahlreiche *Finanzinnovationen* entwickeln können, die kapitalsuchenden Unternehmen und Anlegern vielfache neue Funktionen und Möglichkeiten bieten.

Durch *Securitization* (Verbriefung) können handelbare Wertpapiere aus den verschiedensten Arten von Eigentumsrechten geschaffen werden, z. B. durch Forderungen (asset backed securities) oder Hyptheken (mortgage backed securities) besicherte Wertpapiere, aber auch die Verbriefung anderer, mitunter exotischer Eigentumsrechte führt zur Erweiterung der Finanzierungsmöglichkeiten des Emittenten. Die Verbriefung erfolgt durch darauf spezialisierte Finanzdienstleister, die von dem Unternehmen *zukünftige Zahlungsströme* ankaufen und sich über die Emission von Wertpapieren auf dem Kapitalmarkt refinanzieren. Zur Handelbarkeit (Fungibilität) dieser Wertpapiere ist es erforderlich, dass klare Ankaufskriterien festgelegt und bekannt gemacht werden, vor allem müssen die Zahlungsströme insolvenzrechtlich sicher sein. Oft werden die Eigentumsrechte auch zu Portfolien gebündelt angeboten, woraus sich für den Anleger eine Risikostreuung ergibt. Rating-Agenturen nehmen ferner eine Bewertung der Wertpapiere vor, die zudem noch durch Credit Enhancements, z. B. eine Warenkreditversicherung abgesichert sein können.

Auch bei der langfristigen Finanzierung durch *Schuldverschreibungen* können durch Variation der Ausstattungsmerkmale und Kombination mit Zusatzrechten neue, für Investoren attraktive Anlagemöglichkeiten geschaffen werden: Neben den eher klassischen Gewinn-, Wandel- und Optionsanleihen sowie Null-Kupon-Anleihen (zerobonds) und Anleihen mit variabler Verzinsung (floating rate notes) gibt es inzwischen Anleihen mit Option auf den Bezug weiterer Anleihen zu vorab vereinbarten Konditionen, Anleihen mit Währungsoptionen (currency warrants) und mit Kündigungsoptionen (harmless warrants) oder auch Indexanleihen, bei denen die Höhe des Rückzahlungsbetrages an die Entwicklung eines Index, z. B. einen Aktienindex, gekoppelt ist.

Im Rahmen von sogenannten *Emissionsfazilitäten* werden zur Abdeckung längerfristiger Kreditbedürfnisse auch Wertpapiere mit kurzer Laufzeit auf den Markt gebracht und bei Fälligkeit immer wieder durch Neuemissionen ersetzt (*revolving*). Kreditinstitute übernehmen dabei gegenüber dem Emittenten eine Garantiefunktion (underwriting) in Form langfristiger Übernahmeverpflichtungen (backup-line) oder Kreditzusagen im Falle von Platzierungsschwierigkeiten (standup-line). Die kurzen Laufzeiten ermöglichen eine flexiblere Inanspruchnahme und senken die Kapitalkosten.

Termingeschäfte (Futures, Optionen, Swaps) zur Absicherung finanzwirtschaftlicher Risiken (*hedging*), insbesondere offener Fremdwährungspositionen mit *Devisenoptionen* oder Ausschaltung von Zinsänderungsrisiken durch *Zinsfutures*, aber auch von Aktienkursschwankungen mit Aktienindexfutures sind für viele Unternehmen von Bedeutung; daneben können aber auch Aktienportefeuilles gegen Kursrisiken abgesichert werden. Begehrt sind auch *Zins- oder Währungs-Swaps*: Zinsverpflichtungen oder Kapitalbeträge in unterschiedlichen Währungen werden getauscht, um Vorteile auf sich unterschiedlich entwickelnden Kapitalmärkten zu erwirtschaften bzw. um Risiken entsprechend abzusichern.

Übersicht Termingeschäfte

<table>
<tr><th colspan="2">bedingte</th><th colspan="3">unbedingte</th></tr>
<tr><td colspan="2" rowspan="2">Einem Vertragspartner steht das Recht zu, zwischen Erfüllung und Aufgabe des vereinbarten Geschäfts zu wählen.</td><td colspan="3">Beide Vertragspartner sind verpflichtet, die beim Vertragsabschluss vereinbarten Leistungen zum festgelegten Zeitpunkt zu erbringen.</td></tr>
<tr><td>börslich</td><td colspan="2">außerbörslich</td></tr>
<tr><td>Kauf-Option (Call)</td><td>Verkaufs-Option (Put)</td><td>Die Bedingungen des Vertrags sind standardisiert.</td><td colspan="2">Die Bedingungen des Vertrags werden frei vereinbart.</td></tr>
<tr><td colspan="2">Option</td><td>Future</td><td>Forward</td><td>Swap</td></tr>
</table>

Der Käufer einer *Kaufoption* zahlt eine *Prämie* für das Recht, innerhalb einer Frist oder zu einem bestimmten Zeitpunkt Wertpapiere zu einem vorab festgelegten Basispreis zu erwerben. Ist der aktuelle Kurs des Wertpapiers höher als die Summe aus Prämie und *Basispreis*, erwirtschaftet er einen Gewinn. Bleibt der Kurs unter dieser Summe, ist sein Verlust auf die Prämie für das nicht ausgeübte Recht begrenzt. Der Verkäufer einer Kaufoption (*Stillhalter in Wertpapieren*) erhält die Prämie als Ertrag und muss dafür die Wertpapiere vorhalten bzw. im Falle der Ausübung der Option beschaffen. Je höher der Kurs über die Summe aus Prämie und Basispreis steigt, umso höher ist sein Verlust.

Der Käufer einer *Verkaufsoption* zahlt eine Prämie für das Recht, innerhalb einer Frist oder zu einem bestimmten Zeitpunkt Wertpapiere zu einem vorab festgelegten Basispreis zu verkaufen. Ist der aktuelle Kurs des Wertpapiers niedriger als die *Differenz* aus Basispreis und Prämie, erwirtschaftet er einen Gewinn. Sofern er die Wertpapiere nicht im Bestand hat, kann er sie dann zum aktuellen Kurs an der Börse kaufen und zum Basispreis an den Vertragspartner verkaufen. Bleibt der Kurs über dieser Differenz, ist sein Verlust auf die Prämie für das nicht ausgeübte Recht begrenzt. Der Verkäufer einer Verkaufsoption (*Stillhalter in Geld*) erhält die Prämie als Ertrag und muss dafür die Wertpapiere im Falle der Ausübung der Option zum Basispreis erwerben, d. h. die notwendigen Finanzmittel dazu vorhalten. Je niedriger der Kurs unter der Differenz aus Basispreis und Prämie sinkt, umso höher ist sein Verlust.

Zur *Risikoabsicherung* ist die Option geeignet, wenn in Zukunft Wertpapiere ge- oder verkauft werden sollen und der zukünftige Kaufpreis bzw. Verkaufserlös heute schon festgelegt werden soll.

Beispiel Kauf- und Verkaufsoption

Ein Unternehmen erwägt, in den nächsten Monaten Aktien eines anderen Unternehmens zu erwerben. Da mit steigenden Kursen gerechnet wird, sollen über den Kauf einer Kaufoption (Call) das Kursrisiko gehedgt und die Kosten der eventuellen Beteiligung planbar gehalten werden. Da der genaue Zeitpunkt für den eventuellen Erwerb schon feststeht (nach der Hauptversammlung), kann eine Option nach europäischem Modell gewählt werden, bei der das Ausübungsdatum festgelegt ist, während beim amerikanischen Modell ein Zeitraum zur Ausübung der Option (Lebenszeit) zur Verfügung steht. Der Aktienkurs notiert zur Zeit bei 93 €, die Option kostet 10 €, der Ausübungspreis 100 €. Bleibt bis zum Ausübungstag der Kurs unter 110 €, wird auf das Ausüben der Option verzichtet, da die Aktien zum dann aktuellen Kurs günstiger beschafft werden können. Sollte der Kurs jedoch über 110 € steigen, wird die Option ausgeübt. Damit sind die Beschaffungskosten gedeckelt.

Ein anderes Unternehmen erwägt, in den nächsten Monaten im Bestand befindliche Aktien zu verkaufen und erwirbt daher eine Verkaufsoption (Put), um den möglichen Verlust bei sinkenden Aktienkursen zu begrenzen. Der Ausübungserlös beträgt 100 €, die Option kostet 10 €. Sinkt der Kurs bis zum geplanten Verkaufstag unter 90 €, wird die Option ausgeübt, bleibt er über 90 €, ist der Verkaufserlös über die Börse höher.

Bei einem *Future* (unbedingtes Termingeschäft) wird der zukünftige Preis schon heute fest vereinbart. Ist z. B. heute bereits bekannt, dass in drei Monaten ein Zahlungseingang in Fremdwährung erfolgen wird, so kann der Betrag heute schon per Termin verkauft werden (*Terminverkauf*). Damit wird das Wechselkursrisiko ausgeschlossen. Die Zahlung erfolgt erst zum vereinbarten Termin. Die Kosten dieser Maßnahme ergeben sich daraus, dass der Kassakurs (heutige Kurs) über dem Terminkurs (zukünftigen Kurs) liegt, d. h. aus heutiger Sicht wäre der Verkauf mit Kasse sofort günstiger als zum zukünftigen Zeitpunkt. Umgehrt kann bereits heute per Termin ein Fremdwährungsbetrag erworben werden, der erst in der Zukunft benötigt wird (*Terminkauf*). Der Terminkurs für den Kauf liegt über dem Kassakurs.

Beispiel Termingeschäfte

Ein deutsches Unternehmen erwartet in drei Monaten eine Gewinnausschüttung seiner amerikanischen Tochtergesellschaft in Höhe von 117.000 USD. Zur Zeit notiert der EUR bei 1,3512 USD, d. h. nach aktuellem Kurs beträgt der Wert der Gewinnausschüttung 86.589,70 €. Das Unternehmen befürchtet, dass der Dollar abgewertet wird und verkauft daher per Termin drei Monate die 117.000 USD zu einem Kurs von 1,3718 USD. Dies entspricht einem Gegenwert von 85.289,40 €. Die Wechselkurssicherung kostet damit 1.300,30 €.

Ein amerikanisches Unternehmen plant für die Zukunft den Erwerb einer Präzisionsfräsanlage von einem deutschen Hersteller. Der Listenpreis beträgt 235.000 €, dies entspricht nach aktuellem Kurs 317.532 USD. Das Unternehmen erwirbt an der Devisenbörse per Termin 235.000 € zu einem Terminkurs von 1,3718 USD, d. h. es muss zum Termin 322.373 USD bezahlen. Diese Kurssicherungsmaßnahme kostet das Unternehmen die Differenz zum Kassapreis in Höhe von 4.841 USD.

Ein *Forward-Swap* dient der Absicherung des Zinsrisikos bei für die Zukunft geplanten Kreditaufnahmen. Vereinbart wird, dass das Unternehmen an die Bank einen festen Zinssatz zahlt und dafür im Tausch einen variablen Zinssatz erhält, der z. B. an den EURIBOR (European Inter Bank Offered Rate) gekoppelt ist. Nimmt das Unternehmen dann zum zukünftigen Zeitpunkt einen Kredit auf, dessen Zins auch an den EURIBOR, gekoppelt ist, wird das Zinsrisiko ausgeschaltet. Die Sicherungskosten ergeben sich aus der Marge, die die Bank auf den EURIBOR aufschlägt.

Bei einem reinen *Zins-Swap* (interest rate swap) werden zinsvariable und zinsfixe Verpflichtungen getauscht oder es erfolgt der Tausch von zinsvariablen Verpflichtungen mit unterschiedlicher Referenzbasis. Der *Währungs-Swap* (cross currency swap) ist durch unterschiedliche Währungen der getauschten Verpflichtungen (Kapitalbeträge und Zinsen) gekennzeichnet. Werden sowohl unterschiedliche Währungsbeträge als auch verschiedene Zinsbindungsfristen getauscht, so liegt ein kombinierter *Zins-Währungs-Swap* (cross currency interest rate swap) vor. Swap-Geschäfte werden meist von darauf spezialisierten Swap-Banken durchgeführt.

Beispiel Forward-Swap und Zins-Swap

Ein Unternehmen hat in seiner Investitionsplanung für das kommende Jahr die Anschaffung einer neuen Produktionsstraße geplant, die vollständig fremdfinanziert werden soll. Die Anschaffungskosten betragen 4 Mio. €, die Nutzungsdauer 5 Jahre. Da das Unternehmen mit steigenden Zinsen rechnet, möchte es bereits zum jetzigen Zeitpunkt Maßnahmen ergreifen, um die Fremdfinanzierungskosten zu begrenzen bzw. das Zinsrisiko auszuschalten. Die Hausbank bietet dazu einen Forward-Swap auf Basis des Sechs-Monats-EURIBOR zum Festsatz von 7 % p. a und berechnet einen Aufschlag (Marge) von 0,5 %. Zum Zeitpunkt der Investition nimmt das Unternehmen ein Tilgungsdarlehen mit variabler Verzinsung auf Basis des Sechs-Monats-EURIBOR auf (Aufschlag 2 %, halbjährliche Zinsanpassung), erhält von der Hausbank den variablen Zins ausgezahlt und zahlt an die Hausbank den Festzins von 7 % zuzüglich 0,5 % Marge. Es entstehen ihm so Zinskosten von 7,5 %. Es ergeben sich die folgenden jährlichen Zahlungsströme:

bei einem EURIBOR von 5 %		
Zinszahlung aufgrund Darlehensvertrag:	4 Mio. € x 7 % =	280.000 €
Auszahlung an die Bank aufgrund Swapvertrag:	4 Mio. € x 7,5 % =	300.000 €
Einzahlung von der Bank aufgrund Swapvertrag:	4 Mio. € x 7 % =	280.000 €
bei einem EURIBOR von 6 %		
Zinszahlung aufgrund Darlehensvertrag:	4 Mio. € x 8 % =	320.000 €
Auszahlung an die Bank aufgrund Swapvertrag:	4 Mio. € x 7,5 % =	300.000 €
Einzahlung von der Bank aufgrund Swapvertrag:	4 Mio. € x 8 % =	320.000 €

Swap-Vertrag und Kreditvertrag werden fristenkongruent zur Investition abgeschlossen. Unabhängig von der Höhe des EURIBOR kann das Unternehmen in seiner Finanzplanung mit einer festen Zinsbelastung rechnen. Steigen die Zinsen tatsächlich, so dass das Unternehmen zum Zeitpunkt der Investition ein Festzinsdarlehen z. B. nur zu 8 % erhalten kann, hat es zudem einen echten Zinsvorteil.

Ein anderes Unternehmen rechnet mit sinkenden Zinsen. Es hat im Obligo ein endfälliges Darlehen über 4 Mio. € zu einem festen Zinssatz von 7,5 % mit einer Restlaufzeit von drei Jahren. Die Zinszahlungen sind halbjährlich nachschüssig fällig.

Um von der erwarteten Zinssenkung zu profitieren, tauscht das Unternehmen über eine Swap-Bank die feste Zinsverpflichtung in eine variable auf Basis des 6-Monats-EURIBOR. Die Swap-Bank erhebt eine Marge von 0,5 % p. a.

Wenn der EURIBOR z. B. jetzt bei 5 % liegt und in einem halben Jahr auf 4,5 % gesunken ist, berechnet sich der Vorteil des Unternehmens wie folgt:

bei einem EURIBOR von 5 % (erstes Halbjahr)		
Zinszahlung aufgrund Darlehensvertrag:	4 Mio. € x 7,5 % x ½ =	150.000 €
Auszahlung an die Swap-Bank:	4 Mio. € x 5,5 % x ½ =	110.000 €
Einzahlung von der Swap-Bank:	4 Mio. € x 7,5 % x ½ =	150.000 €
Zinsvorteil im ersten Halbjahr aufgrund der Swap-Vereinbarung:		40.000 €
bei einem EURIBOR von 4,5 % (zweites Halbjahr)		
Zinszahlung aufgrund Darlehensvertrag:	4 Mio. € x 7,5 % x ½ =	150.000 €
Auszahlung an die Swap-Bank:	4 Mio. € x 5 % x ½ =	100.000 €
Einzahlung von der Swap-Bank:	4 Mio. € x 7,5 % x ½ =	150.000 €
Zinsvorteil im zweiten Halbjahr aufgrund der Swap-Vereinbarung:		50.000 €
gesamter Zinsvorteil im betrachteten Jahr		90.000 €

Die Swap-Bank wird sich auf dieses Geschäft nur dann einlassen, wenn sie die Differenzbelastung über weitere Swap-Geschäfte risikolos an andere Unternehmen durchreichen kann. Ihr Vorteil liegt in der Marge.

Caps und Floors sind vertragliche Vereinbarungen zur Begrenzung von Zinsschwankungen. Die Bank (Verkäufer) verpflichtet sich gegen Zahlung einer Prämie, eine Ausgleichszahlung an das Unternehmen (Käufer) zu leisten, wenn der Referenzzinssatz (z. B. EURIBOR) über (Cap) bzw. unter (Floor) der vertraglich vereinbarten Zinsgrenze liegt. Zur Absicherung gegen steigende Zinsen bei Krediten mit variabler Verzinsung ist insbesondere der Cap als Zinssicherungsinstrument geeignet. Die Kombination aus einem gekauften Cap und einem verkauften Floor wird als *Collar* (Kragen) bezeichnet.. Die Kosten des Cap können durch die Einnahmen aus dem Verkauf des Floor reduziert werden.

Die spekulative Nutzung der Hedging-Instrumente (Futures, Swaps, Optionen) steht betriebswirtschaftlich nicht im Vordergrund, da sie doch mit erheblichen, oft undurchschaubaren Risiken verbunden sein und selbst gesunden Unternehmen über die Hebelwirkung massiven Schaden zufügen können. Ihre Funktion der *Risikoabsicherung* kann zur Senkung der Kapitalbeschaffungskosten führen und ist daher - bei aller gebotener Vorsicht - sinnvoll nutzbar. Aus den Finanzinstrumenten selbst können sich auch Risiken ergeben, z. B. muss bei der Ausgabe von Zerobonds der Rückzahlungsbetrag bis zum Laufzeitende erwirtschaftet werden. Die größere Unabhängigkeit von der Hausbank (*Disintermediation*) durch Emission eigener Wertpapiere kann sich in Unternehmenskrisen auch nachteilig auswirken.

Kontrollfragen zu Lerneinheit 3.4

Sonderformen der Außenfinanzierung

1. Charakterisieren Sie die Rechtsgrundlagen des Leasingvertrags.
2. Was verstehen Sie unter einem Leasingvertrag mit Vollamortisation?
3. Wann muss ein Leasinggut beim Leasingnehmer bilanziert werden?
4. Erläutern Sie den Unterschied zwischen Operate-Leasing und Finance-Leasing.
5. Welche zwei Kriterien werden bei der Entscheidung Kreditkauf oder Leasing vor allem herangezogen?
6. Wie wirken sich Kreditkauf und Leasing auf die Bilanzstruktur aus und welche Konsequenzen kann dies für die weitere Kapitalbeschaffung haben?
7. Grenzen Sie Leasing und Factoring in Bezug auf das relevante Entscheidungskriterium voneinander ab.
8. Erläutern Sie den wesentlichen Unterschied zwischen Factoring und Zession.
9. Was verstehen Sie unter dem Veritätsrisiko und wie geht ein Factor damit um?
10. Wieso kann ein verlängerter Eigentumsvorbehalt mit unechtem Factoring kollidieren und wie geht die Rechtsprechung mit dieser Situation um?
11. Nennen Sie die drei Funktionen des Factoring und erläutern Sie ihre Bedeutung.
12. Welche Kosten entstehen durch Factoring?
13. Welche Einsparung können sich durch Factoring ergeben?
14. Was verstehen Sie unter Securitization und welche Vorteile ergeben sich für ein Unternehmen daraus?
15. Welche Vorteile ergeben sich für ein Unternehmen aus der revolvierenden Ausgabe kurzfristiger Wertpapiere im Rahmen von Emissionsfazilitäten?
16. Wie lassen sich offene Fremdwährungspositionen absichern?
17. Was verstehen Sie unter einem Forward-Swap?
18. Was verstehen Sie unter einem Zins-Swap und worin liegt sein Vorteil?
19. Erläutern Sie den Unterschied zwischen einem Cap und einem Floor.

Lösungen zu Lerneinheit 3.4

Sonderformen der Außenfinanzierung

1. Der im deutschen Recht nicht explizit definierte Leasingvertrag kann je nach Ausgestaltung ein Miet- oder Pachtvertrag (§§ 535, 581 BGB) oder ein mit einem Darlehensvertrag (§ 488 BGB) kombinierter Kaufvertrag (§ 433 BGB) sein. Der Leasinggeber verpflichtet sich, das Leasinggut dem Leasingnehmer zur Verfügung zu stellen, der Leasingnehmer verpflichtet sich, die monatlichen Leasingraten zu erbringen. Weitere Vereinbarungen betreffen die Leasingdauer (z. B. feste Grundmietzeit), eine Kauf- oder Mietverlängerungsoption am Ende der Grundmietzeit, die Übernahme der Kosten für Wartung und Instandhaltung, etc.
2. Die Summe der Leasingraten deckt die Kosten des Leasinggebers für Anschaffung bzw. Herstellung, Finanzierung, Versicherung, etc. ab.
3. Wenn die Grundmietzeit weniger als 40 % oder mehr als 90 % der betriebsgewöhnlichen Nutzungsdauer beträgt. Bei Kaufoption, wenn der Kaufpreis unter dem Buchwert am Ende der Grundmietzeit liegt. Bei Mietverlängerungsoption, wenn die Anschlussmiete unter der linearen AfA liegt. Ferner bei Spezialleasing, d. h. wenn das Leasinggut so auf den Leasingnehmer zugeschnitten ist, dass es nicht von einem anderen Unternehmen genutzt werden kann.
4. Operate-Leasing ist der Miete ähnlich, es gibt keine feste Grundmietzeit und ein jederzeitiges Kündigungsrecht innerhalb Kündigungsfrist. Der Leasinggeber trägt das gesamte Risiko und erbringt zusätzlich Dienstleistungen wie Wartung und Reparatur.

   Beim Finance-Leasing trägt der Leasingnehmer das Investitionsrisiko und Maßnahmen zur Werterhaltung (Wartung, Versicherung). Der Leasinggeber trägt das Kreditrisiko. Es wird eine feste Grundmietzeit, evtl. mit Kauf- oder Mietverlängerungsoption, vereinbart.
5. Kosten: Beim Leasing die Höhe der gesamten Leasingraten und evtl. eine Leasingsonderzahlung, beim Kreditkauf die Zinskosten und die Abschreibung.

   Liquidität: Beim Leasing die monatliche Belastung durch die Leasingrate, beim Kreditkauf Zins- und Tilgung.
6. Leasing ist bilanzneutral, die Leasingraten werden als Aufwand über die Gewinn- und Verlustrechnung gebucht. Kreditkauf erhöht den Verschuldungsgrad und vermindert die Anlagendeckung, was sich nachteilig auf die Kreditwürdigkeit auswirken kann.
7. Leasingentscheidungen sind längerfristig, daher wird auf Fristenkongruenz geachtet. Factoring dient dem Schließen der finanziellen Lücke, die durch Kundenziele hervorgerufen wird, d. h. der Zahlungsmittelzufluss erfolgt kurz nach dem Zeitpunkt, an dem der Umsatz entsteht (Umsatzkongruenz).
8. Beim echten Factoring kommt ein Kaufvertrag zustande, d. h. das Ausfallrisiko geht auf den Factor über; es gibt im Gegensatz zur Zession keinen Rückgriff auf den ursprünglichen Forderungsinhaber.

9. Das Veritätsrisiko oder Bestandsrisiko bedeutet die Gefahr, dass die angekaufte Forderung erfunden ist. Der Factor prüft die Debitorenbonität, kauft nur bestimmte Forderungen an und nur bis zu einer Obergrenze.

10. Tritt ein Unternehmen eine Kundenforderung an den Factor ab, auf der noch ein verlängerter Eigentumsvorbehalt eines Lieferanten liegt, so macht er sich des Betrugs strafbar, wenn er dem Lieferanten gegenüber das Factoring nicht offenlegt. Teilt er ihm hingegen mit, dass die Forderung abgetreten wurde, liegt ein Bruch des Vertrags mit dem Lieferanten vor. Es gilt der Eigentumsvorbehalt.

11. Finanzierungs- oder Liquiditätsfunktion: schließt die finanzielle Lücke.

    Delcredere- oder Versicherungsfunktion: Das Ausfallrisiko entfällt.

    Dienstleistungsfunktion: Das Debitorenmanagement wird eingespart.

12. Zinsen auf die in Anspruch genommenen Beträge, die Delcrederegebühr für das Ausfallrisiko und die Dienstleistungsgebühr für die Übernahme des Debitorenmanagements (Bonitätsprüfung, Überwachung des Zahlungseingangs, Mahn- und Inkassowesen).

13. Es können die Personalkosten der Mitarbeiter im Debitorenmanagement eingespart werden, ferner fallen die Forderungsausfälle weg, die höhere Liquidität ermöglicht die kostensenkende Nutzung von Lieferantenskonto und Zinskosten für kurzfristige Bankkredite sinken.

14. Securitization ist die Verbriefung von Eigentumsrechten, die dann über den Kapitalmarkt verkauft werden können und dem Unternehmen Finanzmittel zuführen.

15. Emissionsfazilitäten kombinieren die Vorteile einer langfristigen (fristenkongruenten) Finanzierung mit der Flexibilität kurzer Laufzeiten. Durch die flexible Inanspruchnahme können die Kapitalkosten gesenkt werden.

16. Offene Fremdwährungspositionen lassen sich entweder durch Devisenoptionen (bedingte Termingeschäfte) oder Futures (unbedingte Termingeschäfte) absichern. Eine Devisenoption ist das Recht, zu einem zukünftigen Zeitpunkt oder innerhalb einer festgelegten Frist, Devisen zu kaufen (Call) oder zu verkaufen (Put). Ein Future ist ein für die Zukunft vereinbarter Kauf bzw. Verkauf der Devisen zu einem heute schon festgelegten Preis (Terminkurs).

17. Ein Forward-Swap dient der Absicherung des Zinsrisikos bei für die Zukunft geplanten Kreditaufnahmen. Das Unternehmen zahlt an die Swap-Bank einen festen Zinssatz und erhält dafür im Tausch einen variablen Zinssatz. Nimmt das Unternehmen dann zu einem zukünftigen Zeitpunkt einen Kredit zu variablen Zinsen auf, wird das Zinsrisiko ausgeschaltet.

18. Ein Zins-Swap ist ein Tausch von Zinsverpflichtungen; i. d. R. wird ein Festzins gegen einen variablen Zins (z. B. auf Basis des EURIBOR) getauscht. Damit können Zinsrisiken abgesichert werden.

19. Ein Cap ist eine Zinsobergrenze, bei deren Überschreiten der Cap-Verkäufer dem Cap-Käufer einen Ausgleich zahlt. Ein Floor ist eine Zinsuntergrenze, bei deren Unterschreiten der Floor-Verkäufer dem Floor-Käufer einen Ausgleich zahlt.

Lerneinheit 3.5

Innenfinanzierung

In dieser Lerneinheit können Sie folgende **Lernziele** erreichen:

- die Bedeutung des Cash Flow für die Unternehmensfinanzierung kennen
- zwischen direkter und indirekter Cash-Flow-Ermittlung unterscheiden
- die Bestandteile des Cash Flow voneinander abgrenzen
- das Finanzierungsvolumen durch Abschreibungen ermitteln
- die Modellprämissen des Kapazitätserweiterungseffekts aufzählen

3.5.1 Cash Flow

Die *Innenfinanzierungskraft* eines Unternehmens ergibt sich aus den täglichen, wöchentlichen, monatlichen Überschüssen der *Zahlungsmittelzuflüsse* (Einzahlungen) über die *Zahlungsmittelabflüsse* (Auszahlungen). Der Cash Flow (Kassenfluss) entsteht als Differenz aus Einzahlungen durch Umsatzerlöse und den Verkauf von Vermögensgegenständen (Umschichtungsfinanzierung) und Auszahlungen für Roh-, Hilfs- und Betriebsstoffe, Löhne und Gehälter sowie Anschaffung von Vermögensgegenständen. Um ihn für das Unternehmen als Finanzquelle nutzen zu können, muss zum einen eine entsprechende Rechnungslegung erfolgen, über die Aufwendungen gebucht werden, die nicht mit Auszahlungen verbunden sind, zum anderen muss gegenüber den Kapitalgebern ein Verbleiben von Gewinnen im Unternehmen vertreten werden.

Übersicht Innenfinanzierung

<table>
<tr><td>Eigenfinanzierung</td><td colspan="2">Finanzierung durch Abschreibungen</td></tr>
<tr><td>Fremdfinanzierung</td><td colspan="2">Finanzierung durch die Bildung von Rückstellungen</td></tr>
<tr><td rowspan="3">Selbstfinanzierung</td><td colspan="2">Finanzierung durch Einbehalten von Gewinnen</td></tr>
<tr><td>offene</td><td>durch Gewinnrücklagen oder Gewinnvortrag, bzw. Gutschrift auf dem Kapitalkonto oder Verzicht auf Entnahmen</td></tr>
<tr><td>stille</td><td>durch Ausschöpfen von Bilanzierungs- und Bewertungswahlrechten</td></tr>
<tr><td>Umschichtungs-finanzierung</td><td colspan="2">Verkauf von Vermögensgegenständen, Lagerabbau, Sale-and-lease-back u. ä.</td></tr>
</table>

Der entscheidende *Vorteil* der Innenfinanzierung liegt darin, dass sie nicht mit Verpflichtungen gegenüber Kapitalgebern verbunden ist, d. h. weder Zins- und Tilgungszahlungen noch Gewinnausschüttungserwartungen den Cash Flow belasten. Das Stellen von Sicherheiten entfällt und die Kreditwürdigkeit wird verbessert.

Innenfinanzierung als Eigenfinanzierung entsteht dadurch, dass *Abschreibungen* als Aufwand gebucht werden, aber nicht mit einer Auszahlung verbunden sind. Sie reduzieren daher den Jahresüberschuss und stehen, sofern sie nicht direkt für eine Kapazitätserweiterung verwendet werden, als Cash Flow zur Verfügung. Die Festlegung der betriebsgewöhnlichen Nutzungsdauer und die Wahl der Abschreibungsmethode haben Einfluss darauf, wie schnell die Kapitalbindung aus der Investition über den Umsatz wieder zurückfließt. Allerdings müssen die in der Preiskalkulation verrechneten kalkulatorischen Kosten am Markt auch erwirtschaftet werden können. Der Gesetzgeber hat sowohl im Handelsrecht (insb. § 253 HGB) als auch im Steuerrecht (§ 7 EStG) die Möglichkeit dazu geschaffen, den Wertverzehr von Vermögensgegenständen buchhalterisch zu berücksichtigen, wobei aus fiskalischen Gründen die Regelungen des Einkommensteuergesetzes strenger sind als die des Handelsgesetzbuchs.

Dies gilt auch für *Rückstellungen* für ungewisse Verbindlichkeiten und für drohende Verluste aus schwebenden Geschäften (§ 249 HGB, § 6 EStG): Innenfinanzierung als Fremdfinanzierung entsteht, wenn Rückstellungen aufgrund noch nicht fälliger Verpflichtungen zu zukünftigen Zahlungen an Dritte gebucht werden, da sie Aufwand darstellen, der noch nicht mit einer Auszahlung verbunden ist. Die Finanzmittel stehen bis zum Eintritt der Zahlung als Cash Flow zur Verfügung. Insbesondere bei Pensionszusagen, die erst Jahre später zur Auszahlung von Betriebsrenten führen, ist zum Zeitpunkt der Zusage ein nachhaltiger Finanzierungseffekt gegeben, der jedoch bei Eintritt der Zahlungsverpflichtung den Cash Flow belastet und dann zusätzlich erwirtschaftet werden muss.

Innenfinanzierung als *offene Selbstfinanzierung* erfolgt durch Einbehaltung von Gewinnen (Jahrsüberschuss) und ist insbesondere bei Kapitalgesellschaften problematisch, da Anleger ein Interesse an der Gewinnausschüttung haben. Je nach Ausgestaltung der Satzung bzw. des Gesellschaftsvertrags ist ein Gewinnverwendungsbeschluss der Haupt- bzw. Gesellschafterversammlung erforderlich, d. h. die Unternehmensführung muss gegenüber den Gesellschaftern die Notwendigkeit der Einbehaltung vertreten bzw. verkaufen. Teilbeträge des Jahresüberschusses können den *Gewinnrücklagen* zugeführt werden oder auf das kommende Jahr als *Gewinnvortrag* gebucht werden. Letztere Möglichkeit ist insbesondere dann geeignet, wenn den Aktionären glaubhaft gemacht werden kann, dass es im nächsten Jahr dafür zu einer höheren Gewinnausschüttung kommen wird. Die frühere körperschaftsteuerliche Regelung des *Anrechnungsverfahrens* mit gespaltenem Körperschaftsteuersatz sollte die Ausschüttung von Gewinnen fördern, da sie niedriger besteuert wurden als einbehaltene Gewinne, um Aktien attraktiv auch für Kleinanleger zu machen und so die Vermögensbildung in der Bevölkerung zu fördern. Inzwischen wurde das Anrechnungsverfahren durch das *Teileinkünfteverfahren* abgelöst und der

Steuersatz auf 15 % reduziert und vereinheitlicht, um die Unternehmen zu entlasten und damit die Wirtschaft wieder in Schwung zu bringen.

Bei Einzelkaufleuten und Personengesellschaften erfolgt die offene Selbstfinanzierung durch Gutschrift auf dem *Kapitalkonto* und Verzicht auf Entnahmen und ist insofern unproblematisch, als die Kapitalgeber die wirtschaftliche Lage ihres Unternehmens kennen und bei entsprechendem Verantwortungsbewusstsein den Vorteil und die Notwendigkeit dieser Finanzierungsform begreifen.

Innenfinanzierung als *stille Selbstfinanzierung* entsteht, wenn nicht ausgewiesene Gewinne einbehalten werden. Dies kann durch Anwendung von Bilanzierungswahlrechten und Bewertungswahlrechten erfolgen, stellt i. d. R. jedoch eine Durchbrechung der Identität von Handelsbilanz und Steuerbilanz dar, da im Steuerrecht handelsrechtliche Aktivierungswahlrechte zur Aktivierungspflicht werden und Passivierungswahlrechte zum Passivierungsverbot. Auch bei der Bewertung von Vermögensgegenständen und Verbindlichkeiten sind die steuerrechtlichen Vorschriften wesentlich weniger elastisch.

Durch das *Bilanzrechtsmodernisierungsgesetz* (BilMoG) sind die Aktivierungswahlrechte deutlich eingeschränkt und alle Passivierungswahlrechte abgeschafft worden. Neu ist das Wahlrecht, Entwicklungskosten für selbst geschaffene *immaterielle Vermögensgegenstände* zu aktivieren, vgl. § 248 (2) HGB [n.F.]. Dies hat ebenso Einfluss auf den Jahresüberschuss wie die Ausübung des Aktivierungswahlrechts gem. § 250 (3) HGB in Bezug auf ein *Disagio* .

Ein derivativer *Geschäfts- und Firmenwert*, d. h. der Betrag, den der Kaufpreis bei Erwerb eines Unternehmens das Reinvermögen (Eigenkapital, Vermögen minus Schulden) übersteigt, muss nun aktiviert werden. Alle *Bilanzierungshilfen*, vgl. § 269 oder § 274 HGB [a.F.], sind weggefallen, ebenso die *Aufwandsrückstellungen* gem. § 249 (2) HGB [a.F.]. Ein *Sonderposten mit Rücklageanteil*, § 247 (3) HGB [a.F.] i.V.m. § 6b EStG, darf nicht mehr gebildet werden.

Bilanzpolitisch motivierten Maßnahmen können sich auch auf geschäftspolitische Entscheidungen auswirken, z. B. auf die Wahl der Fremdfinanzierungsart: Ein teureres Darlehen mit Disagio, dass in der Handelsbilanz sofort als Aufwand verbucht wird, reduziert den ausschüttungsfähigen Gewinn.

Über die Bewertung von Vermögensgegenständen und Schulden können weitere Selbstfinanzierungseffekte ausgelöst werden. Die Abschaffung der *Abschreibungen* nach § 255 (4) HGB [a.F.] schränkt dies weiter ein. Durch die geeignete Bewertung des Vorratsvermögens – bei den Verbrauchsfolgeverfahren zur vereinfachten *Vorratsbewertung* ergibt hifo (highest in first out) den geringsten Lagerwert – und durch entsprechend vorsichtige Beurteilung der zu erwartenden Forderungsausfälle (Dubiose) können stille Reserven gebildet werden. Auf der Passivseite wirkt sich die Höhe der zu bildenden *Rückstellungen* und die Wahl des Wechselkurses bei *Fremdwährungsverbindlichkeiten* auf den Jahresüberschuss aus.

Stille Reserven sind für den externen Bilanzleser nicht erkennbar. Sie reduzieren den Gewinnausweis und damit den ausschüttbaren Gewinn, müssen jedoch über den Umsatzprozess erwirtschaftet worden sein. Der im deutschen Bilanzrecht verankerte *Gläubigerschutzgedanke* fördert die Bildung stiller Reserven und damit die Hoffnung der Kapitalgeber, dass das Unternehmen im Krisenfall darauf zurückgreifen kann. Mit der immer stärker geforderten Anwendung internationaler Rechnungslegungsregeln (IFRS und auch US-GAAP), die den *Investorschutzgedanken* in den Vordergrund stellen, geht diese Möglichkeit der stillen Selbstfinanzierung mehr und mehr verloren. Mit BilMog ist das deutsche Bilanzrecht etwas vom Gläubigerschutz abgerückt und hat sich mehr dem Investorschutz angenähert, um mittelständischen Unternehmen eine einfache und kostengünstige Alternative zum IFRS-Abschluss zu bieten.

Innenfinanzierung als *Umschichtungsfinanzierung* bedeutet, dass Volumen und Struktur der Aktivseite verändert werden. Dies kann durch den *Verkauf* von Vermögensgegenständen erfolgen, die nicht für den Betriebsprozess benötigt bzw. zurückgemietet (sale and lease back) werden, und durch Abbau der *Lagerhaltung*: Reduzierung der eisernen Reserven oder fertigungssynchrone Anlieferung (just in time). Auch *Factoring* lässt sich der Umschichtungsfinanzierung zurechnen, da Forderungen in Bankguthaben umgeschichtet werden.

Alle Formen der Innenfinanzierung lassen sich in einer *Cash-Flow-Rechnung* auf den Monat oder das Jahr bezogen zusammenfassen. Dabei wird zwischen der Bruttomethode und der Nettomethode unterschieden. Bei der *Bruttomethode* werden aus den Aufwands- und Ertragskonten bzw. aus der Gewinn- und Verlustrechnung alle Zahlungsflüsse zusammengefasst und einander gegenübergestellt. Bei der *Nettomethode* werden aus dem Jahresüberschuss die Aufwendungen und Erträge herausgerechnet, die nicht mit Zahlungen verbunden waren.

Übersicht Cash-Flow-Rechnung

Bruttomethode	**Nettomethode**
Einzahlungen aus Umsatzerlösen und a. o. Erträgen	Jahresüberschuss + Abschreibungen + Erhöhung von Rückstellungen
./. Auszahlungen für Roh-, Hilfs- und Betriebsstoffe, Löhne und Gehälter, Pensionszahlungen, sonstigen betrieblichen Aufwand, Zinsen und ähnliche Aufwand, a. o. Aufwand sowie Steuern	./. Zuschreibungen ./. Verminderung von Rückstellungen
= Cash Flow	**= Cash Flow**

Die Nettomethode kann über die Veränderung der Vorräte, der Forderungen und Verbindlichkeiten sowie der erhaltenen und geleisteten Anzahlungen fortgerechnet werden, sofern solche Informationen vorliegen. Dies ist insbesondere für externe Bilanzanalysten interessant, da der Cash Flow eine der wichtigsten *Kennzahlen* zur Bewertung der wirtschaftlichen Leistungsfähigkeit eines Unternehmens ist. I. d. R. reicht jedoch das einfache Näherungsschema *Jahresabschluss + Abschreibungen + Erhöhung der Pensionsrückstellungen = Cash Flow* aus, um eine gute Aussage für den Zeit- und Unternehmensvergleich zu erhalten.

Beispiel Cash-Flow-Finanzierung

Der Bilanzbuchhalter der Bergthaler Hausgeräte GmbH hat aufgrund des letzten Jahresabschlusses die folgende finanzwirtschaftliche aufbereitete Bilanz (in 1.000 €) erstellt:

Aktiva			Passiva
Sachanlagen	600	Gezeichnetes Kapital	300
Finanzanlagen	300	Gewinnrücklagen	150
Vorräte	150	Pensionsrückstellungen	120
Forderungen	200	Langfristiges Fremdkapital	370
Kasse/Bank	50	Kurzfristiges Fremdkapital	360
	1.300		1.300

Nach Ablauf des Geschäftsjahres stellte er dazu die folgende vereinfachte Gewinn- und Verlustrechnung zusammen:

Umsatzerlöse	1.350
Aufwand für Roh-, Hilfs- und Betriebsstoffe	420
Löhne und Gehälter	280
Aufwand für Altersversorgung	90
Abschreibungen auf Sachanlagen	140
Sonstige betriebliche Aufwendungen	20
Zinsen und ähnliche Aufwendungen	60
Ergebnis der gewöhnlichen Geschäftstätigkeit	340
Außerordentliche Erträge	30
Außerordentliche Aufwendungen	20
Außerordentliches Ergebnis	10
Steuern vom Einkommen und vom Ertrag	70
Sonstige Steuern	10
Jahresüberschuss	270

Der Aufwand für Altersversorgung führte in Höhe von 10 T€ zu Pensionszahlungen, der Restbetrag erhöhte die Pensionsrückstellung.

Der Bilanzbuchhalter kann nun anhand des Zahlenmaterials den Cash Flow nach der Nettomethode oder nach der Bruttomethode berechnen.

Berechnung des Cash-Flow nach der Nettomethode:

Jahresüberschuss	270
Abschreibung auf Sachanlagen	140
Zuführung zu Pensionsrückstellungen	80
Cash Flow	490

Berechnung des Cash Flow nach der Bruttomethode:

Einnahmen		
Umsatzerlöse	1.350	
a. o. Erträge	30	1.380
Ausgaben		
Aufwand für Roh-, Hilfs- und Betriebsstoffe	420	
Löhne und Gehälter	280	
Pensionszahlungen	10	
Sonstige betriebliche Aufwendungen	20	
Zinsen und ähnliche Aufwendungen	60	
a. o. Aufwendungen	20	
Steuern vom Einkommen und Ertrag	70	
Sonstige Steuern	10	890
Cash Flow		490

Anschließend erstellt der Bilanzbuchhalter eine neue finanzwirtschaftlich aufbereitete Bilanz, um die Veränderungen der einzelnen Positionen im Vergleich zum Vorjahr aufzuzeigen. Dazu liegen ihm noch die folgenden Informationen vor:

- Vom Jahresüberschuss soll gemäß Gesellschafterbeschluss ein Drittel an die Gesellschafter ausgeschüttet werden. Dies bedeutet, dass von dem mit 490 T€ ermittelten Cash Flow 90 T€ nicht mehr zur freien Verfügung stehen, sondern als kurzfristige Verbindlichkeiten gegenüber den Gesellschaftern in den liquiden Mitteln bereit gehalten werden müssen.
- Vom verbleibenden Cash Flow wurden im Laufe des Jahres 60 % in Sachanlagen investiert, insbesondere in Betriebs- und Geschäftsausstattung, weitere 30 % wurden zur Reduzierung der kurzfristigen Verbindlichkeiten verwendet, der Rest von 10 % floss in die Kassenhaltung.

Die folgende Tabelle zeigt die Veränderungen der einzelnen Bilanzpositionen:

Positionen	alt	Änderungen		neu
Sachanlagen	600	- Abschreibungen gem. GuV	140	
		+ Investitionen 60 % von 400 T€	240	700
Kasse/Bank	50	+ vorgesehene Gewinnausschüttung	90	
		+ Erhöhung liquide Mittel	40	180
Gewinnrücklagen	150	+ thesaurierter Jahresüberschuss	180	330
Pensionsrückstellungen	120	+ Zuführung	80	200
Kurzfristiges Fremdkapital	360	+ Bilanzgewinn	90	
		- Reduzierung 30 % von 400 T€	120	330

3.5.2 Finanzierung durch Abschreibungen

Buchhalterisch dienen Abschreibungen der Erfassung des Wertverzehrs von abnutzbaren Vermögensgegenständen. Sie stellen ein *Informationsinstrument* dar, da der jeweilige Buchwert des Vermögensgegenstandes eine brauchbare Schätzung des tatsächlichen Wertes darstellt. Daher wird im Steuerrecht der Begriff *Teilwert* verwendet. Das ist der Wert (als Teil des gesamten Vermögens), den ein Erwerber des gesamten Betriebs für das jeweilige Wirtschaftsgut ansetzen würde, § 6 (1) S. 3 EStG. § 7 EStG schreibt dazu genau vor, wie die Abschreibungen, im Steuerrecht als Absetzungen für Abnutzung (AfA) bezeichnet, zu bilden sind. Gemäß § 7 (1) S. 6 EStG soll, sofern möglich, die abgegebene Leistung des Wirtschaftsgutes Grundlage für die Berechnung der Abschreibung sein. Vereinfachend werden gemäß § 7 (1) S. 1 EStG die Anschaffungs- oder Herstellungskosten auf die voraussichtliche Nutzungsdauer gleichmäßig verteilt (lineare AfA) oder gemäß § 7 (2) EStG mit fallenden Beträgen (degressive AfA) vorgenommen, was dem tatsächlichen Wertverzehr wohl näher kommt als die lineare Abschreibung.

Ziel der steuergesetzlichen Regelung ist eine gleichmäßigere Besteuerung der Unternehmen. Der Steuergesetzgeber nimmt aus fiskalischen Gründen eine zweifache Begrenzung vor: Zum einen definiert er für eine Vielzahl von Wirtschaftsgütern eine *betriebsgewöhnliche* Nutzungsdauer, zum anderen begrenzt er die degressive AfA auf höchstens das Zweieinhalbfache der linearen AfA und maximal 25 % pro Jahr (Regelung ab 2009 bis einschließlich 2010). Da die Berechnung der Abschreibungsbeträge mittels Prozentsätzen vom Restbuchwert irgendwann zu Cent-Beträgen führt, ist gemäß § 7 (3) EStG ein Wechsel zur linearen AfA möglich. Der Restbuchwert wird dann durch die Restnutzungsdauer geteilt.

Neben der planmäßigen Abschreibung von Wirtschaftsgütern, deren Nutzung zeitlich begrenzt ist, erlaubt sowohl das Handels- wie auch das Steuerrecht die Erfassung von *nicht geplanten oder erwarteten Wertverlusten* bei allen Arten von Wirtschaftsgütern. Im Steuerrecht ist dies in § 6 (1) S. 1 EStG geregelt, der eine unvollständige Aufzählung enthält und damit alle erdenklichen (begründbaren) Fälle abdecken soll.

Das Handelsrecht sah in § 253 HGB [vor BilMoG] wesentlich flexiblere Regelungen für die Erfassung des geplanten oder ungeplanten Wertverzehrs vor. Bei der planmäßigen Abschreibung muss der Plan gemäß § 253 (3) S. 2 HGB [vor BilMoG: Absatz 2] „die Anschaffungs- oder Herstellungskosten (irgendwie) auf die Geschäftsjahre verteilen, in denen der Vermögensgegenstand *voraussichtlich* genutzt werden *kann*." Der folgende Satz verpflichtet nun zur außerplanmäßigen Abschreibung auf den *niedrigeren beizulegenden Wert*. Der unbestimmte Rechtsbegriff *„vernünftige kaufmännische Beurteilung"* für Einzelkaufleute und Personengesellschaften in § 253 (4) HGB [vor BilMoG] ist ebenso weggefallen wie die Anwendbarkeit der Sonderabschreibungen des Steuerrechts in der Handelsbilanz (umgekehrte Maßgeblichkeit). Angestrebtes Ziel des *BilMoG* war eine Vereinfachung der Rechnungslegung.

Das *externe* Rechnungswesen dient in erster Linie der Berichterstattung an die Kapitalgeber und der Ermittlung der Steuerlast, es kann der Unternehmensführung selbst auch Informationen im Sinne von Kennzahlen vermitteln, sofern kein internes Rechnungswesen (Controlling) existiert. *Intern* werden Abschreibungen nach einer ganz anderen Logik berechnet, die dem Finanzierungsaspekt der Abschreibungen wesentlich besser entspricht. Gemäß dem Prinzip „sunk costs are sunk" interessiert der Wertverzehr des angeschafften Vermögensgegenstandes nicht mehr, da der Zahlungsmittelabfluss stattgefunden hat und nicht rückgängig gemacht werden kann. Es geht viel mehr darum, die für die in Zukunft notwendige Wiederbeschaffung des dann abgenutzten Vermögensgegenstandes notwendigen Finanzmittel *anzusparen*. Daher werden kalkulatorische Abschreibungen anhand des Wiederbeschaffungswerts berechnet und solange fortgeführt, wie der Gegenstand tatsächlich genutzt wird, d. h. die Abschreibung geht über Null hinaus.

Abschreibungen stellen in der Preiskalkulation als *stückfixe Kosten* einen Bestandteil der Herstellungskosten dar und können je nach Art des Vermögensgegenstandes Einzelkosten oder Gemeinkosten sein. Die Abschreibung einer Produktionsanlage, auf der nur ein Produkt hergestellt wird, kann dem Produkt direkt zugerechnet werden (Einzelkosten), die Abschreibung für die Computer in der Verwaltung eines Mehrproduktunternehmens muss auf die Produkte geschlüsselt werden (Gemeinkosten). Bei der kostenorientierten Festsetzung des Verkaufspreises der Produkte werden die Abschreibungen auf die Anzahl der hergestellten Produkte verteilt, um über den Verkauf verdient werden zu können. Das ist das eigentliche Prinzip der Finanzierung durch Abschreibung. Ein Teil des *Fixkostendeckungsbeitrags* (Umsatz minus variable Kosten; Beitrag des Verkaufspreises zur Deckung der fixen Kosten) dient dazu, die Finanzmittel für die zukünftig notwendige Ersatzinvestition anzusparen. Die Mittel können zwischenzeitlich anderweitig genutzt werden.

Eine Schwierigkeit in der Kalkulation des Verkaufspreises wie in der Verkaufsplanung allgemein ist, die richtige Absatz- und damit Produktionsmenge vorherzusagen. Wird die Menge zu niedrig angesetzt, sind die stückfixen Kosten zu hoch und der *Preisspielraum* als Wettbewerbsinstrument ist klein. Wird die Menge zu hoch angesetzt und damit der *Fixkostendegressionseffekt* überschätzt, kann es geschehen, dass die Umsatzerlöse zur Deckung der Kosten nicht ausreichen. In der Plankostenrechnung wird dieses Problem als *Beschäftigungsabweichung* bezeichnet. In kritischen Wettbewerbssituationen kann es für kurze Zeit sinnvoll sein, die Abschreibungen wie auch die anderen kalkulatorischen Kosten aus dem Preis herauszunehmen, im Extremfall als *kurzfristige Preisuntergrenze* nur die variablen auszahlungswirksamen Kosten anzusetzen, langfristig müssen zum Erhalt des Unternehmens jedoch die Finanzmittel über den Umsatzprozess beschaffbar sein, die zumindest für die Ersatzinvestitionen benötigt werden.

Die Wahl der *Abschreibungsmethode* ist für das Controlling unproblematisch, da es um die Ermittlung von Normwerten als Planungsgrundlage für den späteren Soll-Ist-Vergleich geht (Normalkostenrechnung). Bei einer Planleistungsmenge kann die leistungsabhängige Abschreibung, sonst die lineare Methode angewandt werden. Für die *Finanzierungswirkung* der Abschreibungen hingegen ist die Abschreibungsmethode von Bedeutung, da sie bestimmt, wie schnell die Finanzmittel über den Umsatzprozess zurückfließen. Je nach geplanter *Nutzungsdauer* bzw. *Abschreibungsprozentsatz* kann es zu ganz unterschiedlichen Ergebnissen kommen.

Beispiel Finanzierung durch Abschreibungen

Der Controller der Bergthaler Hausgeräte GmbH überlegt gemeinsam mit dem Treasurer, wie eine neu angeschaffte Produktionsanlage kalkulatorisch abgeschrieben werden soll. Anhand mehrerer Modellrechnungen wird dazu auch ermittelt, welche Liquiditätswirkungen von den verschiedenen Abschreibungsmethoden ausgehen. Da der jeweils ausgewiesene Jahresüberschuss üblicherweise in voller Höhe an die Gesellschafter ausgeschüttet wird, soll auf diese Weise das Volumen der Innenfinanzierung als stiller Selbstfinanzierung ermittelt werden.

Die Produktionsanlage wurde zu Beginn des Jahres beschafft, die Anschaffungskosten betrugen 800.000 €, die geplante Nutzungsdauer wird mit zehn Jahren angesetzt, als Wiederbeschaffungswert wird mangels Vorhersagbarkeit der Zukunft der Betrag angesetzt, den die Anlage gekostet hat. Als Ausgangspunkt der Analyse wird die lineare Abschreibung mit der geometrisch-degressiven AfA verglichen, so wie es im Steuerrecht vorgesehen ist. Da bei zehn Jahren Nutzungsdauer die jährliche lineare AfA 10 % beträgt, wird in Anlehnung an § 7 (2) S. 2 EStG (höchstens das Zweieinhalbfache, maximal 25 %) für die geometrisch-degressive AfA ein Satz von 25 % auf den jeweiligen Restwert angewandt. Sobald der Abschreibungsbetrag der degressiven AfA unter den der linearen fällt, soll ein Methodenwechsel, wie er in § 7 (3) EStG dargestellt ist, vorgenommen werden. Es ergibt sich die in der folgenden Tabelle dargestellte Liquiditätswirkung (in €):

Jahr	lineare AfA 10 %	geometrisch-degressive AfA 25 %	Methoden-Wechsel	Restwert	Liquiditätsvorteil bzw. -nachteil
1	80.000	200.000		600.000	120.000
2	80.000	150.000		450.000	70.000
3	80.000	112.500		337.500	32.500
4	80.000	84.375		253.125	4.375
5	80.000	63.281	42.188	210.938	-37.813
6	80.000		42.188	168.750	-37.813
7	80.000		42.188	126.563	-37.813
8	80.000		42.188	84.375	-37.813
9	80.000		42.188	42.188	-37.813
10	80.000		42.188	0	-37.813

Am Ende des vierten Jahres liegt der Abschreibungsbetrag der degressiven AfA noch über dem der linearen AfA, am Ende des fünften Jahres hingegen darunter. Daher wird der Restwert bei degressiver AfA in Höhe von 235.125 Euro durch die Restnutzungsdauer von sechs Jahren geteilt und ab dem fünften Jahr der Methodenwechsel durchgeführt.

Am Ende des ersten Jahres ist der Liquiditätsvorteil der degressiven AfA gegenüber der linearen Methode am höchsten und sinkt dann ab. Ab dem Methodenwechsel ist die ursprüngliche lineare AfA vorteilhafter. In den ersten Jahren ist der ausgewiesene Jahresüberschuss, der an die Gesellschafter ausgeschüttet werden muss, damit niedriger, die zusätzlich zur Verfügung stehenden Mittel sollen eingesetzt werden, um die Wachstumsphase des Produktlebenszyklus mit Marketingmaßnahmen zu fördern.

3.5.3 Kapazitätserweiterungseffekt

Eindrucksvoll lässt sich die Finanzierung durch Abschreibungen anhand des Kapazitätserweiterungseffekts (auch als Lohmann-Ruchti-Effekt bezeichnet) zeigen. Während bei einem Vermögensgegenstand die Abschreibung über die Nutzungsdauer genau die Wiederbeschaffungskosten anspart, können bei *mehreren gleichartigen Vermögensgegenständen* die jeweiligen Abschreibungen zur Anschaffung weiterer Vermögensgegenstände verwendet werden. So kann die Anzahl (Kapazität) von z. B. Fahrzeugen, Maschinen, PCs oder ähnlichen mehrfach benötigten Vermögensgegenständen allein über die Abschreibungsgegenwerte erweitert werden.

Es handelt sich dabei um ein Modell, das dazu dient, die mögliche Wirkung der Finanzierung durch Abschreibung zu zeigen. Im theoretischen, nur mathematisch-abstrakt darstellbaren Grenzfall der sofortigen Reinvestition der Abschreibungsgegenwerte bei Vernachlässigung der Zeit und vollständiger Teilbarkeit der Reinvestition kann die Kapazität verdoppelt werden, da sich die Kapitalbindung halbiert. Für die praktische Finanzplanung hat das Modell wenig Bedeutung, da die Absatz- und Produktionsplanung die Vorgaben für die Potenzialplanung (Anlagenplanung) liefert und sich daraus die Finanzplanung, die die Abschreibungen mit einbezieht, ergibt. Für die erweiterte Kapazität muss also auch eine Nutzung vorgesehen sein können und dazu müssen weitere Finanzmittel für die Beschaffung von Roh-, Hilfs- und Betriebsstoffen, für Personal und Verwaltung zur Verfügung stehen. Vor allem müssen die zusätzlich erstellten Leistungen auch abgesetzt werden können.

Übersicht Modellannahmen des Kapazitätserweiterungseffekts

Modellannahmen
Die Anfangsinvestition wird aus Eigenmitteln finanziert.
Die Abschreibungen werden über die Verkaufserlöse erwirtschaftet.
Die Abschreibungen liegen am Jahresende in liquider Form vor.
Die Abschreibungsgegenwerte werden ausschließlich für Kapazitätserweiterung und Ersatzbeschaffung derselben Vermögensgegenstände verwendet.
Die Zusatz- bzw. Ersatzinvestitionen erfolgen jeweils zum Jahresbeginn.
Die Anschaffungskosten für die Vermögensgegenstände sind konstant.
Es kommt nicht zu unerwartetem Ausfall oder Verschleiß.
Technischer Fortschritt soll unberücksichtigt bleiben.
Die Nutzungsdauer wird als gegeben und konstant angenommen.
Mit Ablauf der Nutzungsdauer scheiden die Anlagen aus der Nutzung aus.
Bereits vorhandene gleichartige Anlagegüter werden nicht einbezogen.

Geht man davon aus, dass zum Zeitpunkt der Gründung z. B. eines Transportunternehmens die *Erstausstattung* an Fahrzeugen aus Eigenmitteln finanziert werden kann, so lässt sich die Kapazität mit dem Markterfolg steigern. Ist zur Erstausstattung die Aufnahme von Fremdkapital erforderlich, reduziert sich der Effekt, da ein Teil der Umsatzüberschüsse für den *Kapitaldienst* (Zins und Tilgung) verwendet werden muss.

Die Annahme *konstanter Wiederbeschaffungskosten* für die Anlagegüter und der Ausschluss des technischen Fortschritts oder unerwarteten Ausfalls dient der Vereinfachung. Steigen die Preise, nimmt der Effekt ab. Bei PCs z. B. sind im Laufe der letzten Jahre die Preise gesunken und der technische Fortschritt hat die Leistung erhöht und damit vielfältige neue Anwendungsmöglichkeiten geschaffen. Durch *technischen Fortschritt* kann sich die Nutzungsdauer verkürzen und früheren Bedarf an Ersatzinvestitionen hervorrufen. Auch der *unerwartete Ausfall* kann u. U. ein Schließen der so entstehenden finanziellen Lücke durch Fremdfinanzierung erforderlich machen.

Die Abschreibungsgegenwerte fließen über das ganze Jahr hinweg über die Umsatzerlöse dem Unternehmen zu. Das Modell geht davon aus, dass sie zinslos gesammelt werden, um *zu Beginn des nächsten Jahres* für die Investitionen eingesetzt werden zu können. Werden sie zwischenzeitlich anderweitig eingesetzt, müssen sie zum Jahresende wieder frei sein. Zusätzliche Erträge aus dem zwischenzeitlichen Einsatz werden ebenso aus der Betrachtung ausgeblendet.

Dargestellt werden kann der Kapazitätserweiterungseffekt in *zwei tabellarischen Varianten* mit geringfügig unterschiedlichem Informationsgehalt. Wichtig für beide Varianten ist vor allem, die Entwicklung der Kapazität und die Entwicklung der zur Reinvestition zur Verfügung stehenden finanziellen Mittel zu zeigen.

Die einzelnen Investitionen können in *Staffelform* nebeneinander gezeigt werden. Dazu wird vom Anschaffungswert Jahr für Jahr über die Nutzungsdauer die Abschreibung abgezogen. Der Abschreibungsgegenwert wird den finanziellen Mitteln zugeschlagen, aus denen die Neuanschaffungen finanziert werden und die sich dadurch entsprechend reduzieren.

Übersicht Prinzip des Staffelmodells

Vorgang	Jahr	Anzahl	1. Investition	2. Investition	3. Investition	...	Entwicklung der flüssigen Mittel

Als Vorgänge können *Zugänge* (Zusatzinvestitionen und Ersatzinvestitionen), *Abschreibungen* und *Abgänge* (bei Ablauf der Nutzungsdauer) bezeichnet werden. In der gleichen Spalte müssen aber auch *Bestände* (Jahresanfangs- und Jahresendbestände) bezeichnet werden. Der Vorteil dieser Darstellung liegt darin, dass jede einzelne Investition erkennbar ist, der Nachteil ist, dass für jede weitere Investition eine Spalte eingefügt werden muss, was leicht zu Unübersichtlichkeit führen kann.

Die *summarische Darstellungsform* ist übersichtlicher und einfacher zu führen, der Blick auf die einzelnen Investitionen geht dabei verloren. Weitere Jahre werden als Zeilen am Ende der Tabelle angefügt. In einer Tabellenkalkulationssoftware lässt sich diese Version leicht über viele Jahre fortrechnen.

Übersicht Prinzip des summarischen Modells

Jahr	Liquide Mittel (vor Investition)	Zugänge in Stück	Abgänge in Stück	Bestand in Stück	Anschaffungswert	Abschreibungen	nicht verwendete Mittel

Weitere Varianten und Kombinationen sind denkbar. Wichtig ist, eine Darstellungsform zu wählen, die plausibel und zugänglich ist.

Beispiel Kapazitätserweiterungseffekt

Ein Unternehmen plant Erweiterung seines Fuhrparks mittels des Kapazitätserweiterungseffekts der Abschreibungen. Die Erstausstattung, 10 Fahrzeuge, wird mit Eigenkapital finanziert. Alle zu beschaffenden Fahrzeuge sind identisch. Die Anschaffungskosten pro Fahrzeug betragen 40 T€ und ändern sich nicht, die Nutzungsdauer beträgt vier Jahre. Die Folgeinvestitionen finden jeweils zu Beginn des Jahres statt, die Abschreibungsgegenwerte stehen dazu vollständig zur Verfügung.

Die folgenden beiden Tabellen zeigen den Fahrzeugbestand mengen- und wertmäßig für fünf Jahre einschließlich der Entwicklung der flüssigen Mittel.

Vorgang	Jahr	Anzahl Zu- und Abgänge	1. Inv.	2. Inv.	3. Inv.	4. Inv.	5. Inv.	Entwicklung flüssige Mittel
AB		10	400					
AfA			100					100
RB	1	10	300					100
ZI		2		80				20
AfA			100	20				120
RB	2	12	200	60				140
ZI		3			120			20
AfA			100	20	30			150
RB	3	15	100	40	90			170
ZI		4				160		10
AfA			100	20	30	40		190
RB	4	19	0	20	60	120		200
BM		10						
ZI		5					200	0
AfA				20	30	40	50	140
RB	5	14		0	30	80	150	140

AB = Anfangsbestand, RB = Restbestand,
ZI = Zusatzinvestition, EI = Ersatzinvestition,
BM = Bestandsminderung durch Ausscheiden von Fahrzeugen

Jahr	Liquide Mittel (vor Investition)	Zugänge in Stück	Abgänge in Stück	Bestand in Stück	Anschaffungswert	Abschreibungen	nicht verwendete Abschreibungsgegenwerte
0	400	10		10	400	100	
1	100	2		12	480	120	20
2	140	3		15	600	150	20
3	170	4		19	760	190	10
4	200	5	10	14	560	140	0
5	140	3	2	15	600	150	20

Am Ende des Startjahres stehen aus der Erstinvestition Abschreibungen als liquide Mittel in Höhe von 100 T€ zur Verfügung. Davon können zu Beginn des ersten Folgejahres zwei weitere Fahrzeuge erworben werden und es verbleiben 20 T€ als nicht verwendete Mittel übrig. Diese summieren sich zum Ende des ersten Folgejahres mit den dann erfolgenden Abschreibungen auf zwölf Fahrzeuge zu 140 T€ auf, wovon drei weitere Fahrzeuge erworben werden können und wiederum 20 T€ übrig bleiben. Am Ende des zweiten Folgejahres stehen Abschreibungen aus 15 Fahrzeugen zur Verfügung, so dass der Bestand auf den Maximalwert von 19 Fahrzeugen erhöht werden kann. Am Ende des vierten Folgejahres fallen die ersten 10 Fahrzeuge aus der Nutzung, der Bestand sinkt auf 14 Fahrzeuge. Führt man die Berechnung für weitere Jahre fort, zeigt sich, dass sich der Bestand auf 16 Fahrzeuge einpendelt, was in diesem Beispiel dazu führt, dass die Abschreibungsgegenwerte jedes Jahr vollständig für Ersatzinvestitionen verwendet werden können.

Jahr	Liquide Mittel (vor Investition)	Zugänge in Stück	Abgänge in Stück	Bestand in Stück	Anschaffungswert	Abschreibungen	nicht verwendete Abschreibungsgegenwerte
6	170	4	3	16	640	160	10
7	170	4	4	16	640	160	10
8	170	4	5	15	600	150	10
9	160	4	3	16	640	160	0
10	160	4	4	16	640	160	0
11	160	4	4	16	640	160	0
12	160	4	4	16	640	160	0
13	160	4	4	16	640	160	0
14	160	4	4	16	640	160	0
15	160	4	4	16	640	160	0

Ergebnis: Allein durch die Abschreibungsgegenwerte kann der Fahrzeugbestand im dritten Folgejahr der Erstinvestition auf ein Maximum von 19 und langfristig auf einen Bestand von 16 Fahrzeugen erhöht werden, ohne zusätzliche Finanzierungsmittel.

Betrachtet man die Einnahmen und Ausgaben der ersten fünf Jahre zusammenfassend, so lässt sich zeigen, dass Einnahmen aus Abschreibungsgegenwerten in Höhe von insgesamt 700 T€ Ausgaben für Investitionen in Höhe von insgesamt 560 T€ gegenüberstehen, mithin sich ein Finanzmittelüberschuss von 140 T€ ergibt, der für weitere Investitionen zu Beginn des sechsten Folgejahres zur Verfügung stehen:

Einnahmen aus Abschreibungsgegenwerten:			Ausgaben für Zusatzinvestitionen:
Erstinvestition	100 + 100 + 100 + 100 =	400	
1. Zusatzinvestition	20 + 20 + 20 + 20 =	80	80
2. Zusatzinvestition	30 + 30 + 30 =	90	120
3. Zusatzinvestition	40 + 40 =	80	160
4. Zusatzinvestition	=	50	200
Summe erste fünf Jahre		700	560

Je länger die *Nutzungsdauer* ist, desto stärker wirkt der Kapazitätserweiterungseffekt. Verdoppelt man in der vorstehenden Beispielrechnung die Nutzungsdauer auf acht Jahre, so steigt der Bestand im siebten Folgejahr auf ein Maximum von 22 Fahrzeugen und pendelt sich langfristig auf einen Durchschnittsbestand von 17 Maschinen ein.

Kontrollfragen zu Lerneinheit 3.5

Innenfinanzierung

1. Was verstehen Sie unter dem Cash Flow?
2. Warum handelt es sich bei der Finanzierung durch Rückstellungen um Fremdfinanzierung?
3. Wodurch unterscheidet sich die offene Selbstfinanzierung von der stillen?
4. Was verstehen Sie unter dem Sale-and-lease-back-Verfahren und welche Finanzierungswirkung hat es?
5. Worin liegt der Vorteil der Innenfinanzierung gegenüber der Außenfinanzierung?
6. Welches ist die wichtigste Voraussetzung für die Finanzierung durch Abschreibungen und durch Rückstellungen?
7. Welche Gefahr ergibt sich bei der Finanzierung durch Pensionszusagen?
8. Welche Finanzierungswirkung ergab sich aus der Umstellung im Körperschaftsteuerrecht vom Anrechnungsverfahren auf das Teileinkünfteverfahren?
9. Warum ist für die stille Selbstfinanzierung eine Durchbrechung des Maßgeblichkeitsprinzips erforderlich?
10. Erläutern Sie den Unterschied zwischen der Bruttomethode und der Nettomethode bei der Cash-Flow-Berechnung.
11. Erläutern Sie den unterschiedlichen Bedeutungsgehalt von bilanziellen (pagatorischen) und kalkulatorischen Abschreibungen für das Unternehmen.
12. Stellen Sie unter Finanzierungsgesichtspunkten einen Zusammenhang her zwischen dem Produktlebenszyklus und der Wahl der Abschreibungsmethode.
13. Welche praktische Bedeutung hat der Kapazitätserweiterungseffekt für die Finanzplanung eines Unternehmens?
14. Bei der tabellarischen Darstellung des Kapazitätserweiterungseffektes können Sie eine Staffelform oder eine summarische Form wählen. Welche beiden Informationen müssen vor allem aus der Darstellung hervorgehen?
15. Zählen Sie die Modellannahmen des Lohmann-Ruchti-Effekts auf.

Lösungen zu Lerneinheit 3.5

Innenfinanzierung

1. Der Cash Flow gibt die Innenfinanzierungskraft eines Unternehmens an. Er ergibt sich aus den Überschüssen der Zahlungsmittelzuflüsse (Einzahlungen) über die Zahlungsmittelabflüsse (Auszahlungen). Die Einzahlungen entstehen durch Umsatzerlöse und den Verkauf von Vermögensgegenständen, die Auszahlungen werden für Roh-, Hilfs- und Betriebsstoffe, Löhne und Gehälter sowie für die Anschaffung von Vermögensgegenständen getätigt.

2. Rückstellungen werden für ungewisse Verbindlichkeiten und für drohende Verluste aus schwebenden Geschäften gebildet, d. h. für Ansprüche Dritter.

3. Offene Selbstfinanzierung erfolgt durch Gewinnrücklagen oder Gewinnvortrag, bzw. Gutschrift auf dem Kapitalkonto oder Verzicht auf Entnahmen, d. h. sie wird den Eigenkapitalgebern gegenüber offengelegt bzw. muss von ihnen genehmigt werden. Stille Selbstfinanzierung erfolgt durch das Ausschöpfen von Bilanzierungs- und Bewertungswahlrechten, d. h. der buchhalterisch ermittelte und den Kapitalgebern mitgeteilte Jahresüberschuss wird reduziert.

4. Das Sale-and-lease-back-Verfahren ist eine Form der Umschichtungsfinanzierung. Vermögensgegenstände werden an ein Leasingunternehmen verkauft und von diesem dann zurückgemietet. Dadurch entsteht ein einmaliger Zahlungsmittelzufluss in größerem Umfang, dem die regelmäßigen Leasingzahlungen als den Cash Flow belastende Zahlungsmittelabflüsse gegenüberstehen.

5. Der entscheidende Vorteil der Innenfinanzierung liegt darin, dass sie nicht mit Verpflichtungen gegenüber Kapitalgebern verbunden ist, d. h. weder Zins- und Tilgungszahlungen noch Gewinnausschüttungserwartungen den Cash Flow belasten. Das Stellen von Sicherheiten entfällt und die Kreditwürdigkeit wird verbessert.

6. Die Finanzierungsbeträge müssen am Markt über den Umsatz erwirtschaftet werden. Während planmäßige Abschreibungen als fixe Kosten dazu kalkulatorisch auf den Produktpreis verrechnet und über den Deckungsbeitrag finanziert werden, reduzieren unplanmäßige Abschreibungen und Rückstellungen den ausschüttbaren Gewinn, der jedoch auch verdient werden muss. In der Preiskalkulation wird dazu ein genügend großer, durch die Preise der Konkurrenzunternehmen begrenzter Gewinnaufschlag vorgenommen.

7. Zur Bildung von Pensionsrückstellungen, bei denen die zugehörige Aufwandsbuchung den ausschüttbaren Gewinn reduziert, müssen den Betriebsangehörigen Pensionszusagen gemacht werden. Damit werden langfristige Verpflichtungen eingegangen, die in späteren Jahren über den Umsatzprozess erwirtschaftet werden müssen.

8. Beim Anrechnungsverfahren unterlagen einbehaltene Gewinne einem höheren Steuersatz als ausgeschüttete Gewinne. Daraus resultierte ein höherer Zahlungsmittelabfluss an das Finanzamt oder/und eine höhere Gewinnausschüttung.

Durch die Umstellung auf das Teileinkünfteverfahren, d. h. durch die Vereinheitlichung und Senkung des Steuersatzes ergab sich für die Unternehmen eine Entlastung des Cash Flow.

9. Stille Selbstfinanzierung erfolgt durch die Ausnutzung von handelsrechtlichen Bilanzierungs- und Bewertungswahlrechten, die im Steuerrecht Gebote bzw. Verbote sind, d. h. es kann zwar die Ausschüttung an die Eigenkapitalgeber reduziert werden, nicht jedoch die Steuerbemessung gegenüber dem Finanzamt. Allerdings lässt auch das Steuerrecht in engem Rahmen Bewertungsspielräume zu.

10. Bei der Bruttomethode der Cash-Flow-Berechnung werden die Einzahlungen den Auszahlungen gegenübergestellt. Bei der Nettomethode werden aus dem Jahresüberschuss alle erfolgswirksamen Buchungsvorgänge herausgerechnet, die nicht mit Zahlungsmittelflüssen verbunden waren, vor allem Abschreibungen und die Bildung von Rückstellungen.

11. Bilanzielle Abschreibungen informieren über den Wertverzehr der Anlagegüter, d. h. sie dienen der Schätzung des tatsächlichen Vermögenswertes. Kalkulatorische Abschreibungen sind unternehmerisches Sparen und damit der Finanzierungswirkung von Abschreibung eng verbunden. Über den um die anteilige Abschreibung erhöhten Verkaufspreis werden die Finanzmittel für die Ersatzbeschaffung verdient.

12. Wenn für die Markteinführungsphase des Produktlebenszyklus hohe Ausgaben erforderlich sind, empfiehlt sich die degressive Abschreibungsmethode, da sie zu höheren Rückflüssen aus Abschreibungsgegenwerten führt.

13. Der Kapazitätserweiterungseffekt (auch Lohmann-Ruchti-Effekt genannt) zeigt und erklärt, welche Wirkung die Finanzierung alleine durch Abschreibungen auf die Kapazität haben kann. Angesichts der dazu gesetzten, von der Realität abstrahierenden Modellannahmen hat er geringe Bedeutung für die praktische Finanzplanung.

14. Unanhängig von der Form der Darstellung interessieren die Entwicklung der mengenmäßigen Kapazität (Anzahl der Vermögensgegenstände) und die Entwicklung des Bestands an flüssigen Mitteln aus den Abschreibungsgegenwerten.

15. Die Anfangsinvestition wird aus Eigenmitteln finanziert.
Die Abschreibungen werden über die Verkaufserlöse erwirtschaftet.
Die Abschreibungen liegen am Jahresende in liquider Form vor.
Die Abschreibungsgegenwerte werden ausschließlich für Kapazitätserweiterung und Ersatzbeschaffung derselben Vermögensgegenstände verwendet.
Die Zusatz- bzw. Ersatzinvestitionen erfolgen jeweils zum Jahresbeginn.
Die Anschaffungskosten für die Vermögensgegenstände sind konstant.
Es kommt nicht zu unerwartetem Ausfall oder Verschleiß.
Technischer Fortschritt soll unberücksichtigt bleiben.
Die Nutzungsdauer wird als gegeben und konstant angenommen.
Mit Ablauf der Nutzungsdauer scheiden die Anlagen aus der Nutzung aus.
Bereits vorhandene gleichartige Anlagegüter werden nicht einbezogen.

Modul 4

Finanzplanung

Lerneinheit 4.1

Finanzmanagement

In dieser Lerneinheit können Sie folgende **Lernziele** erreichen:

- Inhalte, Ablauf und Begründung von Finanzentscheidungen nachvollziehen
- das Finanzmanagement in die Unternehmensführung einordnen
- Planbestandsdifferenzenbilanzen als Controlling-Instrument begreifen
- operative Finanzplanungen durchführen

4.1.1 Finanzentscheidungen

Die *Aufgabe der Finanzplanung* ist es, den kurz-, mittel- und langfristigen Bedarf an Finanzmitteln und die Möglichkeiten ihrer Bereitstellung ermitteln und so aufeinander abzustimmen, dass die finanzielle Liquidität und Sicherheit des Unternehmens gewährleistet sind. Dazu müssen aus allen Teilbereichen des Unternehmens die *Finanzmittelbedarfe* ermittelt werden, künftig verfügbare Finanzmittel abgeschätzt und *Bedarfsprioritäten* festgelegt werden. Auf die daraus resultierende Entscheidung über die Höhe des kurz-, mittel- und langfristigen Finanzmittelbedarfs folgt die Entscheidung über die *Art der Finanzierung* und damit das Aufstellen des *Gesamtfinanzplans* mit Unterteilung nach Sach- oder Betriebsbereichen und nach der Fristigkeit.

Finanzmanagement lässt sich daher definieren als zielgerichtete, situationsgemäße Planung, Steuerung und Kontrolle aller betrieblichen Zahlungsströme. Es umfasst alle Finanzierungsentscheidungen und Investitionsentscheidungen unter den Zielvorgaben Sicherung und Erhaltung der Liquidität und risikopräferenzkonforme Maximierung der Rentabilität.

Zu unterscheiden ist dabei die strategische und die daraus resultierende operative Ebene. *Strategisches Finanzmanagement* ist die tendenziell langfristige Planung, Steuerung und Kontrolle der Erfolgs- und Risikoposition des Unternehmens, *operatives Finanzmanagement* zielt vor allem auf die Liquiditätssicherung ab, um einen reibungslosen Ablauf der betrieblichen Prozesse zu gewährleisten.

Wichtigstes Instrument des Finanzmanagements ist die *Finanzanalyse*, die dazu dient, die Finanz- und Investitionsentscheidungen an die relevanten Einflussfaktoren anpassen zu können. Sie umfasst die *Investitionsanalyse* (siehe Modul 2) und die *Finanzierungsanalyse* (siehe Modul 3). Insgesamt lässt sich die Finanzplanung bzw. das Finanzmanagement als einen Zyklus von Planung, Realisierung und Kontrolle, d. h. als *Controlling-Prozess* begreifen:

Übersicht Finanz-Controlling-Zyklus

1. Planungsebene	**Finanzplanung**
	Integration der Leistungsbereichsplanungen
	Ausgleich überschüssiger und zu geringer Liquidität
	Finanzbudget
	Aufstellung eines für alle Unternehmensteilbereiche verbindlichen Finanzplans mit Zielvorgaben und Ausgabenobergrenzen
2. Realisierungsebene	**Durchführung**
	Leistungsbereiche greifen auf Budgets zurück
	Abschluss und Erfüllung von Finanzierungsverträgen
	Cash Management
3. Kontrollebene	**Finanzkontrolle**
	Ist-Daten-Erfassung, Ermittlung und Analyse von Soll-Ist-Differenzen
	Aufforderung zur Erklärung, ggfs. Sperrung von Budgets
	Berichte an die Geschäftsleitung

Der *Finanzbedarf* aus dem Anlagevermögen ergibt sich aus Investitionsvorhaben: Neuinvestitionen und Ersatzinvestitionen abzüglich Desinvestitionen. Der Finanzbedarf aus dem Umlaufvermögen wird über den durchschnittlichen Tagesverbrauch an Werkstoffen, Energie, Arbeits- und Dienstleistungen und der durchschnittlichen Kapitalbindung aufgrund von Produktionsdauer, Lagerdauer und Zahlungszielen ermittelt. Zu berücksichtigen ist ferner ein Ergänzungsbedarf wegen nicht kalkulierter Ausgaben und wegen Abweichungen der tatsächlichen von den geplanten Ein- und Auszahlungen.

Die daraufhin erfolgende *Finanzierung* als „Beschaffung von finanziellen Mitteln für Investitionszwecke" zu definieren greift zu kurz, weil so die Mehrzahl der Fragen, die Finanzentscheidungen gerade kompliziert machen, verdeckt werden. Zunächst ergeben sich aus der Trennung von Kapitalhingabe und Verfügung über die Entscheidungskompetenzen im Unternehmen Aspekte, die berücksichtigt werden müssen. *Eigenkapitalgeber*, die nicht an der Geschäftsführung des Unternehmens beteiligt sind, verlangen Berichte und Kontrollrechte, um ihre Eigentumsrechte wahren zu können. *Fremdkapitalgeber* fordern Unterlagen zur Überprüfung der Kreditfähigkeit, bedingen sich Kontrollrechte während der Kreditlaufzeiten aus (z. B. Vorlage von Jahresabschlüssen), sichern ihre Ansprüche (Kreditsicherheiten) oder vereinbaren Negativklauseln in Form einzuhaltender Bilanzrelationen, Entnahmebegrenzungen oder Kontrahierungsverbote. Diese Vorkehrungen, die entweder gesetzlich verankert (z. B. im HGB, GmbHG, AktG) oder Bestandteile von Kreditverträgen sind, dienen dazu, die aus Anspruch auf Gewinnanteile bzw. Zins und Tilgung und fehlender Entscheidungskompetenz resultierenden Probleme zu überbrücken.

Finanzentscheidungen umfassen daher alle Maßnahmen, die die Gestaltung von Kapitalüberlassungsverträgen mit Eigen- bzw. Fremdkapitalgebern zum Gegenstand haben, mit dem Ziel, Kapitalbedarfe kostengünstig, unter Beachtung von Risikoaspekten, Transaktionskosten und Erfordernissen der Flexibilität zu decken.

Dann müssen in der *Finanzierungsanalyse* die Besonderheiten der verschiedenen Finanzierungsmittel berücksichtigt werden. Ferner spielen das Verhältnis Fremdkapital zu Eigenkapital (Verschuldungsgrad), die Zusammensetzung des Eigenkapitals (Grundkapital, Rücklagen, Reserven) sowie Art, Größe und Fristigkeit bzw. Fälligkeit der Fremdfinanzierungsmittel und vor allem der Cash Flow des Unternehmens als Maßstab für die Innenfinanzierungskraft und damit Unabhängigkeit für die Finanzierungsentscheidungen eine bedeutsame Rolle.

Ferner verlangen ÖFinanzierungsentscheidungen nach Flexibilität: Wichtig ist, sich die Möglichkeit der Anpassung der Finanzplanung an neue akute Erfordernisse sowohl bei der Finanzmittelbeschaffung als auch bei der Finanzmittelverwendung zu bewahren. Dazu ist ein dauernder Anpassungsprozess zwischen Planung und Realität erforderlich. Es ergeben sich folgende Risiken bei Finanzentscheidungen:

Risiken der Finanzplanung

Risiken der Finanzplanung
Abweichen der Zeitpunkte des Bedarfs und der Bereitstellung
Fehleinschätzung der Höhe des Kreditbedarfs
Missachten der Fristenkongruenz: Art der Finanzmittel (kurzfristiger Kredit für langfristige Investitionen oder umgekehrt)
unvorteilhafte Konditionen, schlecht geplante Rückzahlungszeitpunkte
Auswahl des Kreditgebers (zu starke Gläubigerposition)
Fehlplanung hinsichtlich Vermögensstruktur (richtiges Investitionsvolumen)

Aufgrund von Entscheidungsfehlern kann es zu Über- und Unterfinanzierung kommen. Bei *Überfinanzierung*, wenn die zur Verfügung stehenden Finanzierungsmittel den Finanzbedarf übersteigen, kommt es zu Rentabilitätseinbußen. Allerdings ist aufgrund des schwer abschätzbaren Ergänzungsbedarfs eine Finanzmittelreserve, die auch gewinnbringend angelegt werden kann, erforderlich. Wenn ständig zu große Finanzmittelüberschüsse bestehen, muss der Finanzplan korrigiert werden. Bei *Unterfinanzierung*, d. h. wenn die verfügbaren Mittel nicht ausreichen, den Finanzbedarf zu decken, kann die Kunden- bzw. Lieferantenzufriedenheit in Mitleidenschaft gezogen werden oder es entsteht zusätzlicher Verwaltungsaufwand zur Bearbeitung von Mahnungen, die Kapitalbeschaffungsmöglichkeiten verteuern und verschlechtern sich. Im schlimmsten Fall droht Illiquidität als Insolvenzgrund.

Daher ist es das wichtigste Ziel des Finanzmanagements, Finanzierungsbedarf und Finanzierungsmittel im Gleichgewicht halten. Darüber hinaus ist es unter *Controlling*-Gesichtspunkten wichtig zu überprüfen, inwieweit die Vorgaben der Finanzplanung eingehalten wurden, welche Abweichungen eintraten und ob trotz der Abweichungen das Planungsziel dennoch erreicht werden kann. Dazu werden die Planzahlen den Istzahlen gegenübergestellt und es sollte eine detaillierte *Analyse der Abweichungsursachen* (z. B. veränderte Kapitalmarktverhältnisse, Veränderungen im Zahlungsverhalten von Kunden) erfolgen, um für zukünftige Planungen mehr und bessere Information zu erhalten.

Beispiel Finanzplanung

In der strategischen Finanzplanung der Bergthaler Hausgeräte GmbH wird überlegt, eine Fertigungsanlage durch eine Neuanschaffung zu ersetzen. Der Anstoß für diese Überlegungen ergab sich aus dem gestiegenen Kostendruck am Absatzmarkt aufgrund verschärfter Konkurrenz. Mit der neuen Anlage können Kostensenkungen in der Fertigung erreicht werden, die über Preissenkungen und zusätzliche Marketingmaßnahmen zu einer Verbesserung der Marktposition führen werden.

Die Anschaffungskosten der neuen Anlage betragen 3.500.000 €, die Nutzungsdauer wird auf zehn Jahre veranschlagt. Für die zusätzlich geplanten Marketingmaßnahmen soll ein Budget von 60.000 € zur Verfügung gestellt werden. Die nicht mehr benötigte alte Anlage kann ins Ausland verkauft werden. Die dazu bereits angelaufenen Verhandlungen ergeben, dass mit einem Verkaufserlös von 270.000 € gerechnet werden kann.

Der Jahresüberschuss für das gerade abgelaufene Geschäftsjahr beträgt 600.000 € und muss mit 25 % Körperschaftsteuer zuzüglich 5,5 % Solidaritätszuschlag versteuert werden. Zur Ausschüttung an die Gesellschafter ist ein Betrag von 100.000 € vorgesehen.

Verhandlungen mit der Hausbank ergaben, dass diese für das Projekt ein Tilgungsdarlehen mit einer Laufzeit von zehn Jahren über nominal 2.700.000 € bei einer Auszahlung von 95 % und einem Nominalzins von 7 % gegen Sicherungsübereignung der neuen Anlage zu gewähren bereit ist. Tilgungs- und Zinszahlungen sollen jährlich nachschüssig erfolgen.

Im Umlaufvermögen liegt ein Bestand an Wertpapieren als Sicherheitsreserve in Höhe von 560.000 € vor, der jedoch nur angegriffen werden soll, wenn eine anderweitige Finanzierung des Projekts nicht ausreicht.

Die Finanzplanung für das Projekt sieht daher wie folgt aus:

Anschaffungskosten Fertigungsanlage		3.500.000 €
Kosten Marketingmaßnahmen		60.000 €
Gesamter Finanzbedarf aus dem Projekt		3.560.000 €
./. Verkaufserlös der alten Anlage		270.000 €
./. Fremdfinanzierungsmittel der Hausbank (95 % von 2,7 Mio. €)		2.565.000 €
./. offene Selbstfinanzierung		
Jahresüberschuss	600.000 €	
Körperschaftsteuer (600.000 € x 25 %)	./. 150.000 €	
Solidaritätszuschlag (600.000 € x 25 % x 5,5 %)	./. 8.250 €	
Ausschüttung	./. 100.000 €	341.750 €
verbleibender Finanzbedarf		383.250 €

Der verbleibende Finanzbedarf muss durch den Verkauf von Wertpapieren (Innenfinanzierung als Umschichtungsfinanzierung) gedeckt werden. Dadurch sinkt diese Sicherheitsreserve auf 176.750 €.

Die Abschreibungen der neuen Fertigungsanlage sollen zur Finanzierung der Darlehenstilgung herangezogen werden. Da die Tilgungsraten jährlich gleichbleibend sind, wird auch kalkulatorisch die lineare Abschreibung über die Laufzeit bzw. Nutzungsdauer vorgenommen. Es wird davon ausgegangen, dass die Abschreibungsgegenwerte über den Umsatzprozess verdient werden können.

jährliche Abschreibung: 3.500.000 € / 10 Jahre =	350.000 €
./. Darlehenstilgung 2.700.000 € / 10 Jahre =	270.000 €
verbleibender Cash Flow aus Abschreibungsrückflüssen	80.000 €

Es wird dabei davon ausgegangen, dass die Zinszahlungen, die als Aufwand gebucht den Gewinn mindern, ebenfalls über den Umsatzprozess verdient werden können.

Der verbleibende Cash Flow aus Abschreibungsrückflüssen steht als Innenfinanzierungsmittel für andere Ausgaben zur Verfügung. Für die Nutzung des Kapazitätserweiterungseffekts reicht er nicht aus.

4.1.2 Planbestandsdifferenzenbilanz

Die *Jahresfinanzplanung* lässt sich übersichtlich in einer Bestandsdifferenzenbilanz zusammenfassen und darstellen. Ausgehend von der Bilanzgliederung werden dazu die Veränderungen der Bilanzpositionen im abgelaufenen Geschäftsjahr ermittelt und den *Plangrößen* gegenübergestellt. Daraus können Veränderungen für die Zukunft vorhergesagt bzw. geplant werden. Wichtig ist auch hier die *Analyse der Abweichungsursachen*. Die geplanten Veränderungen der einzelnen Bilanzpositionen ergeben sich aus allen operativen Teilplänen der Unternehmensplanung, insbesondere der Anlagenplanung, der Produktions- und Absatzplanung, der Lagerhaltungsplanung, aber auch der Finanzierungsplanung für die Passivseite der Bilanz. War z. B. in der Mittelverwendungsplanung eine Investition mit einem bestimmten Auszahlungsbetrag vorgesehen und dieser wurde überstiegen, so kann die Ursachenanalyse die Gründe für das Übersteigen ermitteln, d. h. inwieweit ein Planungsfehler passiert ist oder wie sich eine unsichere Zukunftserwartung tatsächlich erfüllt hat bzw. ob es unerwartete Ereignisse gab, die nicht vorhergesehen werden konnten. Aus dieser *Abweichungsanalyse* können sich verbesserte Informationen für die zukünftige Planung ergeben oder auch Maßnahmen in der Mitarbeiterführung, insbesondere da Teilaufgaben an Mitarbeiter delegiert werden müssen. In diesem Sinne ist Controlling als *Führung durch Kennzahlen* zu verstehen. Auch externe Bilanzleser können mit Hilfe von Bestandsdifferenzenbilanzen – bei entsprechend vorsichtiger Interpretation – erkennen, wie schnell ein Unternehmen auf veränderte Marktsituationen reagiert. Ein Anstieg des Fertigwarenlagerbestands könnte auf Absatzschwierigkeiten hinweisen, etc.

Die Positionen der Bestandsdifferenzenbilanz können differenziert werden in *Mittelherkunft* (Einnahmen) und *Mittelverwendung* (Ausgaben). Der Vorteil dieser Darstellungsart liegt darin, dass die Summen von Mittelherkunft und Mittelverwendung gleich sein müssen. Die Mittelherkunft wird zudem noch unterschieden in Innen- und Außenfinanzierung und kann nach der jeweiligen Finanzierungsart weiter aufgegliedert werden. Mittelherkunft ist entweder mit einer *Aktivminderung* (immer Innenfinanzierung) oder einer *Passivmehrung* verbunden, Mittelverwendung mit einer *Aktivmehrung* oder einer *Passivminderung*. Eine alternative Darstellung gleichen Inhalts ist die Bewegungsbilanz:

Übersicht Bewegungsbilanz

<table>
<tr><th colspan="3">Mittelherkunft</th><th>Mittelverwendung</th></tr>
<tr><th colspan="3">Aktivminderung, z. B.</th><th>Aktivmehrung, z. B.</th></tr>
<tr><td>innen</td><td colspan="2">Verkauf von Anlagegütern
Abbau der Vorräte (z. B. durch Just in Time)
Minderung der Außenstände (z. B. durch Factoring)
erhöhte Abschreibungen</td><td>Kauf von Anlagegütern
Mehrung der Vorräte (z. B. Nutzung von Mengenrabatten)
Erhöhung der Forderungen (z. B. Kundenkredite als Marketing-Instrument)</td></tr>
<tr><th colspan="3">Passivmehrung, z. B.</th><th>Passivminderung, z. B.</th></tr>
<tr><td>innen</td><td colspan="2">Erhöhung der Rücklagen (offene Selbstfinanzierung)
Erhöhung von Rückstellungen (Fremdfinanzierung)</td><td rowspan="3">Kapitalherabsetzung
Gewinnausschüttung
Auflösung von Rückstellungen
Tilgung von Darlehen
vermehrte Skonto-Nutzung bei Lieferanten</td></tr>
<tr><td rowspan="2">außen</td><td colspan="2">Aufnahme neuer Gesellschafter (Eigenfinanzierung)</td></tr>
<tr><td>fremd</td><td>höhere Inanspruchnahme von Lieferantenzielen
Aufnahme von Darlehen</td></tr>
</table>

Bei Bedarf können die einzelnen Positionen noch um Informationen aus der Gewinn- und Verlustrechnung ergänzt werden. So empfiehlt es sich, die Veränderung der *Sachanlagen* in Neuanschaffungen (Mittelverwendung) und Abschreibungen (Mittelherkunft, Innenfinanzierung) zu differenzieren. Auch eine Unterscheidung bzw. Gruppierung des *Fremdkapitals* (Mittelherkunft) nach der Fristigkeit ist denkbar. Insgesamt stellt die Bestandsdifferenzenbilanz zum einen ein Informationsinstrument für die Unternehmensführung dar, zum anderen kann sie als Ausgangspunkt für vielfältige Analysen der Finanzplanung genutzt werden.

Beispiel Planbestandsdifferenzenbilanz

Der Bilanzbuchhalter der Bergthaler Hausgeräte GmbH hat anhand der letzten beiden Bilanzen des Unternehmens die folgende Planbestandsdifferenzenbilanz (in T€) erstellt und die Veränderungen der einzelnen Position mit folgender Codierung benannt:

MV = Mittelverwendung

MH-I = Mittelherkunft, Innenfinanzierung

MH-A = Mittelherkunft, Außenfinanzierung

Bestandsdifferenzenbilanz	**Änderung**	**Wirkung**
Aktivseite		
A. Anlagevermögen		
II. Sachanlagen	(90)	
Anschaffungs-/Herstellungskosten	120	MV
Abschreibungen	- 30	MH-I
B. Umlaufvermögen		
I. Vorräte	4	MV
II. Forderungen, sonstige Vermögensgegenstände		
1. aus Lieferungen und Leistungen	- 5	MH-I
III. Wertpapiere	22	MV
IV. Flüssige Mittel	- 8	
Bilanzsumme	103	
Passivseite		
A. Eigenkapital		
III. Gewinnrücklage	2	MH-I
B. Rückstellungen		
1. für Pensionen = langfristig	2	MH-I
2. Steuerrückstellungen = kurzfristig	1	MH-I
3. sonstige für Instandhaltung = kurzfristig	3	MH-I
C. Verbindlichkeiten		
1. langfristige Darlehen	70	MH-A
2. kurzfristige Darlehen	(25)	
- Vorräte	4	MH-A
- Sachanlagen	12	MH-A
- Löhne und Gehälter	2	MH-A
- Steuern	1	MH-A
- übrige	6	MH-A
Bilanzsumme	103	

Summe MV	142
Summe MH	138

Summe MH-A	95
Summe MH-I	43

Bilanzpositionen ohne wesentliche Änderungen wurden aus der Betrachtung eliminiert. Für die Analyse wurden insbesondere die kurzfristigen Verbindlichkeiten weiter aufgeschlüsselt. Da der Betrag der Mittelverwendung den Betrag der Mittelherkunft um 8 T€ übersteigt, müssen die flüssigen Mittel (Kasse, Bankguthaben etc.) um diesen Betrag abgenommen haben.

4.1.3 Operative Finanzplanung

Die operative (d. h. kurzfristige) Finanzplanung wird abgeleitet aus der strategischen (d. h. langfristigen) Finanzplanung und hat vor allem die *Sicherung der Liquidität* zur Aufgabe, um den möglichst reibungslosen Ablauf der betrieblichen Prozesse zu gewährleisten. Sie wird daher auch als *Liquiditätsplanung* bezeichnet. Kennzeichnend ist die direkte, monate-, wochen- oder auch tageweise Vorausschau auf Zahlungsströme mit dem Ziel, Zu- und Abflüsse aufeinander abzustimmen.

Die disponierten Zeiträume müssen an die betrieblichen Gegebenheiten angepasst werden. In Situationen mit zeitlich und in ihrer Höhe stark schwankenden Liquiditätszu- und -abflüssen muss eine *tageweise Abstimmung* erfolgen. Der Prognosehorizont bleibt dann auf wenige Wochen beschränkt und die *Liquiditätsreserve* muss entsprechend risikobewusst eingerichtet sein. Bei weniger volatilen Zahlungsflüssen kann der Horizont auf ein halbes oder gar ein ganzes Jahr ausgedehnt werden, aber auch eine sehr kurzfristiger Liquiditätsplanung kann in eine *Quartals- oder Jahresplanung* eingebunden werden. Es geht bei der Vorausschau dann weniger um die Vorhersage der tatsächlichen, sondern um eine Eingrenzung der möglichen Werte. Wichtig für das *Finanz-Controlling* ist eine rollende (revolvierende) Plantätigkeit, bei der die abgelaufene Vorhersagezeit durch Soll-Ist-Vergleich und Abweichungsanalyse zur Verbesserung der zukünftigen Vorhersagen eingesetzt wird.

Der konkrete Ablauf der Liquiditätsplanung gestaltet sich so, dass die Zahlungsströme aus den Absatz-, Produktions-, Beschaffungs- und sonstigen Unternehmensplänen zusammengerechnet und anhand ihrer Priorität (*Zahlungsrelevanz*) aufeinander abgestimmt werden. Es wird zwischen determinierten, flexiblen und disponiblen Strömen unterschieden (auch als sofort, verzögert oder nicht zahlungsrelevant bezeichnet):

- Festgelegte (*determinierte*) Zahlungstermine z. B. für Steuerzahlungen, Löhne und Gehälter, Sozialversicherungsbeiträge, bei Fälligkeitswechseln oder aus Vertragsvereinbarungen müssen eingehalten werden, wobei aus den Konsequenzen der Nichteinhaltung eine Prioritätenrangfolge festgelegt werden kann, ebenso kann bei Kreditzusagen und festen Zins- und Tilgungsterminen aus Wertpapieranlagen und vertraglich vereinbarten Zahlungsterminen mit einem Zufluss fest gerechnet werden. Gleiches gilt für einen Bodensatz (Durchschnittswert) aus dem Umsatzprozess.
- *Flexible* (verzögert zahlungsrelevante) *Zuflüsse* ergeben sich vor allem aus dem Warenverkauf auf Ziel. Hier sind Prognosen über die Geldwerdung erforderlich, die im Regelfall aus der Betrachtung des Käuferverhaltens der Vergangenheit als Durchschnittswerte abgeleitet werden können. Flexible *Abflüsse* liegen umgekehrt vor, wenn statt eines Zahlungstermins eine Zahlungsfrist gegeben ist, z. B. bei Skontozahlung. Hier kann durch die Liquiditätsplanung eine Optimierung (im Sinne einer Zinslastminimierung im Rahmen des Cash Managements) erreicht werden, wenn solche Zahlungen an Tagen mit hoher Liquidität ausgelöst werden.
- *Disponible* Zahlungsströme sind solche, die nicht eintreten müssen bzw. unterlassen werden können, d. h. sie sind nicht zahlungsrelevant.

Neben der zeitlichen Dimension von Zahlungsströmen muss auch die *Höhe der Beträge* in die Betrachtung einbezogen werden. I. d. R. ist die Betragshöhe festgelegt bzw. kann – wie bei Steuerzahlungen – im Voraus berechnet werden. Werden Rabatt und Skonto als Marketinginstrumente eingesetzt, kann sich Unsicherheit über die tatsächliche Höhe des Umsatzes ergeben.

Zur *Komplexitätsreduktion* der Liquiditätsplanung können klare Regeln definiert werden, z. B. fest terminierte Finanzaufnahmen (z. B. Termingelder, Factoring, Lombardkredite) und -anlagen (z. B. Wertpapiere, Termingelder). Sinnvoll sind zusätzlich klar definierte Frühwarn- und Meldezeitpunkte (analog zum Bestellpunktsystem), die ein flexibles Reagieren auf unerwartete Konstellationen ermöglicht, z. B. ein bestimmter Mindestkassenbestand oder ein Meldelimit in der Dispositionskreditinanspruchnahme im Rahmen eines Management-by-Exception-Ansatzes.

Beispiel Operative Finanzplanung

Der Finanzbuchhalter der Müller Haustechnik GmbH erhält den Auftrag, für das zweite Quartal (April bis Juni) einen Finanzplan aufzustellen. Ihm liegen dazu die folgenden Informationen (in T€) vor:

Aus der Verkaufsabteilung erhält er die folgenden Ist- und Plan-Umsatzzahlen:

Januar	Februar	März	April	Mai	Juni
400	430	470	520	570	640

Die Umsätze werden erfahrungsgemäß im Fakturierungsmonat zu 40 % unter Abzug von 2 % Skonto zahlungswirksam, in den beiden Folgemonaten zu je 30 % und 20 % (ohne Abzug), die restlichen 10 % gehen erst nach drei Monaten ein.

Für den Finanzplan ergeben sich daraus die folgenden Zahlungsmittelzuflüsse:

April		Mai		Juni	
10 % aus Januar	40	10 % aus Februar	43	10 % aus März	47
20 % aus Februar	86	20 % aus März	94	20 % aus April	104
30 % aus März	141	30 % aus April	156	30 % aus Mai	171
39,2 % aus April	204	39,2 % aus Mai	223	39,2 % aus Juni	251
	471		516		573

Die 39,2 % ergeben sich durch den Skontoabzug, da von 40 % nur 98 % eingehen.

Informationen über weitere Zahlungsmittelflüsse ergeben sich aus der strategischen Finanzplanung, insbesondere der Investitions- und Finanzierungsplanung:

- Im Mai soll eine ausgemusterte Produktionsanlage verkauft werden; es wird mit einem Verkaufserlös von 23 T€ gerechnet. Entsprechende Vertragsverhandlungen mit einem polnischen Abnehmer stehen kurz vor dem Abschluss.
- Im April fließt ein Darlehen in Höhe von 40 T€ zu, mit dem eine neue, bereits gelieferte und installierte Produktionsanlage bezahlt werden soll. Die Anschaffungskosten betrugen 40 T€, eine Anzahlung von 10 % wurde im März geleistet. Der Restkaufpreis soll in drei gleichen Monatsraten beglichen werden. Die erste Zins- und Tilgungsrate für das Darlehen in Höhe von 2 T€ ist im Juni fällig.

- Mieten und sonstige auszahlungswirksame Fixkosten belaufen sich auf 130 T€ monatlich. Im Mai ist ein Schuldwechsel in Höhe von 57 T€ fällig, im Juni ein Besitzwechsel in Höhe von 12 T€.
- Der Kassenbestand Ende März beträgt 5 T€, bei der Hausbank besteht eine Dispositionslinie von 25 T€ zu 9 % p. a. Inanspruchnahmen sollen laut Vorgabe der Geschäftsleitung möglichst schnell zurückgeführt werden.

Aus der Einkaufsabteilung liegen die folgenden Ist- und Plan-Einkäufe vor:

Januar	Februar	März	April	Mai	Juni
220	230	150	180	190	200

Lieferantenrechnungen werden im Fakturierungsmonat zu 60 % sofort unter Abzug von 2 % Skonto gezahlt, der Rest zu je 30 % und 10 % in den beiden Folgemonaten.

Für den Finanzplan ergeben sich daraus die folgenden Zahlungsmittelabflüsse:

April		Mai		Juni	
10 % aus Februar	23	10 % aus März	15	10 % aus April	18
30 % aus März	45	30 % aus April	54	30 % aus Mai	57
58,8 % aus April	106	58,8 % aus Mai	112	58,8 % aus Juni	118
	174		181		193

Die 58,8 % ergeben sich durch den Skontoabzug, da von 60 % nur 98 % abfließen.

Aus der Personalabteilung liegt die Information vor, dass die Ausgaben für Löhne und Gehälter inklusive Sozialversicherung monatlich bei 180 T€ liegen. Im Mai soll Urlaubsgeld in Höhe von 20 T€ gezahlt werden.

Es ergibt sich folgender vorläufiger Finanzplan:

	April	Mai	Juni
Kassenbestand zu Monatsbeginn	5	20	- 25
Umsatzerlöse	471	516	573
Anlagenverkauf		18	
Darlehen	40		
Besitzwechsel			12
Summe Einzahlungen	511	534	585
Einkauf	174	181	193
Personalkosten	180	200	180
sonstige Auszahlungen	130	130	130
Schuldwechsel		57	
Anlagenkauf	12	12	12
Darlehenstilgung			2
Summe Auszahlungen	496	580	517
Über-/Unterdeckung	15	- 45	68

Es zeigt sich, dass im Laufe des April der Kassenbestand von 5 auf 20 ansteigt, da die Zahlungsmittelzuflüsse die Zahlungsmittelabflüsse um 15 übersteigen (Überdeckung). Dafür kommt es im Mai zu größeren Zahlungsmittelabflüssen, so dass ein Defizit von 25 entsteht, dass gedeckt werden muss. Hierzu bietet sich der Dispositionsrahmen der Hausbank an, der so allerdings vollständig ausgeschöpft würde. Damit entsteht das Risiko, dass für weitere, unerwartete Belastungen kein Spielraum mehr da wäre. Er könnte jedoch im Juni bereits zurückgeführt werden, da es dann zu einer hohen Überdeckung kommt. Die Zinsbelastung wäre bei quartalsweiser Kontokorrentabrechnung Ende Juni als Abfluss zu erfassen. Sie beträgt bei Maximalinanspruchnahme für einen Monat (25.000 € x 9 % / 12 Monate =) 187,50 €.

Der Finanzplan mit Inanspruchnahme des Dispositionskredits im Mai und Rückführung inklusive Zinsen im Juni sieht dann wie folgt aus:

	April	Mai	Juni
Kassenbestand zu Monatsbeginn	5	20	0
Umsatzerlöse	471	516	573
Anlagenverkauf		18	
Darlehen	40		
Besitzwechsel			12
Inanspruchnahme Dispositionskredit		25	
Summe Einzahlungen	511	559	585
Einkauf	174	181	193
Personalkosten	180	200	180
sonstige Auszahlungen	130	130	130
Schuldwechsel		57	
Anlagenkauf	12	12	12
Darlehenstilgung			2
Rückführung Dispo inkl. Zinsen			25
Summe Auszahlungen	496	580	542
Über-/Unterdeckung	15	-20	43

Die Unterdeckung im Mai reduziert sich soweit, dass der Kassenbestand, der sich bis Anfang Mai gebildet hat, dazu ausreicht, sie abzufangen. Im Juni wird die Überdeckung durch die Rückführung des Dispositionskredits reduziert.

Allgemein lässt sich eine voraussehbare *Unterdeckung* je nach Umfang und Zeitraum entweder durch die fristenkongruente Aufnahme von zusätzlichem Kapital oder durch die Verlagerung von flexiblen und disponiblen Auszahlungen und Einzahlungen ausgleichen.

Bei einer festgestellten *Überdeckung* kann die Anlage innerhalb des Unternehmens, z. B. als Investitionen, erfolgen oder außerhalb, z. B. durch vorzeitige Rückführung oder durch Vergabe von Krediten, Erwerb von Beteiligungen, insbesondere aber durch kurzfristige Geldanlage als Festgeld oder Termingeld.

Sowohl bei der Aufnahme von kurzfristigen Krediten als auch bei der Anlage als Festgeld müssen die *Konditionen und Laufzeiten* verglichen werden. Unter Umständen kann eine nicht fristenkongruente Zwischenfinanzierung bzw. Anlage geringere Kosten verursachen.

Der Finanzbuchhalter der Müller Haustechnik GmbH erhält nach Rücksprache mit der Geschäftsleitung die Anweisung, den Dispositionskredit nicht auszulasten und statt dessen nach einer kurzfristigen Finanzierung zu suchen. Von der Hausbank wird ihm ein Lombardkredit mit zwei Monaten Laufzeit zu einem Zinssatz von 6 % p. a. angeboten. Ferner besteht die Möglichkeit, Beträge als Termingeld zu 4 % anzulegen. Er entschließt sich daher, im Mai einen Lombardkredit in Höhe von 25 T€ aufzunehmen, um die Unterdeckung zu beheben und die Flexibilität des Dispositionskredits zu wahren. Die Rückzahlung erfolgt erst im Juli, fließt daher in den folgenden Quartalsfinanzplan ein. Es entstehen Zinskosten in Höhe von (25.000 € x 6 % x 2/12 Monate =) 250 €. Die hohe Überdeckung im Juni wird als Termingeld angelegt. Bei der Anlage von 60 T€ für einen Monat zu 4 % fließen dem Unternehmen Zinserträge in Höhe von (60.000 € x 4 % / 12 Monate =) 200 € pro Monat zu, d. h. gegenüber der Dispositionskreditlösung ist diese Kombination aus Lombardkredit und Termingeld mit geringeren Kosten verbunden. Der (vorläufig) endgültige Finanzplan sieht dann wie folgt aus:

	April	Mai	Juni
Kassenbestand	5	20	0
Umsatzerlöse	471	516	573
Anlagenverkauf		18	
Darlehen	40		
Besitzwechsel			12
Lombardkredit		25	
Summe Einzahlungen	511	559	585
Einkauf	174	181	193
Personalkosten	180	200	180
sonstige Auszahlungen	130	130	130
Schuldwechsel		57	
Anlagenkauf	12	12	12
Darlehenstilgung			2
Termingeld			60
Summe Auszahlungen	496	580	577
Über-/Unterdeckung	15	-20	8

Allgemein empfiehlt es sich, eine gestaffelte Planungsstruktur auch in der Finanzplanung vorzunehmen. Auf Basis des langfristigen, fünf oder zehn Jahre umfassenden *strategischen Finanzplans* werden Jahrespläne erstellt, die wiederum in *Quartals-, Monats- oder Wochenpläne* ausdifferenziert werden. Die gewonnenen Informationen aus der Detailplanung führen dann zu einer *permanenten flexiblen Anpassung* der Langfristpläne.

Kontrollfragen zu Lerneinheit 4.1

Finanzmanagement

1. Was ist die Aufgabe der Finanzplanung bzw. des Finanzmanagements?
2. Worin liegt der Unterschied zwischen strategischer und operativer Planung?
3. Was verstehen Sie unter dem Begriff Finanzanalyse?
4. Unterscheiden Sie die drei Ebenen des Finanz-Controlling-Zyklus.
5. Charakterisieren Sie die Risiken der Finanzplanung.
6. Wozu dienen Bestandsdifferenzenbilanzen?
7. Nennen Sie je ein Beispiel für
   a) Mittelherkunft als Aktivminderung,
   b) Mittelherkunft als Passivmehrung mittels Innenfinanzierung,
   c) Mittelherkunft als Passivmehrung mittels Außenfinanzierung,
   d) Mittelverwendung als Aktivmehrung,
   e) Mittelverwendung als Passivminderung.
8. Weshalb empfiehlt es sich, für die Analyse in der Planbestandsdifferenzenbilanz insbesondere die Veranderung der Sachanlagen und der kurzfristigen Verbindlichkeiten besonders aufzugliedern?
9. Über welche Planungszeiträume sollte sich die operative Finanzplanung grundsätzlich erstrecken?
10. Was verstehen Sie unter dem Begriff Zahlungsrelevanz und welche Arten von Zahlungsrelevanz können Sie unterscheiden?
11. Wie lässt sich die Komplexität der Liquiditätsplanung vermindern?
12. Welche Maßnahmen können bei einer durch die Liquiditätsplanung vorhersehbaren Unterdeckung an Finanzmitteln ergriffen werden?
13. Welche Maßnahmen können bei einer durch die Liquiditätsplanung vorhersehbaren Überdeckung an Finanzmitteln ergriffen werden?
14. Wann sollte der Grundsatz der Fristenkongruenz in der Liquiditätsplanung durchbrochen werden?

Lösungen zu Lerneinheit 4.1

Finanzmanagement

1. Die Aufgabe der Finanzplanung ist es, den kurz-, mittel- und langfristigen Bedarf an Finanzmitteln und die Möglichkeiten ihrer Bereitstellung ermitteln und so aufeinander abzustimmen, dass die finanzielle Liquidität und Sicherheit des Unternehmens gewährleistet sind. Finanzmanagement lässt sich daher definieren als zielgerichtete, situationsgemäße Planung, Steuerung und Kontrolle aller betrieblichen Zahlungsströme.

2. Strategische Planung ist die tendenziell langfristige Planung, Steuerung und Kontrolle der Erfolgs- und Risikoposition des Unternehmens, operative Finanzplanung zielt vor allem auf die Liquiditätssicherung ab, um einen reibungslosen Ablauf der betrieblichen Prozesse zu gewährleisten.

3. Die Finanzanalyse dient dazu, die Finanz- und Investitionsentscheidungen an die relevanten Einflussfaktoren anpassen zu können. Sie umfasst die Investitionsanalyse und die Finanzierungsanalyse.

4. Auf der Planungsebene erfolgt die Integration der Leistungsbereichsplanungen und der Ausgleich überschüssiger und zu geringer Liquidität, um auf dieser Basis einen für alle Unternehmensteilbereiche verbindlichen Finanzplan (Budget) mit Zielvorgaben und Ausgabenobergrenzen aufzustellen.

   Auf der Realisierungsebene greifen alle Leistungsbereiche auf die vorgegebenen Budgets zurück und es werden Finanzierungsverträge abgeschlossen und erfüllt sowie das Cash Management durchgeführt.

   Auf der Kontrollebene erfolgt die Ist-Daten-Erfassung und Ermittlung und Analyse von Soll-Ist-Differenzen inklusive Aufforderung zur Erklärung und ggfs. Sperrung von Budgets sowie Berichte an die Geschäftsleitung.

5. Abweichen der Zeitpunkte des Bedarfs und der Bereitstellung
   Fehleinschätzung der Höhe des Kreditbedarfs
   Missachten der Fristenkongruenz: Art der Finanzmittel
   (kurzfristiger Kredit für langfristige Investitionen oder umgekehrt)
   unvorteilhafte Konditionen, schlecht geplante Rückzahlungszeitpunkte
   Auswahl des Kreditgebers (zu starke Gläubigerposition)
   Fehlplanung hinsichtlich Vermögensstruktur (richtiges Investitionsvolumen)

6. Die Jahresfinanzplanung lässt sich übersichtlich in einer Bestandsdifferenzenbilanz zusammenfassen und darstellen. Ausgehend von der Bilanzgliederung werden dazu die Veränderungen der Bilanzpositionen im abgelaufenen Geschäftsjahr ermittelt und den Plangrößen gegenübergestellt. Daraus können Veränderungen für die Zufunkt vorhergesagt bzw. geplant werden. Wichtig ist auch hier die Analyse der Abweichungsursachen.

7. a) Verkauf von Anlagegütern
   b) Bildung von Rückstellungen

c) Aufnahme von Darlehen
d) Anschaffung von Produktionsanlagen (Investition)
e) Tilgung von Krediten (Definanzierung)

8. Bei der Veränderung der Sachanlagen muss unterschieden werden zwischen dem Zugang neuer Vermögensgegenstände als Mittelverwendung und der Minderung des Buchwerts durch Abschreibungen als Mitteherkunft innen. Die kurzfristigen Verbindlichkeiten sind ein Sammelposten für ganz unterschiedliche Einflussgrößen, z. B. höhere Inanspruchnahme von Lieferantenzielen oder angestiegene Steuerverpflichtungen, die eine separate Analyse und Beurteilung erfordern.

9. Die disponierten Zeiträume der operativen Finanzplanung müssen an die betrieblichen Gegebenheiten angepasst werden. In Situationen mit zeitlich und in ihrer Höhe stark schwankenden Liquiditätszu- und -abflüssen muss eine tageweise Abstimmung erfolgen. Der Prognosehorizont bleibt dann auf wenige Wochen beschränkt und die Liquiditätsreserve muss entsprechend risikobewusst eingerichtet sein. Bei weniger volatilen Zahlungsflüssen kann der Horizont auf ein halbes oder gar ein ganzes Jahr ausgedehnt werden, aber auch eine sehr kurzfristige Liquiditätsplanung kann in eine Quartals- oder Jahresplanung eingebunden werden.

10. Der Begriff Zahlungsrelevanz dient zur Unterscheidung von Zahlungsströmen nach der Vorhersagbarkeit des Eintrittszeitpunktes. Es wird zwischen determinierten, flexiblen und disponiblen Strömen unterschieden (auch als sofort, verzögert oder nicht zahlungsrelevant bezeichnet).

11. Zur Komplexitätsreduktion der Liquiditätsplanung können klare Regeln definiert werden, z. B. fest terminierte Finanzaufnahmen (z. B. Termingelder, Factoring, Lombardkredite) und -anlagen (z. B. Wertpapiere, Termingelder). Sinnvoll sind zusätzlich klar definierte Frühwarn- und Meldezeitpunkte (analog zum Bestellpunktsystem), die ein flexibles Reagieren auf unerwartete Konstellationen ermöglicht, z. B. ein bestimmter Mindestkassenbestand oder ein Meldelimit in der Dispositionskreditinanspruchnahme.

12. Eine voraussehbare Unterdeckung lässt sich je nach Umfang und Zeitraum entweder durch die fristenkongruente Aufnahme von zusätzlichem Kapital oder durch die Verlagerung von flexiblen und disponiblen Auszahlungen und Einzahlungen ausgleichen.

13. Bei einer festgestellten Überdeckung kann die Anlage innerhalb des Unternehmens, z. B. als Investitionen, erfolgen oder außerhalb, z. B. durch vorzeitige Rückführung oder durch Vergabe von Krediten, Erwerb von Beteiligungen, insbesondere aber durch kurzfristige Geldanlage als Festgeld oder Termingeld.

14. Sowohl bei der Aufnahme von kurzfristigen Krediten als auch bei der Anlage als Festgeld müssen die Konditionen und Laufzeiten verglichen werden. Unter Umständen kann eine nicht fristenkongruente Zwischenfinanzierung bzw. Anlage geringere Kosten verursachen, z. B. wenn der fristenkongruent in Anspruch genommene Dispositionskredit zu höherer Zinslast führt als eine nicht fristenkongruente Kombination von Lombardkredit und Termingeld.

Lerneinheit 4.2

Finanzplanung mit Kennzahlen

In dieser Lerneinheit können Sie folgende **Lernziele** erreichen:

- finanzwirtschaftliche Kennzahlen berechnen und interpretieren
- Kennzahlen als Controlling-Instrument begreifen und einsetzen
- Praktikerregeln kennen und richtig einschätzen
- den Leverage-Effekt und das Kapitalstrukturrisiko darstellen

4.2.1 Kennzahlen

Controlling ist Führung durch Kennzahlen. Aufgrund der Entwicklung der Vergangenheit und der Erwartungen und Vorhaben für die Zukunft werden *Planwerte* festgelegt, die entweder als reine *Richtwerte* zur Orientierung oder im Führungsprozess als *Sollvorgaben* an nachgeordnete Hierarchieebenen dienen, u. U. gekoppelt mit Sanktionen. Führung bedeutet Willensbildung und Willensdurchsetzung unter Übernahme der damit verbundenen Verantwortung, d. h. Planung, Steuerung, Kontrolle. Die Planwerte können nach Ablauf der geplanten Periode mit den tatsächlichen Werten (*Istwerten*) verglichen werden. Der *Soll-Ist-Vergleich* zeigt Abweichungen von den Erwartungen und Vorgaben und die Analyse der Abweichungsursachen deckt Planungsfehler, falsche Erwartungen oder unvorhersehbare Veränderungen der Realität auf.

Grundlage für das Finanz-Controlling sind die Zahlen aus Buchführung und *Jahresabschluss*, die entsprechend finanzwirtschaftlich aufbereitet werden müssen. Daher werden im Finanz-Controlling aus der Bilanzbuchhaltung vertraute Schemata und Vorlagen eingesetzt, insbesondere die *Planbilanz*. Dies erleichtert zudem die *Bilanzpolitik*, d. h. die Rückwirkung auf die beabsichtigte Bilanzstruktur für den externen Jahresabschluss. Anleger bewerten Unternehmen mittels Kennzahlen.

Um die für das Finanz-Controlling geeigneten Kennzahlen auszuwählen und zu berechnen, werden die Bilanzzahlen (Plan- oder Istwerte) zusammengefasst und zu einer *Strukturbilanz* aufbereitet. Von besonderem finanzwirtschaftlichen Interesse sind dabei die *Kapitalstruktur* und die *horizontale Bilanzstruktur*, d. h. einerseits die Anlagendeckung, andererseits die Liquiditätslage.

Beispiel Planbilanz

Der Bilanzbuchhalter der Motorenbau GmbH hat folgende vorläufige Planbilanz für die Finanzplanung vorbereitet. Es sind für das kommende Jahr noch Investitions- und Finanzierungsmaßnahmen zu berücksichtigen. Dabei ist aus der langfristigen Unternehmensplanung als zwingende Zielvorgabe zu beachten, dass die Eigenkapitalquote nicht unter 20 % sinken darf, d. h. der Verschuldungsgrad darf nicht über 4 liegen.

Planbilanz der Motorenbau GmbH (in T€)						
	vorläufige Planbilanz		Veränderungen		endgültige Planbilanz	
	Aktiva	Passiva	A	P	Aktiva	Passiva
Anlagevermögen						
Maschinen	3.520					
andere Anlagen	2.640					
Umlaufvermögen						
Vorräte	2.990					
Forderungen	1.260					
liquide Mittel	720					
Eigenkapital						
Gezeichnetes Kapital		2.600				
Gewinnrücklagen		530				
Jahresüberschuss		1.350				
Fremdkapital						
lfr. Rückstellungen		640				
kfr. Rückstellungen		280				
Darlehen		4.060				
kfr. Verbindlichkeiten ggü Kreditinstituten		420				
Lieferantenkredite		1.250				
	11.130	11.130				

Aus der Investitionsplanung ergibt sich, dass zu Beginn des folgenden Jahres eine neue Produktionsanlage beschafft werden soll. Die Anschaffungskosten betragen 5.400 T€, die Nutzungsdauer wird mit acht Jahren veranschlagt. Die Abschreibung soll degressiv zu 20 Prozent erfolgen.

Der Hersteller der Produktionsanlage gewährt der Motorenbau GmbH einen Zahlungsaufschub in Höhe von 10 % des Kaufpreises für 15 Monate. 80 % der Anschaffungskosten werden über ein fristenkongruentes Tilgungsdarlehen zu einem Zinssatz von 7,5 % p. a. finanziert werden. Zins und Tilgung sind jährlich nachschüssig fällig. Der verbleibende Betrag muss über die liquiden Mittel finanziert werden. Aus dem Verkauf eines nicht mehr genutzten Anlagegutes (Buchwert 220 T€ nach AfA) wird mit einem Erlös von 340 T€ gerechnet.

Zunächst ermittelt der Bilanzbuchhalter die Auswirkung der Maßnahmen auf den geplanten Jahresüberschuss:

Abschreibung	degressiv 20 % auf 5.400 T€ =	- 1080 T€
Darlehenszinsen	7,5 % auf 80 % von 5.400 T€ =	- 324 T€
Ertrag aus Anlagenverkauf	340 T€ ./. 220 T€ =	120 T€
gesamte Ergebnisauswirkung:		- 1.284 T€

Der geplante Jahresüberschuss mindert sich durch die Maßnahmen insgesamt um 1.219 T€, bleibt damit aber immer noch positiv.

Nun stellt er alle Veränderungen der vorläufigen Planbilanz durch die Maßnahmen zusammen und trägt sie in die Planbilanz ein:

Planbilanz der Motorenbau GmbH (in T€)						
	vorläufige Planbilanz		Veränderungen		endgültige Planbilanz	
	Aktiva	Passiva	A	P	Aktiva	Passiva
Anlagevermögen						
Maschinen	3.520		4.320	220	7.620	
andere Anlagen	2.640				2.640	
Umlaufvermögen						
Vorräte	2.990				2.990	
Forderungen	1.260				1.260	
liquide Mittel	720		340	540	520	
Eigenkapital						
Gezeichnetes Kapital		2.600				2.600
Gewinnrücklagen		530				530
Jahresüberschuss		1.350	1.284			66
Fremdkapital						
lfr. Rückstellungen		640				640
kfr. Rückstellungen		280				280
Darlehen		4.060	540	4.320		7.840
kfr. Verbindlichkeiten ggü Kreditinstituten		420		864		1.284
Lieferantenkredite		1.250		540		1.790
	11.130	11.130	6.484	6.484	15.030	15.030

Im Einzelnen ergeben sich die Veränderungen wie folgt:

Maschinenbestand

Zugang Produktionsanlage 5.400 T€ ./. AfA 1.080 T€ 4.320 T€

Abgang durch Verkauf Anlagegut 220 T€

Liquide Mittel

Abgang 10 % von 5.400 T€		540 T€
Zugang durch Verkauf Anlagegut		340 T€

Jahresüberschuss

Minderung (s. o.)		1.284 T€

Darlehen

Zugang 80 % von 5.400 T€		4.320 T€
Abgang erste Tilgung $^{1}/_{8}$ von 4.320 T€		540 T€

Verbindlichkeiten gegenüber Kreditinstituten

Zugang Darlehenszinsen 7,5 % von 4.320T€ =	324 T€	
+ erste 7,5 % Tilgung $^{1}/_{8}$ von 4.320 T€ =	540 T€	864 T€

Lieferantenkredite

Zugang 10 % von 5.400 T€		540 T€

Nun fasst der Bilanzbuchhalter die vorläufigen und die endgültigen Planwerte als Strukturbilanz für die Berechnung von Kennzahlen, vor allem der Eigenkapitalquote, zusammen:

Aktiva	vorläufig	endgültig		vorläufig	endgültig Passiva
Anlagevermögen	6.160	10.260	Eigenkapital	4.480	3.196
Umlaufvermögen	4.970	4.770	Fremdkapital	6.650	11.834
	11.130	15.030		11.130	15.030

$$\text{Eigenkapitalquote} = \frac{\text{Eigenkapital x 100}}{\text{Gesamtkapital}} \qquad \text{Verschuldungsgrad} = \frac{\text{Fremdkapital}}{\text{Eigenkapital}}$$

$$\text{vorläufig:} \quad \frac{4.480 \text{ x } 100}{11.130} = 40{,}25\ \% \qquad \frac{6.650}{4.480} = 1{,}5$$

$$\text{endgültig:} \quad \frac{3.196 \text{ x } 100}{15.030} = 21{,}26\ \% \qquad \frac{11.834}{3.196} = 3{,}7$$

Die zwingende Zielvorgabe aus der langfristigen Unternehmensplanung, dass die Eigenkapitalquote nicht unter 20 % sinken darf, wird gerade eingehalten. Wäre dies nicht der Fall, müsste über eine andere Finanzierung der Anlage nachgedacht werden, d. h. insbesondere, der Fremdfinanzierungsanteil für die Investition müsste reduziert werden. Ob der Innenfinanzierungsspielraum durch Abschreibungsgegenwerte ausgeschöpft ist, lässt sich mittels Planbilanzen nicht ermitteln, da sie die bilanzielle und nicht die maßgebliche kalkulatorische Abschreibung zeigt. Ein Factoring der Forderungen oder eine geringere Bemessung der geplanten Vorräte könnten zusätzliche liquide Mittel bereitstellen.

Als weitere finanzwirtschaftliche Kennzahlen sind vor allem die *Anlagendeckungsgrade*, die *Liquiditätsgrade* und die *Rentabilitätskennzahlen* interessant. Die folgende Übersicht zeigt die Berechnungsformeln für die wichtigsten Kennzahlen:

Übersicht Finanzwirtschaftliche Kennzahlen

Vermögensstruktur

$$\text{Anlagenintensität} = \frac{\text{Anlagevermögen} \times 100}{\text{Gesamtvermögen}}$$

$$\text{Arbeitsintensität} = \frac{\text{Umlaufvermögen} \times 100}{\text{Gesamtvermögen}}$$

Kapitalstruktur

$$\text{Eigenkapitalquote} = \frac{\text{Eigenkapital} \times 100}{\text{Gesamtkapital}}$$

$$\text{Fremdkapitalquote} = \frac{\text{Fremdkapital} \times 100}{\text{Gesamtkapital}}$$

$$\text{Verschuldungsgrad} = \frac{\text{Fremdkapital}}{\text{Eigenkapital}}$$

Anlagendeckung

$$\text{Anlagendeckungsgrad I} = \frac{\text{Eigenkapital} \times 100}{\text{Anlagevermögen}}$$

$$\text{Anlagendeckungsgrad II} = \frac{(\text{Eigenkapital} + \text{lfr. Fremdkapital}) \times 100}{\text{Anlagevermögen}}$$

Liquidität

$$\text{Liquiditätsgrad I} = \frac{\text{liquide Mittel (Kasse, Bankguthaben)} \times 100}{\text{kurzfristiges Fremdkapital}}$$

$$\text{Liquiditätsgrad II} = \frac{(\text{liquide Mittel} + \text{Forderungen}) \times 100}{\text{kurzfristiges Fremdkapital}}$$

$$\text{Liquiditätsgrad III} = \frac{\text{Umlaufvermögen} \times 100}{\text{kurzfristiges Fremdkapital}}$$

Rentabilität

$$\text{Eigenkapitalrentabilität} = \frac{\text{Gewinn} \times 100}{\text{Eigenkapital}}$$

$$\text{Gesamtkapitalrentabilität} = \frac{(\text{Gewinn} + \text{Fremdkapitalzinsen}) \times 100}{\text{Gesamtkapital}}$$

$$\text{Umsatzrentabilität} = \frac{\text{Gewinn} \times 100}{\text{Umsatz}}$$

$$\text{Kapitalumschlag} = \frac{\text{Umsatz}}{\text{Kapital}}$$

$$\text{Return on Investment} = \text{Umsatzrentabilität} \times \text{Kapitalumschlag}$$

wertorientierte Kennzahlen	
EBIT earnings before interest and taxes (operative Ertragskraft)	Jahresüberschuss ± außerordentliches Ergebnis ± Zinsergebnis + Ertragsteuern
EVA economic value added (Geschäftswertbeitrag)	operativer Gewinn - Ertragsteuern - kalkulatorische Kapitalkosten NOPAT - WACC * NOA (ROCE - WACC) * NOA
NOPAT net operating profit after taxes (operativer Gewinn nach Steuern)	Umsatzerlöse - operativer Aufwand = operativer Gewinn - Ertragssteuern
ROCE return on capital employed (Investitionsrendite)	$\frac{\text{NOPAT}}{\text{NOA}}$ net operating assets (betriebsnotwendiges Kapital)
EVA-Spread (Überrendite)	ROCE - WACC weighted average cost of capital (durchschnittliche Kapitalkosten)

Der wesentliche Unterschied zwischen den traditionellen und den wertorientierten Kennzahlen besteht darin, dass letztere die Zielsetzungen der Kapitalgeber stärker berücksichtigen. So stellt der *EBIT* eine bereinigte Kennzahl für die Ertragskraft des Unternehmens dar: unterschiedliche Kapitalkosten und Steuerbelastungen werden herausgerechnet, und hier sind weitere Bereinigungen möglich, z. B. können die Abschreibungen auf immaterielle Vermögensgegenstände (Firmenwert) eliminiert werden (EBITA = earnings before interest, taxes and amortisation), oder auch unterschiedliche Abschreibungsmethoden (EBITDA = earnings before interes, taxes, depreciation and amortisation).

Der Gedanke hinter dem *EVA*-Konzept ist, dass nur der Teil des Umsatzes werthaltig ist, der über die Ansprüche der Kapitalgeber hinausgeht. Vom operativen Gewinn nach Steuern (NOPAT) werden daher die gewogenen durchschnittlichen Kapitalkosten abgezogen. Diese ergeben sich, wenn man den Fremdkapitalanteil mit dem durchschnittlichen Fremdkapitalkostensatz und den Eigenkapitalanteil mit der erwarteten Rendite der Eigenkapitalgeber multipliziert und die Summe bildet:

WACC = FK-Quote * FK-Zins + EK-Quote * erwartete EK-Rendite

Der *EVA-Spread* (ROCE - WACC) gibt dann die Überrendite eines Investitionsprojekts oder eines Unternehmens an, wobei zur ROCE-Ermittlung – wie bei der Ermittlung der kalkulatorischen Zinskosten in der Kostenrechnung – nur das betriebsnotwenige Kapital (NOA), d. h. betriebsnotwendiges Vermögen minus Abzugskapital, angesetzt wird. Der EVA-Spread stellt daher eine Kennzahl zur *Bewertung der Vorteilhaftigkeit von Investitionsprojekten* dar.

Beispiel Kennzahlen

Der Bilanzbuchhalter der Motorenbau GmbH erstellt aufgrund der endgültigen Planbilanz (siehe vorheriges Beispiel) für die Geschäftsführung eine komplette Kennzahlenübersicht. Als zusätzliche Information erfährt er aus der Absatzplanung, dass für das kommende Jahr ein Umsatz von 23.000 T€ geplant ist bzw. erwartet wird. Als Gewinn wird der Jahresüberschuss in Höhe von 66 T€ angesetzt. Die gesamten Fremdkapitalzinsen betragen 588 T€. Als Berechnungshilfe fasst er die Planzahlen in folgender Strukturbilanz zusammen.

Aktiva			Passiva		
Anlagevermögen		10.260	Eigenkapital		3.196
Vorräte	2.990		lfr. Fremdkapital	8.480	
Forderungen	1.260		kfr. Fremdkapital	3.354	11.834
liquide Mittel	520	4.770			
		15.030			15.030

Vermögensstruktur

Anlagenintensität = $\frac{10.260 \times 100}{15.030}$ = 68,26 %

Arbeitsintensität = $\frac{4.770 \times 100}{15.030}$ = 31,74 %

Die Anlagenintensität liefert eine Information über den *Vermögensaufbau* des Unternehmens, insbesondere ob ein Betrieb anlagenintensiv oder arbeitsintensiv ist. Im Branchenvergleich kann eine niedrige Anlagenintensität auf veraltete Produktionsanlagen hindeuten, oder auf eine zu hohe Vorratshaltung. Anlagenintensität und Arbeitsintensität ergänzen sich zu 100 %.

Kapitalstruktur

Eigenkapitalquote = $\frac{3.196 \times 100}{15.030}$ = 21,26 %

Fremdkapitalquote = $\frac{11.834 \times 100}{15.030}$ = 78,74 %

Verschuldungsgrad = $\frac{11.834}{3.196}$ = 3,70

Je höher die Eigenkapitalquote und damit je niedriger die Fremdkapitalquote bzw. der Verschuldungsgrad ist, umso *kreditwürdiger* und *konkurrenzfähiger* ist ein Unternehmen. Die Kapitalstrukturkennzahlen kennzeichnen auch, wie bereitwillig Kreditgeber in der Vergangenheit dem Unternehmen Kredite gewährt haben, und damit die *Risikoeinschätzung* der Kreditgeber. Über die Höhe des Zinsaufwands aus der Gewinn- und Verlustrechnung lässt sich ein durchschnittlicher Fremdkapitalkostensatz ermitteln. Zinskosten belasten den Umsatz und müssen über die Verkaufspreise erwirtschaftet werden. Dies kann die Wettbewerbsfähigkeit einschränken.

Anlagendeckung

$$\text{Anlagendeckungsgrad I} = \frac{3.196 \times 100}{10.260} = 31{,}15\ \%$$

$$\text{Anlagendeckungsgrad II} = \frac{(3.196 + 8.480) \times 100}{10.260} = 113{,}80\ \%$$

Die Anlagendeckung zeigt die *Überlebensfähigkeit* eines Unternehmens in Krisenzeiten: Die zur Aufrechterhaltung der wirtschaftlichen Tätigkeit erforderlichen Anlagen sollten durch Eigenkapital, zumindest aber durch langfristiges Fremdkapital gedeckt sein, damit nicht zur Rückführung kurzfristiger Kredite überlebensnotwendiges Vermögen veräußert werden muss. Sofern als Zahl verfügbar, kann die *eiserne Reserve* des Vorratsvermögens in die Berechnung der Anlagendeckung einbezogen werden, wobei sie in Krisenzeiten aber durchaus auch reduzierbar ist.

Liquidität

$$\text{Liquiditätsgrad I} = \frac{520 \times 100}{3.354} = 15{,}50\ \%$$

$$\text{Liquiditätsgrad II (Quick Ratio)} = \frac{(520 + 1.260) \times 100}{3.354} = 53{,}07\ \%$$

$$\text{Liquiditätsgrad III (Current Ratio)} = \frac{4.770 \times 100}{3.354} = 142{,}22\ \%$$

Die Liquiditätsgrade geben an, wie gut die kurzfristigen Verbindlichkeiten durch den Bestand an Zahlungsmitteln und bald eingehenden Zahlungen aus Forderungen gedeckt ist. Eine *Quick Ratio* von 100 % zeigt, dass die kurzfristigen Verbindlichkeiten jederzeit gut bedient werden können. Allerdings bleibt dabei unberücksichtigt, dass der Dispositionskredit bei der Hausbank eigentlich langfristig bereitsteht, d. h. eine leichte Unterdeckung ist durchaus vertretbar. Problematisch ist, wenn zur Bezahlung von Lieferantenrechnungen Vorräte verkauft werden müssen.

Die Liquidität eines Unternehmens anhand von Bilanzkennzahlen zu beurteilen ist als *Vergangenheitsbetrachtung* wenig sinnvoll. Hier handelt es sich um Werte aus der Planbilanz, d. h. die Geschäftsleitung kann anhand der zu erwartenden Bilanzkennzahlen sehen, wie eine spätere Bewertung von außen aussehen wird.

Rentabilität

$$\text{Eigenkapitalrentabilität} = \frac{66 \times 100}{3.196} = 2{,}07\ \%$$

$$\text{Gesamtkapitalrentabilität} = \frac{(66 + 588) \times 100}{15.030} = 4{,}35\ \%$$

$$\text{Umsatzrentabilität} = \frac{66 \times 100}{23.000} = 0{,}29\ \%$$

$$\text{Kapitalumschlag} = \frac{23.000}{15.030} = 1{,}53$$

$$\text{Return on Investment} = 1{,}53 \times 0{,}29\ \% = 0{,}44\ \%$$

Die Rentabilitätskennzahlen treffen eine Aussage über den *wirtschaftlichen Erfolg* des Unternehmens. Die Eigenkapitalrentabilität zeigt aus Sicht der Eigenkapitalgeber die *Verzinsung* ihres eingesetzten Kapitals. Statt des Jahresüberschusses kann der Bilanzgewinn oder der ausgeschüttete Gewinn als Zählergröße verwendet werden. Die Gesamtkapitalrentabilität liefert hingegen eine Information über die Leistungsfähigkeit des Unternehmens unabhängig von der Herkunft der Finanzmittel. Die Umsatzrentabilität gibt an, wie viel Prozent des Umsatzes nach Abzug aller Aufwendungen als Gewinn übrig bleiben. Hierzu ist zu beachten, dass der *Cash Flow* (vereinfachte Berechnung: Jahresüberschuss plus Abschreibungen plus Zuführung zu den Rückstellungen) eine exaktere Information über den tatsächlich erwirtschafteten Gewinn liefert, der die offene Selbstfinanzierung mit berücksichtigt. Über die stille Selbstfinanzierung können nur Vermutungen angestellt werden.

Der Kapitalumschlag (auch: Kapitalumschlagshäufigkeit) gibt an, in welcher *Geschwindigkeit* der Kapitaleinsatz über den Umsatzprozess wieder in liquide Mittel umgewandelt wird. Multipliziert man ihn mit der Umsatzrentabilität, erhält man den Return on Investment (RoI). Der Unterschied zur Gesamtkapitalrentabilität besteht darin, dass als Erfolgsgröße nur der *Gewinn* angesetzt wird und die Fremdkapitalzinsen nicht. Der RoI kann nach dem *DuPont-Schema* in ein ganzes Kennzahlensystem aufgegliedert werden, aus dem ersichtlich ist, welche Veränderungen im Einzelnen für die Veränderungen von Kapitalumschlag und Umsatzrentabilität verantwortlich sind. So kann sich z. B. auch zeigen, dass eine gesunkene Umsatzrentabilität durch einen beschleunigten Kapitalumschlag kompensiert worden ist.

Die Geschäftsleitung der Motorenbau GmbH leitet aus den von ihrem Bilanzbuchhalter vorgelegten Kennzahlenübersicht einen dringenden Handlungsbedarf insbesondere in Bezug auf die Rentabilitätslage ab. So soll zum einen durch zusätzliche Marketingmaßnahmen der Umsatz gesteigert werden, zum anderen sollen durch eine detaillierte Geschäftsprozessanalyse Kostensenkungspotenziale vor allem im Gemeinkostenbereich aufgedeckt werden. Die für den Jahresabschluss zu erwartende schlechte Quick Ratio wird als unproblematisch angesehen und soll durch eine bilanzpolitische Maßnahme korrigiert werden. Unklar ist noch, inwieweit die Gesellschafter der GmbH auf eine weitere Zuführung von Eigenkapital angesprochen werden sollen.

Ob die *Kennzahlen als Prozentwerte* oder einfache Zahlen angegeben werden sollten, hängt von der Art der Kennzahl ab: *Quoten* sind auf jeden Fall als Prozentwerte anzugeben, da sie Anteile an einem Ganzen angeben. *Rentabilitäten* stellen eine Verzinsung dar und sind daher ebenfalls in Prozent zu benennen. *Intensitäten* (Anlagenintensität, Arbeitsintensität), *Grade* (Liquidität, Anlagendeckung, Verschuldung) und *Umschlagshäufigkeiten* (Kapitalumschlag) können entweder in Prozent oder als einfache Zahl angegeben werden.

Im Zuge der zunehmenden Internationalisierung entschließt sich der Bilanzbuchhalter der Motorenbau GmbH, auch wertorientierte Kennzahlen zu berechnen. Dazu ermittelt er die folgenden benötigten Informationen:

außerordentliches Ergebnis:	-424	durchschnittliche FK-Kosten:	5%
Zinsergebnis:	-568	erwartete EK-Rendite:	8%
Ertragsteuern:	17	betriebsnotwendiges Kapital:	13.450

Zunächst ermittelt er nun den WACC unter Verwendung der bei der Kapitalstruktur (siehe oben) ermittelten Kapitalquoten:

WACC = 5 % * 78,74 % + 8 % * 21,26 % = 5,64 %

Es ergeben sich die folgenden wertorientierten Kennzahlen:

EBIT	66 + 424 + 568 + 17 =	1.075
NOPAT	1.075 - 17 =	1.058
ROCE	1.058 / 13.450 =	7,87 %
EVA-Spread	7,87 % - 5,64 % =	2,23 %
EVA	13.450 * 2,23 % =	300

Es zeigt sich, dass die Beurteilung der Ertragskraft des Unternehmens anhand des Jahresüberschusses und der daraus resultierenden Bilanzkennzahlen als zu gering eingeschätzt wurde, weil ein hohes negatives außerordentliches Ergebnis nicht berücksichtigt wurde. Insgesamt ist der EVA-Spread aber verbesserungsfähig.

Allgemein lassen sich drei *Möglichkeiten zur Erhöhung des EVA* diskutieren: Durch *Erhöhung der operativen Effizienz*, d. h. der Leistungsfähigkeit des Unternehmens, z. B. durch Reorganisation auf Basis einer Prozesskostenrechnung, kann bei gleichbleibender Kapitalbindung die Ertragskraft gesteigert werden. Zum Zweiten kann *profitables Wachstum* durch Investitionen mit genügend hohem EVA-Spread angestrebt werden, z. B. in Verbindung mit einer Marktentwicklungs- oder einer Diversifikationsstrategie. Und schließlich können *Wertevernichter* (unprofitable Bereiche) aus dem Unternehmen eliminiert oder outgesourct werden.

Für den externen Bilanzanalysten ergibt sich durch die zunehmende und zum Teil schon zur Pflicht gewordenen *Bilanzierung nach den IFRS* oder den US-GAAP einerseits ein Informationsgewinn, andererseits sind die Ausgestaltungsmöglichkeiten des Jahresabschlusses und beim Ausweis von finanzwirtschaftlichen Kennzahlen vielfältiger geworden und schränken daher oft die Vergleichbarkeit von Unternehmen ein, machen sie mühsamer, da nun noch mehr Ansatz- und Bewertungsunterschiede berücksichtigt werden müssen. Und letztlich gilt auch für unternehmenswertorientierte Kennzahlen, dass sie eine *Vergangenheitsbetrachtung* darstellen, die angesichts der turbulenten globalen Entwicklung der Wirtschafts- und Finanzmärkte mit Vorsicht zu genießen ist.

4.2.2 Goldene Regeln

Auf Basis der Kennzahlen haben sich in der Praxis verschiedene Regeln herausgebildet, wie die *Bilanzstruktur* eines Unternehmens auszusehen habe. Diese allgemeinen Regeln sollen der *Liquiditätssicherung* dienen, sind aber mit der nötigen Vorsicht anzuwenden und dürfen nicht zum Maß aller Dinge erhoben werden. Vor allem sind branchen- und unternehmenstypische Gegebenheiten in die Überlegungen mit einzubeziehen und es ist zu beachten, dass es sich bei Bilanzkennzahlen um Stichtagswerte handelt, die zudem noch bilanzpolitisch gestaltet sein können. Die Überprüfung der Goldenen Regeln als *Zeit-, Betriebs- und Branchenvergleich* darf daher nur der erste Schritt einer Bilanzanalyse sein, dem weitere, tiefergehende Analyseschritte folgen sollten.

Übersicht Goldene Regeln

Goldene Finanzregel	
Fristenkongruenz	Investitionen sollen mit Darlehen finanziert werden, deren Laufzeit der Nutzungsdauer der Investition entspricht.
Goldene Bilanzregel	
enge Fassung	Das Anlagevermögen (und der Eiserne Vorratsbestand) sollen durch Eigenkapital gedeckt sein. Anlagendeckungsgrad I = 100 %
weite Fassung	Das Anlagevermögen (und der Eiserne Vorratsbestand) sollen durch langfristiges Kapital gedeckt sein. Anlagendeckungsgrad II = 100 %
Kapitalstrukturregel	
Verschuldungsgrad	Das Verhältnis von Eigen- zu Fremdkapital sollte 1:1 oder 1:2 bzw. angemessen sein.
Liquiditätsregel	
Liquiditätsgrade	Das Verhältnis Umlaufvermögen zu kurzfristigen Schulden sollte 1:1, möglichst sogar 2:1 sein.

Die *Goldene Finanzregel* dient der Komplexitätsreduktion in der Finanzplanung und ist auf einzelne Investitionsvorhaben anzuwenden. Die Laufzeit des zur Finanzierung eingesetzten Kapitals soll der Nutzungsdauer der Investition entsprechen. So wird sichergestellt, dass spätestens mit Ende der Nutzungsdauer das eingesetzte Kapital wieder freigesetzt ist und die Investition sich zumindest insoweit amortisiert hat. *Verallgemeinert* sollen sich die Fristen zwischen Kapitalbeschaffung und Kapitalrückzahlung einerseits und Kapitalverwendung andererseits entsprechen, damit Liquiditätsengpässe verhindert werden. Für den externen Bilanzanalysten ist aus dem Jahresabschluss nicht unbedingt zu erkennen, ob das Unternehmen die Regel einhält. Berichte über getätigte Investitionen und Investitionsvorhaben können mit der Finanzierungsstruktur verglichen werden, sofern solche Informationen zur Verfügung stehen.

Die *Goldene Bilanzregel* basiert auf der Anlagendeckung. Der konservative Grundsatz, dass das Anlagevermögen durch Eigenkapital gedeckt sein soll (enge Auffassung), wird in der Praxis kaum eingehalten und behindert zudem eine erfolgsorientierte Geschäftspolitik, da bei entsprechender Gesamtkapitalrentabilität fremdfinanzierte Projekte die Eigenkapitalrentabilität erheblich steigern können (*Leverage-Effekt*) und damit eben auch die Bereitschaft von Anlegern, Beteiligungskapital zur Verfügung zu stellen. Die weite Auffassung, die das langfristige Fremdkapital mit einbezieht, folgt aus dem Grundsatz der Fristenkongruenz, d. h. langfristig im Unternehmen benötigtes Vermögen soll auch langfristig finanziert sein. Daher lässt sich in die Betrachtung auch der *eiserne Bestand* des Vorratsvermögens einbeziehen, der ebenfalls langfristig benötigt wird. Aus dem Grundsatz der Fristenkongruenz folgt auch, dass eine *Überdeckung* wenig sinnvoll ist, denn schnell umgeschlagene Vermögensgegenstände können gut aus dem laufenden Umsatzprozess finanziert werden.

Die *Kapitalstrukturregel* wird als Praktikerregel recht unterschiedlich formuliert. Ein anlagenintensives Unternehmen sollte grundsätzlich einen höheren Eigenkapitalanteil haben, aber ob er nun 1:1 oder 1:2 oder 1:3 sein sollte, lässt sich nicht sagen, und ein „angemessenes Verhältnis" ist ebenso schwammig. Wichtiger ist, anhand des tatsächlichen Verschuldungsgrades auf die *Risikobereitschaft* und die *wirtschaftliche Lage* des Unternehmens zu schließen, denn schließlich kann ein hoher Verschuldungsgrad geschäftspolitisch gewollt sein, um über eine Vielzahl fremdfinanzierter Projekte eine hohe Rendite zu erwirtschaften, oder er hat sich im Laufe der Zeit aus dem wirtschaftlichen Niedergang des Unternehmens entwickelt, das nicht mehr in der Lage war, seine Verbindlichkeiten wie geplant zurückzuführen.

Die *Liquiditätsregel* soll sicherstellen, dass die kurzfristigen Verbindlichkeiten jederzeit bedient werden können. Dabei ist zu beachten, dass ein hoher Kassenbestand zu Rentabilitätseinbußen führt, d. h. idealerweise decken die Forderungen die Verbindlichkeiten ab, so dass die finanzielle Lücke zwischen Zahlungsmittelabflüssen und Zahlungsmittelzuflüssen jederzeit abgesichert ist. Wie sich die ausgewiesene Liquidität durch *Factoring* verändert, hängt davon ab, ob der schnellere Zahlungsmittelzufluss zur Begleichung offener Rechnungen verwendet wird.

Beispiel Goldene Regeln

Der Bilanzbuchhalter der Motorenbau GmbH überprüft anhand der von ihm aufgestellten Planbilanz (s. o.) die Einhaltung der Goldenen Bilanzregel und der Kapitalstrukturregel. Dazu holt er sich aus der Lagerplanung noch die Information, dass der eiserne Bestand des Vorratsvermögens bei 500 T€ gehalten wird.

Aktiva					Passiva
Anlagevermögen		10.260	Eigenkapital		3.196
Umlaufvermögen		4.770	lfr. Fremdkapital	8.480	
davon Eiserner Bestand	500		kfr. Fremdkapital	3.354	11.834
		15.030			15.030

horizontal	Eigenkapital zu Anlagevermögen	3.196 : 10.260	3 : 10
	langfristiges Fremdkapital zu Anlagevermögen	11.676 : 10.260	11 : 10
	mit eisernem Bestand	11.676 : 10.760	11 : 10
	Anlagendeckung (weite Fassung) erreicht		
vertikal	Eigenkapital zu Fremdkapital	3.196 : 11.834	1 : 3,7
	weder Verhältnis 1:1 noch 1:2 erreicht		

4.2.3 Leverage-Effekt

Eine *niedrige Eigenkapitalquote* kann für die Eigenkapitalgeber vorteilhaft sein, wenn mit der Aufnahme zusätzlichen Fremdkapitals ein Ertrag erwirtschaftet wird, der höher ist als die dafür zu zahlenden Fremdkapitalzinsen, da dann die Eigenkapitalrentabilität ansteigt. *Voraussetzung* dafür ist, dass die Gesamtkapitalrentabilität über dem durchschnittlichen Fremdkapitalzinssatzes liegt. Im umgekehrtem Fall bewirkt der Leverage-Effekt eine Verringerung der Eigenkapitalrentabilität. Sie kann sogar negativ werden, d. h. dass das Eigenkapital durch die Verschuldung aufgezehrt wird. Dieser Effekt wird als *Kapitalstrukturrisiko* bezeichnet.

Beispiel Leverage-Effekt

Die Harbig GmbH, ein mittelständischer Hersteller von Konsumgüterartikeln, will ihr Produktionsprogramm um ein neues Produkt erweitern. Das dazu notwendige Investitionsvolumen beträgt 150.000 €. Die Hausbank der Harbig GmbH ist bereit, das Vorhaben in voller Höhe zu einem Zinssatz von 8 % fremdzufinanzieren. Alternativ besteht die Möglichkeit, einen Teil der Investition durch Beteiligungskapital zu finanzieren. Die Gesellschafter haben erklärt, dass sie kurzfristig bis zu 75.000 € für das Projekt bereitstellen können. Für die Entscheidung, wie die Investition finanziert werden soll, stehen die folgenden Daten der Harbig GmbH zur Verfügung:

Eigenkapital	400.000 €	Erträge pro Jahr	612.000 €
Fremdkapital	400.000 €	Zinsaufwendungen pro Jahr	29.000 €
Gesamtkapital	800.000 €	sonstige Aufwendungen pro Jahr	525.000 €
		Jahresüberschuss	58.000 €
Eigenkapitalrentabilität		58 x 100 / 400 =	14,50 %
durchschnittlicher Fremdkapitalzins		29 x 100 / 400 =	7,25 %
Gesamtkapitalrentabilität		(58 + 29) x 100 / 800 =	10,88 %
Verschuldungsgrad		400 / 400 =	1,00

Die Rendite der neuen Produktion wird mit 12 % veranschlagt, d. h. die Investition erwirtschaftet einen zusätzlichen Überschuss von 18.000 €, die jährlichen Erträge werden auf 630.000 € steigen. Je nach Höhe des Fremdfinanzierungsanteil werden die Zinsaufwendungen zunehmen. Die sonstigen Aufwendungen werden als konstant angenommen.

Der Bilanzbuchhalter der Harbig GmbH nimmt folgende Alternativrechnungen vor:

Fremdfinanzierungsanteil	50 %	75 %	100 %
Eigenkapital	75.000 €	37.500 €	0 €
Fremdkapital	75.000 €	112.500 €	150.000 €
Zinsaufwand (8 % auf FK)	6.000 €	9.000 €	12.000 €

Damit ergibt sich für das gesamten Unternehmen das folgende Bild:

Fremdfinanzierungsanteil	50 %	75 %	100 %
Eigenkapital	475.000 €	437.500 €	400.000 €
Fremdkapital	475.000 €	512.500 €	550.000 €
Gesamtkapital	950.000 €	950.000 €	950.000 €
Jahresüberschuss	70.000 €	67.000 €	64.000 €
Eigenkapitalrentabilität	14,74 %	15,31 %	16,00 %
durchschnittl. FK-Zins	7,37 %	7,41 %	7,45 %
Gesamtkapitalrentabilität	11,05 %	11,05 %	11,05 %
Verschuldungsgrad	1,00	1,17	1,38

Die Gesamtkapitalrentabilität steigt unabhängig von der Finanzierungsart an, der Jahresüberschuss fällt umso niedriger aus, je höher der Fremdfinanzierungsanteil ist. Die Eigenkapitalrentabilität steigt mit zunehmendem Verschuldungsgrad an (Leverage-Effekt), von 14,5 % vor der Investition auf 16 % bei vollständiger Fremdfinanzierung. Die Gesellschafter der Harbig GmbH sind darüber erfreut.

Wider alle Erwartungen springt das neue Produkt am Markt nicht an und deckt gerade seine Kosten, d. h. die Rendite aus dem zusätzlichen Projekt liegt bei 0 %. Zudem kommt es durch eine sich dramatisch verschärfende Wettbewerbssituation zu einem Ertragseinbruch: Die durchschnittlichen jährlichen Erträge (ohne Zusatzinvestition) sinken auf 560.000 €. Eine Neuberechnung der Zahlen ergibt folgendes Bild:

Fremdfinanzierungsanteil	50 %	75 %	100 %
Jahresüberschuss	0 €	- 3.000 €	- 6.000 €
Eigenkapitalrentabilität	0,00 %	- 0,69 %	- 1,50 %
durchschnittl. FK-Zins	7,37 %	7,41 %	7,45 %
Gesamtkapitalrentabilität	3,68 %	3,68 %	3,68 %

Bei 50 % Fremdfinanzierungsanteil sinkt die Eigenkapitalrentabilität auf Null, bei einem höheren Anteil wird sie negativ, da der durchschnittliche Fremdkapitalzins über der Gesamtkapitalrentabilität liegt.

Allgemein lässt sich der Leverage-Effekt nach folgender Formel berechnen:

$$\mathbf{EKR} = \frac{\mathbf{GKR \times EK + (GKR - FKZ) \times FK}}{\mathbf{EK}} = \mathbf{GKR + (GKR - FKZ) \times \frac{FK}{EK}}$$

EK = Eigenkapital   EKR = Eigenkapitalrentabilität
FK = Fremdkapital   FKZ = Fremdkapitalzins
GKR = Gesamtkapitalrentabilität

Übersicht Leverage-Effekt

GKR > FKZ	GKR = FKZ	GKR < FKZ
Leverage-Chance	Leverage-neutral	Leverage-Risiko
EKR wird durch Erhöhung des Verschuldungsgrads gesteigert.	EKR bleibt bei Erhöhung des Verschuldungsgrads konstant.	EKR wird durch Erhöhung des Verschuldungsgrads gesenkt.

Kontrollfragen zu Lerneinheit 4.2

Finanzplanung mit Kennzahlen

1. Wie können Kennzahlen als Führungsinstrument eingesetzt werden?
2. Wie werden Planwerte gebildet und wozu dient der Soll-Ist-Vergleich?
3. Wozu dient eine Planbilanz?
4. Was verstehen Sie unter einer Strukturbilanz?
5. Worauf kann eine im Branchenvergleich niedrige Anlagenintensität hinweisen?
6. Welche Aussagen lassen sich aus Kapitalstrukturkennzahlen gewinnen?
7. Welche Information liefert die Anlagendeckung?
8. Was zeigen die Liquiditätsgrade an und wie ist ihr Informationsgehalt zu bewerten?
9. Worüber informieren Rentabilitätskennzahlen?
10. Was verstehen Sie unter EBIT? Erläutern Sie dazu auch die Unterschiede zu EBT, EBTA, EBITA und EBITDA.
11. Erläutern Sie das EVA-Konzept wertorientierter Kennzahlen.
12. Was verstehen Sie unter der Goldenen Finanzregel?
13. Was besagt die Goldene Bilanzregel?
14. Welche Aussage macht die Kapitalstrukturregel?
15. Wie sollte die Liquidität eines Unternehmens idealerweise aussehen?
16. Wozu dienen Goldene Regeln im Allgemeinen und wie sind sie einzuschätzen?
17. Was verstehen Sie unter dem Leverage-Effekt und welche Voraussetzung muss dazu erfüllt sein?
18. Charakterisieren Sie das Kapitalstrukturrisiko.
19. Mit welcher allgemeinen Formel lässt sich der Leverage-Effekt berechnen?

Lösungen zu Lerneinheit 4.2

Finanzplanung mit Kennzahlen

1. Führung bedeutet Willensbildung und Willensdurchsetzung unter Übernahme der damit verbundenen Verantwortung, d. h. Planung, Steuerung und Kontrolle. Planwerte werden als Richtwerte zur Orientierung oder im Führungsprozess als Sollvorgaben an nachgeordnete Hierarchieebenen, u. U. gekoppelt mit Sanktionen, festgelegt. So können z. B. Gehälter von Führungskräften an Kennzahlen gekoppelt werden.

2. Planwerte werden aufgrund der Entwicklung der Vergangenheit und der Erwartungen und Vorhaben für die Zukunft gebildet. Sie werden nach Ablauf der geplanten Periode mit den tatsächlichen Werten (Istwerten) verglichen. Der Soll-Ist-Vergleich zeigt Abweichungen von den Erwartungen und Vorgaben und die Analyse der Abweichungsursachen deckt Planungsfehler, falsche Erwartungen oder unvorhersehbare Veränderungen der Realität auf.

3. Die Planbilanz dient als Grundlage zur Berechnung von Kennzahlen. Dazu werden die geplanten bzw. erwarteten Werte der Aktiv- und Passivseite aus der Buchhaltung zusammengerechnet und um Investitions- und Finanzierungsvorhaben ergänzt, um die Auswirkungen der Maßnahmen zu beurteilen und eine Basis für eventuell notwendige bilanzpolitische Maßnahmen zu entwickeln.

4. Eine Strukturbilanz stellt eine Zusammenrechnung und Gruppierung von Bilanzwerten zur Entwicklung von Kennzahlen dar. Für die weitere Analyse sind vor allem die horizontale Bilanzstruktur, die Vermögensstruktur und die Kapitalstruktur von Interesse.

5. Eine im Branchenvergleich niedrige Anlagenintensität kann auf veraltete Produktionsanlagen hindeuten, oder auf eine zu hohe Vorratshaltung.

6. Je höher die Eigenkapitalquote und damit je niedriger die Fremdkapitalquote bzw. der Verschuldungsgrad ist, umso kreditwürdiger und konkurrenzfähiger ist ein Unternehmen. Die Kapitalstrukturkennzahlen kennzeichnen auch, wie bereitwillig Kreditgeber in der Vergangenheit dem Unternehmen Kredite gewährt haben, und damit die Risikoeinschätzung der Kreditgeber.

7. Die Anlagendeckung zeigt die Überlebensfähigkeit eines Unternehmens in Krisenzeiten: Die zur Aufrechterhaltung der wirtschaftlichen Tätigkeit erforderlichen Anlagen sollten durch Eigenkapital, zumindest aber durch langfristiges Fremdkapital gedeckt sein, damit nicht zur Rückführung kurzfristiger Kredite überlebensnotwendiges Vermögen veräußert werden muss.

8. Liquiditätsgrade geben an, wie gut die kurzfristigen Verbindlichkeiten durch den Bestand an Zahlungsmitteln und bald eingehenden Zahlungen aus Forderungen gedeckt ist. Die Liquidität eines Unternehmens anhand von Bilanzkennzahlen zu beurteilen ist als Vergangenheitsbetrachtung jedoch wenig sinnvoll.

9. Rentabilitätskennzahlen treffen eine Aussage über den wirtschaftlichen Erfolg des Unternehmens. Die Eigenkapitalrentabilität zeigt aus Sicht der Eigenkapitalgeber die Verzinsung ihres eingesetzten Kapitals. Die Gesamtkapitalrentabilität liefert eine Information über die Leistungsfähigkeit des Unternehmens unabhängig von der Herkunft der Finanzmittel. Die Umsatzrentabilität gibt an, wie viel Prozent des Umsatzes nach Abzug aller Aufwendungen als Gewinn übrig bleiben. Der Return on Investment (RoI) als Produkt aus Kapitalumschlag und Umsatzrentabilität zeigt zudem, ob ein Rückgang der Umsatzrentabilität durch einen erhöhten Kapitalumschlag kompensiert wurde.

10. EBIT (earnings before interest and taxes) ist eine bereinigte Kennzahl für die Ertragskraft des Unternehmens: unterschiedliche Kapitalkosten und Steuerbelastungen werden herausgerechnet. Weitere Bereinigungen sind möglich, z. B. können die Abschreibungen auf immaterielle Vermögensgegenstände (Firmenwert) eliminiert werden (EBITA = earnings before interest, taxes and amortisation), oder auch unterschiedliche Abschreibungsmethoden (EBITDA = earnings before interes, taxes, depreciation and amortisation). EBT (earnings before taxes) ist mit dem Ergebnis der gewöhnlichen Geschäftstätigkeit (§ 275 HGB) vergleichbar. EBTA (earnings before taxes and amortisation) rechnet aus diesem noch die Abschreibungen auf immaterielle Anlagegüter heraus.

11. Der Gedanke hinter dem EVA-Konzept ist, dass nur der Teil des Umsatzes werthaltig ist, der über die Ansprüche der Kapitalgeber hinausgeht. Vom operativen Gewinn nach Steuern (NOPAT) werden daher die gewogenen durchschnittlichen Kapitalkosten abgezogen.

    Eine alternative Berechnung des EVA (economic value added) ist, den EVA-Spread (die Differenz zwischen ROCE und WACC) mit dem NOA (betriebsnotendigen Kapital) zu multiplizieren. Der ROCE (return on capital employed) ist die Rendite (Quotient aus NOPAT und NOA), vergleichbar mit dem RoI. Der WACC ergibt sich aus der Gewichtung der Eigen- und Fremdkapitalkostensätze mit den jeweiligen Kapitalquoten.

12. Die Goldene Finanzregel fordert Fristenkongruenz, d. h. Investitionen sollen mit Darlehen finanziert werden, deren Laufzeit der Nutzungsdauer der Investition entspricht.

13. Die Goldene Bilanzregel besagt in der engen Fassung, dass das Anlagevermögen (und der Eiserne Vorratsbestand) durch Eigenkapital gedeckt sein sollen (Anlagendeckungsgrad I = 100 %). In der weiten Fassung verlangt sie, dass das Anlagevermögen (und der Eiserne Vorratsbestand) durch langfristiges Kapital gedeckt sein soll (Anlagendeckungsgrad II = 100 %).

14. Die Kapitalstrukturregel macht eine Aussage über das Verhältnis von Eigen- zu Fremdkapital (Verschuldungsgrad, Eigenkapitalquote): Dieses Verhältnis sollte 1:1 oder 1:2 bzw. angemessen sein.

15. Das Verhältnis Umlaufvermögen zu kurzfristigen Schulden sollte 1:1, möglichst sogar 2:1 sein (Liquiditätsregel). Zumindest aber sollten die liquiden Mittel (Bankguthaben und Kassenbestand) und die Forderungen die kurzfristigen Schulden abdecken (Quick Ratio = 100 %).

16. Goldene Regeln sollen der Liquiditätssicherung dienen, sind aber mit der nötigen Vorsicht anzuwenden. Vor allem sind branchen- und unternehmenstypische Gegebenheiten zu berücksichtigen und es ist zu beachten, dass es sich bei Bilanzkennzahlen um Stichtagswerte handelt. Die Überprüfung der Goldenen Regeln als Zeit-, Betriebs- und Branchenvergleich darf daher nur der erste Schritt einer Bilanzanalyse sein, dem weitere, tiefergehende Analyseschritte folgen sollten.

17 Eine niedrige Eigenkapitalquote kann für die Eigenkapitalgeber vorteilhaft sein, wenn mit der Aufnahme zusätzlichen Fremdkapitals ein Ertrag erwirtschaftet wird, der höher ist als die dafür zu zahlenden Fremdkapitalzinsen, da dann die Eigenkapitalrentabilität ansteigt. Voraussetzung dafür ist, dass die Gesamtkapitalrentabilität über dem durchschnittlichen Fremdkapitalzinssatzes liegt.

18. Zum Kapitalstrukturrisiko (auch: Leverage-Risiko) kommt es, wenn die Gesamtkapitalrentabilität unter den durchschnittlichen Fremdkapitalzins sinkt und der Verschuldungsgrad sich erhöht. Er bewirkt eine Verringerung der Eigenkapitalrentabilität. Sie kann sogar negativ werden, d. h. dass das Eigenkapital durch die Verschuldung aufgezehrt wird.

19. Die Eigenkapitalrentabilität ergibt sich als Gesamtkapitalrentabilität plus Verschuldungsgrad mal Differenz aus Gesamtkapitalrentabilität und Fremdkapitalzins. Ist die Differenz aus Gesamtkapitalrentabilität und Fremdkapitalzins negativ (liegt der Fremdkapitalzins über der Gesamtkapitalrentabilität), so liegt die Eigenkapitalrentabilität umso mehr unter der Gesamtkapitalrentabilität, je höher der Verschuldungsgrad ist, und kann sogar negativ werden.

Lerneinheit 4.3

Zahlungsverkehr

In dieser Lerneinheit können Sie folgende **Lernziele** erreichen:

- Zahlungsformen, insbesondere Electronic-Cash-Verfahren beschreiben
- Cash Management und Konten-Clearing durchführen
- Meldungen im Auslandszahlungsverkehr kennen
- Sachverhalt und Ablauf des Dokumenten-Akkreditivs darstellen
- Verfahren des Internet-Bankings charakterisieren und unterscheiden

4.3.1 Zahlungsformen

Die Konten des Unternehmens dienen der Abwicklung des Zahlungsverkehrs. Rechtlich ist der Kontovertrag ein *Geschäftsbesorgungsvertrag* gemäß § 675 BGB. Gemäß § 154 AO muss das Kreditinstitut bei der Kontoeröffnung eine *Legitimationsprüfung* durchführen, da in Deutschland niemand auf falschen oder erfundenen Namen ein Konto eröffnen darf. Grundlage für Geschäftskonten ist das *Kontokorrent* gemäß § 355 HGB, ein in laufender Rechnung geführtes Konto, auf dem die aus der Verbindung entspringenden gegenseitigen Ansprüche und Leistungen nebst Zinsen in Rechnung gestellt und in regelmäßigen Zeitabschnitten durch Verrechnung und Feststellung des für den einen oder anderen Teil sich ergebenden Überschusses ausgeglichen werden. Der *Rechnungsabschluss* muss mindestens einmal jährlich erfolgen, in der Bankpraxis wird meist die kürzere Frist von drei Monaten vereinbart. Zur Begründung des Kontokorrent ist eine *Kontokorrentabrede* erforderlich, d. h. eine vertragliche Vereinbarung, die gegenseitigen Forderungen und Verbindlichkeiten in regelmäßigen Zeitabständen zu verrechnen. Am Ende jeder vereinbarten Abrechnungsperiode ist das *Saldoanerkenntnis* ein für die Kontokorrentabrede absolut erforderliches Rechtsgeschäft: Die Bank führt die Abrechnung durch, d. h. sie saldiert alle Forderungen und Verbindlichkeiten, erstellt einen Abschluss und fordert das Unternehmen zur Anerkennung des Saldos auf.

Kreditinstitute übernehmen die Abwicklung des Zahlungsverkehrs bzw. schaffen die Voraussetzungen und Einrichtungen dafür. Sie nehmen Überweisungsaufträge entgegen und führen sie als einmalige Zahlung oder als Dauerauftrag aus, ziehen Lastschriften und Schecks ein, stellen entsprechende Vordrucke bereit, auch für den Auslandszahlungsverkehr, geben EC-Karten und Kreditkarten aus, stellen PINs und TANs bzw. Prozessor-Chipkarten und das entsprechende Webportal für das Online-Banking zur Verfügung, beschaffen LZB-Schecks, stellen Bankschecks aus und akzeptieren Wechsel, die zahlungs- oder sicherungshalber weitergegeben werden, sie übernehmen das Inkasso von Schecks und Wechseln und stellen Nachttresore für den Einwurf von Geldbomben bei Nacht oder am Wochenende und Geldzählautomaten bereit.

Übersicht Zahlungsverkehr

Überweisung	Die Bank erhält den einmaligen Auftrag, einem fremden Konto einen Betrag gutzuschreiben. Die Banken sind dazu über die Landeszentralbanken (Zweigstellen der Deutschen Bundesbank) und über eigene Clearing-Systeme untereinander verbunden.
Dauerauftrag	Die Bank erhält den Auftrag, einen gleichbleibenden Betrag, z. B. die monatliche Büromiete, regelmäßig zu überweisen.
Lastschrift	Liegt dem Zahlungsempfänger eine *Einzugsermächtigung* des Zahlungspflichtigen vor, kann er seine Bank beauftragen, den Betrag vom Konto des Zahlungspflichtigen einzuziehen. Der Zahlungspflichtige kann die Lastschrift binnen sechs Wochen ohne Begründung zurückbuchen lassen. Seltener ist das Lastschriftverfahren per *Abbuchungsauftrag*: Der Zahlungspflichtige erteilt seiner Bank den Auftrag, die Lastschrift einzulösen.
Scheck	Verpflichtung der Bank, den auf dem Scheck angegebenen Betrag bei Vorlage auszuzahlen bzw. zu überweisen (Verrechnungsscheck). Im Scheckgesetz sind strenge Merkmale (Art. 1) und Vorlagefristen für Schecks festgelegt.
Wechsel	Der Zahlungsempfänger (Aussteller) zieht einen Wechsel auf den Zahlungspflichtigen (Bezogenen), der diesen akzeptiert (quer unterschreibt) und bei Vorlage zahlt. Es gelten die strengen Vorschriften des Wechselgesetzes.
POS	Electronic Cash: Zahlung am POS (Point of Sale) mit EC-Karte und Eingabe der PIN (persönliche Identifikationsnummer). Der Betrag wird vom Konto abgebucht.
POZ	Elektronisches Lastschriftverfahren: Zahlung am POZ (Point of Sale *ohne Zahlungsgarantie*) mit EC-Karte und Unterschrift. Der Betrag wird vom Konto abgebucht.
Kreditkarte	Die Bank (Kreditkartengesellschaft) zahlt für den Zahlungspflichtigen und rechnet einmal monatlich die gezahlten Beträge mit ihm ab.
Online-Banking	(PIN/TAN oder HBCI) Die Bank stellt über eine sichere Internetverbindung ein Online-Portal bereit, über das auf die Konten zugegriffen werden kann.

Die *Wechselzahlung* ist wohl die älteste Zahlungsform im Fernhandel und kann auch als Lieferantenkredit eingesetzt werden, wenn der Zahlungstermin in der Zukunft liegt (*Terminwechsel*) bzw. es sich um einen *Sichtwechsel* handelt, der erst bei Vorlage (Sicht) zur Zahlung verpflichtet. Ein Wechsel stellt eine *Zahlungsaufforderung* dar (Ausnahme: Der Solawechsel ist ein Zahlungsversprechen), d. h. der Zahlungsempfänger stellt den Wechsel aus und fordert damit den Zahlungspflichtigen schriftlich zur Zahlung auf, er zieht den Wechsel auf den Zahlungspflichtigen, der daher auch *Bezogener* genannt wird. In Art. 1 Wechselgesetz sind die gesetzlichen Pflichtbestandteile eines Wechsels genannt. Der Wechsel verbleibt beim Aussteller, wie ein Schuldschein, er kann ihn aber auch zahlungshalber an Dritte weitergeben. Dazu muss er ihn mit einem *Indossament* (in dosso = auf dem Rücken) versehen, da der Wechsel ein Orderpapier ist, d. h. auf der Rückseite des Wechsels muss er den Übergang schriftlich festhalten. Dies ist wichtig für den *Regress*, denn wenn der Bezogene bei Vorlage nicht zahlt, kann der Wechselinhaber auf seine Vorgänger zurückgreifen. Er kann den Wechsel bei Nichtzahlung auch zu *Protest* gehen lassen, d. h. ein Protestbeamter stellt formal fest, dass der Bezogene nicht zahlt, daraufhin prüft das *Wechselgericht* (beim Amtsgericht) formal die Ordnungsmäßigkeit des Wechsels und stellt binnen weniger Tage ein vollstreckbares Urteil aus, mit dem ohne Beachtung des der Wechselzahlung zugrundeliegenden Geschäfts die sofortige *Zwangsvollstreckung* ausgelöst werden kann. Ein Wechsel ist daher als Zahlungssicherungsmittel hervorragend geeignet.

In den letzten Jahren haben sich aufgrund der zunehmenden Vernetzung der Computersysteme neue bargeldlose Verfahren im *elektronischen Zahlungsverkehr* (Electronic Cash, EC) entwickelt und inzwischen andere Formen des bargeldlosen Zahlungsverkehrs, wie z. B. die Scheckzahlung, am Verkaufsort (POS, point of sale) weitgehend verdrängt.

Beim *POS-Verfahren* erfolgt die Zahlung mit EC-Karte und PIN-Nummer. Nach Eingabe der Karte in das Kartenlesegerät wird eine Online-Verbindung mit dem Rechenzentrum der kontoführenden Bank hergestellt und überprüft, ob eine Sperre vorliegt. Die dann eingegebene und bestätigte persönliche Identifikationsnummer (PIN) wird geprüft und die Zahlung wird ausgelöst, sofern der eingeräumte Verfügungsrahmen nicht überschritten wird. Die Kontobelastung erfolgt sofort und der Betrag wird dem Empfängerkonto gutgeschrieben. Für den Verkäufer ist dieses Online-Verfahren daher mit einer *Zahlungsgarantie* verbunden.

Beim *POZ-Verfahren* (POS ohne Zahlungsgarantie) wird die EC-Karte ohne PIN verwendet: Die Kontodaten werden vom Magnetstreifens in das Kassenterminal eingelesen und gespeichert. Der Kunde unterschreibt einen *Einzugsermächtigungsbeleg*; es empfiehlt sich für das Verkaufspersonal, die Unterschrift mit der auf der Karte zu vergleichen. Der Bank des Zahlungspflichtigen geht dann eine Lastschrift zu, mit der der Verkaufsbetrag eingezogen wird. Bei diesem Verfahren liegt keine Zahlungsgarantie, d. h. keine Garantie auf Einlösung der Lastschrift vor, da der Zahlungsvorgang offline erfolgt und weder die Kontodeckung noch das Vorhandensein einer Kontosperre geprüft werden kann. Zudem kann der Bankkunde jede per Einzugsermächtigung eingezogene Lastschrift binnen sechs Wochen ohne Begründung zurückgehen lassen.

Mit der Unterschrift ermächtigt der Kunde den Verkäufer gleichzeitig, in dem Falle, dass die Zahlung nicht erfolgt, sich von der Bank des Kunden *Name und Anschrift* mitteilen zu lassen, um entsprechende Verfahren einleiten zu können.

Auch mittels *Kreditkarten* kann am elektronischen Zahlungsverkehr teilgenommen werden. Der Unterschied zur EC-Karte ist, dass die gezahlten Beträge von der Kreditkartengesellschaft bis zu einem Abrechnungszeitpunkt vorgestreckt (kreditiert) werden und Abbuchung vom Konto des Kreditkarteninhabers erst zeitlich verzögert, i. d. R. einmal im Monat erfolgt. Rechtlich gesehen kauft die Kreditkartengesellschaft dem Zahlungsempfänger die Forderung gegen den Zahlungspflichtigen ab (§ 453 BGB). Für den Kauf per Kreditkarte am POS muss der Händler ein Vertragsunternehmen sein, d. h. die Zahlung per Kreditkarte akzeptieren. Die Zahlung per EC-Karte ist – im Gegensatz zu den USA – in Europa wesentlich weiter verbreitet. Bei Käufen über das *Internet* hingegen wird die Kreditkarte als Zahlungsform immer beliebter, da alleine über die Eingabe und Bestätigung der Kreditkartennummer und des Verfallsdatums der Zahlungsvorgang ausgelöst werden kann.

4.3.2 Konten-Clearing

Unter dem Begriff *Cash Management* versteht man die i. d. R. tägliche Finanzdisposition, d. h. den Ausgleich der verschiedenen Unternehmenskonten untereinander, die Kassensteuerung und die ausgleichende Aufnahme und Anlage kurzfristiger Gelder. Ziel des Cash Managements ist die Maximierung der Rentabilität bei stets ausreichender Liquidität (*Zinsoptimierung*). Ergibt sich insgesamt ein Habensaldo, so wird dieser auf das Konto mit dem höchsten Habenzinssatz transferiert. Ein Sollsaldo wird auf das Konto mit dem niedrigsten Sollzinssatz gebracht. Alle anderen Konten werden auf Null gestellt (Konten-*Clearing*).

Um ein effizientes Cash Management durchzuführen, muss der Disponent Zugriff auf die aktuellen Kontenstände des Unternehmens und Informationen über Zinssätze und Anlagemöglichkeiten des Geldmarktes sowie Wechselkurse haben, um sie mit der internen Liquiditätsplanung und den prognostizierten Zahlungsströmen abgleichen zu können. Banken bieten dazu Cash-Management-Software mit entsprechender Internet-Verbindung an, durch die das *Balance Reporting* (Informationen über Kontenstände) und der *Money Transfer* (Durchführen von Transaktionen) online ermöglicht wird.

Internationale Konzerne können durch Cash Pooling und Netting zusätzliche Rentabilitätsvorteile erzielen. *Cash Pooling* (Liquiditätsschulterung) ist der konzerninterne Liquiditätsausgleich durch ein zentrales Finanzmanagement, das den Unternehmen des Konzerns Kredite zur Deckung von Liquiditätslücken gewährt und Liquiditätsüberschüsse zentral verwaltet, verteilt und anlegt. Erst wenn der unternehmensinterne Ausgleich zur Liquiditätssicherung nicht ausreicht, werden externe Geld- und Kapitalmärkte in Anspruch genommen. Man unterscheidet dabei echtes und unechtes Cash-Pooling, je nachdem ob eine tatsächliche Überweisung der Beträge stattfindet oder nur eine interne Verrechnung der Forderungen und Verbindlichkeiten untereinander erfolgt.

Rechtlich ist das Cash Pooling problematisch, da eine Kapitalzuführung zu einem Konzernunternehmen von außen durch die Gesellschafter automatisch in den zentralen Pool weitergeleitet wird und damit nicht dem Unternehmen direkt zur Verfügung steht. Der Bundesgerichtshof hat in einem Grundsatzurteil (BGH II ZR 75/04 und 76/04) festgelegt, dass die Weiterleitung gegen die Kapitalaufbringungsvorschriften des GmbHG, insb. § 19 GmbHG, verstößt. Auch insolvenzrechtlich kann es zu Problemen mit dem Cash Pooling kommen. Letztlich sind jedoch die faktischen Machtverhältnisse in einem Konzern entscheidend für die Einführung und Ausgestaltung des Cash Pooling.

Der Begriff *Netting* beschreibt den Sachverhalt, dass Forderungen und Verbindlichkeiten der Konzernunternehmen untereinander zu Netto-Positionen saldiert werden. Dabei kann entweder ein tatsächlicher Ausgleich der Salden durch Überweisung erfolgen (Payment Netting) oder nur eine interne Verrechnung (Novation Netting). Payment Netting kann auch zur Steuergestaltung und als Devisen-Netting zur Vermeidung von Währungstauschkosten und zur Reduzierung des Wechselkursrisikos eingesetzt werden.

Beispiel Konten-Clearing

Der Disponent eines großen Unternehmens führt täglich jeden Morgen das Clearing der Kontokorrentkonten des Unternehmens bei den verschiedenen Kreditinstituten online zum Zweck der Zinsoptimierung durch. An einem Tag hat er die folgenden Saldenstände (in Mio. €):

Bank	Soll-zins	Haben-zins	Buchungs-Saldo	Valuta-Saldo
A	8,50 %	0,00 %	- 5,4	- 5,3
B	10,50 %	0,25 %	12,3	12,4
C	12,00 %	2,50 %	- 4,5	- 4,7
D	9,00 %	0,50 %	- 1,2	- 1,8
E	11,50 %	1,50 %	8,7	8,6
F	11,00 %	1,00 %	- 3,4	- 3,1

Zunächst addiert er die Valuta-Salden auf, d. h. maßgeblich für das Konten-Clearing und damit die Zinsoptimierung ist die Wertstellung (Valuta) der Beträge. Wertstellungsdifferenzen entstehen, wenn die Bank einen Unterschied macht zwischen dem Datum der Buchung und dem Datum, ab dem Zinsen berechnet werden. Solange das Geld auf den internen Konten der Bank bleibt, bringt es ihr Zinserträge; daher schreiben Banken Zahlungseingänge erst etwas später (am nächsten Tag) valutarisch gut.

Der Disponent ermittelt insgesamt ein Valuta-Guthaben von 6,1 Mio. €. Dieser Betrag soll alleine auf das Konto der Bank C zu stehen kommen, da es dort mit 2,5 % p. a. die höchsten Habenzinsen gibt. Alle anderen Konten sollen auf Null gestellt werden.

Dazu überweist er von Konto B 5,3 Mio. € auf Konto A, 1,8 Mio. € auf Konto D, 3,1 Mio. € auf Konto F und den Restbetrag von 2,2 Mio. € auf das Konto C. Dann überweist er von Konto E den gesamten Valuta-Saldo von 8,6 Mio. € auch auf das Konto C, dass nach all diesen Transaktionen für diesen Tag ein Guthaben von 6,1 Mio. €, Wertstellung folgender Tag, aufweist.

Bank	Soll-zins	Haben-zins	Buchungs-Saldo	Valuta-Saldo	Ausgleich +/-	End-bestand
A	8,50 %	0,00 %	- 5,4	- 5,3	5,3	0
B	10,50 %	0,25 %	12,3	12,4	- 12,4	0
C	12,00 %	2,50 %	- 4,5	- 4,7	10,8	6,1
D	9,00 %	0,50 %	- 1,2	- 1,8	1,8	0
E	11,50 %	1,50 %	8,7	8,6	- 8,6	0
F	11,00 %	1,00 %	- 3,4	- 3,1	3,1	0

Weitere Überweisungen und Zahlungseingänge waren für diesen Tag in der operativen Finanzplanung nicht vorgesehen. Am nächsten Tag stehen Gehaltszahlungen und die Begleichung von Lieferantenrechnungen zur Skontonutzung an. Daher ergibt sich unter Berücksichtigung dieser Beträge und der am Vortag eingegangenen Zahlungen insgesamt einen Negativsaldo, den er auf Konto A sammelt, da dies den niedrigsten Sollzins hat.

4.3.3 Auslandszahlungsverkehr

Gemäß *§§ 59 ff. AWV* (Außenwirtschaftsverordnung) haben Gebietsansässige Zahlungen, die sie von Gebietsfremden oder für deren Rechnung von Gebietsansässigen entgegennehmen (*eingehende Zahlungen*) oder an Gebietsfremde oder für deren Rechnung an Gebietsansässige leisten (*ausgehende Zahlungen*), an die Deutsche Bundesbank zu melden. Dies gilt *nicht* für

- Zahlungen, die den Betrag von 12.500 Euro oder den Gegenwert in anderer Währung nicht übersteigen,
- Zahlungen für die Wareneinfuhr und die Warenausfuhr und
- Zahlungen, die die Gewährung, Aufnahme oder Rückzahlung von Krediten (einschließlich der Begründung und Rückzahlung von Guthaben) mit einer ursprünglich vereinbarten Laufzeit oder Kündigungsfrist von nicht mehr als zwölf Monaten zum Gegenstand haben.

Als Zahlung im Sinne der AWV gelten auch Aufrechnungen und Verrechnungen sowie das Einbringen von Sachen und Rechten in Unternehmen, Zweigniederlassungen und Betriebsstätten.

Der entsprechende Vordruck ist bei dem beauftragten Geldinstitut zur Weiterleitung an die Deutsche Bundesbank abzugeben.

- *Ausgehende Zahlungen*, die über ein gebietsansässiges Geldinstitut geleistet werden, sind mit dem Vordruck "Zahlungsauftrag im Außenwirtschaftsverkehr" (*Anlage Z 1*) zu melden. Ausgehende Zahlungen zu Gunsten Gebietsfremder auf deren Konten bei gebietsansässigen Geldinstituten und zu Gunsten Gebietsansässiger für Rechnung von Gebietsfremden *können* abweichend mit dem Vordruck "Zahlungen im Außenwirtschaftsverkehr" (*Anlage Z 4*) gemeldet werden.

- *Eingehende Zahlungen* sind mit dem Vordruck "Zahlungen im Außenwirtschaftsverkehr" (*Anlage Z 4*) zu melden.
- Ein- und ausgehende Zahlungen im Zusammenhang mit *Wertpapiergeschäften* und Finanzderivaten sind mit dem Vordruck "Wertpapiergeschäfte und Finanzderivate im Außenwirtschaftsverkehr" (*Anlage Z 10*) zu melden.

In den Meldungen sind aussagefähige Angaben zu den zugrunde liegenden Leistungen oder zum Grundgeschäft zu machen und die entsprechenden Kennzahlen des Leistungsverzeichnisses (*Anlage LV*) anzugeben. Im Fall von Transaktionen mit Wertpapieren und Finanzderivaten sind anstelle der Angaben zum Grundgeschäft die Bezeichnungen der Wertpapiere, die internationale Wertpapierkennnummer (ISIN) sowie Nennbetrag oder Stückzahl anzugeben.

Die Meldungen sind bei ausgehenden Zahlungen auf Vordruck *Z 1* mit der Erteilung des Auftrages an das Geldinstitut, d. h. *sofort* abzugeben, bei Zahlungen auf Vordruck *Z 4* oder *Z 10 bis zum siebenten Tage* des auf die Leistung oder Entgegennahme der Zahlungen folgenden Monats. Sammelmeldungen sind zulässig. Die Meldungen dienen der Deutschen Bundesbank zu statistischen Zwecken.

Geschäfte mit ausländischen Unternehmen können höheren *Risiken* aufgrund Entfernung, unterschiedlicher Rechtssysteme, Sprachbarrieren und Wechselkursschwankungen unterliegen. Insbesondere ist die *Rechtsdurchsetzung* bei Kaufvertragsstörungen problematisch. Wie soll eine mangelhafte Ware reklamiert werden? Was ist bei Nichtbezahlung zu unternehmen? Daher haben sich im Auslandszahlungsverkehr neben dem *Clean Payment* (Zahlung nach Warenerhalt gegen Rechnung) verschiedene, in den Kaufverträgen zu verankernde Sicherungsformen auf der Basis von Dokumenten (Warenbegleitpapieren) und der höheren Bonität von Kreditinstituten weltweit herausgebildet.

Beim *Dokumenten-Inkasso* (d/p, document against payment) werden die Banken des Käufers (Importeur) und des Verkäufers (Exporteur) in die Abwicklung des Zahlungsvorganges eingebunden. Der Exporteur verschifft die Ware und reicht die Versanddokumente bei seiner Bank zum Inkasso ein. Diese schickt die Dokumente an die Bank des Importeurs, die sie diesem gegen Zahlung oder auch gegen Wechselakzept (d/a, document against accept) aushändigt.

Das Dokumenten-Inkasso sichert die Bezahlung der Ware, kann aber dem Importeur nicht garantieren, dass er auch das geliefert bekommt, was er bestellt hat. Daher wurde als weitere Sicherungsform das *Dokumenten-Akkreditiv* (l/c, letter of credit) entwickelt: Die Akkreditivbank (Bank des Importeurs) verpflichtet sich auf Ersuchen und für Rechnung eines Kunden (Akkreditivsteller = Importeur) einer dritten Person (Akkreditierer = Exporteur) gegen Übergabe von Dokumenten einen Betrag auszuzahlen (Zahlungs-Akkreditiv). Die Akkreditivbank kann auch eine andere Bank (Akkreditivstelle = Bank des Exporteurs) ermächtigen, die Zahlung zu leisten. Für die beteiligten Unternehmen sind die zum Teil erheblichen zusätzlichen Kosten (Bankgebühren) gegen die zusätzliche Sicherheit für beide Seiten abzuwägen. Folgende Übersicht zeigt den Ablauf des Akkreditivs:

Übersicht Dokumenten-Akkreditiv

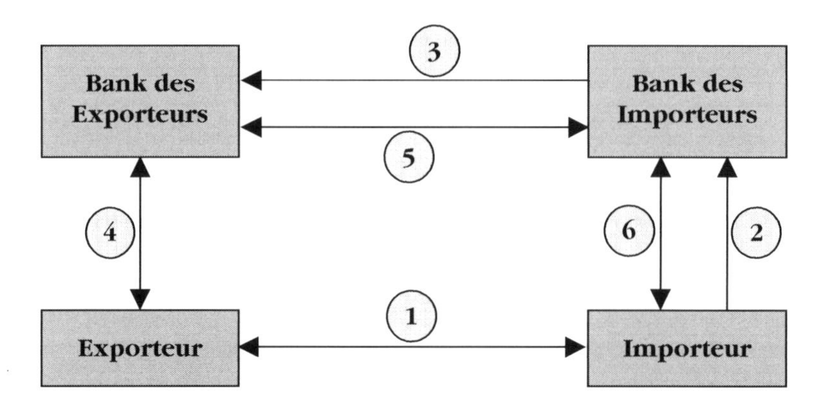

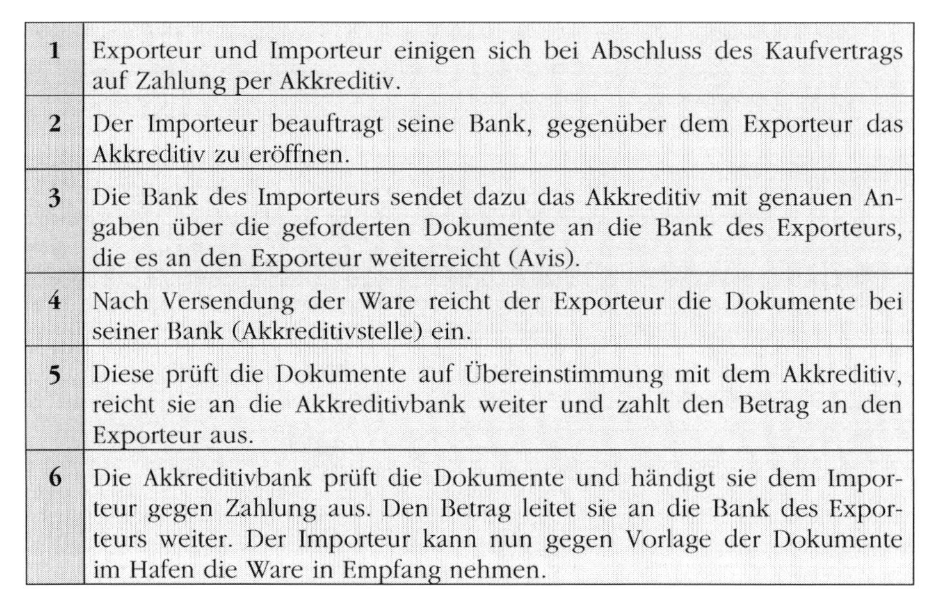

1	Exporteur und Importeur einigen sich bei Abschluss des Kaufvertrags auf Zahlung per Akkreditiv.
2	Der Importeur beauftragt seine Bank, gegenüber dem Exporteur das Akkreditiv zu eröffnen.
3	Die Bank des Importeurs sendet dazu das Akkreditiv mit genauen Angaben über die geforderten Dokumente an die Bank des Exporteurs, die es an den Exporteur weiterreicht (Avis).
4	Nach Versendung der Ware reicht der Exporteur die Dokumente bei seiner Bank (Akkreditivstelle) ein.
5	Diese prüft die Dokumente auf Übereinstimmung mit dem Akkreditiv, reicht sie an die Akkreditivbank weiter und zahlt den Betrag an den Exporteur aus.
6	Die Akkreditivbank prüft die Dokumente und händigt sie dem Importeur gegen Zahlung aus. Den Betrag leitet sie an die Bank des Exporteurs weiter. Der Importeur kann nun gegen Vorlage der Dokumente im Hafen die Ware in Empfang nehmen.

Mit der Eröffnung des Akkreditivs wird ein *unwiderrufliches*, jedoch *befristetes* Zahlungsversprechen der Bank des Importeurs begründet. Um ein *bestätigtes* Akkreditiv handelt es sich dann, wenn zusätzlich ein Zahlungsversprechen der Bank des Exporteurs oder einer dritten Bank vorliegt. Dazu muss die Bank des Importeurs im Akkreditiv ausdrücklich einen Bestätigungsauftrag erteilen. Die bestätigende Bank prüft die Kreditwürdigkeit der eröffnenden Bank. Wird im Akkreditiv zusätzlich eine *Zahlbarstellungsklausel* vereinbart, hat der Exporteur damit die Zusage eines Kreditinstitutes, dass er bei Erfüllung der Akkreditivbedingungen die Zahlung erhält. Dies beschleunigt den Geldeingang für den Exporteur, kann ihm aber höhere Bankkosten einbringen.

Das Schreiben der Akkreditivbank (Bank des Importeurs) zur Eröffnung des Akkreditivs ist i. d. R. sehr umfangreich und listet detailliert auf, welche Dokumente mit welchen Inhalten einzureichen sind. Weicht auch nur ein Detail von den Angaben im Akkreditiv ab, muss sie nicht zahlen. Reicht der Exporteur korrekte Dokumente ein, kann er sicher gehen, dass die Zahlung erfolgt. Die Akkreditivstelle (Bank des Exporteurs) ist daran interessiert, die Dokumente genauestens zu prüfen und reicht sie bei Abweichungen an ihren Kunden zurück, sodass er die notwendigen Änderungen vornehmen lassen kann.

Der Importeur kann, wenn die Dokumente korrekt sind, davon ausgehen, dass die Ware auch in Ordnung ist. Das wichtigste Dokument bei der Verschiffung von Waren ist das *Konnossement* (b/l, bill of lading, Schiffsfrachtbrief), da es das Eigentum an der Ware verbrieft und der Importeur ohne Vorlage die Ware nicht beim Hafenmeister auslösen kann.

Übersicht Dokumente im Auslandszahlungsverkehr

Transport-papiere	Frachtbrief (express courier receipt, airway bill) Konnossement (bill of lading), Ladeschein Übernahmebestätigung (forwarders certificate receipt) Abladebestätigung u. ä.
Versicherungs-dokumente	Transportversicherungspolice Versicherungszertifikat u. ä.
Begleit-papiere	Handelsfaktura, Konsulatsfaktura Ursprungszeugnis Frachtrechnung (freight invoice) Packliste (packing list) Qualitätszeugnisse Zertifikate von Warenprüfgesellschaften u. ä.

Ein *Frachtbrief* (auch: bill of lading oder waybill) ist ein Beförderungsdokument. Er wird meist in drei Originalen ausgestellt, von denen eines die Ware auf dem Transport begleitet. In Deutschland ist der Frachtbrief detailliert in den §§ 408 ff. HGB geregelt.

Die *Handelsrechnung* dient der Rechnungsstellung und als Unterlage für die zollamtliche Behandlung im Einfuhrland. Sie sollte Namen und Anschriften der Vertragspartner, Warenbezeichnung, Menge und Preis der Ware sowie die vereinbarten Liefer- und Zahlungsbedingungen enthalten. Die *Konsulatsfaktura* hat grundsätzlich den gleichen Inhalt wie die Handelsrechnung, muss aber auf einem vorgeschriebenen Formular, das vom Konsulat des Einfuhrlandes bezogen wird, in einer vorgeschriebenen Sprache ausgestellt und vom Konsulat beglaubigt werden. Ein *Ursprungszeugnis* (certificate of origin) wird i. d. R. von der Handelskammer des Herkunftslands ausgestellt.

Allgemeine Richtlinien für international gültige Dokumente, Lieferungs- und Zahlungsbedingungen (INCOTERMs) und den Ablauf von Akkreditiven werden von der *Internationalen Handelskammer* mit Sitz in Paris festgelegt.

Eine *Forfaitierung* liegt vor, wenn die Hausbank des Exporteurs die später fällige Exportforderung aus der Warenlieferung ankauft. Es gelten grundsätzlich die selben rechtlichen Regelungen und Ausgestaltungsmöglichkeiten wie bei einer Zession bzw. beim Forderungsverkauf. Als Respekttage wird dabei eine verlängerte Frist zwischen Fälligkeit und Eingang der Zahlung bezeichnet. Ein kostendeckender Abnehmerzins ist erreicht, wenn der Zuschlag auf den Kaufpreis wegen Gewährung des Zahlungsziels (Abnehmerzins) den Diskont bei Forfaitierung (Zinsabzug wegen sofortiger Auszahlung der Forderung) und eine eventuelle zusätzliche Bereitstellungsprovision deckt.

Auslandszahlungen können elektronisch über das *SWIFT-Netz* (Society for Worldwide Interbank Financial Telecommunication) beschleunigt abgewickelt werden, an das ca. 8.000 Banken, Börsen und andere Finanzinstitute in 200 Ländern angeschlossen sind. Jedes teilnehmende Unternehmen hat dazu eine BIC-Zahl (Bank Identifier Code). Beim Zahlungsverkehr innerhalb der Europäischen Union findet hauptsächlich die *IBAN* (International Bank Account Number) Verwendung. Für den Euro-Raum befindet sich zur Zeit das *SEPA* (Single Euro Payments Area) in der Einführungsphase. Ziel des SEPA ist es, den bargeldlosen Zahlungsverkehr innerhalb der Teilnehmerländer zu standardisieren und dabei nicht mehr zwischen nationalen und grenzüberschreitenden Zahlungen zu unterscheiden.

4.3.4 Internet Banking

Mit der Entwicklung und Durchsetzung des Internets haben sich auch im Zahlungsverkehr neue Möglichkeiten entwickelt. Der Gang mit papiernen Überweisungsträgern und Lastschriftenstapeln gehört für die meisten Unternehmen längst der Vergangenheit an. Zahlungsvorgänge werden bequem am PC im Büro ausgelöst und die Übersicht über alle Konten mit Auswertungen ist auf einen Mausklick hin verfügbar. Für die Online-Abwicklung von Zahlungsvorgängen stellen die Banken die Sicherheitsverfahren PIN/TAN oder HBCI zur Verfügung.

Beim *PIN/TAN-Verfahren* erhält der Bankkunde vom Geldinstitut eine fünfstellige PIN (persönliche Identifikationsnummer) und eine Anzahl TANs (Transaktionsnummern) per Sicherheitsbrief zugestellt, die geheim an einem sicheren Ort aufzubewahren sind. Soll eine Online-Überweisung ausgelöst werden, muss sich der Bankkunde zunächst durch die Eingabe der PIN gegenüber dem Bankrechner identifizieren. Erst dann wird der elektronische Zugang zum Konto möglich. Die Überweisung wird nur dann ausgeführt, wenn mit den Überweisungsdaten eine gültige TAN übermittelt wird. Jede TAN kann nur einmal genutzt werden. Dadurch ist Hackern die Verwendung mitgelesener TANs nicht möglich. Bei *indizierten TANs* (iTAN) fragt die Bank statt nach einer beliebigen TAN auf der Liste nach einer bestimmten TAN, beispielsweise der dreizehnten. Hacker schmuggeln Trojaner (Spyware) auf den Rechner, die die Zugangsdaten, PIN und TAN abfangen und an den Hacker übermitteln. Die Verbindung zur Bank bricht mit einer Fehlermeldung ab. Der Hacker kann mit den Zugangsdaten Geld ins (für ihn) sichere Ausland übertragen. Da Auslandsüberweisungen jedoch dauern, kann der geschädigte Bankkunde, wenn er schnell reagiert, die Überweisung noch stoppen.

Beim *HBCI-Verfahren* (Home Banking Computer Interface) benötigt der Bankkunde einen Chipkartenleser, der am Computer angeschlossen sein muss. Vom Geldinstitut erhält er zusätzlich eine Prozessor-Chipkarte, auf der neben den Kontoinformationen die fünfstellige PIN und die Schlüsselinformationen gespeichert sind. Die Sicherheitsverwaltung übernimmt der Mikroprozessor der Chipkarte. Beim Online-Banking muss sich der Bankkunde zunächst gegenüber seiner Chipkarte mit der PIN legitimieren. Anschließend legitimiert sich das PC-System des Kunden über die Chipkarte bei dem Computersystem des Geldinstitutes und dieses legitimiert sich umgekehrt bei der Chipkarte des Bankkunden. Nur wenn die *gegenseitige Legitimation* erfolgreich ist, werden die Daten ausgetauscht. Durch die Mikroprozessorfunktion der Chipkarte und den verschlüsselten Datenaustausch bietet das HBCI-Verfahren insgesamt eine deutlich höhere Sicherheit gegen Hackerangriffe als das PIN/TAN-Verfahren.

Alternativ kann das HBCI-Verfahren mit Diskette statt Prozessor-Chipkarte abgewickelt werden. Dabei ist aber die Sicherheitsfunktion eingeschränkt, da die Sicherheitsverwaltung im PC ausgeführt wird.

Übersicht Bankdienstleistungen im Online-Banking

Kontoservice	Abrufen von Kontoübersichten mit Kontostand, Umsätzen, und Salden, auch für alle Unterkonten Einrichten und Wechseln von Unterkonten Verwaltung der Stammdaten: Adresse, Fax-Nr., Telefon-Nr., etc. Sperren von Konten, Schecks
Zahlungsverkehr	Ausführen von Überweisungen Einrichten, Ändern und Löschen von Daueraufträgen Auslösen von Lastschriften für Abbuchungsaufträge und Einzugsermächtigungen, Erteilung von Abbuchungsaufträgen Bestellung von Schecks, Überweisungsvordrucken, Kontoauszügen per Post, Kreditkartenanträgen und sonstigen Formularen
Wertpapiere	Eingabe, Änderung und Löschen von Kauf- und Verkaufsordern Depotübersicht, Kursabfrage, Chartanalyse, WK-Nummern Informationen zu Wertpapieren und Neuemissionen
Infoservice	Sorten- und Devisenkurse, Bankleitzahlen, Gebührenübersicht Informationen über Angebote: Versicherungen, Kredite, Anlagemöglichkeiten, etc.

Auch bei *Internetgeschäften*, z. B. Bestellung von Büromaterial über die Website des Lieferanten, haben sich neue Zahlungsformen entwickelt, auch wenn die traditionellen Formen Überweisung auf Rechnung und Lastschriftverfahren noch weit verbreitet sind.

Bei der Zahlung per *Kreditkarte* müssen Nummer und Verfallsdatum der Kreditkarte über die Tastatur angegeben werden. Der Betrag wird dann vom Konto abgebucht. Der Vorteil für den Internetanbieter liegt in der Zahlungsgarantie des Kreditkartenunternehmens. Die Gefahr bei Kreditkartenzahlung im Internet ist *Phishing*. Hacker simulieren die Website des Internetanbieters und erlangen so die Kundendaten, oder sie senden dem Opfer offiziell wirkende E-Mails, die es dazu verleiten sollen, vertrauliche Informationen preiszugeben.

Cybercash (www.cybercash.de) stellt ein Internetbezahlverfahren per Kreditkarte oder Lastschriftverfahren für digitale Güter, z. B. Musikdateien, dar. Den Händlern wird der *POSH-Service* (Point of Sale Händlerterminal) zur Verfügung gestellt, über den die schnelle Abwicklung von Kreditkartenzahlungen erfolgt. Es ist keine besondere Software nötig. Der Service leitet die vom Kunden eingegebenen Kartendaten zur Genehmigung an eine Autorisierungsstelle weiter und bestätigt dann dem Internethändler die Autorisierung. Es wird das *Verschlüsselungssystem SSL* (Secure Socket Layer) verwendet, ein von Netscape entwickeltes Verschlüsselungsprotokoll, i. d. R. gekennzeichnet durch das Symbol eines Vorhängeschlosses und durch „https" in der Adresszeile des Browsers.

Die Zahlung per Chipkarte, auch als *Smartcard* bezeichnet, hat sich in der Praxis bisher noch nicht besonders durchgesetzt. Auf den Karten ist digitales Geld gespeichert, das mit speziellen Lesegeräten erkannt und abgebucht wird. Ferner gibt es Systeme, mit denen *Kleinstbeträge*, bis zu Bruchteilen von Cents, abgerechnet werden können. Beispiele hierfür sind Millicent oder Firstgate. Für den Kunden wird beim Verkäufer ein Konto angelegt, auf das der Kunde einen kleinen Betrag einzahlt. Der Verkäufer schickt ihm dann ein *Scrip* (eine verschlüsselte Nachricht), das der Kunde zwecks Bezahlung zurücksendet. Er erhält dann ein um die Bestellsumme verringertes neues Scrip, etc.

Bei *E-Cash* (Netzgeld) wird Geld in elektronische Werteinheiten umgewandelt. Das Geld wird dabei elektronisch durch jeweils einmalige, eindeutige Zahlenkombinationen wiedergegeben. Diese elektronischen Münzen, auch *Token* genannt, kann der Nutzer in einer elektronischen Geldbörse, dem *Wallet*, auf der Festplatte seines PCs speichern. Zur Bezahlung schickt der Kunde dem Verkäufer eine Anzahl Token, der sie an seine Bank weiterleitet. Diese schreibt ihm nach Prüfung von Echtheit und Wert der Tokens den realen Gegenwert auf seinem Konto gut.

Die Zahlung per *Paybox* (www.paybox.de) erfolgt mit dem Handy. Der Kunde gibt die Nummer seines Mobiltelefons an. Der Verkäufer sendet die Daten des getätigten Geschäftes über eine sichere Verbindung an Paybox. Von dort wird der Kunde angerufen und kann die Zahlung dann durch Eingabe einer PIN freigeben.

SET (Secure Electronic Transaction), ein weltweiter Standard für Kreditkartenzahlungen im Internet (www.setco.org), ermöglicht eine verschlüsselte Datenübertragung und Identifikation der Beteiligten durch digitale Signaturen und Zertifikate. Das beteiligte Kreditinstitut ist als Mittler in die gegenseitige Zertifizierung eingeschaltet. Alle Teilnehmer müssen die SET-Software installiert haben. Wenn der Kunde bestellt, wählt er SET als Zahlungsart. Damit wird die SET-Software automatisch gestartet, Bestellung und Kreditkartendaten werden verschlüsselt, elektronisch signiert und dem Händler zugesandt. Der Händler hängt die Bestelldaten ab und leitet nur die Daten weiter, die die Bank benötigt: Rechnungsbetrag und Kreditkarteninformation. Er kann weder Kontodaten noch Kreditkartennummer des Kunden erkennen. Die Bank entschlüsselt die Daten und kann anhand der Signaturen den Händler und die Kunden identifizieren. Über die Bestelldaten erfährt sie nichts. Sie bestätigt dem Händler die Zahlung, der dann dem Kunden die Bestellung bestätigt.

Kontrollfragen zu Lerneinheit 4.3

Zahlungsverkehr

1. Geschäftskonten dienen der Abwicklung des Zahlungsverkehrs. Nennen Sie die wesentlichen Rechtsgrundlagen.
2. Zählen Sie Dienstleistungen von Kreditinstituten im Rahmen der Abwicklung des Zahlungsverkehrs auf.
3. Welche zwei Lastschriftverfahren lassen sich unterscheiden?
4. Worin liegt der Vorteil der Wechselzahlung für den Bezogenen?
5. Charakterisieren Sie die beiden unbaren elektronischen Bezahlverfahren am Verkaufsort und zeigen Sie den wesentlichen Unterschied auf.
6. Warum findet die Zahlung per Kreditkarte am Verkaufsort bisher in Europa im Gegensatz zu den USA so geringe Verbreitung, während sie bei Bestellungen über das Internet immer beliebter wird?
7. Was verstehen Sie unter Cash Management und Konten-Clearing?
8. Welche zwei Funktionen bietet Cash-Management-Software?
9. Was verstehen Sie unter Cash Pooling und welche rechtlichen Probleme ergeben sich dabei?
10. Erläutern Sie den Begriff Netting. Gehen Sie dabei auch auf den Unterschied zwischen Payment Netting und Novation Netting ein.
11. Wozu dienen die Vordrucke Anlage Z 1 und Anlage Z 4?
12. Worin liegt der wesentliche Unterschied zwischen einem Dokumenten-Inkasso und einem Dokumenten-Akkreditiv?
13. Welche Erklärung gibt die Akkreditivbank ab, wenn sie ein Akkreditiv eröffnet und was ist ein bestätigtes Akkreditiv?
14. Was sind INCOTERMs?
15. Erläutern Sie den Unterschied zwischen dem PIN/TAN-Verfahren und dem HBCI-Verfahren beim Online-Banking.
16. Was verstehen Sie unter Phishing?

Lösungen zu Lerneinheit 4.3

Zahlungsverkehr

1. Der Kontovertrag ist ein Geschäftsbesorgungsvertrag, § 675 BGB. § 154 AO fordert bei der Kontoeröffnung eine Legitimationsprüfung. Weitere Rechtsgrundlage ist das Kontokorrent, § 355 HGB.

2. Kreditinstitute führen Überweisungs- und Daueraufträge aus, ziehen Lastschriften und Schecks ein, stellen Vordrucke bereit, geben EC-Karten und Kreditkarten aus, bieten Online-Banking an, stellen Bankschecks aus und akzeptieren Wechsel, beschaffen LZB-Schecks, übernehmen das Inkasso von Schecks und Wechseln und stellen Nachttresore und Geldzählautomaten bereit.

3. Liegt dem Zahlungsempfänger eine Einzugsermächtigung des Zahlungspflichten vor, kann er seine Bank beauftragen, den Betrag vom Konto des Zahlungspflichtigen einzuziehen. Der Zahlungspflichtige kann die Lastschrift binnen sechs Wochen ohne Begründung zurückbuchen lassen. Seltener ist das Lastschriftverfahren per Abbuchungsauftrag: Der Zahlungspflichtige erteilt seiner Bank den Auftrag, die Lastschrift einzulösen.

4. Aufgrund der Strenge des Wechselgesetzes, insbesondere das schnelle und einfache Erlangen eines vollstreckbaren Titels bei Nichtzahlung signalisiert der Bezogene durch die Bereitschaft, einen Wechsel zu akzeptieren, dass er auf jeden Fall zahlen wird und erhält so die gewünschte Leistung des Ausstellers, da dieser sich sicher sein kann, dass er die versprochene Gegenleistung erhält.

5. Für unbare Zahlungen am Verkaufsort (point of sale) gibt es das POS-Verfahren (online, Eingabe der PIN, direkte Abbuchung, mit Zahlungsgarantie) und das POZ-Verfahren (offline, Unterschrift, Lastschrift, ohne Zahlungsgarantie).

6. Das Handelsunternehmen muss mit der Kreditkartengesellschaft einen Vertrag schließen. Da die elektronischen Bezahlverfahren POS und POZ inzwischen sehr weit verbreitet sind, sehen viele Händler keine Notwendigkeit dazu. Im Internet ist die Bezahlung per Kreditkarte bequem, da nur die Kartennummer und das Verfallsdatum eingegeben werden müssen und dann der Betrag automatisch vom Kreditkartenkonto abgebucht wird. Internet-Händler vertrauen auf die Zahlungsgarantie der Kreditkartengesellschaft.

7. Cash Management ist die i. d. R. tägliche Finanzdisposition, d. h. der Ausgleich der verschiedenen Unternehmenskonten untereinander, die Kassensteuerung und die ausgleichende Aufnahme und Anlage kurzfristiger Gelder. Ziel des Cash Managements ist die Maximierung der Rentabilität bei stets ausreichender Liquidität (Zinsoptimierung). Ergibt sich insgesamt ein Habensaldo, so wird dieser auf das Konto mit dem höchsten Habenzinssatz transferiert. Ein Sollsaldo wird auf das Konto mit dem niedrigsten Sollzinssatz gebracht. Alle anderen Konten werden auf Null gestellt (Konten-Clearing).

8. Funktionen von Cash-Management-Software sind Balance Reporting, d. h. Informationen über Kontenstände und Money Transfer, d. h. Durchführen von Transaktionen.

9. Cash Pooling (Liquiditätsschulterung) ist der konzerninterne Liquiditätsausgleich durch ein zentrales Finanzmanagement, das den Unternehmen des Konzerns Kredite zur Deckung von Liquiditätslücken gewährt und Liquiditätsüberschüsse zentral verwaltet, verteilt und anlegt. Erst wenn der unternehmensinterne Ausgleich zur Liquiditätssicherung nicht ausreicht, werden externe Geld- und Kapitalmärkte in Anspruch genommen. Die Weiterleitung von Gesellschaftereinlagen in einen zentralen Pool verstößt gegen die Kapitalaufbringungsvorschriften des GmbHG. Ferner kann es insolvenzrechtliche Probleme verursachen.

10. Netting bedeutet, dass Forderungen und Verbindlichkeiten von Konzernunternehmen untereinander saldiert werden. Dabei kann ein tatsächlicher Ausgleich der Salden durch Überweisung erfolgen (Payment Netting) oder nur eine interne Verrechnung (Novation Netting). Netting kann der Vermeidung von Währungstauschkosten und zur Reduzierung des Wechselkursrisikos dienen.

11. Zahlungen ins Ausland über 12.500 € müssen mit dem Vordruck Anlage Z 1 an die Deutsche Bundesbank gemeldet werden, eingehende Zahlungen aus dem Ausland binnen sieben Tagen mit dem Vordruck Anlage Z 4.

12. Das Dokumenten-Inkasso sichert die Bezahlung der Ware, kann aber dem Importeur nicht garantieren, dass er auch das geliefert bekommt, was er bestellt hat. Beim Dokumenten-Akkreditiv kann der Importeur, wenn die Dokumente korrekt sind, davon ausgehen, dass die Ware auch in Ordnung ist.

13. Mit der Eröffnung des Akkreditivs gibt die Bank des Importeurs (Akkreditivbank) das unwiderrufliche, jedoch befristete Versprechen ab, dass sie gegen Vorlage der im Akkreditiv genannten und genau bezeichneten Dokumente den genannten Betrag zahlen wird. Um ein bestätigtes Akkreditiv handelt es sich dann, wenn zusätzlich ein Zahlungsversprechen der Akkreditivstelle (Bank des Exporteurs) vorliegt. Dazu muss die Bank des Importeurs im Akkreditiv ausdrücklich einen Bestätigungsauftrag erteilen.

14. INCOTERMs sind von der Internationalen Handelskammer standardisierte Formulierungen für Verträge im Außenhandel (International Commercial Terms).

15. Die Identifikation des Bankkunden beim Bankrechner erfolgt beim PIN/TAN-Verfahren durch Eingabe der Persönlichen Identifikationsnummer (PIN) und zusätzlich für jede durchgeführte Transaktion durch eine einmal verwendbare Transaktionsnummer (TAN). Beim HBCI-Verfahren hat der Bankkunde ein Chipkartenlesegerät und eine Prozessor-Chipkarte, über die die gegenseitige Identifikation erfolgt.

16. Hacker schmuggeln Trojaner (Spyware) auf den Rechner, die beim Online-Banking die Zugangsdaten, PIN und TAN abfangen und an den Hacker übermitteln. Die Verbindung zur Bank bricht dann mit einer Fehlermeldung ab und der Hacker kann sich selbst bei der Bank legitimieren. Bei Kreditkartenzahlung simuliert der Hacker das Portal des Internetanbieters und fängt so die Kreditkartendaten (Nummer und Verfallsdatum) ab, um sie dann zu missbrauchen. Daher ist ein umfassender und aktueller Viren- und Trojanerschutz stets unerlässlich.

Musterklausuren

Musterklausur Nr. 1

Aufgabe 1

Die Anlagenbau GmbH erwägt die Rationalisierung ihrer Produktionsanlage und hat dazu zwei alternative Anlagen in die engere Wahl gezogen, zu denen die folgenden Daten vorliegen:

	Anlage 1	Anlage 2
Anschaffungskosten (AK)	600.000 €	800.000 €
Restwert am Ende der Nutzungsdauer (RW)	50.000 €	100.000 €
fixe Kosten (pro Jahr)	36.000 €	58.000 €
variable Kosten pro Stück (vk)	30 €	25 €
Verkaufspreis pro Stück (vp)	41 €	39 €

Die Nutzungsdauer (ND) der neuen Anlage soll 10 Jahre betragen. Die Anlagenbau GmbH rechnet mit einem Kalkulationszinssatz von 8 % p. a. Die variablen Kosten verlaufen proportional. Die durchschnittlich jährlich absetzbare Produktionsmenge (PM) beträgt 20.000 Stück. In den fixen Kosten sind kalkulatorische Kosten noch nicht berücksichtigt.

a) Führen Sie einen Kostenvergleich der beiden Anlagen durch. (6 Punkte)

b) Ermitteln Sie die kritische Auslastung. (2 Punkte)

c) Führen Sie einen Gewinnvergleich der beiden Anlagen durch. (3 Punkte)

d) Führen Sie einen Rentabilitätsvergleich der beiden Anlagen durch. (3 Punkte)

e) Führen Sie einen Amortisationsvergleich der beiden Anlagen durch. (3 Punkte)

f) Beurteilen Sie kurz die Eignung der statischen Investitionsrechenverfahren für die betriebswirtschaftliche Entscheidungsvorbereitung. (3 Punkte)

Aufgabe 2

Die Werkzeugmaschinen GmbH hat aufgrund einer Finanz- und Liquiditätsanalyse festgestellt, dass sie dauerhaft hohe Außenstände hat und die Inanspruchnahme der Kontokorrentlinie bei ihrer Hausbank über dem gewünschten Maß liegt. Dies führt auch dazu, dass das Skontoangebot von Lieferanten nur selten genutzt werden kann und so die Einstandkosten nicht gesenkt werden können. Sie erwägt daher, mittels Factoring eine Verbesserung der Liquiditätslage herbeizuführen.

a) Erläutern Sie drei wesentliche Unterschiede zwischen echtem und unechtem Factoring. (6 Punkte)

b) Nennen Sie die drei Funktionen des Factoring. (3 Punkte)

c) Erläutern Sie aus der Sicht des Factors, worin die Vorteilhaftigkeit des Factoring liegt. (3 Punkte)

d) Ihnen liegen folgende Informationen (in Tsd. €) über die Werkzeugmaschinen GmbH und das Angebot eines Factors vor. Ermitteln Sie durch Kostenvergleich, ob Factoring für das Unternehmen vorteilhaft ist. (10 Punkte)

Aktiva		zusammengefasste Bilanz	Passiva
Anlagevermögen	6.500	Eigenkapital	3.500
Vorräte	2.400	langfristiges Fremdkapitel	4.600
Warenforderungen	6.100	Lieferantenverbindlichkeiten	2.200
Liquide Mittel	0	Kontokorrentkredit	4.700
	15.000		15.000

Durchschnittlicher Jahresumsatz der letzten Jahre:	27.000
Durchschnittlicher jährlicher Wareneinsatz:	12.000
Durchschnittliche Außenstände:	3.400
Bankzins für den Kontokorrentkredit:	10%
Durchschnittlicher Skontosatz für Lieferantenskonto:	2 %
Durchschnittliche Forderungsausfälle (in % des Umsatzes):	2 %

Die Kosten des Debitorenmanagements betragen:

Gehalt Debitorenbuchhalter (monatlich)	2,8
Gehalt Inkassokraft (monatlich)	1,8
Lohnnebenkosten	70%
Büromaterial (jährlich)	5,4
Mahnungen und Auskünfte (jährlich)	12,3
Gerichts- und Anwaltskosten (jährlich)	9,2

Die in der zusammengefassten Bilanz enthaltenen Lieferantenverbindlichkeiten sind nicht mehr skontierbar. Das Unternehmen zahlt 14 Monatsgehälter.

Es liegt das folgende Angebot eines Factors vor:

Finanzierungskosten	9,0 %
Delcrederegebühr	1,5 %
Dienstleistungsgebühr	1,7 %
Sperrbetrag	20 %

Dienstleistungs- und Delcrederegebühr beziehen sich auf den Jahresumsatz.

e) Begründen Sie kurz, warum die Werkzeugmaschinen GmbH nicht vollständig auf ein eigenes Debitorenmanagement verzichten kann. (2 Punkte)

f) Ermitteln Sie den Verschuldungsgrad der Werkzeugmaschinen GmbH vor und nach dem Factoring. Gehen Sie dabei davon aus, dass die in der Bilanz ausgewiesenen Lieferantenverbindlichkeiten sich nicht ändern. (2 Punkte)

Aufgabe 3

Ihnen liegen die folgenden, bereits zusammengefassten Bestandsveränderungsdaten eines mittelständischen Unternehmens vor. Ermitteln Sie, ob es sich bei den Veränderungen jeweils um eine Mittelverwendung (MV) oder um eine Mittelherkunft handelt. Bei der Mittelherkunft ist zusätzlich Innenfinanzierung (MH-I) und Außenfinanzierung (MH-A) zu unterscheiden. Summieren Sie anschließend ihre Zuordnungen auf und tragen Ihre Ergebnisse in die unten vorgegebene Tabelle ein. (12 Punkte)

Aktiva	Vorjahr	aktuell	Saldo	MH-I	MH-A	MV
Sachanlagen	32.569	41.889				
Finanzanlagen	5.678	4.482				
sonstige Aktiva	2.314	2.625				
Vorräte	15.889	21.450				
Forderungen	14.562	13.201				
Wertpapiere	2.566	2.410				
Zahlungsmittel	16.512	11.415				
	90.090	97.472				
Passiva						
Eigenkapital	26.400	26.578				
Rückstellungen	16.258	15.471				
lfr. Verbindlichkeiten	24.788	26.902				
kfr. Verbindlichkeiten	22.644	28.521				
	90.090	97.472				

Summe MV	
Summe MH-A	
Summe MH-I	
Summe MH	

Aufgabe 4

Die Spedition & Logistik GmbH möchte angesichts der anhaltend guten Auftragslage ihren Fuhrpark kontinuierlich erweitern. Es stehen dazu Eigenmittel in Höhe von insgesamt 3 Mio. € zur Verfügung. Alle weiteren Fahrzeuge sollen ausschließlich aus den Abschreibungsgegenwerten finanziert werden. Die Anschaffungskosten je Fahrzeug betragen 300 T€, die Nutzungsdauer beträgt fünf Jahre, die Abschreibung erfolgt bilanziell wie kalkulatorisch linear, die Neuanschaffungen sollen jeweils zum Jahresanfang erfolgen. Aus den Abschreibungsrückflüssen nicht für die Neuanschaffung verwendbare Mittel werden für das Folgejahr gespart und verzinslich angelegt.

a) Entwickeln Sie den Fahrzeugbestand der Spedition & Logistik GmbH mengen- und wertmäßig für zehn Jahre. Gehen Sie dabei davon aus, dass sich die Anschaffungskosten für die Fahrzeuge in den betrachteten Jahren nicht ändern werden. Zeigen Sie auch die Entwicklung der flüssigen Mittel auf. Zinserträge aus der Anlage sollen dabei unberücksichtigt bleiben. (10 Punkte)

b) Erläutern Sie anhand von zwei Beispielen, warum sich das Modell des Kapazitätserweiterungseffekts nur für eine grobe Planung der tatsächlichen Entwicklung des Fuhrparks eignet. (4 Punkte)

Aufgabe 5

Ihnen liegt die folgende zusammengefasste Bilanz der Müller Haustechnik GmbH vor:

Anlagevermögen	670.000 €	Eigenkapital	250.000 €
Umlaufvermögen	450.000 €	Fremdkapital	870.000 €
	1.120.000 €		1.120.000 €

Das Umsatzvolumen des abgelaufenen Geschäftsjahres betrug 1,7 Mio. €, die Gesamtkapitalrentabilität belief sich auf 10 % und es wurde ein Zinsaufwand in Höhe von insgesamt 69.600 € verbucht.

Im folgenden Geschäftsjahr ist eine Erweiterungsinvestition in Höhe von 150.000 € geplant, die entweder durch Beteiligungskapital oder durch Darlehensaufnahme finanziert werden kann. Die Geschäftsführung der Müller Haustechnik GmbH geht davon aus, dass die Gesamtkapitalrentabilität durch diese Investition auf 11 % gesteigert werden kann. Bei Darlehensfinanzierung müsste für den benötigten Betrag ein Zinssatz von 9 % gezahlt werden.

a) Ermitteln Sie die Eigenkapitalrentabilität, die Umsatzrentabilität und den Kapitalumschlag für das abgelaufene Geschäftsjahr. (6 Punkte)

b) Erläutern Sie den Unterschied zwischen den Kennzahlen Eigenkapitalrentabilität, Gesamtkapitalrentabilität und RoI (Return on Investment). (4 Punkte)

c) Entscheiden Sie anhand der Veränderung des Verschuldungsgrades rechnerisch, ob aus Sicht der Eigenkapitalgeber die Erweiterungsinvestition mit Eigen- oder mit Fremdkapital finanziert werden sollte. (6 Punkte)

d) Erläutern Sie kurz, was unter dem Kapitalstrukturrisiko zu verstehen ist. (2 Punkte)

Aufgabe 6

Ein Transportunternehmen erwägt die Anschaffung eines weiteren Lkws für seinen Fuhrpark. Die Anschaffungskosten betragen 160.000 €. Das Fahrzeug soll nach drei Jahren wieder verkauft werden. Der geschätzte Verkaufserlös beträgt 60 000 €. Das Unternehmen rechnet mit einem Kalkulationszinssatz von 6 %. Aus dem Einsatz ergeben sich voraussichtlich die folgenden Einzahlungsüberschüsse (jeweils zum Ende des Jahres):

1. Jahr	2. Jahr	3. Jahr
56.000 €	45.000 €	25.000 €

Prüfen Sie mit Hilfe der Kapitalwertmethode, ob sich die Investition lohnt. (10 Punkte)

Musterklausur Nr. 2

Aufgabe 1

Ihnen liegt die folgende Strukturbilanz der Vitalkosmetik GmbH vor (in T€):

Aktiva		Passiva	
Immaterielle Vermögensgegenstände	20	Eigenkapital	220
Sachanlagen	500	Fremdkapital	
Finanzanlagen	200	- langfristig	630
Vorräte	140	- kurzfristig	390
Forderungen	320		
Liquide Mittel	60		
	1.400		1.400

a) Ermitteln Sie die folgenden Kennzahlen: (6 Punkte)

1. Verschuldungsgrad und Eigenkapitalquote
2. Anlagendeckung I und II (in %)
3. Liquidität 1., 2. und 3. Grades (in %)

b) Geben Sie an, ob die Goldene Bilanzregel eingehalten wurde. (2 Punkte)

c) Geben Sie an, ob die Vertikale Finanzierungsregel eingehalten wurde. (1 Punkt)

d) Beurteilen Sie die Liquiditätslage des Unternehmens. (1 Punkt)

Aufgabe 2

Die Bergthaler Hausgeräte GmbH prüft, ob ein bisher fremdbezogenes Vorprodukt in Zukunft selbst produziert werden soll. In Bezug auf die anzuschaffende neue Produktionsanlage liegen folgende Informationen vor:

Die Anschaffungskosten der Produktionsanlage betragen 1.300.000 €. Nach fünf Jahren wird mit einem erzielbaren Verkaufserlös von 100.000 € gerechnet. Die variablen Kosten bei Eigenproduktion werden mit 1,80 Euro pro Stück veranschlagt, an sonstigen fixen Kosten kommen pro Jahr 240.000 € hinzu.

Der Listenpreis des bisherigen Lieferanten beträgt pro Stück 3,35 €. Bei einer jährlichen Abnahmemenge von mehr als 100.000 Stück gewährt der Lieferant 20 % Mengenrabatt. Die sonstigen Bezugskosten pro 10.000 Stück betragen 1.200 €.

Die Bergthaler Hausgeräte GmbH rechnet mit einem Kalkulationszins von 8 % p. a.

Das Vorprodukt geht in verschiedene Fertigerzeugnisse der Bergthaler Hausgeräte GmbH ein. Die Beschaffungsabteilung schätzt für die nächsten fünf Jahre folgende Bedarfszahlen:

1. Jahr	500.000 Stück
2. Jahr	520.000 Stück
3. Jahr	550.000 Stück
4. Jahr	600.000 Stück
5. Jahr	700.000 Stück

a) Berechnen und begründen Sie, wie die Make-or-buy-Entscheidung der Bergthaler Hausgeräte GmbH ausfallen sollte. (10 Punkte)

b) Ein weiteres Entscheidungskriterium in der Make-or-buy-Frage ist die Amortisationsdauer. Man erwartet, dass sich die Investition innerhalb der Nutzungsdauer der Produktionsanlage zurückzahlt. Ist diese Erwartung erfüllt? (4 Punkte)

c) Die betriebswirtschaftliche Entscheidung für oder gegen Eigenfertigung hängt von vielen Einflussfaktoren ab. Nennen Sie fünf Entscheidungskriterien, die für die Make-or-buy-Entscheidung herangezogen werden sollten. (4 Punkte)

Aufgabe 3

Sie halten Aktien von verschiedenen Aktiengesellschaften in Ihrem Depot und erhalten Einladungen zu den Hauptversammlungen mit verschiedenen Tagesordnungspunkten. Beantworten Sie im Zusammenhang damit die folgenden Fragen.

a) Was verstehen Sie unter dem Depotstimmrecht, welche Gefahren sind damit verbunden und wie wird es gesetzlich eingeschränkt? (2 Punkte)

b) Die A AG schlägt als Tagesordnungspunkt die Umstellung von Inhaberaktien auf Namensaktien und von Nennwertaktien auf Stückaktien vor. Erläutern Sie kurz die Vorteile dieser Maßnahmen. (2 Punkte)

c) Die B AG nennt als Tagesordnungspunkt die Beschlussfassung über die Ermächtigung zum Erwerb eigener Aktien. Unter welchen Voraussetzungen und zu welchem Zweck kann eine Aktiengesellschaft eigene Aktien erwerben? (4 Punkte)

d) Die C AG kündigt eine Kapitalerhöhung aus Gesellschaftsmitteln an. Erläutern Sie diese Form der Kapitalerhöhung kurz. Gehen Sie dabei auch auf die Finanzierungswirkung ein (2 Punkte)

e) Die D AG kündigt eine Kapitalerhöhung gegen Einlagen an. Das Bezugsverhältnis soll 3:1 betragen, der Ausgabepreis der jungen Aktien soll 8 € unter dem Börsenkurs der alten Aktien liegen. Wie hoch ist der rechnerische Wert des Bezugsrechts? (2 Punkte)

f) Die E AG will eine Wandelanleihe zu folgenden Konditionen (Auszug) begeben:

Stückelung:	je 1 €	Bezugsverhältnis:	10 : 1
Verzinsung p.a.:	2 %	Umtauschverhältnis:	5 : 1
Ausgabekurs:	100 %	Nennwert der Aktie:	5 €

Sie halten 100 Aktien der E AG. Wie viele Wandelanleihen können Sie beziehen und wie viele Aktien erhalten Sie, wenn Sie in der Umtauschfrist ihr Umtauschrecht vollständig ausüben? (2 Punkte)

g) Die F AG will eine Optionsanleihe zu folgenden Konditionen (Auszug) begeben:

Stückelung:	je 1 €	Bezugsverhältnis:	5 : 1
Verzinsung p.a.:	2 %	Bezugsverhältnis bei Ausübung der Option:	2 : 1
Ausgabekurs:	100 %		
Nennwert der Aktie:	5 €	Bezugskurs:	32 €

Sie halten 100 Aktien der F AG. Die Aktie notiert zur Zeit bei 27 € und sie erwarten, dass der Kurs bis zum Beginn der Bezugsfrist auf 35 € steigen wird. Wie hoch wird ihr Optionsgewinn sein, wenn sich Ihre Erwartungen erfüllen? (2 Punkte)

Aufgabe 4

Die Brandenburger Maschinenbau GmbH, Bad Freienwalde, stellt zwecks Finanzierung einer Erweiterungsinvestition bei ihrer Hausbank einen Kreditanfrage über 3.000.000 €. Zur Besicherung schlägt sie entweder die Sicherungsübereignung von Produktionsanlagen oder eine Bürgschaft der Carrallan AG, Frankfurt am Main, mit der die Brandenburger Maschinenbau GmbH als Geschäftspartner eng zusammenarbeitet, vor.

Die Hausbank unterbreitet der Brandenburger Maschinenbau GmbH die folgenden beiden alternativen Finanzierungsangebote:

	Angebot 1: Tilgungsdarlehen	Angebot 2: Annuitätendarlehen
Darlehensbetrag:	3.125.000 €	3.000.000 €
Auszahlung:	96 %	100 %
Zinssatz:	6 %	7 %
Laufzeit:	5 Jahre	5 Jahre

a) Ermitteln Sie über eine vereinfachte Effektivzinsberechnung, welches der beiden Angebote die günstigere Effektivverzinsung hat. (3 Punkte)

b) Erstellen Sie die Zins- und Tilgungspläne und ermitteln Sie den nominalen Zinsvorteil des günstigeren Angebots. Runden Sie kaufmännisch auf volle Eurobeträge. (14 Punkte)

c) Charakterisieren Sie die angebotenen Kreditsicherheiten und geben Sie eine Empfehlung ab (mit Begründung), für welche Kreditsicherheit sich die Hausbank entscheiden sollte. (5 Punkte)

Aufgabe 5

Die Hudema GmbH plant die Anschaffung einer neuen Produktionsanlage zu Anschaffungskosten von 70.000 €. Die Nutzungsdauer wird mit fünf Jahren angenommen und es wird davon ausgegangen, dass am Ende der Nutzungsdauer die Anlage wirtschaftlich wertlos ist. Das Unternehmen rechnet mit einem Kalkulationszinssatz von 8 % und erwartet einen durchschnittlichen Umsatz von 95.000 € pro Jahr. Die fixen Kosten der Anlage betragen 45.200 € (ohne Abschreibungen und Zinsen), die variablen Kosten 34.000 €.

a) Ermitteln Sie mittels Gewinnvergleich, ob die Investition vorteilhaft ist. (6 Punkte)

b) Ermitteln Sie mit Hilfe der Annuitätenmethode, ob die Investition vorteilhaft ist. Verwenden Sie dazu die folgenden Informationen und die finanzmathematischen Faktoren am Ende des Buchs. Die Anschaffungskosten sind zu 100 % ausgabenwirksam. (10 Punkte)

Geschätzte Einzahlungsüberschüsse				
1. Jahr	2. Jahr	3. Jahr	4. Jahr	5. Jahr
12.000 €	24.000 €	35.000 €	25.000 €	18.000 €

c) Begründen Sie, welchem der beiden Investitionsrechenverfahren der Vorzug gegeben werden sollte (2 Punkte)

Aufgabe 6

Ein Hersteller von hocheffizienten Solarmodulen für die Raumfahrt plant, bisher extern bezogene Zubehörkomponenten in Zukunft mittels einer hundertprozentigen Tochtergesellschaft selbst herzustellen. Für den dazu notwendigen Kapitalbedarf liegen die folgenden Informationen vor:

1.	Vorbereitungsmaßnahmen: Standortsuche, Gründungskosten, Personalbeschaffung, Lizenzen, etc.	50.000 €
2.	Grundstück und Gebäude	3.200.000 €
3.	Produktionsanlage, Betriebs- und Geschäftsausstattung	2.000.000 €
4.	Eiserne Reserve an Roh-, Hilfs- und Betriebsstoffen	100.000 €
5.	ausgabenwirksame Tagesbedarfe im Umlaufvermögen	
	- Materialkosten	8.000 €
	- Fertigungskosten	15.000 €
	- Verwaltungs- und Vertriebskosten	12.000 €

Aus der Beschaffungs-, Lager-, Produktions- und Absatzplanung ergeben sich die folgenden geschätzten Kapitalbindungsfristen:

- Roh-, Hilfs- und Betriebsstoffe	10 Tage
- Fertigungsdauer	5 Tage
- Lagerdauer Fertigerzeugnisse	10 Tage
- Lieferantenziel	15 Tage
- Kundenziel	30 Tage

a) Führen Sie die Kapitalbedarfsplanung für das Projekt durch. (14 Punkte)

b) Erläutern Sie kurz die Risiken der Kapitalbedarfsplanung (2 Punkte)

Musterklausur Nr. 3

Aufgabe 1

Die Otto Braun KG, Tiefenthal, ist ein mittelständischer Hersteller von Spezialwerkzeugen für die Automobilproduktion. Otto Braun, 55 Jahre, ist der geschäftsführende Komplementär der Otto Braun KG mit einem Gewinnanteil laut Gesellschaftsvertrag von 60 %. Sein Sohn Fritz Braun und seine Frau Irma Braun sind Kommanditisten mit Gewinnanteilen von jeweils 20 %.

Otto Braun will sich aus Altersgründen zur Ruhe setzen und das Unternehmen bestmöglich verkaufen. Er hat dazu Verhandlungen mit verschiedenen Kaufinteressenten geführt, die ihm die folgenden Angebote unterbreitet haben:

- Ein Konkurrenzunternehmen bietet eine einmalige Zahlung von 6.000.000 € sofort.
- Ein anderes Angebot lautet über 500.000 € sofort und dann jeweils 1.500.000 € vier Jahre lang jeweils am Ende des Jahres, beginnend am Ende des ersten Jahres.
- Der dritte Interessent bietet insgesamt 8.000.000 € in acht gleichhohen Raten, die erste sofort, alle weiteren Raten jeweils am Jahresende, beginnend am Ende des ersten Jahres.
- Fritz Braun möchte das Geschäft von seinem Vater übernehmen und bietet ihm bis zu seinem 70. Geburtstag (in 15 Jahren) jeweils am Jahresende die Zahlung von 800.000 € an. Die erste der Zahlungen soll am folgenden Jahresende stattfinden.

Eine Tabelle der finanzmathematischen Faktoren finden Sie am Ende des Buchs.

a) Begründen Sie rechnerisch, welches Angebot für Otto Braun das vorteilhafteste ist, wenn er einen Kalkulationszinssatz von 8 % zugrunde legt. (12 Punkte)

b) Ändert sich das Ergebnis, wenn statt mit 8 % mit 6 % gerechnet wird? (2 Punkte)

Aufgabe 2

Die Fleisch & Wurst GmbH, Berlin, erhält von ihrem brandenburgischen Lieferanten eine Lieferung Rinderhälften mit der folgenden Rechnung (Auszug):

Rinderhälften gem. Bestellung	195.000 €
+ Umsatzsteuer (ermäßigter Steuersatz 7 %)	13.650 €
zahlbar binnen 40 Tagen nach Rechnungseingang	208.650 €
Bei Zahlung binnen 10 Tagen können 2,5 % Skonto in Abzug gebracht werden.	

a) Ermitteln Sie den effektiven Jahreszins des Lieferantenkredits. (5 Punkte)

b) Die Hausbank der Fleisch & Wurst GmbH berechnet einen Kontokorrentzins in Höhe von 9 %. Ermitteln Sie, ob eine Inanspruchnahme der Skontoabzugsmöglichkeit per Bankkredit vorteilhaft ist. Geben Sie dazu auch den Betrag des Zinsgewinns bzw. Zinsverlusts an. (5 Punkte)

Aufgabe 3

Die Märkische Maschinenbau AG, Berlin, führt mit Zustimmung der Hauptversammlung eine ordentliche Kapitalerhöhung gegen Einlagen durch. Das bisher in 1.675.205 Stückaktien verbriefte Grundkapital wird von 5.025.615 € auf 6.461.505 € erhöht. Die jungen Aktien sollen ab Jahresbeginn gewinnberechtigt sein. Der Ausgabekurs der jungen Aktien wurde in einem Bookbuilding-Verfahren ermittelt und soll bei 13,69 € liegen. Der aktuelle Börsenkurs am Tag der Veröffentlichung der Kapitalerhöhungsabsicht betrug 19,27 €.

a) Erläutern Sie, warum Altaktionäre bei einer Kapitalerhöhung ein Bezugsrecht haben. (4 Punkte)

b) Ermitteln Sie den rechnerischen Wert des Bezugsrechts. (4 Punkte)

c) Ermitteln Sie den Mischkurs. (2 Punkte)

d) Ermitteln Sie, wie viele junge Aktien ausgegeben werden. (4 Punkte)

e) Die Konsortialbanken berechnen für die Emission eine Konsortialgebühr in Höhe von 6 %. Entwickeln Sie die Veränderung der Eigenkapitalposition der Märkischen Maschinenbau AG. (4 Punkte)

f) Ein Aktionär, der vor der Kapitalerhöhung 1.000 Aktien der Märkischen Maschinenbau AG in seinem Depot hatte, möchte aufgrund der aus seiner Sicht guten Zukunftsaussichten im Rahmen der Kapitalerhöhung seinen Bestand verdoppeln. Berechnen und erläutern Sie, welchen Betrag er dazu insgesamt aufwenden muss, wenn er die Bezugsrechte zum rechnerischen Wert erwerben kann. Spesen bleiben unberücksichtigt. (4 Punkte)

Aufgabe 4

Ein Internet Provider, der sich auf das Hosting von Firmenwebsites spezialisiert hat, möchte angesichts der guten Auftragslage die Kapazität seiner Serverfarm kontinuierlich erhöhen. Die Finanzierung soll ausschließlich über die Abschreibungsgegenwerte erfolgen. Die Anschaffungskosten pro Rack-Einheit betragen 30 T€, die Nutzungsdauer wird auf drei Jahre angesetzt, die Abschreibung erfolgt kalkulatorisch wie bilanziell linear über die Nutzungsdauer. Mit Restverkaufserlösen am Ende der Nutzungsdauer wird nicht gerechnet, die Wiederbeschaffungskosten werden als gleichbleibend angenommen. Der zu Jahresbeginn angeschaffte Bestand beträgt sechs Einheiten. Die Anschaffung wurde vollständig aus Eigenmitteln finanziert. Überschüssige Abschreibungsrückflüsse sollen für das Folgejahr kumuliert werden. Ziel des Unternehmens ist es, die Kapazität ohne Einsatz von Fremdmitteln zu maximieren.

a) Erläutern Sie kurz das Modell des Kapazitätserweiterungseffekts. (2 Punkte)

b) Entwickeln Sie den Bestand an Rack-Einheiten des Internet Providers mengen- und wertmäßig für fünf Jahre. Verwenden Sie dazu das Schema auf der folgenden Seite. (13 Punkte)

c) Nennen Sie drei Annahmen des Modells. (6 Punkte)

d) Geben Sie an, wie sich das Ergebnis verändern würde, wenn für die Kalkulation statt der linearen die degressive Abschreibungsmethode gewählt wird. (3 Punkte)

Vorgang	Jahr	Anzahl	Investitionen					flüssige Mittel
			1.	2.	3.	4.	5.	

Aufgabe 5

In vielen Unternehmen kommen moderne Finanzinstrumente zur Risikoabsicherung zum Einsatz.

a) Ein Unternehmen erwartet steigende Zinsen und vereinbart daher mit einer Bank zur Finanzierung einer in den kommenden Jahren anstehenden Investition einen Forward-Swap auf Basis des Sechs-Monats-EURIBOR zum Festsatz von 6 % und erhebt einen Aufschlag von 0,5 %. Erläutern Sie die Wirkungsweise des vereinbarten Swaps und geben Sie die Zinsbelastung (in %) an, wenn der EURIBOR zum Zeitpunkt der Kreditaufnahme bei 5,5 % notiert. (4 Punkte)

b) Ein Unternehmen erwartet sinkende Zinsen und möchte daher die Zinsbelastung aus einem Festzinsdarlehen über 10 Mio. € zu 7 % mit einer Restlaufzeit von fünf Jahren reduzieren. Es vereinbart dazu mit einer Swap-Bank einen Zins-Swap auf Basis des Sechs-Monats-EURIBORS, der zur Zeit bei 5,5 % notiert. Die Bank erhebt eine Marge von 0,5 %. Ermitteln Sie den Zinsvorteil für ein Jahr. Gehen Sie dabei davon aus, dass der EURIBOR sich nicht ändert. (4 Punkte)

c) Ein Unternehmen hat mit einer Bank einen Cap vereinbart. Erläutern Sie kurz das Wesen eines Cap und den Vorteil für den Käufer. (4 Punkte)

Aufgabe 6

Ein Berliner Taxiunternehmen möchte angesichts der guten Geschäftslage seinen Fuhrpark erweitern und steht vor der Entscheidung, die Fahrzeuge zu kaufen oder zu leasen. Die Anschaffungskosten pro Fahrzeug betragen 30.000 €, die Nutzungsdauer wird mit drei Jahren angesetzt. Das Unternehmen schreibt linear ab, die kalkulatorische Abschreibung entspricht der bilanziellen. Zur Finanzierung des Kaufs steht ein Annuitätendarlehen der Hausbank zu einem Zinssatz von 8 % bei 100 % Auszahlung und einer Laufzeit von drei Jahren zur Verfügung. Die Annuität ist vierteljährlich zahlbar und wird einmal jährlich verrechnet.

Eine Leasinggesellschaft bietet die Fahrzeuge zu einer monatlichen Leasingrate von 995 € bei einer festen Grundmietzeit von 36 Monaten an.

a) Vergleichen Sie die beiden Finanzierungsalternativen rechnerisch in Bezug auf die Liquiditätswirkung. (5 Punkte)

b) Vergleichen Sie die beiden Finanzierungsalternativen rechnerisch in Bezug auf die Kostenwirkung. (5 Punkte)

c) Nennen Sie zwei Vorteile der Leasingfinanzierung. (4 Punkte)

d) Nennen Sie zwei Vorteile des Kreditkaufs. (4 Punkte)

Musterklausur Nr. 4

Aufgabe 1

Ihnen liegen die folgenden (stark vereinfachten) Informationen zur Finanzplanung für das kommende Geschäftsjahr vor: Der Bilanzwert des Kassenbestandes und der Guthaben bei Kreditinstituten zum nächsten Jahresende wird voraussichtlich bei 50 T€ liegen. Die monatlichen Einnahmen aus Umsatzerlösen werden im I. Quartal mit jeweils 1.000 T€ veranschlagt, im II. Quartal wird mit einer Steigerung auf 1.100 T€ gerechnet. Im III. Quartal bleiben sie konstant und im IV. Quartal wird eine Zunahme auf 1.200 T€ gerechnet. Im Januar des kommenden Jahres soll eine Beteiligung an einem Vorproduktionsunternehmen in Höhe von 300 T€ erfolgen. Im Februar wird eine ausgediente Produktionsanlage (Restbuchwert 30 T€) für 50 T€ (brutto) verkauft. Im September soll ein nicht mehr genutztes Grundstück veräußert werden. Es wird mit einem Verkaufserlös von 500 T€ gerechnet. Die Wareneinkäufe, Personal- und Sachausgaben sollen im I. Quartal mit 800 T€ monatlich angesetzt werden und es wird mit einer Veränderung proportional zur Umsatzentwicklung gerechnet. Zu jedem Quartalsende ist eine Darlehensrate (Annuität) von 215 T€ zu zahlen. Für April des Folgejahres ist eine Investition von 800 T€ und für August eine solche von 400 T€ geplant. Die Umsatzsteuer ist aus Vereinfachungsgründen nicht zu berücksichtigen.

a) Erstellen Sie den Finanzplan für das kommende Geschäftsjahr. Verwenden Sie dazu das nachfolgende Schema (12 Punkte)

b) Nennen Sie je eine Möglichkeit, welche Maßnahmen bei voraussehbaren Unterdeckungen und Überdeckungen ergriffen werden können. (4 Punkte)

	Bestand	Umsatz	Verkauf	gesamt	Ausgaben	Darlehen	Investition	gesamt
Jan.								
Feb.								
März								
April								
Mai								
Juni								
Juli								
Aug.								
Sept.								
Okt.								
Nov.								
Dez.								

Aufgabe 2

Die Amsel Montagetechnik GmbH ist ein mittelständisches Unternehmen mit einem durchschnittlichen Umsatzvolumen von 12 Mio. € und überwiegend gewerblichen Kunden. Zur Finanzierung des Unternehmenswachstums soll das Angebot eines Factoringinstituts geprüft werden.

a) Erläutern Sie die Funktionen des Factoring. (3 Punkte)

b) Das Angebot des Factoringinstituts enthält folgende Konditionen: 2,1 % Factoringgebühr auf den durchschnittlichen Umsatz, Bevorschussung zu 11,5 % bei einem Sicherheitseinbehalt von 20 %.

   Die Amsel Montagetechnik GmbH hat durchschnittliche Außenstände von 10 % des Umsatzes und muss jährliche Forderungsausfälle in Höhe von 1 % des Umsatzes hinnehmen. Es kann durch Factoring 2 % Lieferantenskonto nutzen, der Wareneinsatz liegt im Jahresdurchschnitt bei 8 Mio. €. Durch das Factoring können Kosteneinsparungen in der Buchhaltung erzielt und die durchschnittliche Inanspruchnahme des Kontokorrentkredits kann reduziert werden. Daraus ergibt sich ein Einsparvolumen von insgesamt 117.000 €.

   Ermitteln Sie in einer Vergleichsrechnung, ob Factoring für die Amsel Montagetechnik GmbH vorteilhaft ist. (9 Punkte)

Aufgabe 3

Die Schmerl AG, Wuppertal, plant die Anschaffung von fünf Kleintransportern für ihren Fuhrpark und möchte die Anschaffung vollständig fremdfinanzieren. Der Listenpreis pro Fahrzeug beträgt 35.492 € (netto). Die Hausbank der Schmerl AG bietet zur Finanzierung ein Annuitätendarlehen in der erforderlichen Höhe zu folgenden Konditionen an: Nominalzins 7 %, Auszahlung 95 %, Kreditlaufzeit 5 Jahre (entspricht der geplanten Nutzungsdauer der Fahrzeuge). Der Verkäufer bietet aufgrund der langjährigen Geschäftsbeziehung einen Rabatt in Höhe von 15 % auf den Listenpreis und bei Zahlung binnen 10 Tagen 3 % Skonto. Die Hausbank ist bereit, den Kreditbetrag binnen Skontofrist einzuräumen.

a) Ermitteln Sie den Effektivzins des angebotenen Kredits. (2 Punkte)

b) Stellen Sie den Zins- und Tilgungsplan auf und ermitteln Sie die gesamte Zinsbelastung (nominal). Verwenden Sie dazu die nachfolgende Tabelle. (14 Punkte)

Jahr	Schuld zu Beginn der Periode	Annuität	Zinsen	Tilgung	Restschuld am Ende der Periode
1					
2					
3					
4					
5					

Aufgabe 4

Die Müller Haustechnik GmbH hat aus dem Verkauf eines nicht genutzten Betriebsgrundstücks einen Liquiditätsüberschuss in Höhe von 1,8 Mio. € auf ihren Konten. Die Geschäftsführung diskutiert alternative Verwendungsmöglichkeiten der überschüssigen Mittel.

1. Alternative: Ausweitung der Produktion durch Anschaffung einer neuen Produktionsanlage. Dazu liegen die folgenden Informationen vor:

Anschaffungskosten	1,8 Mio. €
Nutzungsdauer	6 Jahre
Fixkosten	120.000 €
variable Kosten	9,43 €/Stück
Erlöse	12,95 €/Stück
Absatzmenge	900.000 Stück

Die derzeitigen Produktionsanlagen arbeiten an der Kapazitätsgrenze. Durch die Anschaffung der Anlage kann die Absatzmenge um 20 % gesteigert werden.

2. Alternative: Erwerb einer in 6 Jahren fälligen Anleihe. Nominalzins 6,7 %, aktueller Kurs 96 %

3. Alternative: Erwerb einer Beteiligung an der Rodema AG. Der Kurs der Aktie notiert aktuell bei 36 Euro. In sechs Jahren wird mit einem Kursgewinn von 20 % gerechnet. Die jährliche Dividende liegt 1,54 Euro pro Aktie.

Die Müller Haustechnik GmbH rechnet mit einem Kalkulationszins von 7 %.

Ermitteln Sie mithilfe einer Gewinnvergleichsrechnung, welche der drei Alternativen die vorteilhatteste ist. (18 Punkte)

Aufgabe 5

Die Marana AG benötigt für ein Investitionsvorhaben 150 Mio. €. Dem Vorstand liegt eine noch gültige Ermächtigung gemäß § 202 AktG über 10 Mio. € vor. Der Aufsichtsrat hat seine Bereitschaft zur Zustimmung gemäß § 204 AktG erklärt. Das gezeichnete Kapital der Marana AG beträgt 100 Mio. €, verbrieft in Aktien mit 5 € Nennwert, der Börsenkurs liegt bei 89 €. Angesichts der aktuellen Kapitalmarktsituation, die als Käufermarkt eingeschätzt werden muss, würde die Aktienemission eine entsprechend aufwändige Roadshow erfordern und Kosten von 6 Mio. € verursachen. Als Alternative erwägt der Vorstand daher die Begebung einer Optionsanleihe, für die Emissionskosten in Höhe von 2 % des Emissionsvolumens anzusetzen sind.

a) Grenzen Sie die Genehmigung gemäß § 202 AktG gegen die ordentliche Kapitalerhöhung (gegen Einlagen) ab. (4 Punkte)

b) Erläutern Sie, welche aktienrechtliche Voraussetzungen für die Ausgabe von Optionsanleihen erfüllt sein müssen. (2 Punkte)

c) Beurteilen Sie rechnerisch, ob die Investition mit dem Ermächtigungsbetrag finanziert werden kann. Beachten Sie dabei, dass der Ausgabekurs der jungen Aktien unter dem Börsenkurs der alten Aktien liegen muss, damit der Markt die Kapitalerhöhung annimmt. (4 Punkte)

d) Ermitteln Sie das zur Deckung der Investition erforderliche Emissionsvolumen der Optionsanleihe. Runden Sie auf volle 100.000 € auf. (2 Punkte)

e) Stellen Sie die beiden Entscheidungsalternativen Kapitalerhöhung und Optionsanleihe unter Liquiditäts- und Risikogesichtspunkten einander gegenüber. (4 Punkte)

f) Ein Aktionär hält 1.000 Aktien der Marana AG. Ermitteln Sie, wie viele Optionsanleihen er beziehen könnte, wenn diese in einer Stückelung zu je 1 € ausgegeben werden und das Bezugsverhältnis 10:1 beträgt. (2 Punkte)

g) Das Unternehmen entschließt sich zur Ausgabe junger Aktien mit einem Abschlag zum aktuellen Börsenkurs von 11 €. Ermitteln Sie den rechnerischen Wert des Bezugsrechtes und den Mischkurs. (4 Punkte)

Aufgabe 6

Ein internationaler Produzent von Prozessor-Chips möchte eine Produktionsanlage in den neuen Bundesländern errichten. Für die Schaffung von Arbeitsplätzen kann er dazu eine Subvention des entsprechenden Bundeslandes in Höhe von 20 % des Investitionsvolumens erhalten. Die Anlage kostet 2,5 Mio. €. Aus dem Verkauf der Prozessor-Chips wird mit einem jährlichen Zufluss von 900.000 € gerechnet. Die laufenden Kosten betragen 850.000 € pro Jahr. Darin sind lineare Abschreibungen und kalkulatorische Zinsen enthalten. Die Nutzungsdauer wird mit fünf Jahren veranschlagt. Danach ist die Anlage vollständig abgeschrieben, ein Restwert wird nicht veranschlagt. Das Unternehmen rechnet mit einem Kalkulationszins von 10 %.

a) Bestimmen Sie mit Hilfe der Kapitalwertmethode, ob die Investition vorteilhaft für den Chip-Produzenten ist. (12 Punkte)

b) Erläutern Sie kurz, welche Risiken grundsätzlich mit einer solchen Investitionsentscheidung verbunden sind. (4 Punkte)

Musterklausur Nr. 5

Aufgabe 1

Ihnen liegt die folgende Aktivseite der Bilanz eines Unternehmens vor (in €):

A. Anlagevermögen	
I. Immaterielle Vermögensgegenstände	
1. Konzessionen, gewerbliche Schutzrechte und ähnliche Rechte und Werte sowie Lizenzen an solchen Rechten und Werten	37.650
2. Geschäfts- oder Firmenwert	28.200
3. geleistete Anzahlungen	3.000
II. Sachanlagen	
1. Grundstücke, grundstücksgleiche Rechte und Bauten einschließlich der Bauten auf fremden Grundstücken	5.600.120
2. technische Anlagen und Maschinen	12.826.400
3. andere Anlagen, Betriebs- und Geschäftsausstattung	66.224
4. geleistete Anzahlungen und Anlagen im Bau	125.000
III. Finanzanlagen	
1. Anteile an verbundenen Unternehmen	12.700
2. Ausleihungen an verbundene Unternehmen	26.670
3. Beteiligungen	2.200
4. Ausleihungen an Unternehmen, mit denen ein Beteiligungsverhältnis besteht	300
5. Wertpapiere des Anlagevermögens	117.250
6. sonstige Ausleihungen	250
B. Umlaufvermögen	
I. Vorräte	
1. Roh-, Hilfs- und Betriebsstoffe	145.200
2. unfertige Erzeugnisse, unfertige Leistungen	228.774
3. fertige Erzeugnisse und Waren	116.450
4. geleistete Anzahlungen	0
II. Forderungen und sonstige Vermögensgegenstände	
1. Forderungen aus Lieferungen und Leistungen	526.927
2. Forderungen gegen verbundene Unternehmen	14.620
3. Forderungen gegen Unternehmen, mit denen ein Beteiligungsverhältnis besteht;	150
4. sonstige Vermögensgegenstände	1.500
III. Wertpapiere	
1. Anteile an verbundenen Unternehmen	0
2. eigene Anteile	0
3. sonstige Wertpapiere	44.500
IV. Kassenbestand, Bundesbankguthaben, Guthaben bei Kreditinstituten und Schecks	84.264
C. Rechnungsabgrenzungsposten	6.500

Prüfen Sie, welche Vermögenspositionen sich zu einer Kreditbesicherung eignen und charakterisieren Sie die jeweilige Besicherungsform kurz. (12 Punkte)

Aufgabe 2

Die Bergbaumaschinen GmbH mit Sitz in Königsdorf beabsichtigt in Polen eine Tochtergesellschaft zur Herstellung von Schaufelradbaggern zu errichten. Das gesamte Investitionsvolumen beträgt 27 Mio. €. Davon entfallen auf Grundstücke und Gebäude 30 %, die sofort fällig sind. Die Errichtung der Produktionsanlage wird von einem Spezialunternehmen durchgeführt, das sofort eine Anzahlung in Höhe von 20 % verlangt, 50 % nach Fertigstellung gegen Ende des Investitionsjahrs, den Rest nach Ablauf eines weiteren Jahres. Der polnische Staat zahlt nach Einreichung der Pläne vorab einen (nicht rückzahlbaren) Zuschuss auf von ausländischen Unternehmen errichteten Produktionsanlagen in Höhe von 20 % der Anschaffungskosten.

In der Umsatzplanung wird davon ausgegangen, dass mit Ablauf des ersten Produktionsjahres Umsätze von 20 Mio. € erzielt worden sein werden. Es wird von einer jährlichen Umsatzsteigerung von 10 % ausgegangen. Aufgrund der geplanten Kontrahierungspolitik werden die Umsätze im selben und im Folgejahr zu je 40 % einzahlungswirksam, die restlichen 20 % gehen im darauffolgenden Jahr ein.

Die Kostenplanung geht davon aus, dass im ersten Produktionsjahr laufende Kosten von 19 Mio. € entstehen. Es wird damit gerechnet, dass aufgrund von Erfahrungs- und Synergieeffekten die Kosten Jahr für Jahr um 5 % gesenkt werden können. Die Kosten sind mit 70 % als auszahlungswirksam zu veranschlagen.

Die Bergbaumaschinen GmbH rechnet mit einem Kalkulationszins von 8 %.

a) Erstellen Sie einen Zahlungsplan für das Investitionsvorhaben für den Planungshorizont Investitionsjahr plus fünf Produktionsjahre (10 Punkte)

b) Prüfen Sie mit Hilfe der Kapitalwertmethode, ob das Investitionsprojekt bei einem Planungshorizont von fünf Produktionsjahren vorteilhaft ist. (8 Punkte)

c) Die Bergbaumaschinen GmbH überlegt, am Ende des vierten Produktionsjahres das Tochterunternehmen zu verkaufen. Wie hoch müsste der Kaufpreis zu diesem Zeitpunkt mindestens sein, damit sich das eingesetzte Kapital zum Kalkulationszinssatz verzinst hat? (5 Punkte)

Aufgabe 3

Für die Abwicklung des Zahlungsverkehrs stehen einem Unternehmen verschiedene Möglichkeiten zur Verfügung. Beantworten Sie in diesem Zusammenhang die folgenden Fragen.

a) In den letzten Jahren hat das bargeldlose Bezahlen direkt am Verkaufsort (electronic cash am point of sale) eine weite Verbreitung gefunden. Erläutern Sie die Unterschiede zwischen dem POS-Verfahren und dem POZ-Verfahren. (4 Punkte)

b) Eine weitere Möglichkeit der bargeldlosen Abwicklung von Zahlungen am Verkaufsort ist die Zahlung per Kreditkarte. Beschreiben Sie die Voraussetzung und den Ablauf dieser Zahlungsform. (2 Punkte)

c) Ein Unternehmen unterhält bei drei verschiedenen Banken zu unterschiedlichen Konditionen Kontokorrentkonten. Führen Sie anhand der nachstehenden Stichtagsdarstellung (in T€) das Konten-Clearing durch. (3 Punkte)

Bank	Soll-zins	Haben-zins	Buchungs-Saldo	Valuta-Saldo	Ausgleich +/-	Konten-Endbestand
Bank A	8,50%	0,25%	5,2	5,3		
Bank B	9,00%	0,50%	4,3	4,2		
Bank C	10,50%	1,50%	- 6,7	- 6,3		

d) Beim Internet-Banking gibt es das PIN/TAN-Verfahren und das HBCI-Verfahren. Erläutern Sie den Unterschied zwischen diesen beiden Verfahren. (2 Punkte)

e) Im Zusammenhang mit Internet-Banking wird oft von der Gefahr des „Phishing" gesprochen. Geben Sie die Bedeutung dieses Begriffs an. (1 Punkt).

f) Im internationalen Zahlungsverkehr wird die Zahlung per Dokumenten-Akkreditiv verwendet. Erläutern Sie den Ablauf und den Anwendungsbereich. (3 Punkte)

Aufgabe 4

Ein Unternehmen des verarbeitenden Gewerbes plant die Errichtung einer neuen Produktionsanlage und hat dazu folgende Plandaten zusammengestellt:

- Kapitalbedarf für die Ingangsetzung	600.000 €
- Kapitalbedarf für das Anlagevermögen	14.500.000 €
- Eiserne Reserve	15 Tage
- Materialkosten pro Tag	75.000 €
- Lagerdauer Material	14 Tage
- gesamte Fertigungskosten	90.000 €
- Fertigungsdauer	10 Tage
- Lagerdauer Fertigerzeugnisse	10 Tage
- Verwaltungskosten pro Tag	40.000 €
- Vertriebskosten pro Tag	30.000 €
- Debitorenziel	40 Tage
- Kreditorenziel	20 Tage

In die Kostenermittlung wurden ausschließlich ausgabenwirksame Kosten einbezogen. Die Fertigungskosten wachsen dem Produkt während der Fertigung kontinuierlich zu.

a) Ermitteln Sie den Kapitalbedarf für das Umlaufvermögen. (10 Punkte)

b) Ermitteln Sie den Gesamtkapitalbedarf für die neue Produktionsanlage. (4 Punkte)

c) Charakterisieren Sie aufgrund Ihrer Berechnungen drei Gefahren der Kapitalbedarfsermittlung anhand von Durchschnittsgrößen. (6 Punkte)

d) Nennen Sie zwei Möglichkeiten, den Kapitalbedarf zu senken. (2 Punkte)

Aufgabe 5

Ein Hersteller von Konsumgütern erwägt die Anschaffung einer vollautomatischen Verpackungsanlage. Die Anschaffungskosten betragen 1.715.000 €, die Nutzungsdauer wird mit sieben Jahren angesetzt, die kalkulatorischen Abschreibungen entsprechen den bilanziellen, es wird die lineare Abschreibungsmethode angewandt. Zur Finanzierung kann ein Tilgungsdarlehen in Höhe der Anschaffungsauszahlung zu einem Zinssatz von 6,8 % und einer Auszahlung von 96 % beschafft werden. Als Alternative liegt dem Unternehmen ein Leasingangebot mit einer monatlichen Leasingrate von 29.600 € über eine Grundmietzeit von 48 Monaten und Mietverlängerungsoption zu 23.700 € monatlich für weitere drei Jahre vor. Bei Vertragsabschluss ist eine einmalige Leasingsonderzahlung in Höhe von 85.000 € zu leisten.

a) Ermitteln Sie mit Hilfe eines Vergleichs der jährlichen Durchschnittkosten die vorteilhaftere der beiden Finanzierungsalternativen. (10 Punkte)

b) Erläutern Sie drei weitere Kriterien, die in die Entscheidung Kreditkauf oder Leasing einfließen sollten. (6 Punkte)

Aufgabe 6

Die Gartenbau GmbH hat ein Gesamtkapital von 1 Mio. €. Der Verschuldungsgrad beträgt 1, die Gesamtkapitalrentabilität 9 %. Für das Fremdkapital müssen durchschnittlich 8 % Zinsen gezahlt werden.

a) Ermitteln Sie den Gewinn des Unternehmens. (2 Punkte)

b) Ermitteln Sie die Eigenkapitalrentabilität. (2 Punkte)

c) Das Unternehmen muss angesichts der angespannten Liquiditätslage eine notwendige Ersatzinvestition in Höhe von 200.000 € vollständig durch Fremdkapital finanzieren. Die Kreditgeber verlangen dafür 9 % Zinsen p. a. Ermitteln Sie, wie sich diese Maßnahme auf die Eigenkapitalrentabilität auswirkt. Gehen Sie dabei davon aus, dass sich die Gesamtkapitalrentabilität nicht ändert. (4 Punkte)

d) Aufgrund einer internen Verbesserung der organisatorischen Abläufe gelingt es, die Gesamtkapitalrentabilität auf 10 % zu erhöhen. Ermitteln Sie die Eigenkapitalrentabilität mit und ohne Durchführung der Investition aus c) und erläutern Sie den Unterschied zu Ihrer Lösung aus a) und c). (4 Punkte)

Lösungen zu den Musterklausuren

Lösung zu Musterklausur Nr. 1

Aufgabe 1

a)

		Anlage 1	Anlage 2
Abschreibungen	(AK - RW)/ND	55.000 €	70.000 €
kalkulatorische Zinsen	(AK + RW)/2 x 8 %	26.000 €	36.000 €
sonstige fixe Kosten		36.000 €	58.000 €
Summe Fixkosten		117.000 €	164.000 €
variable Kosten	vk x PM	600.000 €	500.000 €
Gesamtkosten		717.000 €	664.000 €

Anlage 2 ist bei einer produzierten Menge von 20.000 Stück um 53.000 € pro Jahr kostengünstiger und deshalb zu bevorzugen.

b)

$$\text{kritische Auslastung} = \frac{164.000\ € - 117.000\ €}{30\ € - 25\ €} = 9.400\ \text{Stück}$$

Die kritische Menge liegt bei 9.400 Stück. Ab dieser Ausbringungsmenge überwiegt der Vorteil niedrigerer variabler Kosten bei Anlage 2 den Nachteil höherer Fixkosten.

c)

	Anlage 1	Anlage 2
Gesamtkosten (s.o.)	717.000 €	664.000 €
Umsatz (vp x PM)	820.000 €	780.000 €
Gewinn	103.000 €	116.000 €

Bei einer Produktionsmenge von 20.000 Stück weist Anlage 2 den höheren Gewinn aus und ist daher vorzuziehen.

d)

	Anlage 1	Anlage 2
durchschnittliches Kapital (AK + RW)/2	325.000 €	450.000 €
Gewinn + kalkulatorische Zinsen	129.000 €	152.000 €
$\text{Rendite} = \frac{(\text{Gewinn + kalk. Zinsen}) \times 100}{\text{durchschnittliches Kapital}}$	39,7 %	33,8 %

Anlage 1 weist eine höhere Rendite auf als Anlage 2 und ist daher zu bevorzugen.

e)

	Anlage 1	Anlage 2
Cash Flow (Gewinn + Abschreibungen)	158.000 €	186.000 €
Amortisationszeit (AK/Cash Flow)	3,8 Jahre	4,3 Jahre

Anlage 1 weist eine geringere Amortisationszeit auf und ist daher zu bevorzugen.

f) Die statische Investitionsrechnung arbeitet mit Durchschnittswerten und ist daher höchstens für die Beurteilung von Ersatz- oder Rationalisierungsinvestitionen geeignet, da sie die Zeitpunkte der Einzahlungen und Auszahlungen nicht berücksichtigt.

Aufgabe 2

a)

echtes Factoring	**unechtes Factoring (Zession)**
Rechtsgrundlage: Kaufvertrag	Rechtsgrundlage: Kreditvertrag
Das Eigentum an den Kundenforderungen wird auf den Factor übertragen.	Forderungen werden zur Sicherung des Kredits an den Factor abgetreten.
Übergabe der Forderungen durch Vorlage der Rechnungen	Rechnungskopien dienen als Beleg für den Zessionsbestand
kein Rückgriffsanspruch des Factors bei Forderungsausfall	Rückgriffsanspruch des Factors bei Forderungsausfall
Umsatzkongruenz, d. h. Auszahlung erfolgt, sobald der Umsatz entsteht.	keine Umsatzkongruenz, Auszahlung erfolgt, wenn Kreditbedarf besteht.

b) Finanzierungsfunktion: sofortige Auszahlung der Rechnungsgegenwerte

Delcrederefunktion: Übernahme des Ausfallrisikos

Dienstleistungsfunktion: Übernahme des Debitorenmanagements

c) Der Factor erhält für seine Leistungen Factoringgebühren, die Zinskosten, Forderungsausfälle, Aufwendungen für das Debitorenmanagement sowie alle weiteren Gemeinkosten abdecken und einen entsprechend kalkulierten Gewinnzuschlag enthalten.

d) Einsparungen durch Factoring:

Personalkosten	(2,8 + 1,8) x 14 x 170 %	109,5
Büromaterial		5,4
Mahnungen und Auskünfte		12,3
Gerichts- und Anwaltkosten		9,2
Forderungsausfälle	27.000 x 2 %	540,0
Lieferantenskonto	12.000 x 2 %	240,0
Zinskosten	4.700 x 10 %	470,0
		1386,4

Kosten des Factoring:

Finanzierungskosten	3.400 x 80 % x 9 %	244,8
Delcrederegebühr	27.000 x 1,5 %	405,0
Dienstleistungsgebühr	27.000 x 1,7 %	459,0
		1108,8

Factoring lohnt sich für die Werkzeugmaschinen GmbH, da die Kosten des Factoring niedriger sind als die möglichen Einsparungen.

e) Ein Factor kauft nur Forderungen von bestimmter Qualität bis zu einem auf den jeweiligen Debitor abgestimmten Limit an: keine langfristigen Forderungen oder Forderungen mit speziellen Ausfallrisiken oder Gewährleistungspflichten, keine Endverbraucherforderungen, kein Ankauf von Dubiosen, Mindestbetrag, etc.

f)

vorher nachher

$$\text{Verschuldungsgrad} = \frac{\text{Fremdkapital}}{\text{Eigenkapital}} \quad \frac{11.500}{3.500} = 3{,}29 \quad \frac{6.800}{3.500} = 1{,}94$$

Aufgabe 3

Aktiva	Vorjahr	aktuell	Saldo	MH-I	MH-A	MV
Sachanlagen	32.569	41.889	9.320			9.320
Finanzanlagen	5.678	4.482	-1.196	1.196		
sonstige Aktiva	2.314	2.625	311			311
Vorräte	15.889	21.450	5.561			5.561
Forderungen	14.562	13.201	-1.361	1.361		
Wertpapiere	2.566	2.410	-156	156		
Zahlungsmittel	16.512	11.415	-5.097			
	90.090	97.472	7.382			
Passiva						
Eigenkapital	26.400	26.578	178	178		
Rückstellungen	16.258	15.471	-787			787
lfr. Verbindlichkeiten	24.788	26.902	2.114		2.114	
kfr. Verbindlichkeiten	22.644	28.521	5.877		5.877	
	90.090	97.472	7.382	2.891	7.991	15.979

Summe MV	15.979
Summe MH-A	7.991
Summe MH-I	2.891
Summe MH	10.882

(Zur Kontrolle: Veränderung Zahlungsmittel 15.979 - 10.882 = 5.097)

Aufgabe 4

a) o. ä.

Jahr	Zugang	Abgang	Bestand (Stück)	Bestand (Wert)	Abschreibung	flüssige Mittel
0	10		10	3.000	600	
1	2		12	3.600	720	0
2	2		14	4.200	840	120
3	3		17	5.100	1.020	60
4	3		20	6.000	1.200	180
5	4	10	14	4.200	840	180
6	3	2	15	4.500	900	120
7	3	2	16	4.800	960	120
8	3	3	16	4.800	960	180
9	3	3	16	4.800	960	240
10	4	4	16	4.800	960	0

b) Kritik des Kapazitätserweiterungseffekts:

- Die Annahme konstanter Beschaffungskosten ist realitätsfremd.
- Die isolierte Verwendung der Eigenmittel für die Erstinvestition entspricht nicht der betrieblichen Praxis. Bei einer Mischfinanzierung (Eigen- und Fremdkapital) müssen die Zahlungsmittelabflüsse aus Zins- und Tilgungszahlungen berücksichtigt werden.
- Der Zahlungsmittelzufluss aus den Abschreibungsgegenwerten über die Umsatzerlöse erfolgt nicht erst am Jahresende, sondern über das Jahr hinweg und kann Schwankungen unterliegen.
- Die Umsätze müssen ausreichen, die Abschreibungen und die kalkulatorischen Zinsen zu decken.
- Technischer Fortschritt, notwendige Betriebsanpassungen aufgrund veränderter Marktlage und möglicher Ausfall der Fahrzeuge werden nicht berücksichtigt.
- Die notwendige Betriebskapazität ergibt sich aus der Marktlage und Nachfrage nach Transportleistungen und kann nicht alleine „von innen heraus“ bestimmt werden.
- Das Problem der finanziellen Lücke kann die anderweitige Verwendung der Abschreibungsgegenwerte erfordern.

Aufgabe 5

a)

$$\text{Gesamtkapitalrentabilität} = \frac{(\text{Gewinn} + \text{Fremdkapitalzinsen}) \times 100}{\text{Gesamtkapital}}$$

10 % x 1.120.000 = 112.000

112.000 - 69.600 = 42.400

$$\text{Eigenkapitalrentabilität} = \frac{\text{Gewinn} \times 100}{\text{Eigenkapital}} = \frac{42.400 \times 100}{250.000} = 16{,}96\ \%$$

$$\text{Umsatzkapitalrentabilität} = \frac{\text{Gewinn} \times 100}{\text{Umsatz}} = \frac{42.400 \times 100}{1.700.000} = 2{,}49\ \%$$

$$\text{Kapitalumschlag} = \frac{\text{Umsatz}}{\text{Gesamtkapital}} = \frac{1.700.000}{1.120.000} = 1{,}5178$$

b) Während die Gesamtkapitalrentabilität die Leistungsfähigkeit des Unternehmens unabhängig von der Art der Finanzierung (Eigen- oder Fremdkapital) beurteilt, berücksichtigt der RoI als Produkt aus Umsatzrentabilität und Kapitalumschlag die Art der Finanzierung, da als Erfolgsgröße nur der Gewinn verwendet wird. Je größer der Eigenkapitalanteil ist, umso größer ist der RoI. Im Gegensatz zur Eigenkapitalrentabilität zeigt der RoI, ob eine sinkende Umsatzrentabilität durch einen höheren Kapitalumschlag kompensiert wurde.

c) Die Investition sollte vollständig fremdfinanziert werden, um den Leverage-Effekt zu nutzen: Liegt die Gesamtkapitalrentabilität über dem Fremdkapitalzins, so steigt mit zunehmendem Verschuldungsgrad die Eigenkapitalrentabilität an.

Fremdkapital neu: 870.000 + 150.000 =	1.020.000
Gesamtkapital neu: 1.120.000 + 150.000 =	1.270.000
1.270.000 x 11 % =	139.700
./. bisherige Fremdkapitalkosten:	./. 69.600
./. zusätzliche Fremdkapitalkosten: 150.000 x 9 % =	./. 13.500
Gewinn:	56.600

$$\text{Eigenkapitalrentabilität} = \frac{56.600 \times 100}{250.000} = 22{,}64\ \%$$

vorher / nachher

$$\text{Verschuldungsgrad} = \frac{\text{Fremdkapital}}{\text{Eigenkapital}} = \frac{870.000}{250.000} = 3{,}48 \quad \frac{1.020.000}{250.000} = 4{,}08$$

d) Liegt die Gesamtkapitalrentabilität unter dem Fremdkapitalzins, so sinkt mit zunehmendem Verschuldungsgrad die Eigenkapitalrentabilität und kann negativ werden.

Aufgabe 6

Jahr	Rückflüsse	AbF 6 %	Barwert
1	56.000 €	x 0,943396 =	52.830,18 €
2	45.000 €	x 0,889996 =	40.049,82 €
3	25.000 €	x 0,839619 =	20.990,48 €
Verkaufserlös	60.000 €	x 0,839619 =	50.377,14 €
Summe der Barwerte aller Rückflüsse			164.247,61 €
Anschaffungskosten			160.000,00 €
Kapitalwert			4.247,61 €

Ergebnis: Da sich ein positiver Kapitalwert ergibt, ist die Anschaffung des Lkws lohnenswerter als eine Anlage der Finanzmittel zu 6 %. Die Investition ist vorteilhaft.

Lösung zu Musterklausur Nr. 2

Aufgabe 1

a) 1.

$$\text{Verschuldungsgrad} = \frac{\text{Fremdkapital}}{\text{Eigenkapital}} = \frac{630 + 390}{220} = 4{,}64$$

$$\text{Eigenkapitalquote} = \frac{\text{Eigenkapital x 100}}{\text{Gesamtkapital}} = \frac{220 \text{ x } 100}{1.240} = 17{,}74\%$$

2.

$$\text{Anlagendeckung I} = \frac{\text{Eigenkapital x 100}}{\text{Anlagevermögen}} = \frac{220 \text{ x } 100}{720} = 30{,}56\ \%$$

$$\text{Anlagendeckung II} = \frac{\text{(EK + lfr. FK) x 100}}{\text{Anlagevermögen}} = \frac{(220 + 630) \text{ x } 100}{720} = 118{,}06\ \%$$

3.

$$\text{Liquidität 1. Gr.} = \frac{\text{Liquide Mittel x 100}}{\text{kfr. Fremdkapital}} = \frac{60 \text{ x } 100}{390} = 15{,}38\ \%$$

$$\text{Liquidität 2. Gr.} = \frac{\text{(Liqu. Mittel + Ford.) x 100}}{\text{kfr. Fremdkapital}} = \frac{(60 + 320) \text{ x } 100}{390} = 97{,}44\ \%$$

$$\text{Liquidität 3. Gr.} = \frac{\text{Umlaufvermögen x 100}}{\text{kfr. Fremdkapital}} = \frac{(60+320+140) \text{ x } 100}{390} = 133{,}33\ \%$$

b) Anlagendeckung I liegt unter 100 %, d. h. die Goldene Bilanzregel, enge Variante, wurde nicht eingehalten.

Anlagendeckung II liegt über 100 %, d. h. die Goldene Bilanzregel, weite Variante, wurde eingehalten.

c) Vertikale Kapitalstrukturregel wurde nicht eingehalten: EK zu FK 1:1 oder 1:2 oder im angemessenen Verhältnis: Der Verschuldungsgrad liegt bei 4,64.

d) Die quick ratio (Liquiditätsgrad 2) ist fast bei 100 %, d. h. liquide Mittel und Forderungen decken die kurzfristigen Verbindlichkeiten ab.

Aufgabe 2

a)

Bezugspreis	3,35 €
./. 20 % Rabatt	0,67 €
+ Bezugskosten (1.200 €/10.000 Stück)	0,12 €
Beschaffungskosten pro Stück	2,80 €

1. Jahr	500.000 Stück
2. Jahr	520.000 Stück
3. Jahr	550.000 Stück
4. Jahr	600.000 Stück
5. Jahr	700.000 Stück
Summe	2.870.000 Stück
pro Jahr	574.000 Stück

durchschnittliche jährliche Einsparung: 574.000 Stück x 2,80 € = 1.607.200 €

Fixkosten

Abschreibung $\frac{1.300.000 - 100.000}{5} =$ 240.000 €

kalkulatorische Zinsen $\frac{1.300.000 + 100.000}{2} \times 8\,\% =$ 56.000 €

sonstige Fixkosten 240.000 € 536.000 €

variable Kosten 574.000 x 1,80 € = 1.033.200 €

durchschnittliche Ersparnis bei Eigenproduktion = 38.000 €

Bei Eigenproduktion kann pro Jahr im Durchschnitt eine Ersparnis von 38.000 € erzielt werden. Daher ist die Make-Entscheidung zu befürworten.

b)

$$\text{Amortisationszeit} = \frac{\text{Kapitaleinsatz}}{\text{durchschnittliche Ersparnis + Abschreibung}}$$

$$= \frac{1.300.000\text{ €} - 100.000\text{ €}}{38.000\text{ €} + 240.000\text{ €}} = 4{,}32 \text{ Jahre}$$

Die Amortisationszeit liegt mit 4,32 Jahren unter der Nutzungsdauer. Diese Erwartung ist erfüllt.

c) Eigenfertigung oder Fremdbezug (make or buy)

- Kostenvergleich
- technische Möglichkeiten, Fachwissen, Kapazitäten, Kapital
- Patente, Rechte, Lizenzen,
- Abhängigkeit von Lieferanten, Geheimhaltung von Produktionsverfahren

Aufgabe 3

a) Unter Depotstimmrecht versteht man ein Stimmrecht, das Kreditinstitute in Vertretung ihrer Kunden bei Hauptversammlungen ausüben. Es muss ein Auftrag des Kunden vorliegen. Die Gefahr ist, dass Kreditinstitute so zu großen Stimmenanteilen gelangen und ihr eigenes Interesse in den Vordergrund stellen. Der Gesetzgeber hat daher in § 135 AktG für Kreditinstitute Informationspflichten und Transparenz gegenüber dem Aktionär verankert.

b) Namensaktien verbessern die Aktionärsanbindung (Investor Relationship Management) und die Platzierung an internationalen Börsen, die die Inhaberaktie nicht kennen, z. B. an der Wall Street. Auch Stückaktien sind für den Handel an internationale Börsen erforderlich, an denen Nennwertaktien nicht bekannt sind.

c) Der Erwerb eigener Aktien ist gemäß § 71 AktG auf die Abwendung eines schweren, unmittelbar bevorstehenden Schadens, zur Begebung von Belegschaftsaktien, zur Abfindung von Aktionären, unentgeltlich oder als Einkaufskommission bei Kreditinstituten und zur Einziehung bei Herabsetzung des Grundkapitals gestattet. Mit eigenen Aktien können Unternehmenszusammenschlüsse (Erwerb, Beteiligung, Fusion) erleichtert werden (Aktientausch statt Zahlung) und feindliche Übernahmen abgewehrt werden. Im Jahresabschluss der AG müssen eigene Aktien gemäß den §§ 265 (3), 266 (2) B III. 2 sowie 266 (3) A. III. 2 HGB gesondert ausgewiesen werden.

d) Die Kapitalerhöhung aus Gesellschaftsmitteln (nominelle Kapitalerhöhung, §§ 207 ff. AktG) stellt eine Umwandlung von Rücklagen in Grundkapital dar. Es findet kein Zufluss finanzieller Mittel statt, sondern es handelt sich um einen Passivtausch. Die Aktionäre erhalten unentgeltlich eine entsprechende Anzahl Zusatzaktien, damit ihr Anteil an der Gesamtzahl der sich im Umlauf befindlichen Aktien nicht sinkt (Ausgleich des Anteilsverlusts).

e)

$$\text{Wert des Bezugsrechts} = \frac{\text{Kurs Altaktie ./. Kurs Jungaktie}}{\text{Bezugsverhältnis} + 1} = \frac{8\,€}{3+1} = 2\,€$$

f) Nominalwert der Aktien: (100 x 5 € =) 500 €, bei einem Bezugsverhältnis von 10:1 ergibt sich die Berechtigung zum Bezug von Wandelanleihen im Nominalwert von 50 €, d. h. 50 Stück. Bei einem Umtauschverhältnis von 5:1 können für einen Nominalwert der Anleihen von 50 € Aktien im Nominalwert von 10 € bezogen werden, d. h. 2 Aktien.

g) Nominalwert der Aktien: (100 x 5 € =) 500 €, bei einem Bezugsverhältnis von 5:1 ergibt sich die Berechtigung zum Bezug von Optionsanleihen im Nominalwert von 100 €, d. h. 100 Stück. Bei einem Umtauschverhältnis von 2:1 können für einen Nominalwert der Anleihen von 100 € Aktien im Nominalwert von 50 € bezogen werden, d. h. 10 Aktien. Dies ergibt bei einer Kursdifferenz des Bezugskurses zum Börsenkurs von 3 € einen Optionsgewinn von 10 x 3 € = 30 €.

Aufgabe 4

a) Effektivzins Tilgungsdarlehen (vereinfachte Berechnung):

$$\text{Effektivzins} = \frac{6 + \frac{4}{5}}{96} = 7{,}08\ \%$$

Der Effektivzins des Tilgungsdarlehen liegt um 0,08 Prozentpunkte über dem Effektivzins (= Nominalzins) des Annuitätendarlehens, das daher günstiger ist.

b) Angebot 1: Tilgungsdarlehen

Jahr	Schuld am Jahresanfang	Zinsen	Tilgung	Rate	Schuld am Jahresende
1	3.125.000 €	125.000 € 187.500 €	625.000 €	812.500 €	2.500.000 €
2	2.500.000 €	150.000 €	625.000 €	775.000 €	1.875.000 €
3	1.875.000 €	112.500 €	625.000 €	737.500 €	1.250.000 €
4	1.250.000 €	75.000 €	625.000 €	700.000 €	625.000 €
5	625.000 €	37.500 €	625.000 €	662.500 €	0 €
		687.500 €			

Angebot 2: Annuitätendarlehen

3.000.000 x 0,243891 (KWF 7 % 5 Jahre) = 731.673 € Annuität

Jahr	Schuld am Jahresanfang	Annuität	Zinsen	Tilgung	Schuld am Jahresende
1	3.000.000 €	731.673 €	210.000 €	521.673 €	2.478.327 €
2	2.478.327 €	731.673 €	173.483 €	558.190 €	1.920.137 €
3	1.920.137 €	731.673 €	134.410 €	597.263 €	1.322.873 €
4	1.322.873 €	731.673 €	92.601 €	639.072 €	683.802 €
5	683.802 €	731.668 €	47.866 €	683.802 €	0 €
			658.360 €		

Rundungsdifferenz am Ende des fünften Jahres verrechnet.

Das kostengünstigere Darlehensangebot ist das Annuitätendarlehen (Angebot 2). Der nominale Zinsvorteil beträgt (687.500 € - 658.360 € =) 29.140 €.

c) Sicherungsübereignung (fiduziarisch): Dem Kreditgeber wird sicherungsweise das Eigentum (die rechtliche Verfügungsgewalt) an den Produktionsanlagen übertragen, der Kreditnehmer bleibt Besitzer (tatsächliche Verfügungsgewalt).

Bürgschaft (akzessorisch): Dem Kreditgeber steht zur Kreditabsicherung zusätzlich eine Sicherungserklärung einer dritten Person zur Verfügung, hier selbstschuldnerisch, d. h. ohne die Einrede der Vorausklage, da der Bürge Kaufmann ist (§ 349 HGB).

Die Hausbank sollte sich für die Sicherungsübereignung als Realsicherheit entscheiden, da die Prüfung der persönlichen Kreditwürdigkeit des Bürgen einen höheren Aufwand bedeutet und angesichts der engen wirtschaftlichen Verflechtung von Bürge und Kreditnehmer eine Risikokorrelation bestehen könnte.

Aufgabe 5

a) Gewinnvergleich

Durchschnittsumsatz			95.000
Fixkosten		45.200	
variable Kosten		34.000	
Abschreibung	$\frac{70.000}{5} =$	14.000	
Kalkulatorische Zinsen	$\frac{70.000}{2} \times 8\,\% =$	2.800	
Kosten gesamt			96.000
Gewinn			- 1.000

Die Investition ist nicht zu empfehlen, da sie einen Verlust verursacht.

b) Annuitätenmethode

Anfangs-auszahlung:	- 70.000	AbF 8 %	-70.000		
1. Jahr	12.000	x 0,925926 =	11.111		
2. Jahr	24.000	x 0,857339 =	20.576		
3. Jahr	35.000	x 0,793832 =	27.784		
4. Jahr	25.000	x 0,735030 =	18.376		
5. Jahr	18.000	x 0,680583 =	12.250	KWF 8 %, 5 J.	Annuität
			20.098	x 0,250456 =	5.034

Die Investition ist vorteilhaft, da sie eine positive Annuität erwirtschaftet.

c) Die Annuitätenmethode ist der Gewinnvergleichsrechnung vorzuziehen, da sie das exaktere Verfahren ist und periodenbezogene Zahlungsgrößen als Informationen zur Entscheidung heranzieht, während die Gewinnvergleichsrechnung nur mit Durchschnittsgrößen arbeitet.

Aufgabe 6

a)

1. Vorbereitungsmaßnahmen	50.000 €
2. Grundstück und Gebäude	3.200.000 €
3. Produktionsanlage, Betriebs- und Geschäftsausstattung	2.000.000 €
4. Eiserne Reserve an Roh-, Hilfs- und Betriebsstoffen	100.000 €
Kapitalbedarf Grundfinanzierung (Anlagevermögen)	5.350.000 €
5. Kapitalbindung im Umlaufvermögen	
- Materialkosten 8.000 € x 40 Tage =	320.000 €
- Fertigungskosten 15.000 € x 45 Tage =	675.000 €
- Verwaltungs- und Vertriebskosten 12.000 € x 55 Tage =	660.000 €
Kapitalbedarf für die Geschäftstätigkeit (Umlaufvermögen)	1.655.000 €
Gesamtkapitalbedarf des Projekts	7.005.000 €

b) Ein zu gering ermittelter Kapitalbedarf kann zu Ergänzungsbedarf und damit zu Liquiditätsengpässen und Lieferschwierigkeiten und damit Bonitätsverlust bei Lieferanten und Kunden führen.

Ein zu hoch ermittelter Kapitalbedarf verteuert aufgrund zu hoher Kapitalkosten die Produkte und kann zu Wettbewerbsnachteilen und verschlechterten Kapitalbeschaffungsmöglichkeiten aufgrund zu geringer Rendite führen.

Lösung zu Musterklausur Nr. 3

Aufgabe 1

a)

1. Alternative	sofort			6.000.000
2. Alternative	sofort		500.000	
	BWF 8 % 4 J.	1.500.000 x 3,312127 =	4.968.191	
	Kapitalwert			5.468.191
3. Alternative	sofort		1.000.000	
	BWF 8 % 7 J.	1.000.000 x 5,20637 =	5.206.370	
	Kapitalwert			6.206.370
4. Alternative	BWF 8 % 15 J.	800.000 x 8,559479 =		6.847.583

Otto Braun sollte das Angebot seines Sohnes (4. Alternative) annehmen, da es den höchsten Kapitalwert hat.

Hinweis: Eine Berechnung mit Abzinsungsfaktoren ist nicht als falsch zu werten.

b) Je niedriger der Kalkulationszins, desto höher ist der Barwert zukünftiger Zahlungen, daher bleibt die 4. Alternative die vorteilhafteste.

Aufgabe 2

a) Jahreszinssatz

Zahlungsziel	40 Tage
Zahlungsfrist bei Skontogewährung	10 Tage
Laufzeit des Lieferantenkredits	30 Tage

Rechnungsbetrag	208.650,00 €
./. 2,5 % Skonto	5.216,25 €
Kreditbedarf	203.433,75 €

$$\text{Jahreszins} = \frac{\text{Skontobetrag x 100 x 360}}{\text{Kreditbedarf x Kreditlaufzeit}} = \frac{5.216{,}25 \text{ x } 100 \text{ x } 360}{203.433{,}75 \text{ x } 30} = 30{,}77\ \%$$

alternative Berechnung:

$$\frac{2{,}5 \text{ x } 100 \text{ x } 360}{97{,}5 \text{ x } 30} = 30{,}77\ \%$$

b) Berechnung des Zinsunterschieds

$$\text{Zinsaufwand} = \frac{\text{Kredit x Zins x Laufzeit}}{360 \text{ x } 100} = \frac{203.433{,}75 \text{ x } 9 \text{ x } 30}{360 \text{ x } 100} = 1.525{,}75\ €$$

Bruttoskonto	5.216,25
./. 7 % Vorsteuer	341,25
Nettoskonto	4.875,00
./. Zinsaufwand	1.525,75
Zinsgewinn	3.349,25

Aufgabe 3

a) Das Bezugsrecht gem. § 186 AktG wirkt dem Wertverlust entgegen, der dadurch entsteht, dass mehr Aktien des Unternehmens im Umlauf sind, und dem Anteilsverlust, der dadurch entsteht, dass sich durch die Ausgabe weiterer Aktien der Kapital- und Stimmrechtsanteil vermindert.

b)

neues Grundkapital	6.461.505 €
./. altes Grundkapital	5.025.615 €
= Kapitalerhöhung	1.435.890 €

$$\text{Bezugsverhältnis} = \frac{\text{altes Grundkapital}}{\text{Kapitalerhöhung}} = \frac{5.025.615\ €}{1.435.890\ €} = 7{:}2$$

$$\text{rechnerischer Wert des Bezugsrechts} = \frac{\text{Kurs Altaktie ./. Kurs Jungaktie}}{\text{Bezugsverhältnis} + 1}$$

$$= \frac{19{,}27\ € - 13{,}69\ €}{3{,}5 + 1} = \frac{5{,}58\ €}{4{,}5} = 1{,}24\ €$$

c)

$$\text{Mischkurs} = \frac{\text{Kurs Altaktie x Bezugsverhältnis + Kurs Jungaktie}}{\text{Bezugsverhältnis} + 1}$$

$$= \frac{19{,}27\ € \text{ x } 3{,}5 + 13{,}69\ €}{4{,}5} = 18{,}03\ €$$

d)

$$\text{anteiliger Betrag des Grundkapitals} = \frac{\text{Grundkapital}}{\text{Anzahl Aktien}} = \frac{5.025.615\ €}{1.675.205} = 3\ €$$

$$\text{Anzahl junge Aktien} = \frac{\text{Kapitalerhöhung}}{\text{anteiliger Betrag}} = \frac{1.435.890\ €}{3\ €} = 478.630 \text{ Stück}$$

e)

Veränderung des gezeichneten Kapitals: + 1.435.890,00 €

Veränderung der Kapitalrücklage:

Agio = 478.630 Stück x (13,69 € - 3 €) = 5.116.554,70 €

./. Konsortialgebühr 6 % von 1.435.890 € = ./. 86.153,40 € + 5.030.401,30 €

f) Bei einem Bezugsverhältnis von 7:2 benötigt der Aktionär 3.500 Bezugsrechte, um 1.000 Aktien zu erwerben. Da er aufgrund seines Depotbestands 1.000 Bezugsrechte hat, muss er 2.500 Bezugsrechte hinzuerwerben.

Kosten Bezugsrechte:	2.500 x 1,24 € =	3.100 €
Kosten junge Aktien:	1.000 x 13,69 € =	13.690 €
Kosten gesamt:		16.790 €

Aufgabe 4

a) Der Kapazitätserweiterungseffekt besagt, dass allein aus den Abschreibungsgegenwerten die Anzahl der Vermögensgegenstände erhöht werden kann. Das Ausmaß des Effekts hängt von der Höhe der Anfangsinvestition und der Nutzungsdauer ab. Die Kapazität steigt auf einen Maximalwert und sinkt danach auf einen Durchschnittswert.

b)

Vorgang	Jahr	Anzahl	Investitionen					flüssige Mittel
			1.	2.	3.	4.	5.	
Bestand	0	6	180					0
AfA	1		- 60					60
Bestand	1	6	120					60
Zugang	2	2	- 60	60				- 60
AfA	2			- 20				80
Bestand	2	8	60	40				80
Zugang	3	2	- 60	- 20	60			- 60
AfA	3				-20			100
Bestand	3	10	0	20	40			120
Abgang	4	- 6						
Zugang	4	4		- 20	- 20	120		- 120
AfA	4					- 40		80
Bestand	4	8		0	20	80		80
Abgang	5	- 2						
Zugang	5	2			- 20	- 40	60	- 60
AfA	5						- 20	80
Bestand	5	8			0	40	40	100

Ergebnis: Allein durch die Abschreibungsgegenwerte konnte die Anzahl an Rack-Einheiten auf ein Maximum von 10 im dritten Jahr und längerfristig auf acht ohne zusätzliche Finanzierungsmittel erhöht werden. Im vierten Jahr konnten 4 neue Einheiten, in den anderen Jahren 2 neue Einheiten beschafft werden.

Den aus den Verkaufserlösen verfügbaren Mitteln von (180 + 60 + 60 + 80 + 20 =) 400 T€ standen Ausgaben in Höhe von (60 + 60 + 120 + 60 =) 300 T€ gegenüber. Am Ende des fünften Jahres stehen zusätzlich 100 T€ an liquiden Mitteln zur Verfügung.

c) Annahmen des Modells:

- Die Anfangsinvestition wird durch Eigenkapital finanziert.
- Die Preise für die Vermögensgegenstände bleiben konstant.
- Die zusätzliche Kapazität kann sinnvoll genutzt werden.
- Die Abschreibungen werden über den Umsatz verdient und sind verfügbar.
- Die Abnutzung der Vermögensgegenstände entspricht den Abschreibungen.
- o. ä.

d) Sofern eine höhere degressive Abschreibung in die Verkaufspreise umsetzbar ist, sind die Rückflüsse und damit die Anzahl zusätzlich beschaffbarer Einheiten höher als bei der linearen kalkulatorischen Abschreibung.

Aufgabe 5

a) Bei dem Forward-Swap vereinbart das Unternehmen bereits heute einen an die Bank zu zahlenden Festzinssatz von 6 % zuzüglich 0,5 % Swap-Marge. Es erhält als Gegenleistung aus dem Swap-Geschäft von der Bank den aktuellen Sechs-Monats-EURIBOR-Satz ausgezahlt. Es nimmt zum Zeitpunkt der Investition einen Kredit mit variabler Verzinsung auch auf Basis des Sechs-Monats-EURIBOR auf, reicht damit die Zinsschwankungen an die Bank durch und zahlt feste Zinsen in Höhe von 6,5 %.

b)

zu zahlender variabler Zins	10 Mio. € x 6 % (5,5 % + 0,5 %) =	600.000 €
durchgereichter Festzins	10 Mio. € x 7 % =	700.000 €
Zinsvorteil aufgrund des Swap-Geschäfts		100.000 €

c) Ein Cap ist eine vertragliche Vereinbarungen zur Begrenzung von Zinsschwankungen. Das Unternehmen als Käufer des Cap zahlt der Bank als Verkäufer des Cap eine Prämie für die Verpflichtung, eine Ausgleichszahlung an das Unternehmen zu leisten, wenn zu Beginn der Berechnungsperiode der vereinbarte Referenzzinssatz (z. B. Sechs-Monats-EURIBOR) über einer bestimmten Zinsgrenze liegt. Caps empfehlen sich bei Krediten mit variabler Verzinsung zur Deckelung der Zinskosten. Im Gegensatz zu Festzinsdarlehen profitiert das Unternehmen bei variabler Verzinsung von sinkenden Zinsen.

Aufgabe 6

a) Liquidität

Kreditbetrag 30.000 € x KWF (8 %, 3 Jahre) 0,388034 = Annuität 11.641 €

Leasingrate 995 € x 12 Monate = jährliche Leasingbelastung: 11.940 €

jährliche Differenz: 299 €

Die jährliche Liquiditätsbelastung ist beim Kreditkauf um 299 € geringer als bei der Leasingfinanzierung. Die Leasingrate belastet die Liquidität zudem monatlich, die Annuität fällt vierteljährlich an.

b) Kosten

Jahr	Buchwert	AfA	Rest-schuld	Annuität	Tilgung	Zinsen	Summe Kosten	Leasing-rate
1	30.000	10.000	30.000	11.641	9.241	2.400,00	12.400	11.940
2	20.000	10.000	20.759	11.641	9.980	1.660,72	11.661	11.940
3	10.000	10.000	10.779	11.641	10.779	862,29	10.862	11.940
Summe:		30.000			30.000	4.923,01	34.923	35.820
Durchschnitt:							11.641	11.940

Die Kosten der Kreditfinanzierung setzen sich aus Abschreibung und Zinskosten zusammen. Die Kosten des Leasings beschränken sich auf die Leasingrate. Im ersten Jahr sind die Kosten der Kreditfinanzierung höher als die Leasingrate, in den weiteren Jahren ist es umgekehrt, so dass insgesamt Leasing 897 € höhere Kosten verursacht als der Kreditkauf, pro Jahr im Durchschnitt beträgt der Kostenunterschied 299 €.

c) z. B.:

- Rückgabe am Ende der Grundmietzeit, kein Verwertungsaufwand
- Investitionsrisiko wird auf den Leasinggeber abgewälzt
- Schonung des Kreditrahmens und der Sicherheiten
- bessere Kapitalstruktur, da keine Erhöhung des Verschuldungsgrads
- u. ä.

c) z. B.:

- Eigentum wird erworben, Verkauf bei verschlechterter Geschäftslage möglich.
- geringere Liquiditätsbelastung, da nur vierteljährlicher Kapitaldienst
- Nutzung über die geplante Nutzungsdauer/Kreditlaufzeit hinaus ist möglich.
- Evtl. kann am Ende der Nutzungsdauer ein Veräußerungserlös erzielt werden.
- Gewinngestaltungsmöglichkeiten durch Wahl der Abschreibungsmethode
- u. ä.

Lösung zu Musterklausur Nr. 4

Aufgabe 1

a)

	Be-stand	Umsatz	Verkauf	gesamt	Aus-gaben	Dar-lehen	Investi-tion	gesamt
Jan.	50	1.000		1.000	800		300	1.100
Feb.	-50	1.000	50	1.050	800			800
März	200	1.000		1.000	800	215		1.015
April	185	1.100		1.100	880		800	1.680
Mai	-395	1.100		1.100	880			880
Juni	-175	1.100		1.100	880	215		1.095
Juli	-170	1.100		1.100	880			880
Aug.	50	1.100		1.100	880		400	1.280
Sept.	-130	1.100	500	1.600	880	215		1.095
Okt.	375	1.200		1.200	960			960
Nov.	615	1.200		1.200	960			960
Dez.	855	1.200		1.200	960	215		1.175

Hinweis: Die Ausgaben für Material, Personal und sonstige Sachausgaben steigen ab April um 10 % und ab Oktober um weitere 10 % vom Ursprungswert.

b) Die Unterdeckung im Februar kann z. B. durch einen kurzfristigen Lombardkredit gedeckt werden, die Überdeckung März und April durch Anlage als Festgeld. Für die längerfristige Unterdeckung ab Mai, die durch die Investition von 800 T€ verursacht wird, empfiehlt sich eine fristenkongruente Darlehensaufnahme. Die hohe Überdeckung gegen Jahresende kann z. B. für Erweiterungsinvestitionen genutzt werden. (o. ä.)

Aufgabe 2

a) Finanzierungsfunktion: Ankauf von Forderungen und Bevorschussung abzüglich Sperrbetrag

Delcrederefunktion: Übernahme des Ausfallrisikos durch den Factor

Dienstleistungsfunktion: Bonitätsprüfung, Debitorenbuchhaltung, Mahnwesen und Inkasso

b) Kosten des Factoring:

2,1 % Factoringgebühr von 12 Mio. € Umsatz	252.000 €
11,5 % Sollzinsen auf die bevorschussten Forderungen 12 Mio. x 10 % x 80 % = 960.000 €	110.400 €
Summe	362.400 €

Kosteneinsparungen

2 % Lieferantenskonto auf den Wareneinsatz	160.000 €
Kosteneinsparungen Buchhaltung und Zinsen	117.000 €
Einsparung Forderungsausfälle	120.000 €
Summe	397.000 €
Vorteil (Einsparungen - Kosten)	34.600 €

Factoring ist für die Amsel Montagetechnik GmbH vorteilhaft, weil die Vorteile höher sind als die Kosten.

Aufgabe 3

a)

$$\text{Effektivzins} = \frac{7 + \frac{5}{5}}{95} = 8{,}42\ \%$$

b)

Listenverkaufspreis 5 x 35.492 € =	177.460,00 €
./. 15 % Rabatt	26.619,00 €
= Zielverkaufspreis	150.841,00 €
./. 3 % Skonto	4.525,23 €
= Barverkaufspreis	146.315,77 €

$$\text{benötigter Kreditbetrag} = \frac{\text{Barverkaufspreis}}{\text{Auszahlung}} = \frac{146.315{,}77\ €}{95\ \%} = 154.016{,}60\ €$$

Annuität = Kreditbetrag x KWF (7 %, 5 Jahre)
= 154.016,60 € x 0,243891 = 37.563,26 €

Disagio (vorwegbezahlte Zinsen) = x 154.016,60 € 5 % = 7.700,83 €

Zins- und Tilgungsplan:

Jahr	Schuld zu Beginn der Periode	Annuität	Zinsen	Tilgung	Restschuld am Ende der Periode
1	154.016,60	37.563,26	7.700,83 10.781,16	26.782,10	127.234,50
2	127.234,50	37.563,26	8.906,41	28.656,85	98.577,65
3	98.577,65	37.563,26	6.900,44	30.662,83	67.914,82
4	67.914,82	37.563,26	4.754,04	32.809,22	35.105,60
5	35.105,60	37.562,99	2.457,39	35.105,60	0,00
			41.500,27		

0,27 € Rundungsdifferenz im letzten Jahr verrechnet.

Die nominalen Zinskosten betragen insgesamt 41.500,27 €.

Aufgabe 4

1. Alternative: Anlageinvestition

Steigerung des Absatzes um 900.000 x 20 % = 180.000 Stück

Umsatzerlöse	180.000 x 12,95 € =	2.331.000 €
variable Kosten	180.000 x 9,43 €=	1.697.400 €
Abschreibungen	1,8 Mio. € / 6 Jahre =	300.000 €
kalkulatorische Zinsen	1,8 Mio. € / 2 x 7 % =	63.000 €
sonstige Fixkosten		120.000 €
Gewinn pro Jahr		150.600 €

2. Alternative: Erwerb der Anleihe

$$\frac{1.800.000\ €}{0{,}96} = 1.875.000\ €$$

Bei dem aktuellen Kurs von 96% können mit 1,8 Mio. € Anleihen mit einem Nominalwert von 1.875.000 € erworben werden.

Der jährliche Zinsertrag beträgt 6,7 % x 1.875.000 € =	125.625 €
Der jährliche Kursgewinn beträgt 75.000 € / 6 Jahre =	12.500 €
Gesamtgewinn pro Jahr	138.125 €

3. Alternative: Beteiligung an der Rodema AG

$$\frac{1.800.000\ €}{36\ €\ \text{pro Aktie}} = 50.000\ \text{Aktien}$$

jährlicher Dividendenertrag: 1,54 € x 50.000 Stück =	77.000 €
jährlicher Kursgewinn: 1,8 Mio. € x 20 % / 6 Jahre =	60.000 €
Gesamtgewinn pro Jahr	137.000 €

Alternative 1 weist den höchsten Gewinn aus und ist daher die vorteilhafteste.

Aufgabe 5

a) Bei der genehmigten Kapitalerhöhung gem. § 202 AktG wurde der Vorstand für längstens fünf Jahre ermächtigt, das gezeichnete Kapital bei Bedarf ohne weitere Zustimmung der Hauptversammlung im Rahmen des vorgegebenen Betrags (maximal die Hälfte des Grundkapitals) zu erhöhen. Dies behebt den Nachteil ordentlichen Kapitalerhöhung gegen Einlagen gem. § 182 AktG, die von der Hauptversammlung erst beschlossen werden muss, wodurch u. U. günstige Zeitpunkte für die Emission verpasst werden.

b) Zur Ausgabe von Optionsanleihen muss die Hauptversammlung eine bedingte Kapitalerhöhung gem. § 192 AktG beschließen, da bei Ausübung der Option zusätzlich Aktien in Umlauf gebracht werden. Altaktionäre haben gem. § 186 AktG dann ein Bezugsrecht.

c)

Investitionssumme	150 Mio. €
+ Kosten der Ausgabe	6 Mio. €
= Mittelbedarf	156 Mio. €

$$\text{Anzahl junger Aktien} = \frac{10 \text{ Mio. € genehmigtes Kapital}}{5 \text{ € Nennwert}} = 2.000.000 \text{ Aktien}$$

$$\text{erforderlicher Ausgabepreis} = \frac{\text{Mittelbedarf}}{\text{Aktienzahl}} = \frac{156 \text{ Mio. €}}{2 \text{ Mio. Stück}} = 78 \text{ €}$$

Der zur Finanzierung der Investition über die Kapitalerhöhung erforderliche Ausgabepreis für die jungen Aktien liegt unter dem aktuellen Börsenkurs. Die Finanzierung durch Kapitalerhöhung ist daher möglich.

d) Emissionsvolumen = Investitionsbetrag + Kosten der Wandelanleihe

= 150 Mio. € / 0,98 % = 153.061.224 €

Das Emissionsvolumen beträgt aufgerundet 153.100.000 €.

e)

	Kapitalerhöhung	Optionsanleihe
Liquidität	Eigenkapital, steht unbefristet zur Verfügung, jährliche Dividendenzahlung nur bei Jahresüberschuss, jedoch erwarten Anleger eine Rendite aus ihrer Anlage.	Fremdkapital, muss zurückgezahlt werden, laufende Zinszahlungen belasten den Cash Flow; Optionsausübung führt zu zusätzlichem Zufluss von Eigenkapital.
Risiko	Haftendes Kapital, stärkt Kapitalstruktur, verbessert Fremdkapitalbeschaffung. Ausbleibende Dividenden können zu Kursverlusten führen und schaden dem Image, Pflege der Investor Relations erforderlich.	Gläubigerkapital belastet die Kapitalstruktur; Wettbewerbsrisiko, da Kapitaldienst in die Preiskalkulation eingeht. Mittelzufluss bei Optionsausübung lässt sich zeitlich schwer planen, Verwendung der zusätzlichen Mittel muss geplant werden.

f) 1.000 Aktien zu 5 € Nennwert entsprechen 5.000 €. Bei einem Bezugsverhältnis von 10:1 können für 500 € Nennwert Optionsanleihen bezogen werden, d. h. 500 Stück.

g)

$$\text{Bezugsverhältnis} = \frac{\text{altes Grundkapital}}{\text{Kapitalerhöhung}} = \frac{100 \text{ Mio. €}}{10 \text{ Mio. €}} = 10:1$$

$$\text{rechnerischer Wert des Bezugsrechts} = \frac{\text{Kurs Altaktie ./. Kurs Jungaktie}}{\text{Bezugsverhältnis + 1}}$$

$$= \frac{89 \text{ €} - 78 \text{ €}}{10 + 1} = \frac{11 \text{ €}}{11} = 1{,}00 \text{ €}$$

$$\text{Mischkurs} = \frac{\text{Kurs Altaktie x Bezugsverhältnis + Kurs Jungaktie}}{\text{Bezugsverhältnis + 1}}$$

$$= \frac{89\,€ \times 10 + 78\,€}{11} = 88\,€$$

Aufgabe 6

a)

Einzahlungen aus Umsatzerlösen		900.000
Auszahlungen		
Kosten	850.000	
./. Abschreibungen (2 Mio. € / 5 Jahre)	400.000	
./. kalkulatorische Zinsen (2 Mio. € / 2 x 10 %)	100.000	
		350.000
Einzahlungsüberschuss		550.000
x 3,790787 (BWF 10 %, 5. Jahre) =		2.084.933
./. Anschaffungsauszahlung (80 % von 2,5 Mio.)		2.000.000
Kapitalwert		84.933

Der Kapitalwert ist positiv, d. h. die gewünschte Mindestverzinsung von 10 % wird überschritten; die Investition ist vorteilhaft.

b) Einzahlungen und Auszahlungen sind mit Risiken behaftet. Die Umsätze werden durch die internationale Konkurrenzlage und die rasante technologische Entwicklung im IT-Bereich determiniert, die Kosten hängen z. B. von der Entwicklung der Lohn- und Nebenkosten und der Steuergesetzgebung ab.

Lösung zu Musterklausur Nr. 5

Aufgabe 1

A. II. 1. und 4.: Grundstücke und Bauten können sicherungsweise durch Eintragung von Grundpfandrechten ins Grundbuch belastet werden. Die Höhe richtet sich nach dem Verkehrswert, von dem ein Abschlag auf den Beleihungswert vorgenommen werden muss. Die Hypothek ist aufgrund ihrer Akzessorietät weniger zur Besicherung geeignet als die abstrakte Grundschuld.

A. II. 2. und 3. sowie B. I. 1. - 3.: Technische Anlagen und Maschinen sowie Betriebs- und Geschäftsausstattung können dem Gläubiger sicherungsweise übereignet werden, sofern eine Verwertbarkeit der Vermögensgegenstände am Markt besteht. Gleiches gilt grundsätzlich auch für Lagerbestände, wobei auf Vorräten kein Eigentumsvorbehalt liegen darf. Die Sicherungsübereignung ist eine Eigentumsübertragung mit Besitzkonstitut, d. h. der Sicherungsgeber bleibt Besitzer, der Sicherungsnehmer wird Eigentümer, darf von seinem Eigentumsrecht jedoch nur zu Sicherungszwecken Gebrauch machen.

A. III. 1 - 4.: Sofern eine Einbindung in einen Konzern besteht, kann eine Patronatserklärung des Mutterunternehmens eingeholt werden. Darin verpflichtet sich das Mutterunternehmen, dafür zu sorgen, dass die kreditnehmende Tochtergesellschaft ihren Kreditverpflichtungen nachkommt bzw. deren Verbindlichkeiten erfüllt werden.

A. III. 5 und B. III. 3.: Wertpapiere können an Kreditinstitute lombardiert (verpfändet) werden. Die Übergabe erübrigt sich, wenn sich die Wertpapiere bereits im Depot bei dem Kreditinstitut befinden.

B. II. Forderungen können an den Kreditgeber (still oder offen) abgetreten werden (Zession), d. h. der Anspruch wird vom Unternehmen (Zedent) auf den Kreditgeber (Zessionar) übertragen. In den Forderungen enthaltene Wechsel können zum Diskont eingereicht werden. Die Sicherheit für den Kreditgeber ergibt sich aus der Strenge des Wechselgesetzes.

Aufgabe 2

a) (in 1000 €)

Investitionsvolumen	27.000
- davon Grundstücke und Gebäude (30 %)	8.100
- Produktionsanlage	18.900
davon sofort fällig (20 %)	3.780
nach Fertigstellung (50 %)	9.450
Restbetrag (20 %)	5.670
Investitionszuschuss (20 %)	3.780

	Investi-tions-jahr	1. Folge-jahr	2. Folge-jahr	3. Folge-jahr	4. Folge-jahr	5. Folge-jahr
Umsätze (jew. x 110 %)		20.000	22.000	24.200	26.620	29.282
Einzahlung im selben Jahr		8.000	8.800	9.680	10.648	11.713
im Folgejahr			8.000	8.800	9.680	10.648
im darauffol-genden Jahr				4.000	4.400	4.840
Summe Einzahlungen		8.000	16.800	22.480	24.728	27.201

Kosten	19.000
davon auszahlungswirksam (70 %)	13.300

Zahlungsplan

	Investi-tions-jahr	1. Folge-jahr	2. Folge-jahr	3. Folge-jahr	4. Folge-jahr	5. Folge-jahr
Grundstücke und Gebäude	- 8.100					
Produktions-anlage		- 9.450	- 5.670			
Umsätze		8.000	16.800	22.480	24.728	27.201
Kosten (jew. x 95 %)		- 13.300	- 12.635	- 12.003	- 11.403	- 10.833
Einzahlungs-überschuss	- 8.100	- 14.750	- 1.505	10.477	13.325	16.368

b)

AbF 8 %		0,925926	0,857339	0,793832	0,73503	0,680583
Barwerte	- 8.100	- 13.657	- 1.290	8.317	9.794	11.140
Kapitalwert	6.203					

Die Durchführung der Investition ist zu empfehlen, da der Kapitalwert der Einzahlungsüberschüsse über den Planungszeitraum von fünf Jahren positiv ist. Die Verzinsung der Investition liegt damit über dem Kalkulationszins, d. h. im Vergleich zu einer Anlage zum Kalkulationszins können 6,203 Mio. € mehr erwirtschaftet werden.

c)

	Investitions-jahr	1. Folge-jahr	2. Folge-jahr	3. Folge-jahr	4. Folge-jahr	5. Folge-jahr
kumulierte Barwerte	- 8.100	- 21.757	- 23.048	- 14.731	- 4.937	6.203

4.937 x 1,360489 = 6.716

Der kumulierte Barwert (heutige Wert) des Investitionsprojekts nach vier Jahren beträgt - 4,937 Mio. €. Auf das Ende des vierten Jahres aufgezinst (x AuF 8 %, 4 Jahre) ergibt einen Mindestverkaufserlös von 6,716 Mio. €.

Aufgabe 3

a) Beim POS-Verfahren (point of sale) wird mittels EC-Karte und Eingabe der Geheimzahl (persönliche Identifikationsnummer PIN) der Zahlungsvorgang online ausgeführt, d. h. der Zahlungsempfänger hat die sofortige Zahlungsgarantie.

Beim POZ-Verfahren (point of sale ohne Zahlungsgarantie) ermächtigt der Zahlungspflichtige den Zahlungsempfänger mittels Unterschrift zum Einzug des Betrags per Lastschrift (Einzugsermächtigung). Der Vorgang erfolgt offline, die EC-Karte dient nur zur Erfassung der Kontodaten, der Zahlungsempfänger hat keine Zahlungsgarantie, erhält aber bei Nichtzahlung das Recht, Name und Anschrift des Karteninhabers in Erfahrung zu bringen.

b) Voraussetzung für die Kreditkartenzahlung ist ein Kreditvertrag des Karteninhabers mit einer Kreditkartengesellschaft, d. h. die Kreditkartengesellschaft zahlt für den Karteninhaber und rechnet einmal monatlich alle Beträge zusammen mit dem Kreditkarteninhaber ab.

c) Maßgeblich ist der Valuta-Saldo (Wertstellung). Insgesamt ergibt sich ein Habensaldo, der bei Bank C gehalten werden sollte, da dort der höchste Habenzins ist.

Bank	Soll-zins	Haben-zins	Buchungs-Saldo	Valuta-Saldo	Ausgleich +/-	Konten Endbestand
Bank A	8,50%	0,25%	5,2	5,3	- 5,3	0
Bank B	9,00%	0,50%	4,3	4,2	- 4,2	0
Bank C	10,50%	1,50%	-6,7	-6,3	9,5	3,2

Die Konten bei Bank A und Bank B werden glattgestellt und die Beträge auf Bank C übertragen.

d) Beim PIN/TAN-Verfahren wird zur Authentifizierung die persönliche Identifikationsnummer (PIN) und eine nur einmal verwendbare Transaktionsnummer (TAN) auf der Internet-Banking-Schnittstelle der Bank eingegeben.

Beim HBCI-Verfahren (Home Banking Computer Interface) wird ein Chipkartenlesegerät benötigt. Die Authentifizierung erfolgt über eine von der Bank ausgegebene Prozessor-Chipkarte, die alle notwendigen Daten und Routinen enthält.

e) Hacker schmuggeln Trojaner (Spyware) auf den Rechner, die die Zugangsdaten, PIN und TAN abfangen und an den Hacker übermitteln. Die Verbindung zur Bank bricht dann mit einer Fehlermeldung ab.

f) Bei Unsicherheit über Lieferung und Zahlung sichert das Dokumenten-Akkreditiv über die Bankenbonität die Vertragserfüllung ab. Die Bank des Importeurs gibt an, gegen welche Dokumente (vor allem Konnossement) sie Zahlung leisten wird. Der Exporteur reicht nach Versendung der Ware die geforderten Dokumente bei seiner Bank ein, die diese prüft und an die Bank des Importeurs weiterleitet. Diese händigt dem Importeur gegen Zahlung die Dokumente aus, woraufhin er die Ware gegen Vorlage des Konnossements (Bill of Lading) z. B. beim Hafenmeister in Empfang nehmen kann. Das Konnossement verbrieft das Eigentum an der Ware.

Aufgabe 4

a)

Material	14 + 10 + 10 + 40 - 20	= 54 Tage x 75.000 € =	4.050.000 €
Fertigung	5* + 10 + 40	= 55 Tage x 90.000 € =	4.950.000 €
Verwaltung	14 + 10 + 10 + 40	= 74 Tage x 25.000 € =	1.850.000 €
Vertrieb	14 + 10 + 10 + 40	= 74 Tage x 35.000 € =	2.590.000 €
Kapitalbedarf für das Umlaufvermögen			13.440.000 €

*) halbe Bindungsdauer = Durchschnitt

b)

Kapitalbedarf für das Umlaufvermögen	13.440.000 €
Ingangsetzung	600.000 €
Anlagevermögen	14.500.000 €
Eiserner Bestand (15 Tage x 75.000 €)	1.125.000 €
Gesamtkapitalbedarf	29.665.000 €

c)

- Zugrunde gelegte Preise können schwanken oder sich verändern.
- Lieferantenskonto kann bei Ausnutzung des Ziels nicht genutzt werden, dadurch Wettbewerbsnachteil aufgrund erhöhter Absatzpreise.
- Ergänzungsbedarf aufgrund Nichteinhalten der Kundenziele
- Kostenentwicklung kann von der Planung abweichen.
- Unterauslastung kann ungeplante Leerkosten bewirken.
- Produktionsverzögerungen, z. B. durch Streiks, erzeugen Ergänzungsbedarf.
- Absatzrückgänge aufgrund verschärften Wettbewerbs sind aufzufangen.
- o. ä.

d)

- Leasing statt Kauf der Produktionsanlage
- Factoring (Verkauf der Kundenforderungen) oder Skontogewährung
- Lieferantenziel durch Auswahl und Verhandlungen mit Lieferanten strecken
- Just-in-time-Anlieferung reduziert Lagerdauer im Wareneingangslager
- verbesserte Produktions- und Absatzplanung senkt Ausgangslagerdauer
- o. ä.

Aufgabe 5

a) Leasing

Leasingraten	48 x 29.600 € =	1.420.800 €
Mietverlängerung	36 x 23.700 € =	853.200 €
Leasingsonderzahlung		85.000 €
Gesamtkosten		2.359.000 €
Jahreskosten		337.000 €

Kreditkauf

Disagio: 1.715.000 € x 4 % = 68.600 € / 7 Jahre =	9.800 €
Zinskosten: 1.715.000 € x 6,8 % x (7+1)/2 = 466.480 € / 7 Jahre =	66.640 €
Summe Zinsen	76.440 €
Abschreibung: 1.715.000 € / 7 Jahre =	245.000 €
Jahreskosten	321.440 €

Unter Kostengesichtspunkten ist der Kreditkauf eindeutig die günstigere Finanzierungsalternative.

b) Liquidität: Der zeitliche Anfall der Auszahlungsströme muss beachtet werden. Die monatlich zu zahlende Leasingrate kann bei Unternehmenskrisen zu Illiquidität führen, die gekaufte Anlage kann veräußert werden.

Bilanzstruktur: Die beim Leasinggeber bilanzierte Anlage taucht in der Bilanz des Leasingnehmers nicht auf, die Leasingraten werden als Aufwand (Betriebsausgaben) gebucht. Bei Kreditkauf verschlechtert sich die Kapitalstruktur (Verschuldungsgrad) und der Anlagendeckungsgrad I (Eigenkapital / Anlagevermögen).

Technologie/Entsorgung: Leasing ermöglicht nach Ablauf der Grundmietzeit Rückgabe der Anlage und Mieten einer technisch verbesserten, effizienteren Anlage. Bei Kauf muss am Ende der Nutzungsdauer die Anlage entsorgt werden, was weitere Kosten verursachen kann, oder eine Weiternutzung oder ein Verwertungserlös ist möglich und muss in die Kosten- und Liquiditätsplanung einbezogen werden.

Aufgabe 6

a) Gewinn = (9 % x 1 Mio. € =) 90.000 € - (8 % x 500.000 € =) 40.000 € = 50.000 €

b)

$$\text{Eigenkapitalrentabilität} = \frac{\text{Gewinn x 100}}{\text{Eigenkapital}} = \frac{50.000 \text{ x } 100}{500.000} = 10\ \%$$

c)

Fremdkapital neu: 500.000 + 200.000 =	700.000
Gesamtkapital neu: 1.00.000 + 200.000 =	1.200.000
1.200.000 x 9 % =	108.000
./. bisherige Fremdkapitalkosten:	./. 40.000
./. zusätzliche Fremdkapitalkosten: 200.000 x 9 % =	./. 18.000
Gewinn:	50.000

$$\text{Eigenkapitalrentabilität} = \frac{\text{Gewinn x 100}}{\text{Eigenkapital}} = \frac{50.000 \text{ x } 100}{500.000} = 10\ \%$$

Die Eigenkapitalrentabilität ändert sich durch diese Maßnahme nicht.

d) <u>ohne Investition:</u>

Gewinn = (10 % x 1 Mio. € =) 100.000 € - (8 % x 500.000 € =) 40.000 € = 60.000 €

$$\text{Eigenkapitalrentabilität} = \frac{\text{Gewinn x 100}}{\text{Eigenkapital}} = \frac{60.000 \text{ x } 100}{500.000} = 12\ \%$$

<u>mit Investition:</u>

1.200.000 x 10 % =	120.000
./. bisherige Fremdkapitalkosten:	./. 40.000
./. zusätzliche Fremdkapitalkosten: 200.000 x 9 % =	./. 18.000
Gewinn:	62.000

$$\text{Eigenkapitalrentabilität} = \frac{\text{Gewinn x 100}}{\text{Eigenkapital}} = \frac{62.000 \text{ x } 100}{500.000} = 12{,}4\ \%$$

Der Anstieg der Eigenkapitalrentabilität durch die vollständig fremdfinanzierte Investition um 0,4 %-Punkte ist durch den Leverage-Effekt zu erklären, der besagt, dass mit zunehmendem Verschuldungsgrad die Eigenkapitalrentabilität ansteigt, sofern die Gesamtkapitalrentabilität über dem Fremdkapitalzinssatz liegt.

Finanzwirtschaftliche Tabellen

4%						
Jahre (n)	**AuF**	**AbF**	**RVF**	**KWF**	**EWF**	**BWF**
1	1,040000	0,961538	1,000000	1,040000	1,000000	0,961538
2	1,081600	0,924556	0,490196	0,530196	2,040000	1,886095
3	1,124864	0,888996	0,320349	0,360349	3,121600	2,775091
4	1,169859	0,854804	0,235490	0,275490	4,246464	3,629895
5	1,216653	0,821927	0,184627	0,224627	5,416323	4,451822
6	1,265319	0,790315	0,150762	0,190762	6,632975	5,242137
7	1,315932	0,759918	0,126610	0,166610	7,898294	6,002055
8	1,368569	0,730690	0,108528	0,148528	9,214226	6,732745
9	1,423312	0,702587	0,094493	0,134493	10,582795	7,435332
10	1,480244	0,675564	0,083291	0,123291	12,006107	8,110896
11	1,539454	0,649581	0,074149	0,114149	13,486351	8,760477
12	1,601032	0,624597	0,066552	0,106552	15,025805	9,385074
13	1,665074	0,600574	0,060144	0,100144	16,626838	9,985648
14	1,731676	0,577475	0,054669	0,094669	18,291911	10,563123
15	1,800944	0,555265	0,049941	0,089941	20,023588	11,118387

5%						
Jahre (n)	**AuF**	**AbF**	**RVF**	**KWF**	**EWF**	**BWF**
1	1,050000	0,952381	1,000000	1,050000	1,000000	0,952381
2	1,102500	0,907029	0,487805	0,537805	2,050000	1,859410
3	1,157625	0,863838	0,317209	0,367209	3,152500	2,723248
4	1,215506	0,822702	0,232012	0,282012	4,310125	3,545951
5	1,276282	0,783526	0,180975	0,230975	5,525631	4,329477
6	1,340096	0,746215	0,147017	0,197017	6,801913	5,075692
7	1,407100	0,710681	0,122820	0,172820	8,142008	5,786373
8	1,477455	0,676839	0,104722	0,154722	9,549109	6,463213
9	1,551328	0,644609	0,090690	0,140690	11,026564	7,107822
10	1,628895	0,613913	0,079505	0,129505	12,577893	7,721735
11	1,710339	0,584679	0,070389	0,120389	14,206787	8,306414
12	1,795856	0,556837	0,062825	0,112825	15,917127	8,863252
13	1,885649	0,530321	0,056456	0,106456	17,712983	9,393573
14	1,979932	0,505068	0,051024	0,101024	19,598632	9,898641
15	2,078928	0,481017	0,046342	0,096342	21,578564	10,379658

6 %						
Jahre (n)	**AuF**	**AbF**	**RVF**	**KWF**	**EWF**	**BWF**
1	1,060000	0,943396	1,000000	1,060000	1,000000	0,943396
2	1,123600	0,889996	0,485437	0,545437	2,060000	1,833393
3	1,191016	0,839619	0,314110	0,374110	3,183600	2,673012
4	1,262477	0,792094	0,228591	0,288591	4,374616	3,465106
5	1,338226	0,747258	0,177396	0,237396	5,637093	4,212364
6	1,418519	0,704961	0,143363	0,203363	6,975319	4,917324
7	1,503630	0,665057	0,119135	0,179135	8,393838	5,582381
8	1,593848	0,627412	0,101036	0,161036	9,897468	6,209794
9	1,689479	0,591898	0,087022	0,147022	11,491316	6,801692
10	1,790848	0,558395	0,075868	0,135868	13,180795	7,360087
11	1,898299	0,526788	0,066793	0,126793	14,971643	7,886875
12	2,012196	0,496969	0,059277	0,119277	16,869941	8,383844
13	2,132928	0,468839	0,052960	0,112960	18,882138	8,852683
14	2,260904	0,442301	0,047585	0,107585	21,015066	9,294984
15	2,396558	0,417265	0,042963	0,102963	23,275970	9,712249

7 %						
Jahre (n)	**AuF**	**AbF**	**RVF**	**KWF**	**EWF**	**BWF**
1	1,070000	0,934579	1,000000	1,070000	1,000000	0,934579
2	1,144900	0,873439	0,483092	0,553092	2,070000	1,808018
3	1,225043	0,816298	0,311052	0,381052	3,214900	2,624316
4	1,310796	0,762895	0,225228	0,295228	4,439943	3,387211
5	1,402552	0,712986	0,173891	0,243891	5,750739	4,100197
6	1,500730	0,666342	0,139796	0,209796	7,153291	4,766540
7	1,605781	0,622750	0,115553	0,185553	8,654021	5,389289
8	1,718186	0,582009	0,097468	0,167468	10,259803	5,971299
9	1,838459	0,543934	0,083486	0,153486	11,977989	6,515232
10	1,967151	0,508349	0,072378	0,142378	13,816448	7,023582
11	2,104852	0,475093	0,063357	0,133357	15,783599	7,498674
12	2,252192	0,444012	0,055902	0,125902	17,888451	7,942686
13	2,409845	0,414964	0,049651	0,119651	20,140643	8,357651
14	2,578534	0,387817	0,044345	0,114345	22,550488	8,745468
15	2,759032	0,362446	0,039795	0,109795	25,129022	9,107914

8%						
Jahre (n)	AuF	AbF	RVF	KWF	EWF	BWF
1	1,080000	0,925926	1,000000	1,080000	1,000000	0,925926
2	1,166400	0,857339	0,480769	0,560769	2,080000	1,783265
3	1,259712	0,793832	0,308034	0,388034	3,246400	2,577097
4	1,360489	0,735030	0,221921	0,301921	4,506112	3,312127
5	1,469328	0,680583	0,170456	0,250456	5,866601	3,992710
6	1,586874	0,630170	0,136315	0,216315	7,335929	4,622880
7	1,713824	0,583490	0,112072	0,192072	8,922803	5,206370
8	1,850930	0,540269	0,094015	0,174015	10,636628	5,746639
9	1,999005	0,500249	0,080080	0,160080	12,487558	6,246888
10	2,158925	0,463193	0,069029	0,149029	14,486562	6,710081
11	2,331639	0,428883	0,060076	0,140076	16,645487	7,138964
12	2,518170	0,397114	0,052695	0,132695	18,977126	7,536078
13	2,719624	0,367698	0,046522	0,126522	21,495297	7,903776
14	2,937194	0,340461	0,041297	0,121297	24,214920	8,244237
15	3,172169	0,315242	0,036830	0,116830	27,152114	8,559479

9%						
Jahre (n)	AuF	AbF	RVF	KWF	EWF	BWF
1	1,090000	0,917431	1,000000	1,090000	1,000000	0,917431
2	1,188100	0,841680	0,478469	0,568469	2,090000	1,759111
3	1,295029	0,772183	0,305055	0,395055	3,278100	2,531295
4	1,411582	0,708425	0,218669	0,308669	4,573129	3,239720
5	1,538624	0,649931	0,167092	0,257092	5,984711	3,889651
6	1,677100	0,596267	0,132920	0,222920	7,523335	4,485919
7	1,828039	0,547034	0,108691	0,198691	9,200435	5,032953
8	1,992563	0,501866	0,090674	0,180674	11,028474	5,534819
9	2,171893	0,460428	0,076799	0,166799	13,021036	5,995247
10	2,367364	0,422411	0,065820	0,155820	15,192930	6,417658
11	2,580426	0,387533	0,056947	0,146947	17,560293	6,805191
12	2,812665	0,355535	0,049651	0,139651	20,140720	7,160725
13	3,065805	0,326179	0,043567	0,133567	22,953385	7,486904
14	3,341727	0,299246	0,038433	0,128433	26,019189	7,786150
15	3,642482	0,274538	0,034059	0,124059	29,360916	8,060688

10%						
Jahre (n)	**AuF**	**AbF**	**RVF**	**KWF**	**EWF**	**BWF**
1	1,100000	0,909091	1,000000	1,100000	1,000000	0,909091
2	1,210000	0,826446	0,476190	0,576190	2,100000	1,735537
3	1,331000	0,751315	0,302115	0,402115	3,310000	2,486852
4	1,464100	0,683013	0,215471	0,315471	4,641000	3,169865
5	1,610510	0,620921	0,163797	0,263797	6,105100	3,790787
6	1,771561	0,564474	0,129607	0,229607	7,715610	4,355261
7	1,948717	0,513158	0,105405	0,205405	9,487171	4,868419
8	2,143589	0,466507	0,087444	0,187444	11,435888	5,334926
9	2,357948	0,424098	0,073641	0,173641	13,579477	5,759024
10	2,593742	0,385543	0,062745	0,162745	15,937425	6,144567
11	2,853117	0,350494	0,053963	0,153963	18,531167	6,495061
12	3,138428	0,318631	0,046763	0,146763	21,384284	6,813692
13	3,452271	0,289664	0,040779	0,140779	24,522712	7,103356
14	3,797498	0,263331	0,035746	0,135746	27,974983	7,366687
15	4,177248	0,239392	0,031474	0,131474	31,772482	7,606080

AuF = Aufzinsungsfaktor =	$(1+i)^n$	q^n
AbF = Abzinsungsfaktor =	$\frac{1}{(1+i)^n}$	$\frac{1}{q^n}$
RVF = Restwertverteilungsfaktor =	$\frac{i}{(1+i)^n-1}$	$\frac{q-1}{q^n-1}$
KWF = Kapitalwiedergewinnungsfaktor =	$\frac{i*(1+i)^n}{(1+i)^n-1}$	$\frac{(q-1)*q^n}{q^n-1}$
EWF = Endwertfaktor =	$\frac{(1+i)^n-1}{i}$	$\frac{q^n-1}{q-1}$
BWF = Diskontierungssummenfaktor =	$\frac{(1+i)^n-1}{i*(1+i)^n}$	$\frac{q^n-1}{(q-1)*q^n}$

Sachwortverzeichnis

C

D

E

J

K

L

M

N

O

P

Q

R

S

T

U

13322916R00195

Printed in Poland
by Amazon Fulfillment
Poland Sp. z o.o., Wrocław